人体运动生物力学建模与仿真
——从基础到应用

郝卫亚 等 编著

科学出版社

北 京

内 容 简 介

本书系统、全面地论述了人体运动的生物力学建模与仿真的基础理论，以及部分应用研究。本书首先从人体运动的生理解剖学基础、力学基础理论和系统建模与仿真三个方面，综合论述人体运动的生物力学建模与仿真的基础理论与方法；然后介绍了人体基本运动动作，以及体操、跳水、跳台滑雪和自由式滑雪空中技巧运动专项中运动员动作技术的生物力学建模仿真研究。特别在应用研究中介绍了作者团队长期研究的结果，部分代表性的研究内容注重人体运动的生物力学建模与仿真在体育运动中的应用。

本书可作为高等院校体育、力学、物理、工程和医学专业高年级学生，以及研究生学习和研究的参考书，也可供有关教师和科研、工程技术及临床医学工作者参考。

图书在版编目（CIP）数据

人体运动生物力学建模与仿真：从基础到应用 / 郝卫亚等编著. —
北京：科学出版社，2024.6
　　ISBN 978-7-03-077467-5

Ⅰ.①人… Ⅱ.①郝… Ⅲ.①运动生物力学 Ⅳ.①G804.6

中国国家版本馆 CIP 数据核字（2024）第 007483 号

责任编辑：李　悦　赵小林 /责任校对：郝甜甜
责任印制：赵　博 /封面设计：北京蓝正合融广告有限公司

科 学 出 版 社 出版
北京东黄城根北街16号
邮政编码：100717
http://www.sciencep.com
北京天宇星印刷厂印刷
科学出版社发行　各地新华书店经销

*

2024 年 6 月第 一 版　开本：720×1000　1/16
2025 年 1 月第二次印刷　印张：24 1/4
字数：489 000
定价：258.00 元
（如有印装质量问题，我社负责调换）

前　言

　　人体运动是人类最基本的活动方式之一。人体运动的本质是人体肌骨系统在神经系统的调节控制下，肢体环节遵循着力学规律在空间中运动。人体运动科学历来是人类最关注的研究内容之一。生物力学能够定量阐明人体的运动是如何发生的，以及人体结构、形态和功能与力学之间的动力学关系。自 21 世纪以来，随着计算机科学与技术的迅猛发展，人们利用计算机软件系统，整合运动相关的人体肌骨系统的解剖特征、肌肉力学和神经-肌肉控制生理机制、刚体力学和固体力学等知识和原理，结合人体测量学参数、人体环节惯性参量、人体组织力学参量和医学影像学等测量数据，建立描述人体不同运动形式的生物力学模型，并进行了大量的计算机仿真研究。由于建模与仿真方法不像实体实验测试受到伦理、技术、资金和时间等诸多因素的限制，可获得很多人体和动物实验无法测量的指标，因此近年来有关人体运动的生物力学建模与仿真取得了很大的进步。

　　本书旨在系统阐述人体运动的生物力学建模与仿真的基础理论和应用方法。在内容选择上，按照学科的科学性和系统性，形成了较完整的知识体系。本书首先从人体运动的生理功能和解剖结构、力学基础理论和系统建模仿真三个方面，综合阐述了人体运动的生物力学建模与仿真的基础理论与方法；然后选择性地编入了一些代表性的应用研究，包括人体基本动作和运动专项的生物力学建模与仿真研究。这些运动专项包括体操、跳水、跳台滑雪和自由式滑雪空中技巧，这些专项都是技巧性项目，生物力学在其动作技术中发挥着关键作用。

　　本书第 1～3 章为基础理论与方法部分。第 1 章简要介绍人体运动的生理解剖学基础，包括骨骼肌肉系统、肌肉活动与肌肉力学，以及神经系统对躯体运动的调控。第 2 章简要阐述了人体运动的力学基础，包括经典力学基础、固体力学基础、人体测量学和骨与软组织的力学性质，其中经典力学基础是运动生物力学最重要的内容，涵盖刚体平面运动、分析动力学和多刚体动力学三个方面的内容。第 3 章阐述了人体运动的生物力学建模与仿真的基本原理，包括系统仿真学科中的建模与仿真的基本理论、方法与步骤，以及人体运动生物力学模型的建立和人体运动的计算机仿真、神经肌肉骨骼的数学模型、人体运动的控制等。第 4～7 章为本书的应用研究部分。第 4 章介绍了人体生物力学建模与仿真在站立、步态分析、跑步、跳远、跳高和跌倒等动作方面的应用。第 5 章以体操项目为例，介绍了生物力学建模与仿真在起跳动作研究中的应用，包括跳马踏跳和推手，以及平衡木起跳等高水平运动员完成高难度动作的技术研究。第 6 章也以体操项目为例，说明生物力学建模与仿真在落地动作研究中的应用，包括高水平运动员跳马和自由操落地动作中的下肢负荷和神经力学特征，以及关节有限元分析等内容。第 7 章涵盖了多个项目空中动作的生物力学建模与仿真研究，包括跳水、体操、跳台滑雪和自由式滑雪空中技巧等。

本书结构和章节内容组成均由郝卫亚规划确定。在具体章节的编写中，郝卫亚课题组的博士研究生杨进参与了第 7 章的全部内容的编写工作，并具体编写了 7.2～7.4 节的内容；硕士研究生王冬梅编写了 4.6 节的内容。杨进参与了全书校对，重点对部分图进行了修改。全书由郝卫亚定稿。

考虑到体育类、医学类和理工类师生可能存在力学或者生理解剖知识不足的因素，本书在基础理论与方法部分中编入了相关的基本理论内容，在应用研究内容的编写过程中，则选编了课题组多年来有关体操生物力学建模仿真的研究成果，涉及包括李旭鸿、肖晓飞、吴成亮和于佳彬等博士、硕士的学位论文内容。多年来，课题组毕业的研究生和曾经合作过的科技工作者还有很多，无法一一列出，在此对他们表示衷心感谢。在本书的编写过程中，曾参考了大量的书籍、论文和资料，虽然每章后面都列出了一些参考文献，但仍然可能有疏漏。若有不当之处，敬请谅解，并且表示真诚的歉意。

本书的研究内容和出版工作得到了国家自然科学基金（10972062，11672080、12372323）、国家重点研发计划（2017YFC0803802）及国家体育总局体育科学研究所基本科研业务费（基本 24-43）等的支持。在本书出版规划与编写过程中，得到了科学出版社李悦编辑的指导、鼓励与支持，在此特向她致谢。

由于本人水平有限，在编写过程中难免会有疏漏之处，恳请各位专家和读者不吝指正。

作　者

2024 年 6 月

目　　录

第1部分　基础理论与方法

第1部分

基础理论与方法

第1章　人体运动的生理解剖学基础

人体在生活和劳动中的运动都是由人体的运动系统在神经控制下完成的。人体运动系统由骨、关节和骨骼肌构成,约占成人体重的60%。全身各骨借助关节连接构成骨架,形成人体基本形态,具有支持体重、保护内脏和运动的功能。骨骼肌附着于骨,在神经系统调控下收缩和舒张,牵引骨移动和转动,产生运动。从力学角度来看,在运动过程中,骨的作用是杠杆,关节为运动的支点,骨骼肌起着动力作用。三者互相制约,互相依存,缺一不可。

1.1　人体骨骼肌肉系统概况

1.1.1　骨

骨是运动系统的重要组成部分,是在膜性或软骨组织的基础上经过长时间的发育形成的。活体骨是以骨组织为主要成分构成的器官,具有新陈代谢和生长发育的特点,其内部物质保持不断地更新再建,受损时还具有很强的修复与再生能力。

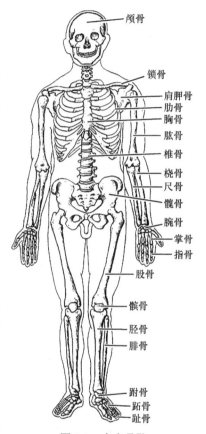

图 1-1　全身骨骼

成年人全身共有 206 块骨(图 1-1)。按照骨所在部位可分为中轴骨和附肢骨两部分。中轴骨共有 80 块,包括颅骨和躯干骨,其中颅骨 29 块,躯干骨 51 块;附肢骨包括上肢骨和下肢骨,共 126 块,其中上肢骨 64 块,下肢骨 62 块。

1.1.1.1　骨的分类

按照形态,人体全身骨可分为长骨、短骨、扁骨和不规则骨 4 类(图 1-2)。长骨主要分布在四肢,呈管状,中部为骨干活体骨,两端膨大称为骺。短骨近似立方体,通常分布在腕部和足踝部。扁骨呈板状,薄而略显弯曲。不规则骨为不规则形状,如椎骨。

颅骨
锁骨
肩胛骨
肋骨
胸骨
肱骨
椎骨
桡骨
尺骨
髋骨
腕骨
掌骨
指骨
股骨
髌骨
胫骨
腓骨
跗骨
距骨
趾骨

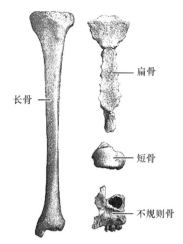

长骨

扁骨

短骨

不规则骨

图 1-2　骨的形态分类

1.1.1.2　骨的表面形态特征

骨的表面由于受到韧带、肌腱的附着和牵拉，同时还受血管、神经通过等因素的影响，形成了各种突起、凹陷和粗隆等形态特征。人体每一块骨都具有各自的形态特征和名称。

1.1.1.3　骨的结构

活体骨是由骨膜、骨质、骨髓、血管、神经等组成，图 1-3 所示为长骨的构造。骨膜由结缔组织构成，分为骨内膜和骨外膜。骨内膜衬于骨髓腔的内面，骨外膜在骨外表面覆盖。骨质由骨组织构成，根据其不同的结构、分布和功能，可分为骨松质和骨密质。骨髓存在于骨髓腔和骨松质的网眼内，分为黄骨髓和红骨髓，成年人的黄骨髓和红骨髓约各占一半。

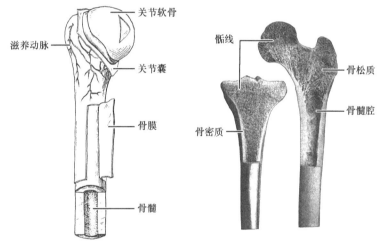

关节软骨

滋养动脉

关节囊

骨膜

骨髓

髋线

骨松质

骨髓腔

骨密质

图 1-3　长骨的构造

1.1.1.4　骨的化学成分与物理特性

骨由无机物和有机物构成。成年人干骨（脱水骨）中的有机物占总质量的 30%～40%，其成分主要为骨胶原纤维和黏多糖蛋白。无机物占干骨总质量的 60%～70%，其成分主要是磷酸钙和碳酸钙等。

骨的力学性质由无机物和有机物的比例关系决定，无机物使骨具有很强的硬度，有机物使骨具有很强的韧性，两者相结合则使骨既有一定的硬度，又有一定的韧性，能承受很大的压力。

1.1.1.5 骨的生长、修复与功能

骨既坚硬又不笨重,而且是个活的组织。当骨遭受到机械损伤后,可自行修复和生长完善。它会根据受力的情况调整自身的形态和结构,在一些受力过大的部位,还能在厚度和强度上进行重塑和加固。另外,骨是一个重要的矿物质(如钙)储存库,同时红骨髓还具有制造新鲜血细胞的能力。

骨的功能主要包括支架作用、保护作用、杠杆作用、造血作用和储存钙、磷等。骨与骨相互连接,构成人体的支架,支持人体的软组织,承担身体质量;骨骼构成颅腔、胸腔、腹腔和骨盆的容器框架,对脑、心脏、大血管,以及消化、呼吸、泌尿、生殖等器官起着重要的保护作用;骨还为骨骼肌提供附着面,在人体各种机械运动中起着杠杆的作用;骨髓腔中的红骨髓有造血功能;骨中富含钙、磷离子,是人体的钙、磷储藏库。

1.1.2　关节

骨与骨之间借助结缔组织相连接称为骨连结。按连接组织的性质和活动情况,骨连结可分为有腔隙骨连结和无腔隙骨连结(图 1-4)。有腔隙骨连结通常称为关节,在骨连结中占大部分,是人体运动的枢纽。无腔隙骨连结仅占小部分,包括纤维连接、软骨连接和骨性结合三种类型,运动幅度很小。

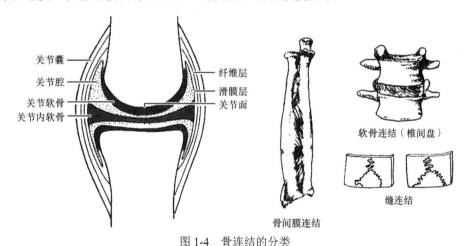

图 1-4　骨连结的分类

1.1.2.1 关节的结构

关节面是参与组成关节的各相关骨的接触面,每一个关节至少包括两个关节面,一般为一凸一凹,凸者为关节头,凹者为关节窝。关节面上有终生覆盖的关节软骨。多数关节软骨由透明软骨构成,少数为纤维软骨,其厚薄因不同的关节和年龄而异,通常为 2～7mm。关节软骨使关节面光滑,在运动时可减少关节面

的摩擦，同时具有缓冲振荡和冲击的作用。

关节囊是由纤维结缔组织膜构成的囊，附着于关节的周围，并与骨膜融合连接。它包围关节，使关节腔封闭，可分为内外两层（图1-5）。

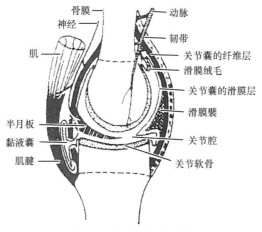

图 1-5 典型关节的构造

外层为纤维膜，由致密结缔组织构成，厚而坚韧，含有丰富的血管和神经。纤维膜的厚度通常与关节的功能有关，如下肢关节的负重较大，要求其相对稳固，关节囊的纤维膜则紧张而坚韧。而上肢关节运动灵活、运动范围大，则纤维膜薄而松弛。纤维膜的有些部分增厚形成韧带，以增强关节的稳固性，并限制其过度运动。

内层为滑膜，由薄而柔润的疏松结缔组织膜构成，衬贴于纤维膜的内面，其边缘附着于关节软骨的周缘，包裹着关节内除关节软骨、关节唇和关节盘以外的所有结构。滑膜表面有时形成许多小突起，称为滑膜绒毛，常见于关节囊附着处的附近。滑膜富含血管网，能产生滑液。滑液是透明的蛋白样液体，呈弱碱性，为关节内提供了液态环境，不仅具有润滑作用，而且也是关节软骨、半月板等新陈代谢的重要媒介。

关节腔为关节囊滑膜层和关节面共同围成的密闭腔，腔内含有少量滑液，关节腔呈负压，具有一定的稳定关节作用。

关节除具有上述基本结构外，部分关节为适应其功能，还形成了一些特殊的结构，以增加关节的稳固性或灵活性。这些特殊结构包括关节唇、关节内软骨、韧带、滑膜囊和滑膜襞等。

1.1.2.2 关节的分类

关节有多种分类方式。如果按构成关节的骨的数目，可分成单关节（两块骨构成）和复关节（两块以上的骨构成）；如果按一个或多个关节同时运动的方式，可分成单动关节（如肘关节、肩关节等）和联动关节（如两侧的颞下颌关节等）；如果按关节运动轴的数目，可分为单轴关节、双轴关节和多轴关节 3 类；如果按照关节面形状，还可分为球窝关节、平面关节、椭圆关节、鞍状关节、滑车关节和车轴关节 6 类。

1.1.2.3　人体运动的基本轴和基本面

为说明骨和关节在空间中的运动，需要规定人体的空间方位。运动解剖学定义了人体的三个互相垂直的基本轴和三个基本面（图1-6）。人体基本轴包括冠状轴、矢状轴和垂直轴，基本面包括冠状面、矢状面和水平面。

垂直轴是指与水平面相垂直的上下方向的轴；矢状轴是指前后方向的轴，与垂直轴相垂直；冠状轴（也称额状轴）是指左右方向的轴，与上述两个轴相垂直。

冠状面（也称额状面）是指沿着左右方向与地面垂直，把人体纵向切为前后两个部分的切面；矢状面是指前后方向与地面垂直，把人体纵向切为左右两个部分的切面；水平面（也称横切面）是指与地面平行，把人体横向切为上、下两部分的切面。

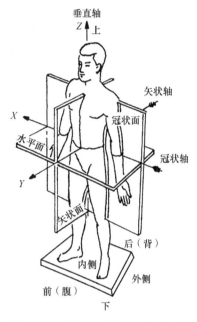

图 1-6　人体运动的基本轴和基本面

1.1.2.4　关节运动

滑膜关节的关节面形态各异，再加上运动轴的数量、位置和方位共同决定了关节在空间内的运动形式和范围。滑膜关节的运动大多是沿着三个互相垂直的轴所产生的运动。

肢体关节的运动主要表现为骨以关节为支点，围绕关节轴所产生的运动。关节运动形式，包括屈与伸、内收与外展、旋内与旋外、水平屈与水平伸和环转 5 种（图1-7）。

1）屈与伸

一般来说，屈是指骨在矢状面内绕关节冠状轴向前运动，如大腿屈、上臂屈等；伸是指骨在矢状面内绕关节冠状轴向后运动，如大腿伸和上臂伸等。但有时候并非如此，骨在矢状面内绕冠状轴，向后运动为屈，如小腿屈和足跖屈；向前运动为伸，如小腿伸和足伸（背屈）。

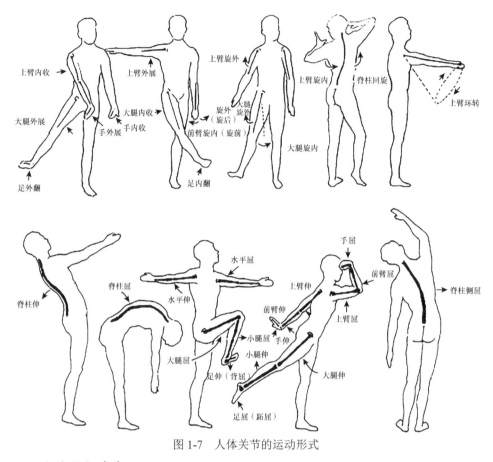

图 1-7　人体关节的运动形式

2）内收与外展

骨在冠状面内绕关节矢状轴，靠近身体正中面的运动称为内收，如大腿内收、上臂内收；远离身体正中面的运动，称为外展，如大腿外展、上臂外展。

3）旋内与旋外

骨在水平面内围绕关节的垂直轴或自身长轴，由前向内侧旋转，称为旋内（旋前），如大腿旋内、上臂旋内；由前向外侧旋转，称为旋外（旋后），如大腿旋外、上臂旋外。

4）水平屈与水平伸

大腿或者上臂外展 90°后，在水平面内围绕垂直轴向前的运动就是水平屈，而向后的运动则是水平伸。

5）环转

环转运动是指骨以近端关节为支点，绕矢状轴、冠状轴和它们中间的中间轴进行的连续圆周运动。例如，上臂的肩关节，具有矢状轴和冠状轴，可以进行环转运动。

1.1.2.5 关节运动范围

人体的环节是指某个可以围绕关节进行运动的部分，如头、大腿、小腿等。关节运动幅度指环节绕某关节的运动轴，所能转动的最大角度。关节运动幅度是评价柔韧素质的一个重要指标，与关节的灵活性和稳固性有关，而每个关节的灵活性与稳固性受到本身结构和关节以外结构的制约。影响关节运动幅度的因素包括关节面积的大小、关节囊的厚薄和松紧程度、关节韧带的多少与强弱、关节周围骨骼肌的伸展性和弹性、关节周围的骨结构等。

1.1.3 骨骼肌

骨骼肌大多数附着于骨骼，是运动系统的动力部分，少数附着于皮肤。人体全身有 600 多块骨骼肌，呈对称分布。成年男性的骨骼肌大约占体重的 40%（女性约 35%），其中四肢肌质量占全身肌肉质量的 80%，而下肢肌占全身骨骼肌质量的 50%。

1.1.3.1 骨骼肌的分类

人体骨骼肌数量很多，有多种分类方式和不同形态（图 1-8）。按照骨骼肌的所

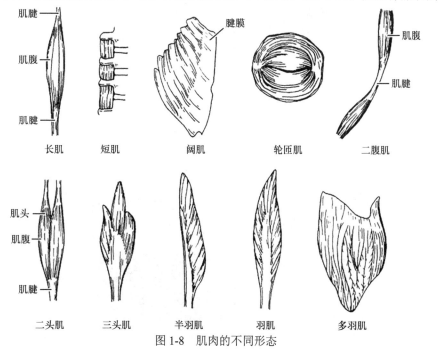

图 1-8　肌肉的不同形态

在部位，通常可分为胸肌、腹肌、肋间肌和臀肌等；按照骨骼肌的主要功能，可分为屈肌、伸肌、展肌、收肌、旋前肌、旋后肌、括约肌等；按照骨骼肌的形状，可分为长肌、短肌、阔肌（也称为扁肌）和轮匝肌等；按照肌腹数量，分为二腹肌和多腹肌；按肌头的数量，分为二头肌、三头肌和四头肌；按照肌纤维排列方向，分为半羽肌、羽肌和多羽肌；按照骨骼肌跨过关节的数目又分为单关节肌、双关节肌和多关节肌。

1.1.3.2 骨骼肌的形态结构

所有的骨骼肌包括肌腹和肌腱两部分（图 1-9）。肌腹主要由肌纤维（也称肌细胞）组成，红色而柔软。结缔组织的肌外膜包裹在整个肌的外面。从肌外膜发出很多纤维隔进入肌内，将肌肉分割为较小的肌束，包裹肌束的结缔组织称为肌束膜。在肌束内有若干条肌纤维，每条肌纤维外都包有一层结缔组织膜，称为肌

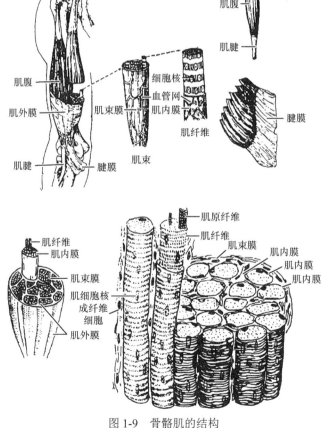

图 1-9　骨骼肌的结构

内膜，调控和供应肌的神经、血管和淋巴管等沿着这些结缔组织进入肌内。

　　肌腱主要由平行致密的胶原纤维束构成，白色、韧性强，无收缩功能，位于肌腹的两端，抗张力强度为肌的 112～233 倍。肌通过肌腱附着于骨骼。当肌突然受到暴力作用时，通常可能肌腹断裂，肌腱不致断裂，还可能肌腱与肌腹连接处或肌腱的附着处被拉断。扁肌的腱性部分呈薄膜状，称为腱膜。

1.1.3.3　骨骼肌纤维的分型和分布特征

　　骨骼肌分为红肌和白肌两类。红肌主要由红肌纤维组成，比较细小、收缩慢，但收缩持续时间较长；白肌主要由白肌纤维组成，比较宽大、收缩快、作用迅速，但收缩持续时间较短。每块肌肉大都含有这两种纤维。通常，保持身体姿态的肌肉中含有较多红肌纤维，而快速完成动作的肌肉含有较多白肌纤维。

　　研究表明，运动员身体肌肉中两种类型肌纤维所占的百分比与运动员受到的专项训练密切相关。例如，世界优秀短距离游泳运动员的小腿三角肌和短跑运动员的三头肌中大多数都是白肌纤维（占 70%～90%）。长距离游泳运动员和长跑运动员的则相反，大多数是红肌纤维，约占 90%。还有研究证明，一个成年人两种类型肌纤维的百分比随着年龄增长而变化，红肌纤维的比例随着年龄的增长而增多，而白肌纤维的比例则减少。例如，从 20～29 岁阶段，到 60～65 岁阶段，白肌纤维含量从 59% 下降为 45%。另外，两种类型肌纤维也存在一定的性别差异。例如，在男性骨骼肌中的白肌纤维含量一般都高于女性，因此男性的爆发力较强，但维持静力性工作或者姿态的能力比女性差。

1.1.3.4　影响骨骼肌力量大小的解剖学因素

　　从解剖学方面来看，影响骨骼肌力量大小的因素有骨骼肌的生理横断面、骨骼肌的初始长度、骨骼肌起止位置、肌拉力方向、年龄和性别等。

　　1）骨骼肌的生理横断面

　　一块骨骼肌的生理横断面（physiological cross-sectional area，PCSA）是指其所有肌纤维横断面之和（图 1-10）。生理横断面是影响骨骼肌力量大小的最主要的解剖学因素，反映了骨骼肌中肌纤维数量及其粗细。一块肌肉收缩时的最大收缩力（也称为肌肉绝对力）等于横断面与比肌力的乘积。而比肌力是指该肌肉单位面积所产生的最大收缩力，是常数。研究表明，比肌力为 $6～10kg/cm^2$，男性比肌力大于女性。从以上论述可知，只要得到肌肉的生理横断面，即可估计出其最大收缩力；肌肉越粗大，其收缩力也会越大。通常生理横断面会比解剖横断面（cross-sectional anatomy，CSA）要大，在一些肌肉中，二者比值可达到 2～8。例如，半羽肌和羽肌的 PCSA/CSA 比值可以达到 5～8。

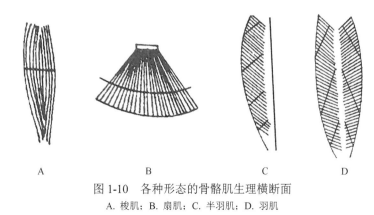

A　　　　　　　B　　　　　　　C　　　　　　　D

图 1-10　各种形态的骨骼肌生理横断面
A. 梭肌；B. 扇肌；C. 半羽肌；D. 羽肌

2）骨骼肌的初始长度

骨骼肌初始长度是指骨骼肌收缩前的长度。如果在生理范围内，拉长骨骼肌的初始长度，不仅能够增加骨骼肌收缩的速度和幅度，而且还能够增大其收缩力量。例如，预先拉长小腿三头肌（如足背屈 60°）时，它的收缩力可以由 3.76kN 增加到 5.91kN。

除了上述两个因素，骨骼肌起止位置、肌拉力方向、年龄和性别等都会影响骨骼肌的收缩力。例如，25～30 岁以后，肌肉收缩力会随着年龄增加而降低；女性肌肉收缩力比对应年龄的男性小 20%～35%。

1.2　肌肉活动与肌肉力学

肌肉活动是指肌肉组织在神经系统控制下所产生的收缩和舒张运动，是肌紧张、维持身体姿态和完成身体各种动作的基本动力。在人体机体内，骨骼肌活动是由生物电活动产生的。神经冲动电信号从中枢神经系统（central nervous system，CNS）出发，到达脊髓运动神经元后，经过运动神经纤维传递给所支配的肌纤维，引起肌肉收缩。

1.2.1　肌肉收缩原理

1.2.1.1　肌肉的微细结构

身体的整块肌肉（如股四头肌）由大量的独立的肌纤维组成（图1-9，图1-11）。肌纤维的直径为 10～100μm，长度为 1～50cm。每条肌纤维的基本结构单位是肌节。肌节串联在肌纤维中，肌节收缩引起肌纤维收缩。每条肌纤维由若干肌原纤维组成，而肌原纤维则包含若干肌丝。肌丝分为粗、细两种，直径分别约为 10nm 和 5nm。粗丝和细丝有规则地平行排列。粗丝主要由肌球蛋白分子组成。

细丝中肌动蛋白分子占 60%，还有原肌球蛋白和肌钙蛋白，对肌丝滑动起着调节作用。

除了肌原纤维，骨骼肌微细结构还包括横小管和肌浆网。

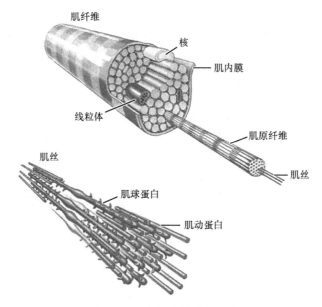

图 1-11　肌纤维和肌丝的构成

1.2.1.2　肌肉收缩与舒张过程

1）神经兴奋向肌肉传递

当受到运动神经传来的冲动刺激后，肌肉收缩就会发生。骨骼肌分布有运动神经纤维的末端膨大的末梢。当运动神经兴奋时，神经冲动会沿着神经纤维到达神经末梢。神经末梢与肌肉细胞之间通过化学递质（乙酰胆碱）传递兴奋。在这一过程中，神经末梢经过一系列的动作电位变化和化学离子跨膜运输。每次神经传递都可引起一次肌肉细胞的兴奋。兴奋在神经-肌肉传递过程中存在单向、时间延迟的特征，而且易受化学和其他环节因素影响，易疲劳。

2）肌肉的兴奋-收缩偶联

肌细胞兴奋过程是一种细胞膜的电变化，而肌细胞的收缩过程则是一种机械变化，二者存在着不同的生理机制。肌肉收缩时通过肌肉的兴奋-收缩偶联（excitation-contraction coupling）将二者联系起来。它包括三个主要步骤：①兴奋沿着横管系统传至肌细胞深处；②信息在三联管结构处传递；③释放肌浆网中的 Ca^{2+} 进入胞质，Ca^{2+} 由胞质重新聚集于肌浆网。

3）肌肉的收缩与舒张

早在 20 世纪 50 年代，赫胥黎（Huxley）等就建立了肌肉收缩的滑行理论，认为肌肉收缩是由粗肌丝和细肌丝相对滑行引起的肌纤维和肌肉的收缩（图1-12）。近年的生物化学与细胞生物学，在肌丝蛋白质分子水平上阐明了肌肉收缩的机制。分子水平上的肌肉收缩，实质上是粗肌丝的肌球蛋白与细肌丝的肌动蛋白相互作用的结果，细肌丝中的肌钙蛋白和原肌球蛋白发挥着控制作用。

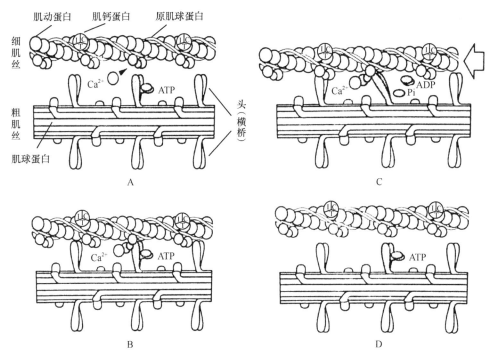

图 1-12　肌肉收缩时的横桥循环

A. 肌肉处于静息状态；B. 兴奋时肌浆 Ca^{2+} 浓度升高，Ca^{2+} 与肌丝上的肌钙蛋白结合，引起浓度变化和肌动蛋白的结合位点暴露；C. 横桥与肌动蛋白结合并且移动，ATP 分解为 ADP 和 Pi 为运动提供能量；D. 新的 ATP 附于横桥上，准备好新的运动

神经刺激肌细胞产生动作电位，使肌浆中 Ca^{2+} 浓度升高，Ca^{2+} 与细肌丝上的肌钙蛋白结合，肌钙蛋白分子发生构型变化，导致肌钙蛋白与肌动蛋白的结合减弱，原肌球蛋白也发生构型改变，引起肌动蛋白上的结合位点暴露，这时横桥与肌动蛋白结合，横桥发生扭转摆动，牵引细肌丝向粗肌丝中央方向滑行（图1-12）。横桥与肌动蛋白的结合、摆动、分离和再结合、再摆动所构成的横桥运动循环过程，使细肌丝不断滑行，肌小节缩短（图1-12）。肌肉收缩过程中的能量都来源于水解 ATP 所释放的能量。

当刺激中止后，肌浆中 Ca^{2+} 浓度下降，Ca^{2+} 与肌钙蛋白结合分离，肌钙蛋白和原肌球蛋白相继恢复原来构型，横桥与肌动蛋白解离，粗、细肌丝退回到原来位置，肌小节伸长，肌肉产生舒张。

1.2.2　肌肉收缩的力学特征

1.2.2.1　肌肉收缩的形式

按照肌肉收缩时张力和长度变化的关系，肌肉收缩的形式分为等长收缩、缩短收缩和拉长收缩三类。等长收缩时肌肉积极收缩，但长度不变。物理上来看，等长收缩时，肌肉长度无变化，因此未对外做功，但肌肉仍然消耗大量能量。等长收缩是肌肉静力工作，对维持人体姿态起着重要作用。

缩短收缩又称向心收缩，是指肌肉收缩时长度缩短，同时牵引骨杠杆相向运动。缩短收缩时肌肉力与肌肉起止点相对位移方向相同，肌肉做正功。

拉长收缩又称离心收缩，是指肌肉积极收缩但同时被拉长。拉长收缩时，肌肉力的方向与肌肉起止点相对位移方向相反，因此肌肉做负功。

1.2.2.2　肌肉被动拉伸的力学特征

在文献中"被动肌肉（passive muscle）"并未被准确定义。事实上，健康人体的肌肉永远不会完全放松，即使在休息的时候也会处于部分收缩状态。在一些医学情况下，会使用特殊药物促使肌肉完全放松。大剂量的麻醉药物可能使呼吸肌肉放松，因此这样的工作会受到麻醉师的严格控制。广义上认为，被动肌肉包括两种：单独无刺激下的肌肉和原位（*in situ*）静息状态下的肌肉。后一种情况下肌肉反应与肌肉力学特征和无法确定的兴奋程度有关。因此，研究被动肌肉力学特征是以适当的放松状态为前提的。

一块肌肉不仅有肌纤维，而且还有影响肌肉力学特征的结缔组织和血管。为排除这些结缔组织和血管的干扰，通常研究肌肉被动力学特征时采用单个肌纤维或者小纤维束。从动物体取出的肌肉长度通常比在体状态小大约10%。因为这时候的肌肉未受到神经刺激，这样的缩短是自身力学特征，而非肌肉的主动收缩，所以在体状态下肌肉受到一定的拉伸。

肌肉内部结缔组织越多，肌肉刚度越大。实验时肌肉一端固定，另外一端逐渐加载的肌肉张力与长度呈现非线性关系，随着肌肉长度增加肌肉的刚度增大（图 1-13）。当肌肉受到拉伸时，肌纤维在受到拉伸时的承载结构包括三

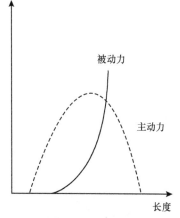

图 1-13　肌肉张力-长度关系示意图
实线为被动力-长度曲线；虚线为兴奋状态下肌肉张力-长度曲线（将在 1.2.2.3 节讨论）

方面：①肌腹内部和周围的结缔组织（平行弹性成分）；②肌动蛋白丝和肌球蛋白横向链，这种链即使在被动状态也可以承载；③无收缩功能的蛋白质，主要是肌联蛋白（titin），是一种大分子蛋白质，起着连接、支持和稳定作用。

1.2.2.3 肌肉主动收缩的力学特征

1）肌肉最大收缩力

如前面所述，一块肌肉的收缩力与生理横断面（PCSA）有关。另外，一块肌肉最大收缩力还与肌肉特定力量（specific force，SF）（即肌肉单位生理面积最大收缩力，也称为"比肌力"）有关。由于过去测量肌肉力时通常通过肌肉两端的肌腱测量，因此肌肉力往往被称为肌腱力（tendon force，TF）。

$$SF=TF/PCSA \tag{1-1}$$

对于哺乳动物的肌肉来说，SF 在 $15\sim40N/cm^2$，中位数约为 $25N/cm^2$（250kPa）。很多报道，人体肌肉 SF 为 350kPa。当某一块肌肉的 SF 确定后，其最大收缩力 F_{max} 就可以计算：

$$F_{max}=SF\times PCSA \tag{1-2}$$

式（1-2）广泛应用于肌肉功能的建模中。对于梭形肌肉，式（1-2）可以简单地应用，计算最大收缩力；但是对于半羽肌和羽肌，此式还需要根据实际情况进一步调整。

2）肌肉张力-长度关系

当某一关节的角度变化时，与其相关的肌肉的起止点（即肌肉-肌腱复合体）距离也会改变。肌肉的长度对肌肉张力及其他特性有重要影响。在建立肌肉等长收缩活动的模型时，通常将肌肉看作一个系统，其输入为兴奋程度、输出为力，而将肌肉的初始长度和速度作为系统的初始条件（初始参数）。

早在 1894 年布利克斯（Blix）就发现肌肉收缩力与其长度有关。随着近几十年测量技术的进步，人们将肌肉两端固定，然后对其进行电刺激，同时测量肌肉张力大小变化。研究者通过改变不同的肌肉初始长度，并且分别测量每个长度条件下电刺激前后肌肉的张力变化，就可以获得肌肉张力-长度的关系（图 1-14）。当静息状态的肌肉受到牵拉时，会有被动力（图 1-13），但当肌肉兴奋时会有主动力产生。被动力和主动力叠加就得到肌肉的合力（图 1-14）。不同肌肉因结缔组织和顺应性的不同导致其张力-长度曲线不同。

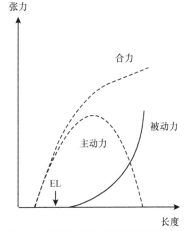

图 1-14 肌肉张力-长度关系示意图
EL 为肌肉无牵拉负荷时的长度

　　对于一整块肌肉来说，张力-长度曲线是一条光滑的曲线，而且收缩力在中间部分有一个最大值，肌肉收缩力在曲线上升段随着长度增加而增大，在曲线下降段随着肌肉长度增加而减小。通常将肌肉最大收缩力时的长度称为最优长度。

　　1966 年戈登（Gordon）等发表了有关青蛙肌小节收缩力-长度关系的经典研究论文，该研究与肌肉收缩的横桥理论吻合，从而确立了肌肉横桥理论。肌小节的收缩力-长度关系是 4 段直线（图 1-15a）。这条曲线，特别是平台区（图 1-15 的 3～4）及下降区（图 1-15a 的 4～5）可以由肌纤维收缩的横桥理论很好地解释。肌小节长度不同时，肌动蛋白丝和肌球蛋白丝重叠范围不同，引起收缩力的不同（图 1-15b）。肌小节的张力-长度曲线上升段分为两个区域（图 1-15a 的 1～2 和 2～3），这时不仅肌动蛋白丝与肌球蛋白丝重叠，而且与侧肌小节的肌动蛋白丝也重叠，这样就减少了横桥数目。

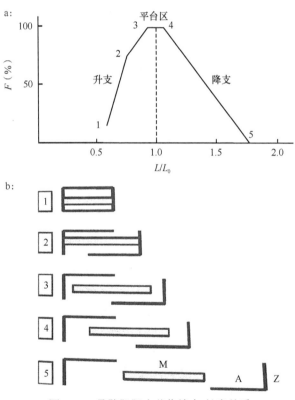

图 1-15　骨骼肌肌小节收缩力-长度关系

A 代表肌动蛋白丝；M 代表肌球蛋白丝；Z 线将不同的肌小节分开；L_0 为可产生最大收缩的长度，是肌小节的最优长度；L 为收缩中的肌小结长度；纵坐标 F 为相对于长度为 L_0 时最大收缩力的百分比

3）肌肉张力-速度关系

　　肌肉力学中张力-速度关系是指肌肉（或肌纤维）的最大收缩力与其瞬时长度

变化率的关系。这种关系是在肌肉处于最大兴奋程度、最优状态下收缩速度与收缩力的关系（图1-16）。20世纪20年代，希尔（Hill）及其同事开展了有关肌肉力学和热量变化的一些奠基性研究，建立了肌肉收缩力-速度的解析关系：

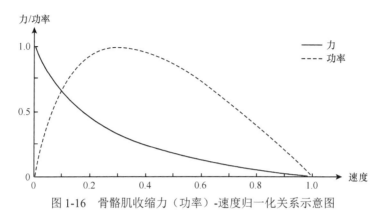

图1-16　骨骼肌收缩力（功率）-速度归一化关系示意图

$$v=b(F_0-F)/(F+a) \tag{1-3}$$

式中，v为肌肉收缩速度，F_0为速度等于0且最优长度时肌肉最大收缩力，F为瞬时收缩力，a、b分别是以力和速度为单位的常数。

式（1-3）还可以变换为如下形式：

$$F=(F_0b-av)/(b+v) \tag{1-4}$$

经过对式（1-4）变换，并且结合肌肉力学实验，得到：

$$a/F_0=b/v_0=0.25 \tag{1-5}$$

式中，v_0为肌肉张力为0时的最大收缩速度。通过上式就可以得到参数a和b。

以上公式都是在阐述肌纤维的张力-速度关系，但对于人体运动生物力学来说，更关注的是人体整块肌肉的收缩力与速度的关系。例如，如果想计算股外侧肌的收缩力，可以测量其生理横断面（平均大约为50cm²）。哺乳动物的骨骼肌力学研究表明：

$$F_0\approx25\text{N/cm}^2\times\text{PCSA} \tag{1-6}$$

对于慢肌纤维：

$$a=0.25\times1250\text{N}$$
$$b=0.25\times72\text{cm/s}$$

对于快肌纤维：

$$a=0.25\times1250\text{N}$$
$$b=0.25\times192\text{cm/s}$$

确定a、b和F_0等参数后，就可通过式（1-4）建立股外侧肌的张力-速度关系。

肌肉功率可以用收缩力与速度的乘积（Fv）来计算。对于已经建立了F和v关系的肌肉来说，功率（P）就是v的函数（图1-16）。在运动技术中，功率又称为肌肉收缩的爆发力。

$$P = Fv = \frac{F_0 - av}{v + b}v \qquad (1\text{-}7)$$

一般肌肉达到最大输出功率（P_0）时的收缩速度大约是肌肉最大收缩速度的 0.31 倍（图 1-16）。最大输出功率与最大收缩力和收缩速度存在以下关系：

$$P_0 = 0.095 F_0 v_0 \qquad (1\text{-}8)$$

Hill 方程［式（1-3）］建立了肌肉收缩力-速度的解析式，人们在此基础上又提出了一些新的方程。例如，当得到收缩力-长度和张力-速度解析关系以后，就可以把二者组合在一起：

$$F = F_{max} f(L) \cdot f(v) \cdot A \qquad (1\text{-}9)$$

式中，F_{max} 为肌肉最优长度 L_0 且最大兴奋程度 A_{max} 时的最大等长收缩力，$f(L)$ 和 $f(v)$ 分别是张力-长度和张力-速度的归一化函数，A 为肌肉兴奋程度。

1.2.3　肌肉力与关节力矩

1.2.3.1　在体肌肉力的传递

我们前面已经讨论了骨骼肌主要组成部分——肌纤维/肌小节在兴奋状态下收缩的力学特征，而所有的人体环节运动都是由骨骼肌收缩产生力矩，引起的关节角度变化。这与肌肉收缩力大小、作用点和方向（即肌肉力线与关节转动的支点或者轴线之间的距离）有关。

骨骼肌通过以下几个途径将收缩力传至骨骼。①与肌肉串联弹性组织（腱膜和肌腱），这些组织的力学性质调制了肌肉力模式，使肌腱上测量的肌肉力与肌纤维力的模式不同；一块肌肉与其肌腱结合处称为该肌肉的肌肉-肌腱连接（muscle-tendon junction，MTJ）；在此区域，肌纤维与胶原纤维结合，力主要通过切应力作用在相邻的纤维上。②软组织（soft tissue），包括筋膜和带有腱膜的肌腱，这些组织能够将产生的肌肉力传递至与肌肉平行的组织上；很多肌肉不是直接通过肌腱连接于骨上，而是通过软组织连接在骨上，如足底筋膜、阔筋膜和髂胫束。③骨突出，由不同形状的肌肉和肌腱缠绕。④肌腱-骨连结（tendon-bone junction；又称附着点，enthesis），将肌腱或者筋膜嵌入骨组织。一些肌肉非常复杂，通过几个关节和转动轴，所产生的力矩处于不同的解剖平面内。单个肌纤维、肌束和单块肌肉产生的力分布于相邻的纤维、肌束和肌肉之中。

1.2.3.2　肌肉力矩

肌肉通过连接点与骨骼系统联系。肌肉收缩时对骨骼施加作用力。肌肉的作用力（张力）线沿着肌肉的两个连接点的连线方向（常常是两端肌腱连线方向）。肢体骨骼附着有肌肉，旁边有 1 个、2 个或者更多个关节。当肌肉收缩时产生张力作用于肢体。由于肌肉的作用力线与关节转轴存在一定的距离，即存在力臂，这样肌肉就产生相对于关节转轴的力矩。例如，肱二头肌收缩对肘关节形成力矩（图1-17）。肱二头肌收缩力 F_m 的力臂 r 会随着肘关节角度改变而变化；肘关节角度为90°时，r 值最大；当肘关节再伸展或者屈曲时，r 值会减小。

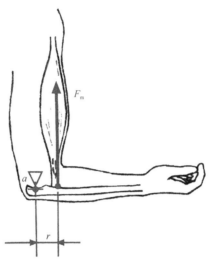

图1-17　肱二头肌收缩力（F_m）相对于肘关节转轴存在力臂（r）并产生力矩

图中三角形旁的 a 点为肘关节转轴轴心位置

　　人体肌肉力的力臂测量方法十分复杂，通常可以通过几何法和功能法两种方法确定。几何法主要依照解剖方法或者成像技术，测量肌肉对于关节的力臂。对于有较长肌腱的肌肉（如肱二头肌），一般认为肌肉作用力线沿着肌腱方向，并且通过肌腱与骨骼结合区域的中心点。

　　一些肌肉并不像肱二头肌直接经过肌腱连接于骨骼上，而是间接与骨骼连接。例如，股四头肌通过髌骨绕过膝关节，不仅改变肌肉力的方向，而且增加了伸展膝关节的力臂。基于解剖学实验，可以建立股四头肌力臂（L_q）与关节角度（x）、力矩（M_{knee}）和肌肉力（F_q）关系的经验公式：

$$L_q = 0.00008x^3 - 0.013x^2 + 0.28x + 0.046 \qquad （1\text{-}10）$$

$$F_q = M_{knee} / L_q \qquad （1\text{-}11）$$

　　若肌肉（如扇形肌或者羽肌）与骨骼的结合面较大，则可将结合面分开，按照不同区域的力臂分别测量计算。例如，最近有研究基于人体磁共振成像（magnetic resonance imaging，MRI）数据，建立了个性化臀大肌三维空间模型（图1-18）。模型由100条肌束组成，肌束都按照解剖位置和方向排列，相对于髋关节的力臂也可以肌束的空间位置计算。

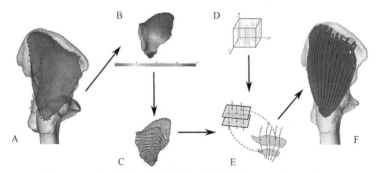

图 1-18　基于人体磁共振成像建立的臀大肌三维空间模型

图中显示了可以将肌肉体分解为任意数目肌束的操作过程。A. 确定肌肉表面网格和标记勾勒出附着区域；B. 在肌肉网格上绘制附着区域，并移除附着的骨骼；C. 确定肌肉附着点位置和肌束等值线；D. 构建肌肉结构模块；E. 根据分解肌束的数目，结合等值线构建肌肉网格模型；F. 生成肌束模型。图中臀大肌被离散为 100 个肌束，每个肌束由 15 个直线段组成

必须指出，采用这些测量计算肌肉力臂的方法必须首先假设一块肌肉力通过肌肉的几何中心，而这个假设必须忽略肌纤维羽状角，同时假设肌肉内部所有肌纤维单位生理横断面上的收缩力都相同，并且肌纤维的羽状角相同。

肌肉力臂可以在肌肉作用线和关节的准确位置都未知的条件下测量，这种方法就是功能法。一般把这种方法所测量的力臂称为有效力臂。有效力臂主要通过力矩等于力和力臂的乘积计算。测量有效力臂的方法主要用于矢状面内动作，这时候肌腱的张力与关节转动轴垂直。

1.2.3.3　肌肉的作用

1）原动肌与拮抗肌

肌肉对于关节运动或者其他肌肉都会有不同的作用。原动肌（agonist）是指能够产生使关节在某一动作方向上的力矩的肌群。当关节发生这种动作时，跨过该关节的原动肌会发生向心收缩。例如，肱二头肌就是肘关节屈曲的原动肌，肱三头肌则是肘关节伸展的原动肌，股四头肌是膝关节伸展的原动肌，而腓肠肌是踝关节跖屈的原动肌，以此类推。

拮抗肌（antagonist）是指能够产生使关节在某一动作相反方向上的力矩，或者对抗另外一个肌肉的肌群。例如，肱二头肌就是肘关节伸展的拮抗肌，肱三头肌则是肘关节屈曲的拮抗肌，股四头肌是膝关节屈曲的拮抗肌，而腓肠肌是踝关节背屈的拮抗肌，以此类推。在关节发生一种动作时，跨过该关节的拮抗肌会发生离心收缩。

有时候，拮抗肌是相对于原动肌而言的，例如，肱三头肌就是肱二头肌的拮抗肌。一些情况下，原动肌是指分布于骨骼一侧，作用于同一个关节，并且在同一方向上运动的肌群；而拮抗肌则作用于同一个关节，但在相反方向上运动。

2）中和与协同作用

为对抗另一肌肉引起的不希望有的动作，某肌肉产生一定的力矩，这种作用就是中和。很多肌肉所产生的力矩分量分布在几个不同的平面，所以，当这些肌肉兴奋时，跨过一个关节的肌肉力矩就具有几个转动轴。例如，肱二头肌兴奋时，不仅产生肘关节的屈曲力矩，而且会产生前臂旋外力矩；当前臂旋外动作为希望完成的动作时，肱三头肌也会兴奋进行等长收缩，中和肱二头肌产生的不希望的屈曲力矩。

协同（synergy）是指两个或者更多肌肉共同作用，有利于某动作。对于肌肉功能来说，某协同肌肉就是帮助原动肌完成动作的。由此看来，产生中和作用的肌肉也是协同肌肉。

1.3 神经系统对躯体运动的调控

人体生活工作中的所有躯体活动都是在神经系统的直接或者间接调节控制下完成的。神经系统包括中枢神经系统和周围神经系统。中枢神经系统是指脑和脊髓，周围神经系统就是将中枢神经系统和各器官之间联系的神经。

神经系统主要包括神经细胞和神经胶质细胞。神经细胞也称为神经元（neuron），完成神经系统的主要功能活动。神经胶质细胞主要对神经细胞起着支持、保护和营养作用。神经元实现神经系统的功能，产生动作电位（神经冲动），并且通过突触接受和传递神经元的信息。

1.3.1 运动与神经

神经系统通过反射对躯体运动进行调节。反射活动是由感觉开始，最终由肌肉活动完成。

1.3.1.1 感觉器官与运动

1）感觉概述

在人体体表或组织内部存在一些感受器（receptor），是专门用来感受机体内、外环境变化刺激的结构装置。感受器类似于工程上的传感器（sensor），实质上是一种换能装置，将不同类型的刺激转换为电能，以神经冲动形式通过神经纤维传递到中枢神经系统。感受器呈现多种多样的结构形式，感觉神经末梢是最简单的感受器。

机体内存在种类繁多的感受器，根据其属性差异可以划分为不同的种类。例如，可以根据刺激来源划分为外感受器和内感受器。再如，根据刺激性质可以分为机械感受器、光感受器、化学感受器、温度感受器和伤害感受器等。常用分类方法把刺激源及其引起的感觉类型划分为 20 类，其中有 11 种感觉类型是可以被主观感知的。一些感觉与人体运动有密切的关系，如关节位置和运动觉、平衡（直线或旋转）觉。

感受器只对适宜刺激反应，具有换能作用、编码功能，对长期、多次刺激的反应会降低或者适应。此外，感觉信息会根据其类型，通过特定的感觉传入通路，送达大脑皮质的特定部位。刺激强度编码主要通过感觉神经动作电位的频率和参与反应的纤维数目实现。

2）躯体感觉与运动

躯体感觉包括来自皮肤的浅感觉和来自骨骼肌、肌腱和关节等部位的深感觉。浅感觉包括触-压觉、痛觉和温度觉；深感觉实质上就是本体感觉，主要包括位置觉和运动觉。躯体感觉在运动技能形成过程中发挥着十分重要的特殊作用。

本体感觉是指躯体肌肉、肌腱和关节等部位的组织结构，对躯体空间位置、姿态、运动方向和运动状态的感觉。本体感受器主要存在于肌肉、肌腱、关节囊、关节韧带和关节膜中，能够感知躯体的组织变形、运动方向、运动速度等机械类信息。人体平衡感觉一定程度上依赖着本体感觉的信息传入。

3）视觉、听觉和前庭功能与运动

视觉是人们获得外界信息最主要的方式，视觉获取的信息量达到总信息量的 70%。我们通过视觉可以感知外界物体的颜色、明暗、大小、形状、动静和远近等。视觉的外周器官是眼。视觉在运动中通过协调眼肌调整视野，准确判断运动要素（如环境因素、器械、其他运动员、球等）特征，特别是空间位置、距离、速度和方向。在乒乓球、网球、羽毛球、击剑、拳击、摔跤等项目中，要求运动员具有敏锐的视力，而在球类运动项目中，运动员要具有良好的空间感觉、广阔的视野和敏锐的洞察力。

听觉的外周器官是耳。耳由外耳、中耳和内耳的耳蜗构成。人耳对 1000～3000Hz 的声波最敏感。人们通过听觉可以感知声源振动引起空气振荡压力变化。听觉是语言思维和意识的生理基础，在运动中听觉分析发挥着运动协调作用。在以音乐伴奏的运动项目中，如体操自由操、艺术体操、花样游泳和花样滑冰，运动员运用听觉与肌骨系统的活动密切配合，完美展现运动技能。

前庭器官位于内耳，由椭圆囊、球囊和 3 个半规管组成，能够感知人体自身姿势、运动状态和头部空间位置。人类在生活中必须保持一定的正常姿势。机体维持正常姿势依赖于大脑皮质对视觉器官、本体感觉和触压觉感受器，以及前庭器官传入信息的综合处理，其中前庭器官的作用最为重要。不同运动项目的运动员的前庭器官的功能会有较大差异。例如，跳水、体操、蹦床、武术、投掷、花样滑冰和自由式滑雪等项目的运动员前庭功能稳定性会较好。

人体视觉、前庭功能和本体感觉都对姿态控制有很大影响，这些因素作用非常复杂，在不同人群、不同体位中作用也会有所差别。例如，近年来对自由式滑雪空中技巧运动员的平衡能力研究表明，体位、视觉和前庭功能对姿态控制能力的影响机制非常复杂；旋转引起的前庭干扰会导致运动员的姿势控制能力降低，这种干扰在运动员中存在一定特异性。

1.3.1.2 肌肉运动的神经控制

1）运动单位

运动单位（motor unit）是神经肌肉控制过程中的功能单位，也是其结构末端（图 1-19）。一个运动单位是一个运动神经元（α 运动神经元）及其所支配的若干肌纤维。一块肌肉大概有几个到几百个运动单位。运动神经元的细胞体位于脊髓前角内。每个运动神经元具有一个轴突，从脊髓伸出来，与肌肉中的若干条肌纤维连接。每个运动单位的兴奋都是同步的"全或无"，同时都兴奋或者都不兴奋。神经系统通过两方面实现对肌肉的精确控制，并使收缩力平稳增长，即不同运动单位的募集及其激发率。

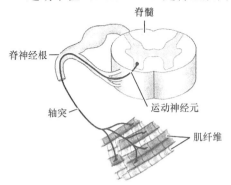

图 1-19 单个运动单位包含一个运动神经元及其支配的若干肌纤维

脊髓

脊神经根

轴突

运动神经元

肌纤维

2）募集

募集（recruitment）是指运动神经元引起一块肌肉内不同运动单位的兴奋与激活。神经系统通过改变运动神经元细胞体膜上的电位来募集运动单位。细胞体上的电位变化信号（动作电位）通过轴突传导至肌纤维，激活肌纤维发生收缩并产生收缩力。通过募集更多运动神经元，激活更多的肌纤维，整块肌肉中就产生了更大的收缩力。

研究表明，运动单位募集有三个重要特征。第一，运动单位趋于组建成若干个集合体或任务群，有利于神经系统对肌肉进行精准的控制。第二，运动单位的募集趋向于异步方式。第三，不同运动单位呈现略微不同的收缩顺序，先后受到刺激，交错收缩，有利于收缩力的平稳增加。

运动单位募集的第三个特征被称为有序募集或者大小原则（size principle），指运动单位倾向于专门化，专门的神经类型和同种运动纤维类型。一个小的运动单位由较少的髓鞘形成的运动轴突和主要的慢速氧化肌纤维组成，而一个大的运动单位则由较大运动轴突、较多髓鞘和主要的快速糖分解肌纤维组成（图 1-20）。在张力增长过程中，新募集的运动单位的大小与产生的张力大小有关。这意味着最小的运动单位首先被募集，而最大的则最后。相反，在张力减小过程中，运动单位通过相反的顺序反募集。通过运动单位募集的控制，细微（小张力的）动作可以精细地逐步产生。相反，需要大力量但不需要精细控制的动作则通过募集大运动单位。虽然较小的运动单位只能够产生较小的张力，但可以维持较长的时间；而较大运动单位只能维持较短时间（图 1-20）。

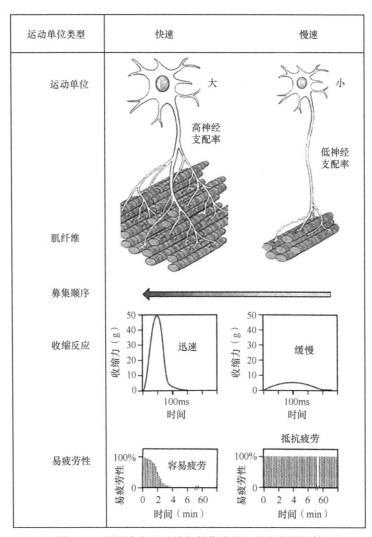

图 1-20　不同大小运动单位的收缩性和易疲劳性比较

3）激发率

肌肉的激发率（firing rate）也称为速度编码，指一个特定的运动单位在单位时间内的反复激发次数。在特定的运动神经元被募集后，相关的肌纤维产生的收缩力受到有序动作电位产生的强大控制。虽然骨骼肌纤维中的单个动作电位只能持续几毫秒，但是在慢肌纤维内的收缩可持续达到 130～300ms。当运动单位首先被募集时，它会受到激发率大约为 10Hz 的刺激；在收缩过程中，随着兴奋度的增加，激发率可以增至 50Hz。由于收缩时间通常比动作电位释放间隔时间长，更多后续动作电位会在初始收缩基础上出现。如果一条肌纤维在下次动作电位刺激之前完全放松，那么下次纤维收缩产生的力与第一次的完全相等（图 1-21）。但是，如果下次动作电位在上次纤维收缩放松之前就到来，肌肉收缩会叠加并产生更大收缩力。更进一步，如果下一个动作电位到来的瞬时与上次收缩力最大瞬时接近，那么收缩力会更大。由此可以看出，随着激发率提高（即动作电位与动作电位间时间间隔缩短），肌肉每条肌纤维的一组重复动作电位所产生的一系列机械收缩不断叠加，直到机械收缩高峰与低谷融合成一个稳定的收缩力，这就是强直收缩（图 1-21）。

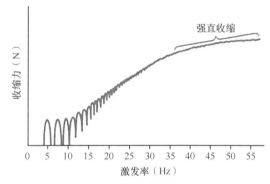

图 1-21　单个运动单位受到不同刺激频率下收缩力的变化

　　强直收缩时，肌纤维达到其最大的收缩力。因此，高激发率激活的运动单位所产生的力会大于低激发率激活所产生的力。

　　肌肉运动单位强直收缩是由很高的激发率引起的，而运动单位在单个电刺激引起的一次性收缩张力随时间变化也有着自身特征。单个电刺激可以认为是一次非常短时间的动作电位冲动，但所引起的机械反应则要持续好长一段时间。一般用以下指数函数描述收缩力的衰减过程：

$$F(t) = F_0 \frac{t}{T} e^{-t/T} \tag{1-12}$$

式中，T 为收缩力达到最大值的时间，F_0 为与运动单位有关的力常数。慢肌纤维的收缩时间（T）比快肌纤维更长。上肢肌肉的收缩时间（T）比下肢的更短。例如，T 的平均范围为

　　　　　　　　肱三头肌：44.5ms（16～68ms）

　　　　　　　　肱二头肌：52.0ms（16～85ms）

　　　　　　　　胫骨前肌：58.0ms（38～80ms）

比目鱼肌：74.0ms（52～100ms）

内侧腓肠肌：79.0ms（40～110ms）

已有的研究还显示，收缩时间（T）不仅与肌肉有关，而且与个体和实验条件有关。

在肌肉力增大过程中，运动单位的募集与激发率增加的生理机制同时发生作用。募集和速度编码（激发率）依照特定生理需求与任务性质而具有很高的特异性。例如，向心收缩时运动单位募集与离心收缩时会有所不同。在离心收缩时，每个横桥产生较大的力。所以，离心收缩产生与向心收缩相同力所需要的运动单位的数量较少。此外，对于需要快速产生力的时候，激发率尤为重要，特别是在等长收缩的早期，高激发率会驱使一些运动单位快速且连续释放动作电位，以快速增大所产生的力。无论采取何种模式增大力，肌肉运动单位的募集仍然遵循着大小原则（即先募集小运动单位、后募集大运动单位的次序）。

1.3.2　肌电图

1.3.2.1　概念

利用电极把肌肉兴奋时产生的电位变化，经过引导、放大和记录所得到的电压信号变化的图形就是肌电图（electromyogram，EMG）。肌电图用来记录和分析由收缩的肌肉产生的电活动，作为评价肌肉功能的一种方法，在临床医学和体育科学研究中已经得到广泛的应用。肌电图可以帮助人们分析人体各种活动或者任务中特定肌肉活动特征或不同肌肉协同工作方式。肌电图研究还可以帮助人们分析其他各种运动或任务中的运动特点与生理、病理变化的关系，包括肌肉疲劳、康复医学、动作学习、劳动保护、运动损伤、工效学等相关内容。

1.3.2.2　肌电信号的采集

一般采用肌电图仪检测肌电图，它通常由记录电极、放大器、显示和记录装置等组成。记录电极一般有针电极和表面电极两类。使用针电极时，需要将电极插入肌肉，直接从肌组织中引导出肌电信号。采用针电极可直接引导出单个运动单位或者单个肌纤维的电活动信号。针电极具有定位好、易识别和干扰小的优点，但引导局域小，插入体内肌肉时有疼痛感，难以被受试者接受，同时也不适合记录运动时的肌电图。

表面肌电图（surface electromyography，sEMG）是从肌肉表面（皮肤）通过电极引导采集下来的神经肌肉系统活动的生物电信号图。表面肌电极一般采用两块银-氯化银（Ag-AgCl）圆片作为引导电极，直接粘贴在被测者肌肉皮肤的表面。当前表面肌电系统多采用无线传输信号，由电极引导的肌电信号经过可穿戴式的装置无线发射，再由桌面接收器接收放大，最后读入电脑软件中（图1-22）。表面肌电图所记录的是整块肌肉综合电活动的情况，与肌肉活动状态功能之间存在着一定程度的关联性，部分反映了神经肌肉的活动，同时具有易于操作、无创伤和无痛苦等优点。

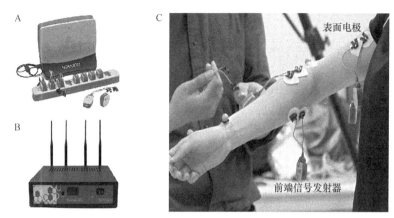

图 1-22　表面肌电测量系统及其电极粘贴示意图

A. 表面肌电系统的前端信号发射器；B. 桌面接收器；C. 电极粘贴情况

1.3.2.3　肌电信号的处理与分析

当一块肌肉完全放松时，肌电图呈现一条平稳的基线。当肌肉进行中等强度收缩时，参与肌肉收缩的运动单位数目及肌电信号频率都会增加。原始的肌电图信号呈现出"杂乱无章"，正负分布在横坐标两侧（图 1-23A）。通过原始肌电信号很难分析肌肉力或者肌肉疲劳状况。因此，在分析肌肉收缩状态时都会对原始肌电信号进行适当的处理。肌电信号处理可以在时域或频域中进行。

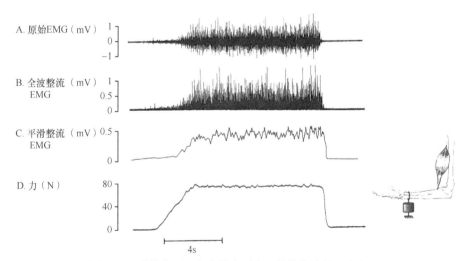

图 1-23　肘关节屈肌在次最大强度下等长收缩的肌电信号

外力 80N 保持大约 10s

1）肌电图的时域分析

无论肌电信号来源于多少运动单位，激发率多少，所有肌电信号在时域中的平均值都接近于零。所以，不管采取何种处理方法，首先需要将肌电信号进行整流。整流是将原始肌电信号（图 1-23A）中的负值部分去除（这种方法称为半波整流），或者只考虑信号振幅绝对值（这种方法称为全波整流，图 1-23B）。通常更多使用全波整流方法，因为这种方法将全部信号保留。整流后的信号往往用来进一步分析。

整流后的信号仍然存在原始信号中的许多高频信号，需要去除高频成分以便分析肌肉收缩情况。可以通过任何低通滤波方法去除高频成分。图 1-23C 就是低通滤波后的肌电信号。

与其他 EMG 指标相比，似乎积分肌电（integrated EMG，iEMG）与肌肉收缩力关系更加紧密。积分肌电通过对整流后的肌电信号对时间进行数学积分，实际上就是计算整流后的肌电信号-时间面积，用以下公式计算：

$$\text{iEMG} = \int_t^{t+T} \left| \text{EMG}(t) \right| \mathrm{d}t \tag{1-13}$$

式中，$|\text{EMG}(t)|$ 实质上就是 EMG 信号的整流。因为积分肌电总是随着时间延续而增长，所以通常积分肌电在足够小的时间段 T，或者在达到某一阈值后被归零。

肌电信号的均方根值（root mean square，RMS）是肌电信号非常有效的指标，经常在研究肌肉疲劳时使用。肌电 RMS 通过计算原始 EMG 信号的平方和，然后再计算其平方根：

$$\text{RMS} = \sqrt{\frac{1}{T} \int_t^{t+T} \text{EMG}^2(t) \mathrm{d}t} \tag{1-14}$$

2）肌电图的频域分析

当肌肉疲劳增加时，EMG 的高频成分逐步减少，因此肌电图的频域分析被广泛使用。通过快速傅里叶变换（fast Fourier transformation，FFT）可以迅速地计算 EMG 信号的功率谱密度。尽管带宽和功率频率峰值在功率谱密度分析中可以使用，但最常用的指标还是平均和中位频率。平均功率频率（mean power Frequency，MPF）可以用以下公式计算：

$$\text{MPF} = \frac{\int_0^F f \cdot X^2(f) \mathrm{d}f}{\int_0^F X^2(f) \mathrm{d}f} \tag{1-15}$$

式中，$X(f)$ 为频率的谐波函数，而 $X^2(f)$ 则是频率的功率函数，平均功率频率（MPF）定义 F 为分析的最大频率。中位频率就是将 EMG 的频率谱分割为两个面积相等的频率；最大功率频率定义为对应于功率信号最大值的频率。

1.3.2.4 肌电图的应用

由于肌电图反映了肌肉在神经支配下的活动，因此肌电图在生理学、临床医学、康复医学、生物力学、体育科学等领域具有十分广泛的应用。

1）肌电图与肌肉力

在生物力学中，人们十分关注肌电信号与肌肉力之间的关系。人们已经知道，增加运动单位的激发率可以增加肌肉力和 iEMG 指标。此外，增加参与动作的运动单位数目也会使肌肉力和 iEMG 指标增加。因此，肌肉力与肌电信号至少存在着定性关系。迄今，学术界对这种关系基本上形成了共识，但是这种关系是否可以定量描述仍然存在着较大分歧。

寻找肌电信号与肌肉力之间的对应关系困难的一个原因，是对单个肌肉的肌肉力和肌电信号测量都存在困难，并且两种信号也存在着时间不同步。例如，当在体测量单个肌肉的肌电信号时，总会受到周围其他肌肉信号的干扰；由于法律、伦理学和技术的限制，测量肌肉力更加困难，当前只能在一些动物模型中测量单个肌肉的收缩力。此外，所谓的电-力学延迟（electromechanical delay），肌肉的电信号与力学信号存在着时间上的偏差（收缩力增加滞后于肌电兴奋），也是建立肌肉力与肌电信号之间定量关系时所面临的困难。

目前关于等长收缩时肌电信号与肌肉力关系有较多研究。等长收缩时状态比较稳定（收缩力保持常数），能够简单地比较收缩力和肌电信号之间的关系（图1-24），其中原因有三点：一是收缩力作为一个数对应一个处理后的 EMG 数据；二是肌肉活动的状态稳定，力和电信号之间时间偏差（大概 1s 或者稍长）影响较小；三是肌肉的收缩状态较容易确定。虽然等长收缩较为简单，但是仍然存在一些不确定性。例如，在体肌肉都通过力或者力矩间接测量，力或者力矩又会受到其他肌肉（如拮抗肌）的干扰。另外，肌电信号的采集、处理和分析也存在各种各样的方法。

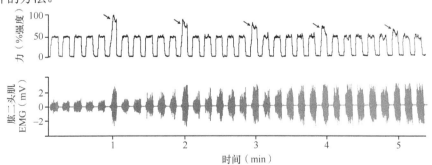

图 1-24　肱二头肌表面肌电信号与收缩力对应关系示意图

以 50%的最大收缩力间歇性地（6s 持续、4s 断开）维持刺激肘关节屈肌等长收缩
每次持续时间 6s，间隔 4s；每分钟最后一次按照最大强度（100%）刺激（见图中顶部箭头）

与等长收缩的研究相比，肌肉处于动态状态下肌肉力与肌电信号关系的研究非常少且存在争论。大多数动态实验都在等速肌肉力量测试系统上完成。使用等速肌肉力量测试系统时，关节运动的角速度保持为常数，同时测量对应关节运动肌群的力矩动态变化和肌电信号变化。必须指出，关节角速度等速度变化不等于肌肉等速度收缩或者舒张，因为关节几何的不规则性，肌肉力臂长度与关节角度相关。再进一步讲，即使肌肉的等速度收缩，也不意味着肌肉单元（肌纤维或肌小节）的等速收缩，因为肌肉力的变化会导致与肌肉单元串联的弹性组织的变形。

总之，有关肌电信号与肌肉力之间的关系研究十分重要，而且需要进一步开展。研究者不仅需要开发新技术以能够准确测量肌肉力和无污染的肌电信号，而且要在大多数生理状态下有效控制和检测肌肉兴奋状态。

2）肌电图与肌肉疲劳

长时间的肌肉活动，特别是高强度的训练会导致肌肉疲劳，具体表现为最大肌肉力或功率降低，肌电信号中高频成分减少。如图 1-24 所示，肘关节屈肌执行长时间的、多次重复的 50% 的次最大收缩强度的等长收缩任务过程中，肌肉最大收缩力逐渐降低，肌电信号逐步增强。同时可以看到，随着疲劳的增加，最大收缩力虽然逐渐降低，但仍然可以维持至最大收缩力的 50% 以上。肌电信号的逐渐增强，意味着当疲劳的运动单位停止或削弱过程中，其他运动单位被募集，参与收缩以维持稳定的收缩力输出。

肌电信号常常用来监测和评估肌肉疲劳状况。对原始的肌电信号进行频域分析。当肌肉逐渐疲劳时，肌肉在努力拉长过程中，肌电信号通常会表现出平均功率频率（MPF）的变化。平均功率频率的降低代表肌电信号的动作点位的时长增加（传导速度降低）和振幅减小。

3）肌电图与动作协调

动作协调（motor coordination）是指人体在完成动作过程中身体系统、器官在时间和空间上的相互配合有利于完成动作的能力。人体协调性有着复杂的生理学机制，涉及多个器官和系统的机能水平，及其彼此互相协助与配合。人体神经、肌肉和感知觉三大系统都在协调性方面起着重要作用。

神经系统的协调是指完成动作时神经的兴奋与抑制的互相切换和配合，通过运动神经中枢控制的肌肉协同反射活动实现。在神经系统的控制下，骨骼肌进行适宜的收缩与舒张，其中包括骨骼肌收缩时产生的收缩力大小、不同肌群收缩的先后次序和同一肌群的不同肌肉收缩与舒张的时间程序。如前所述，肌肉力大小取决于参与收缩活动的肌纤维数量或所募集的运动单位数量。不同肌群收缩的先后次序取决于神经系统对所控制骨骼肌先后募集的次序和分化抑制的程度。而同一肌群不同肌肉收缩与舒张的时间程序则取决于支配神经兴奋与抑制的频率转换。这些因素都与肌电信号密切相关，都可在相应肌肉的肌电图中反映出来。

　　进一步来说，不同肌肉在维持人体姿态和完成动作过程中会发挥各自静力和动力作用，不同肌肉之间相互配合协调，实现动作任务。通过肌电图能够说明完成动作任务过程中相关肌肉参与程度、参与时刻及贡献率等。例如，在竞技性技巧性运动项目中，运动员主要通过成功地完成高难度动作在比赛中取胜。但这些高难度动作只有个别运动员才能够完成，所以研究高难度动作有关的生物力学规律，对运动员学习改进技术动作水平、预防运动损伤具有重要意义。

　　在高难度动作的生物力学规律的研究中，探讨分析运动员完成动作过程中相关肌肉活动特征，以及肌肉之间的协调关系，都是理解高难度动作生物力学规律的重要组成部分。例如，在体操吊环项目中，水平十字、倒十字等动作都是高难度动作，即使对于国际水平运动员也很难完成。通过采集和分析个别运动员完成这些动作过程中的肌电图，就可以分析探讨运动员成功完成这些动作需要哪些肌肉参与、这些肌肉的参与程度、不同肌肉开始或结束收缩的时间、不同肌肉如何协调工作，以及肌肉活动与动作关系等相关问题。图 1-25 就是我国两名奥运会体操金牌获得者在完成水平十字和十字悬垂动作时上肢和躯干肌肉的肌电图。图 1-25A 显示的是肌电原始信号，而图 1-25B 则是经过平滑处理后的肌电振幅图。通过这些图可以明显地看出，参与高难度动作过程的肌肉收缩幅度有所不同，收缩的时机不同且持续时间也有差异。与此同时，通过对比两图右下角的不同肌肉幅值，我们还可以看出，不同动作中各块肌肉所发挥的作用有较大的差异。通过这些图，我们就可以详细分析，运动员在完成高难度动作过程中肌肉相互配合协调的关系，以及它们的贡献率大小。

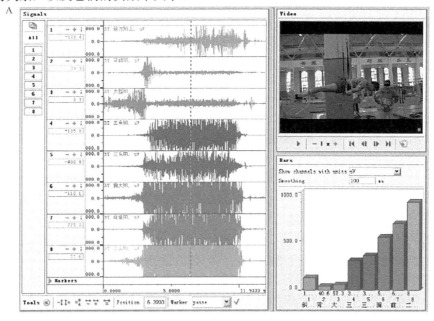

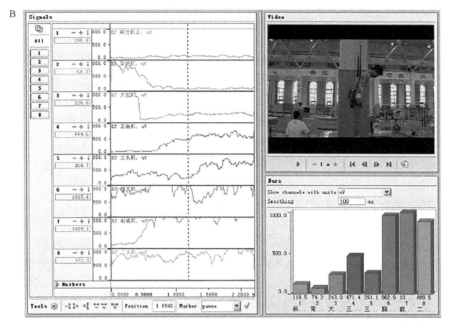

图 1-25　体操运动员完成水平十字（A）和十字悬垂（B）动作时的肌电信号采集软件界面

1.3.3　躯体姿势和动作的神经调节

运动是人类最基本的功能性活动之一。在中枢神经系统支配下，运动神经对运动系统进行调控，使肌肉系统精准收缩和舒张，实现人体躯体协调有效运动。

1.3.3.1　肌肉活动的脊髓控制

人的脊髓前角内存在大量的运动神经元，它们与骨骼肌直接相连，既接受来自外周传入的信息，又接受各级高位中枢的调控运动指令，最后发出适当的传出兴奋引起所支配的肌肉收缩，形成各种反射运动和随意动作。脊髓运动神经元包括 α、β 和 γ 三类。一个 α 运动神经元与它所支配的肌纤维组成一个运动单位。α 运动神经元胞体大小不等，小的支配慢肌纤维，大的支配快肌纤维。一块肌肉通常由许多运动神经元所支配，这些神经元比较集中在脊髓相邻节段的前角或脑干几毫米范围内。在 α 运动神经元之间分散着 γ 运动神经元的胞体，其轴突从脊髓离开后，支配骨骼肌的梭内肌纤维。

1.3.3.2　中枢神经系统对姿势的调节

神经系统对姿势调节可保持人体躯体平衡和特定（特别是直立）姿势，进而为躯体运动有效进行提供必要基础。脊髓、脑干到大脑皮质构成了一个完整的躯体姿态调节系统。

1）牵张反射

脊髓是中枢神经系统的初级部位，具有两个主要功能：①收集整合外周感受器传入的信息，上传至各级脑中枢，辅助执行各种复杂随意运动；②完成一些反射性运动，如牵张反射（stretch reflex）。牵张反射是指骨骼肌受到牵拉时会产生反射性的收缩。牵张反射有动态牵张反射和静态牵张反射两种。动态牵张反射也称腱反射，是指快速牵拉肌腱时发生的牵张反射；静态牵张反射也称肌紧张，是指持续、缓慢牵拉肌肉时发生的牵张反射。牵张反射的特点是感受器和效应器都在同一块肌肉中。正常人体的骨骼肌纤维，保持轮流交替收缩，以保持一定的紧张状态。

牵张反射能够维持躯体姿势，增强肌肉力量。例如，人体直立时，由于人体重心处于人体脊柱前侧，躯干具有前倾趋势，这种前倾反射性地引起竖脊肌、颈部后部某些肌群的紧张性收缩，从而引起挺胸、伸腰和抬头姿势。再如，立定跳远时迅速下蹲后快速起跳也是利用牵张反射原理牵拉下肢主要肌群，使其收缩更加有力。

一般认为，牵张反射与肌腱储存的能量共同促进了伸展 - 收缩循环（stretch-shortening cycle，SSC）中爆发力的增加，但最近有研究（Fukutani et al.，2021）提示，肌肉横桥动力学也可能参与 SSC 效应的机制。

2）脑干对肌紧张和姿势的调节

脑干由中脑、脑桥和延髓组成。脑干中有许多神经核团，它们可以接受来自脊髓各节段的传入信息，同时也通过下行纤维组成的传导束发出指令，调节控制脊髓运动神经元的活动。肌紧张是维持姿势的力学基础，脊髓是其反射活动的初级中枢。但肌紧张也受到脑干网状结构的易化区和抑制区的调控。易化区可使肌紧张加强，而抑制区使其减弱。正常情况下，脑干网状结构还受到来自大脑皮质、小脑、纹状体和丘脑的指令影响；它们对网状结构的易化区有一定的抑制作用，通过调节可使肌肉最终表现出正常的紧张度。

脑干可以整合信息而完成一些姿态反射，包括状态反射、翻正反射、旋转和直线加速运动反射等。状态反射（attitudinal reflex）指当头部空间位置改变或者头部与躯干的相对位置发生变化时，将反射性地引起四肢肌肉紧张程度的重新调整。例如，体操运动员在完成后空翻、后手翻动作时，如果头部位置不正，可能使双臂伸肌力量不均衡，导致身体不平衡，引起失误或动作失败。

3）脑干以上高位中枢对姿势的调节

脑干以上高位中枢，包括大脑皮质运动区、纹状体、小脑前叶蚓部等区域，具有抑制肌紧张的作用；另外，小脑前叶两侧部的后叶中部具有易化肌紧张的作用。这些区域都可能通过脑干网状结构中的易化区和抑制区，实现对姿态反射的调节。

1.3.3.3　中枢对运动的调节

迄今，人们认为中枢运动控制系统由 3 个等级构成：①最高水平的中枢负责运动战略，即负责制定运动目标和达到运动目标的最佳策略，这部分主要由大脑皮质的联合区和基底神经节组成；②中间水平的代表为大脑皮质的运动区和小脑，负责运动的具体战术，即如何运动协调并达到预定目标，包括肌肉收缩顺序、时间安排和运动的空间等；③最低水平的代表为脑干和脊髓，负责运动执行，即激活与定向目标相关的运动神经元和中间神经元池，并进行必要的姿势调整。

1）大脑皮质对运动的调节

大脑皮质运动区主要位于中央前回的 4 区和 6 区，是躯体运动控制的最重要区域。它们接受本体感觉信息、感受躯体的姿势和躯体各环节在空间的位置及运动状态，并调节和控制躯体运动。大脑皮质运动区有 2 个功能特征：①除了头面部大部分肌肉，大脑皮质运动区对躯体运动调节支配呈现交叉性特点，即一侧皮质调控对侧躯体的肌肉；②大脑皮质运动区能够精细功能定位，运动愈复杂愈精细的肌肉，其皮质代表区的面积愈大。除了主要运动区，大脑中其他部位也有与运动调节有关的区域。

2）基底神经节对躯体运动的调节

大脑皮质下的基底神经节属于古老的前脑结构，包括尾状核、壳核、苍白球、丘脑底核、黑质和红核。它们位于皮质下的中枢位置，有控制肌肉的功能，与丘脑和下丘脑合作成为本能反射的调节中枢，具有肌紧张控制、随意运动和运动程序编制等功能。

3）小脑对躯体运动的调节

小脑与基底神经节共同参与运动设计和程序编制、运动协调、肌紧张的控制，同时还进行本体感觉传入信息的处理等活动。二者功能尚有一定差异，小脑除主要参与运动设计外，还参与运动实施，但基底神经节主要参与运动设计。

随意运动的发动及实施是一个非常复杂的过程，迄今尚不清楚其生理机制。目前认为，随意运动的设想源于皮质联络区。运动的设计在大脑皮层和皮层下的两个重要运动脑区——基底神经节和小脑半球外侧部（即皮层小脑）中进行，设计编制好的信息被传送到运动皮质和运动前区，然后由运动皮质发出指令通过运动传出通路到达脊髓和脑干运动神经元。在这个过程中，运动设计期间大脑皮质与皮质下的两个运动脑区之间不断进行信息联系；而运动执行期间小脑半球中间部（脊髓小脑）也参与其中，利用其与大脑皮质、脑干和脊髓之间的纤维联系，将来自外周关节和肌肉等处的感觉传入信息与大脑皮质发出的指令反复对比，并调整大脑皮质活动。外周感觉反馈也同时传入大脑皮质，经过不断修正运动偏差，使动作精确平稳（图1-26）。

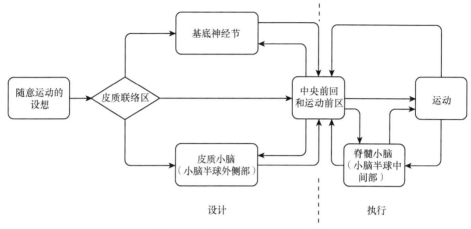

图1-26 随意运动的产生和调节

　　虽然人们已经对人体姿态调整和动作控制有了很多认识，但其机制仍然很不清楚，并存在很多争论。该领域的研究需要多学科合作，涉及生理学、解剖学、心理学、神经科学、医学影像学、医学电子学、生物力学等学科。该领域的研究是当前科学界的研究热点之一。例如，在 *Nature* 发表的动物实验研究发现，在动作设计过程中大脑皮质与小脑之间存在着环路。作者认为，除了动作过程中小脑实时发出指令，在动作设计过程中还通过多区域神经信息循环引起持续性的神经动力学变化（Gao et al.，2018）。最近又有通过人体实验的研究提示，中枢神经系统在运动准备过程中，可能根据任务类型，通过单独控制肌梭内感受器和牵张反射（肩和上臂）调节肌肉的刚度（Papaioannou and Dimitriou，2021）。

参 考 文 献

柏树令. 2004. 系统解剖学. 6版. 北京: 人民卫生出版社: 1-113.

邓树勋, 王健, 乔德才, 等. 2015. 运动生理学. 3版. 北京: 高等教育出版社: 1-361.

杜安·努森. 2012. 生物力学基础. 2版. 钟亚平, 胡卫红译. 北京: 人民体育出版社: 1-335.

郝卫亚. 2019. 体操生物力学研究与应用. 北京: 人民体育出版社: 1-233.

胡声宇. 2000. 运动解剖学. 北京: 人民体育出版社: 1-367.

姜宗来, 樊瑜波. 2010. 生物力学——从基础到前沿. 北京: 科学出版社: 1-88.

李世昌. 2015. 运动解剖学. 3版. 北京: 高等教育出版社: 1-359.

娄彦涛, 李艳辉, 郝卫亚. 2021. 视觉和前庭功能对自由式滑雪空中技巧运动员姿势控制能力的影响. 中国体育科技, 57(3): 19-28.

唐纳德·A. 诺伊曼. 2014. 骨骼肌肉功能解剖学. 2 版. 刘颖, 师玉涛, 闫琪译. 北京: 人民军医出版社: 1-120.

王成焘, 王冬梅, 白雪岭, 等. 2015. 人体骨肌系统生物力学. 北京: 科学出版社: 1-148.

王瑞元, 苏全生. 2012. 运动生理学. 北京: 人民体育出版社: 1-493.

Dos Santos A F, Nakagawa T H, Serrão F V, et al. 2019. Patellofemoral joint stress measured across three different running techniques. Gait & Posture, 68: 37-43.

Enoka R M. 2008. Neuromechanics of Human Movement. 4th ed. Champaign: Human Kinetics: 1-404.

Fukutani A, Isaka T, Herzog W. 2021. Evidence for muscle cell-based mechanisms of enhanced performance in stretch-shortening cycle in skeletal muscle. Front Physiol, 11: 609553.

Gao Z Y, Davis C, Thomas A M, et al. 2018. A cortico-cerebellar loop for motor planning. Nature, 563(7729): 113-116.

Modenese L, Kohout J. 2020. Automated generation of three-dimensional complex muscle geometries for use in personalised musculoskeletal models. Ann Biomed Eng, 48(6): 1793-1804.

Nigg B M, Herzog W. 1999. Biomechanics of the Musculo-Skeletal System. New York: John Wiley & Sons: 1-634.

Papaioannou S, Dimitriou M. 2021. Goal-dependent tuning of muscle spindle receptors during movement preparation. Science Advances, 7(9): eabe0401.

Winter D A. 2005. Biomechanics and Motor Control of Human Movement. 3rd ed. Hoboken : John Wiley & Sons: 1-260.

Zatsiorsky V M, Prilutsky B I. 2012. Biomechanics of Skeletal Muscles. Champaign: Human Kinetics: 1-520.

第 2 章 人体运动的力学基础

2.1 引　言

　　人类生存在由各种各样物体组成的自然界中，人体本身也是其中之一。所有物体的运动都遵循着相同的力学规律。在人类观察自然界和研究应用工程技术中，机械运动是最常见的普遍现象，力学的任务就是研究物体机械运动和平衡的规律。

　　在古代，人们在生活和生产实践中，制造了杠杆、斜面、辘轳等工具，对机械运动有了初步的认识，也积累了大量经验。为了定量研究物体运动，力学成为物理先驱者最早建立的学科之一。伽利略（1564～1642 年）通过自由落体和斜面物体运动的多次实验，建立了"加速度"的概念。牛顿（Newton）于 1687 年发表了《自然哲学的数学原理》，标志着力学成为一门学科。牛顿的重大贡献在于，他建立的运动三大定律成为自然界物质宏观机械运动的相当普遍的规律，他发明的微积分，成为研究自然界运动规律的数学方法。

　　牛顿力学中建立了许多力学概念，如位移、速度、加速度、力和力矩等，这些物理量都是以矢量形式表达的，所以牛顿力学也称为矢量力学。牛顿力学以天体运动的观测资料为基础，归纳建立了力学理论，研究对象是自由质点，不受约束。进入 18 世纪，复杂机器迅速发展，迫切需要对约束机械系统的运动进行分析。这时候，约束带来的未知数迅速增加，使用矢量力学求解复杂系统的运动就显得十分不方便。1788 年，拉格朗日（Lagrange）在《分析力学》中引入标量形式的广义坐标、能量和功等物理量，根据虚位移原理（principle of virtual displacement）和达朗贝尔原理（d'Alembert principle），采用纯粹的数学分析方法建立机械系统的动力学方程。这是一种全新的力学理论，使力学建立在统一的数学基础之上，从而产生了经典力学中除了牛顿力学的另一个分支——拉格朗日力学或者分析力学。采用分析力学所建立的动力学普遍方程，完全避免了在方程中出现约束力，解决了矢量力学分析复杂系统面临约束力带来的变量过多的问题。

　　经典力学中将所研究的物体看作质点或者刚体。质点是指有质量的点，当研究物体的整体运动不需要考虑物体大小时，通常将物体理想化为点。刚体是指受力时不变形的物体，刚体也是理想化的力学模型，实际物体受力时总会或多或少发生变形。但是当实际变形很小，或者变形不会影响问题本身时，通常会忽略物体变形，将物体理想化看作刚体。刚体力学在经典力学中占据着重要地位。刚体力学中通常将物体的运动分解为质心的运动和物体围绕质心的转动。质心运动实质上就是物理学中的质点运动，而质点的运动已经完全按照矢量力学解决，所以刚体转动是刚体力学的主要研究内容。

多体系统动力学是经典力学发展起来的新学科分支。随着现代科技发展，出现了大量构件组成的大型机械系统，如大型空间站、机器人、高速车辆等。这些机械系统运动规律，特别是其动力学方程成为力学家必须解决的问题。在计算机快速发展过程中，对复杂系统进行大规模数字仿真的可能性成为现实。多体系统动力学起源于 20 世纪 60～70 年代。人们发展建立了多体系统数学模型的多种方法。这些方法的风格各异，但共同点是将经典力学与计算机技术有机地结合起来，形成面向大规模计算的、程式化的快速建模方法。

人体是一个由头颈、躯干和四肢等环节组成的多体系统。在研究人体宏观运动时常常将人体环节简化为刚体。但是一些情况下，需要更深入地考虑人体运动过程中环节部位的受力分布、变形、损伤，甚至受力时的生物学反应等。这些内容需要用固体力学方法研究人体组织和器官在运动负荷过程中的应力、应变、应变率等的变化。

固体力学是研究固体机械性质的力学学科，主要研究固体介质在外力、温度和形变的作用过程中的表现。材料力学、弹性力学、塑性力学、断裂力学、复合材料力学等是固体力学的最主要组成部分。应力、应变和它们之间的关系是固体力学最主要的研究内容。

几千年前，我国和世界其他文明古国就开始有体现固体力学思想的建筑物、交通工具和生产工具。建于我国隋朝（公元 581～618 年）的著名的赵州石拱桥，已蕴含了近代杆、板、壳体设计的一些基本力学思想，建筑构造符合现代的科学理论。随着人类实践经验的积累和工艺精度的提高，人类在桥梁、建筑和交通工具建造方面都不断取得辉煌的成就。这些成就为固体力学理论的早期发展，特别是材料力学和结构力学的理论奠定了基础。

人类的实践经验和 17 世纪物理学的发展为固体力学理论发展奠定了基础。随着 18 世纪工业的发展，大型机器、桥梁和厂房的社会需要，推动了固体力学的发展。英国科学家胡克（Hooke）于 1678 年提出了变形与受力之间的定量关系：外载荷与变形成正比，这就是著名的胡克定律。在之后的 300 多年里，通过对弹性杆、板、壳的挠度、振动和稳定性等问题的研究，固体力学经过了基本概念的形成，特殊问题的解决，一般理论、原理、方法和数学方程的建立，以及复杂问题的研究 4 个阶段。20 世纪起，在大型建筑、舰艇、飞行器和原子反应堆等大型建筑结构高精度要求下，很多学者解决了大量复杂力学问题。此外，固体力学还不断渗透到其他领域的研究，如纺织纤维、人体骨骼、血管、心脏、人工器官等。

20 世纪后半叶，人们提出了有限元法的概念。有限元分析（finite element analysis，FEA）最早应用于航空器的强度计算。随着计算机技术的飞速发展，有限元分析方法已经应用于几乎所有科学技术领域。工程技术人员开发出了一些有限元分析软件系统，使物体负荷变形分析的程式化、规模高效化成为可能。

在生物力学领域，有限元分析方法也广泛应用于人体骨、关节、血管、心脏等器官的生理和损伤的机制研究，以及人工器官、矫形器械和外骨骼等设备的设计分析中。

力学中有矢量、张量和标量，也有矢量矩阵和张量矩阵的数学表达式，为了方便叙述，本书使用斜体字母表示标量矩阵，黑体斜体字母表示矢量和张量，黑体字母上方有向右的箭头表示矢量矩阵和张量矩阵，以区别于标量矩阵。

2.2 经典力学基础

2.2.1 刚体平面运动的力学

如前所述，刚体是指在受到力的作用下形状和大小不变的物体。刚体力学是在质点力学基础上发展起来的，是经典力学的重要组成部分。

一些较为简单的人体运动，人体环节都在一个平面内。例如，行走或者无转体的跳水动作，人体环节都在矢状面内运动，人体环节（如行走时的大腿）的运动可以通过刚体平面运动的力学原理，建立环节的运动学和动力学方程，进而进行逆向动力学或者正向动力学分析。

2.2.1.1 刚体平面运动

人们在现实生活中会遇到各种各样的刚体运动。例如，直线运动的火车上车厢平动，电动机的转子转动；骑车时大腿、小腿的围绕关节转动和随着自行车平动等。当我们考虑这些物体的运动时，通常都将它们看作刚体，即物体内部任意两点的距离保持不变。任何复杂刚体运动都可以看作平行移动与定轴转动运动的合成。当刚体做平面运动时，它上面任意点与某一固定平面的距离保持不变。刚体的平面运动，可以简化为一个平面几何（刚体）在其平面内的运动。

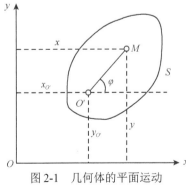

图 2-1　几何体的平面运动

设平面几何体 S 在其自身的平面 Oxy 内运动（图 2-1）。平面内任意一点 M 的位置可以由任意一个线段 $O'M$ 确定，而 $O'M$ 的位置则可以由 O' 的坐标($x_{O'}$、$y_{O'}$)，以及 $O'M$ 相对于 x 轴的转角 φ 决定。当 S 随着时间而位移时，$x_{O'}$、$y_{O'}$ 和 φ 都是时间 t 的函数。

$$\begin{cases} x_{O'} = f_1(t) \\ y_{O'} = f_2(t) \\ \varphi = f_3(t) \end{cases} \quad (2\text{-}1)$$

式（2-1）就是平面运动方程，也称为刚体平面运动方程。点 O' 称为基点。根据方程式（2-1）可以完全确定刚体的平面运动，基点的运动可以由方程的前两个式子确定，而转动则由第 3 个式子确定。图形的转动角速度和角加速度可以由第 3 个式子计算。

$$\omega = \frac{\mathrm{d}\varphi}{\mathrm{d}t} = f_3'(t) \tag{2-2}$$

$$\alpha = \frac{\mathrm{d}^2\varphi}{\mathrm{d}t^2} = f_3''(t) \tag{2-3}$$

通过计算，刚体上任意一点 M 的运动方程就是

$$\begin{cases} x = x_{O'} + \overline{O'M}\cos\varphi = f_1(t) + \overline{O'M}\cos f_3(t) \\ y = y_{O'} + \overline{O'M}\sin\varphi = f_2(t) + \overline{O'M}\sin f_3(t) \end{cases} \tag{2-4}$$

式中，$\overline{O'M}$ 为线段长度常量。通过上面公式就可以获得点 M 的轨迹、速度和加速度。

平面图形上任意一点的速度等于基点速度与该点相对基点转动的相对速度之矢量和（图 2-2），即如下矢量公式：

$$\boldsymbol{v}_M = \boldsymbol{v}_{O'} + \boldsymbol{v}_{MO'} \tag{2-5}$$

式中，$\boldsymbol{v}_{MO'}$ 为任意点 M 相对于基点 O'的转动速度 ω，其大小用以下公式计算：

$$\boldsymbol{v}_{MO'} = \overline{MO'}\omega \tag{2-6}$$

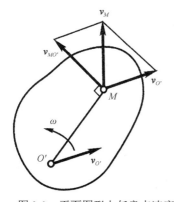

图 2-2　平面图形上任意点速度
与基点速度关系

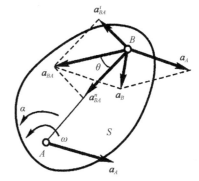

图 2-3　平面图形上任意点加速度
与基点加速度的关系

任意点 B 的加速度，等于基点加速度与该点绕基点的切向加速度及法向加速度的矢量和（图 2-3）。

$$\boldsymbol{a}_B = \boldsymbol{a}_A + \boldsymbol{a}_{BA}^t + \boldsymbol{a}_{BA}^n \tag{2-7}$$

式中，切向加速度标量大小由以下公式计算：

$$a_{BA}^t = \overline{BA}\alpha \tag{2-8}$$

式中，α 为平面图形的角加速度。而法向加速度大小则用以下公式计算：

$$a_{BA}^n = \overline{BA}\omega^2 \tag{2-9}$$

至此，如果已知基点的位移、速度和加速度，以及刚体的角速度和角加速度，我们就可以通过式（2-4）、式（2-5）和式（2-7）完全确定刚体的平面运动，计算刚体任意一点 B 的位移、速度和加速度。

2.2.1.2 刚体的转动惯量

1）转动惯量基本概念

前面已经指出，刚体的运动为刚体质心的运动和围绕质心转动的组合。作为刚体动力学的预备知识，需要建立刚体转动惯量的概念。

在物理中，研究刚体绕定轴转动时，建立了转动惯量的概念。如图 2-4 所示，刚体绕 z 轴的转动惯量（I_z），是刚体内所有质点质量（m）乘以质点距离 z 轴距离的平方（r^2）之和，

$$I_z = \sum mr^2 \tag{2-10}$$

由式（2-10）可以看出，转动惯量总是正值。它的大小不仅与刚体质量有关，而且与刚体各部分质量相对于转轴的距离有关，是由质量、质量分布和转轴的位置共同决定的物理量。所以在讨论某一物体的转动惯量时，必须说明围绕哪个转动轴。例如，式（2-10）中的 I_z 就是说明以 z 为轴的转动惯量。转动惯量的物理单位是 $kg \cdot m^2$。

如图 2-5 所示，坐标系 $Oxyz$ 固连在刚体上，设刚体上的任意质点 A 坐标是（x, y, z）。设 A 到 z 轴的距离为 r_z，则有 $r_z^2 = x^2 + y^2$。刚体对 z 轴转动惯量为

$$I_z = \sum mr_z^2 = \sum m\left(x^2 + y^2\right) \tag{2-11}$$

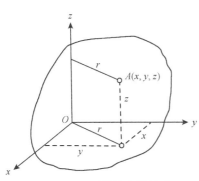

图 2-4 刚体绕定轴转动

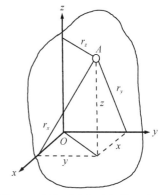

图 2-5 刚体质点与坐标轴距离

同理，可以得到刚体相对于 x 轴和 y 轴的转动惯量，与 z 轴转动惯量合并后可以得到

$$\begin{cases} I_x = \sum mr_x^2 = \sum m\left(y^2 + z^2\right) \\ I_y = \sum mr_y^2 = \sum m\left(z^2 + x^2\right) \\ I_z = \sum mr_z^2 = \sum m\left(x^2 + y^2\right) \end{cases} \qquad (2\text{-}12)$$

除上面相对于坐标轴的转动惯量外，力学中还有惯性积（product of inertia）的概念。刚体相对于轴 y 和轴 z、轴 z 和轴 x、轴 x 和轴 y 的惯性积定义为 $I_{yz} = \sum myz$、$I_{zx} = \sum mzx$、$I_{xy} = \sum mxy$。

在此我们建立了一般刚体转动惯量的定义及其计算公式。事实上，对于密度均匀的几何形状规则的刚体，如长杆、圆形板、长方体、球体等，都可以直接通过几何尺寸及其密度计算它们的转动惯量。人们已经建立了相关计算方法的手册，查阅对应的计算方法。

2）平行轴定理

根据前面内容显然可以看出，刚体转动惯量的大小与转动轴的位置有关。一般来说，密度均匀、几何形状规则的刚体，在转动惯量手册中可以查出其通过质心的转动惯量。例如，图 2-6 所示，质量为 M 的细长杆通过质心的转动惯量分别是 $I_{Cx} \approx 0, I_{Cy} = I_{Cz} = \dfrac{1}{12}Ml^2$。如果转动轴未通过质心的话，转动惯量的计算就需要运用平行轴定理。

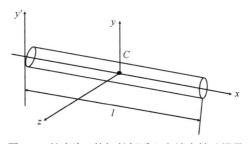

图 2-6　长度为 l 的细长杆质心和端点转动惯量

平行轴定理是指刚体对任意轴的转动惯量，等于它对于与该轴平行的通过刚体质心轴的转动惯量，加上刚体质量与两轴之间距离平方的乘积。

$$I_{y'} = I_{Cy} + Md^2 \qquad (2\text{-}13)$$

式中，d 是两轴之间的距离，$I_{y'}$ 是任意轴的转动惯量，I_{Cy} 则是通过刚体质心轴的转动惯量，M 是刚体质量。例如，应用平行轴定理可以计算出细长杆（图 2-6）

相对于杆端点 y' 的转动惯量：

$$I_{y'} = I_{Cy} + M\left(\frac{1}{2}l\right)^2 = \frac{1}{12}Ml^2 + \frac{1}{4}Ml^2 = \frac{1}{3}Ml^2$$

3）惯性主轴和中心转动惯量

任何刚体或者质点系转动惯量是一个二维张量，称为转动惯量张量。

$$\boldsymbol{I} = \begin{bmatrix} I_x & -I_{xy} & -I_{zx} \\ -I_{xy} & I_y & -I_{yz} \\ -I_{zx} & -I_{yz} & I_z \end{bmatrix} \tag{2-14}$$

很显然，转动惯量张量是一个对称矩阵。转动惯量张量中的数据随着坐标系的变换（平移和旋转）而变化。但是，任何刚体的转动惯量张量总存在 3 个正交方向，在这些方向上的惯性积都等于零。这 3 个方向称为惯性主轴。刚体对惯性主轴的转动惯量称为主转动惯量。如果 3 个惯性主轴都经过刚体的质心，则又称为中心惯性主轴，对应的转动惯量称为中心主转动惯量。需要指出的是，刚体的惯性主轴和主转动惯量都与刚体质量及其分布有关，与具体的坐标系无关，坐标系只是描述其方向而已。

2.2.1.3 刚体平面动力学方程

据运动学分析可知，刚体的平面运动实际上就是刚体质心运动与刚体围绕质心的转动合成（图 2-2）。刚体平面运动的动力学方程就是联合建立的质心运动动力学方程和转动运动动力学方程。

$$\begin{cases} M\dfrac{\mathrm{d}^2 x_C}{\mathrm{d}t^2} = \sum F_x \\[2mm] M\dfrac{\mathrm{d}^2 y_C}{\mathrm{d}t^2} = \sum F_y \\[2mm] I_{Cz}\dfrac{\mathrm{d}^2\varphi}{\mathrm{d}t^2} = \sum m_{Cz}(F) \end{cases} \tag{2-15}$$

式中，Cz 是刚体中心惯性主轴，I_{Cz} 则是中心主转动惯量，$m_{Cz}(F)$ 是外力对于中心惯性主轴的力矩。

上式意味着刚体平面运动时，质量和质心运动加速度的乘积等于刚体所受外力的合力；中心主转动惯量和角加速度的乘积等于刚体所受到的外力对于中心惯性主轴的合力矩。在建立了任意刚体平面运动动力学方程（2-15）后，我们如果已知刚体的初始条件，就可以通过该式获得刚体的运动方程：

$$\begin{cases} x_C = f_1(t) \\ y_C = f_2(t) \\ \varphi = f_3(t) \end{cases} \qquad (2\text{-}16)$$

这种由动力学方程和初始条件求解运动规律的过程通常称为逆向动力学。反之，根据运动规律，我们也可以求解刚体所受的力，这种求解过程称为正向动力学。式（2-15）中的 3 个方程彼此独立，可以单独求解。

2.2.2　分析动力学

牛顿力学具有几何直观的特点，但在分析处理受约束的质点系时出现很多约束力，问题变得十分烦琐。分析力学采用纯粹的解析方法分析力学问题，特别适用于有约束的质点系。

分析力学主要包括 1788 年建立的拉格朗日力学和 1834 年建立的哈密顿（Hamilton）力学，本节主要介绍拉格朗日力学。

分析力学研究对象是质点系，适合于宏观现象的力学体系。质点系可看作宏观物体组成的力学系统的理想模型，如刚体、弹性体、流体及它们的复合体，都可视为质点系；质点数可由一个到无穷个。

2.2.2.1　基本概念

一般来说，质点 M_i 在空间范围内的位置可以由 3 个坐标 x_i、y_i、z_i 来确定。对于自由质点，这 3 个坐标是相互独立的。如果质点受到几何性质的约束，则在质点系内的各质点坐标之间存在某些关系。例如，$x_1=c'$，$x_2=c''$（c' 和 c'' 都是常量），这种解析式就是一种关系，也称为约束。

在一般情况下，设对于由 n 个质点 M_1，M_2，$\cdots$，M_n 组成的非自由质点系，存在如下的预定关系：

$$f(x_1, y_1, z_1, x_2, y_2, z_2, \cdots, x_n, y_n, z_n, t) \geqslant 0 \qquad (2\text{-}17)$$

这种关系式称为几何约束的约束方程。此外还有对质点运动速度预先加以限制的运动约束，这里不再讨论。

特别的，常见的约束方程式（2-18）中不含时间变量，并且关系式是等式：

$$F_j(x_1, y_1, z_1, x_2, y_2, z_2, \cdots, x_n, y_n, z_n, t) = 0 \qquad (2\text{-}18)$$
$$(j=1, 2, \cdots, s)$$

且 $s \leqslant 3n$。事实上，如果 $s=3n$，则意味着 $3n$ 个约束方程已经将全部 n 个质点的位置完全确定；如果再增加约束，增加的约束必须与前面 $3n$ 个约束协调，这时候新的约束就不是独立的约束。

如果式（2-18）中 s 个约束都是互相独立的约束，则质点系仍然有 $k=3n-s$ 个独立的运动形式，k 就是质点系的自由度。

所谓广义坐标，是指能够单一地确定质点系位置的一组独立参变数。广义坐标也称为广义位移。例如，在轨道上行驶的一列火车，可以作为整体，在弧坐标中唯一地定位；单摆在平面内摆动，可以采用摆线与垂直线的夹角唯一地确定摆的位置。

当仅考虑人体在空中运动中的质心运动时，可以把身体看作整体，质心可以在 3 个方向上自由运动，具有 3 个自由度，需要 3 个独立坐标确定质心位置。但是在水平地面上运动时，质心基本上在与地面平行的平面内运动，可以由 2 个独立坐标确定质心位置。

对于刚体来说，在三维空间中自由的刚体具有 6 个自由度，可以由质心运动的 3 个坐标和 3 个转动角度确定刚体在空间中的位置和方位。

在多数情况下，广义坐标个数与质点系的自由度的数目相等。

2.2.2.2 拉格朗日方程

拉格朗日在虚功原理和达朗贝尔原理的基础上，建立了分析力学分支。继续前面讨论过的 n 个质点 $M_1, M_2, \cdots, M_n$ 组成的非自由质点系，受到 s 个独立的几何约束，

$$f_j\,(x_1, y_1, z_1, x_2, y_2, z_2, \cdots, x_n, y_n, z_n, t) = 0 \qquad (2\text{-}19)$$
$$(j = 1, 2, \cdots, s)$$

这样，质点系就有 $k = 3n - s$ 个自由度，对应的广义坐标为 q_i（$i = 1, 2, 3, \cdots, k$）。质点系的动能为

$$T = \sum_{i=1}^{n} \frac{1}{2} m_i v_i^2 \qquad (2\text{-}20)$$

式中，$v_i (i = 1, 2, 3, \cdots, k)$ 为广义坐标表示的质点速度。质点系的动力学方程为

$$\frac{\mathrm{d}}{\mathrm{d}t}\left(\frac{\partial T}{\partial \dot{q}_j}\right) - \frac{\partial T}{\partial q_j} = Q_j \qquad (2\text{-}21)$$
$$(j = 1, 2, \cdots, k)$$

式中，$\dot{q} = \dfrac{\mathrm{d}q}{\mathrm{d}t}$ 称为广义速度，Q_j 称为广义力。式（2-21）就是拉格朗日方程，是广义坐标形式的动力学普遍方程。

如果质点系是保守系统，即所有的主动力都是有势力（保守力），势能为 $V(q_1, q_2, \cdots, q_k)$。引入拉格朗日函数：

$$L(q_1, q_2, q_3, \cdots, q_k; \dot{q}_1, \dot{q}_2, \dot{q}_3, \cdots, \dot{q}_k, t) = T - V \qquad (2\text{-}22)$$

这时候，拉格朗日方程可以写成

$$\frac{\mathrm{d}}{\mathrm{d}t}\left(\frac{\partial L}{\partial \dot{q}_j}\right)-\frac{\partial L}{\partial q_j}=0 \qquad (2\text{-}23)$$

这就是保守系统的拉格朗日方程。

　　应用拉格朗日方程首先必须计算质点系的总动能。质点系的总动能等于系统内所有质点和刚体的动能之和［式（2-20）］。刚体动能等于质量集中于质心运动的动能与刚体围绕质心转动的转动动能之和。无论是方程（2-21）中的 T，还是方程（2-23）中的 L，它们都是 q_j，$\dot{q}_j$，t 的函数。

　　分析力学已经应用在一些人体运动的动力学方程建模与仿真研究中。这些研究具有两个共同特点：①人体动作多为平面运动，并且可以通过 2～5 个环节描述人体运动；②由于是平面运动，同时环节数目不太多，系统模型的自由度也有限，因此可以通过分析力学方法人工推导运动的动力学方程解析式，并且可以通过数值方法求解。

2.2.3　多体系统动力学

　　在科学研究和生产实际需求的推动下，20 世纪 60～70 年代，经典的刚体力学、分析力学与现代的计算机技术相结合产生了新的力学分支——多体系统动力学。多体系统动力学建立了复杂机械系统运动学和动力学程式化的数学模型，同时通过相应的软件开发系统，利用计算机程序就能自动进行程式化处理，建立实际问题的具体数学模型，寻求高效、稳定的数值求解方法，同时将分析计算结果采用动画显示、图表或其他方式呈现。目前多体系统动力学分析已经形成了比较系统的研究方法，形成了有代表性的几个流派。比较有代表性的方法包括罗伯森-维藤堡（Roberson-Wittenburg，R/W）方法、凯恩方法（Kane method）、旋量方法和变分方法。本节简要介绍 R/W 方法和凯恩方法的动力学方程，这两种方法属于使用相对坐标的多体系统动力学，更多、更详细的资料可以参阅参考文献。

　　人体包括了头颈、躯干和四肢的多环节系统，在运动过程中人体除了受到环境物体的外力作用，环节之间也存在着相互作用力。人体复杂运动（如体操动作）过程中，环节之间呈现高度多样性。尽管如此，这些复杂运动都遵循着基本力学规律，多体系统动力学就可以描述和研究人体的多环节运动生物力学规律。

2.2.3.1　多体系统的结构

1）结构图和编号

　　由多个刚体组成的系统称为多体系统。在多体系统中，各组成刚体之间的联系称为铰。铰对所联系的刚体施加运动学约束。工程中常见的铰包括旋转铰、棱柱铰、圆柱铰、万向铰、平面铰和球铰，它们分别具有 1、1、2、2、2 和 3 个自由度。一般来说，人体关节可以看作 1 个自由度的旋转铰（如肘关节和膝关节）

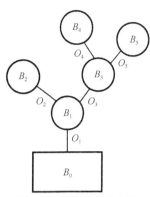

图 2-7 多体系统示意图

或者 3 个自由度的球铰（如髋关节和肩关节）。然而，当研究的问题不同，它们的自由度也可以改变。例如，在研究矢状面内行走时，髋关节可以看作 1 个自由度的旋转铰。

罗伯森（Roberson）和维藤堡（Wittenburg）引入图论方法中的有向图描述多刚体系统的结构。有向图的顶点表示刚体，记为 B_i(i=1, 2, $\cdots$), i 为刚体的序号。连接顶点的有向弧表示铰，记为 O_j(j=1, 2, $\cdots$), j 为铰的序号（图 2-7）。这种由顶点和有向弧组成的有向图就是多体系统的结构图。

设顶点 B_i 沿着一些弧到达另一顶点 B_j，并且没有任何一条弧被重复通过，则称这些弧为 B_i 至 B_j 的路。当系统中任意两个顶点之间只存在唯一的路时，称为树系统，反之称为非树系统。图 2-8 为树系统和非树系统的比较。

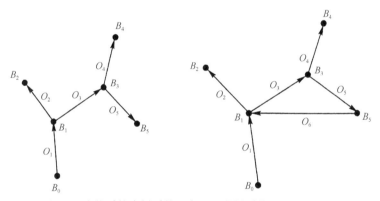

图 2-8 多体系统中树系统（左）和非树系统（右）的结构

在刚体系统中，运动规律已完全确定，可作为其他刚体的参照物的刚体，称为系统的根，记为 B_0，也称为零刚体。刚体系统可以按照系统中是否存在根而分为有根系统和无根系统。具有基座的任何刚体系统，如工地的起重机，都是有根系统；轨道飞行航天器、腾空的人体都是无根系统。在多体系统动力学的 R/W 方法中，推导有根系统和无根系统的动力学方程存在较大差别。对于无根系统，也可以将参考坐标系看作零刚体，并且将系统通过抽象的虚铰与零刚体连接，这时就可以采用有根系统的方法处理分析无根系统。

2）关联矩阵和通路矩阵

在图论中引入关联矩阵和通路矩阵对刚体系统的结构进行描述。关联矩阵 S 的行号和列号分别对应刚体和铰，S_{ij} 定义为

$$S_{ij} = \begin{cases} 1 & O_j \text{与关联且} B_i \text{为起点} \\ -1 & O_j \text{与关联且} B_i \text{为终点} \\ 0 & O_j \text{与} B_i \text{无关联} \end{cases} \quad (2\text{-}24)$$

通路矩阵 T 的行号和列号分别与刚体和铰的序号对应，T_{ji} 定义为

$$T_{ji} = \begin{cases} 1 & O_j \text{属于} B_0 \text{至} B_i \text{的路且指向} B_0 \\ -1 & O_j \text{属于} B_0 \text{至} B_i \text{的路且背向} B_0 \\ 0 & O_j \text{不属于} B_0 \text{至} B_i \text{的路} \end{cases} \quad (2\text{-}25)$$

2.2.3.2 多体系统的运动学

1）刚体的角速度和角加速度

设系统内刚体之间的连接铰都是单自由度转动铰。设铰 O_j 的转轴基矢量为 $\boldsymbol{p}_j$ ($j=1, 2, \cdots, n$)，铰 O_j 关联的外侧刚体 B_j 相对内侧刚体 B_i 的转动角为 $q_j (j=1, 2, \cdots, n)$ 为广义坐标，则 B_j 相对 B_i 的转动角速度为

$$\boldsymbol{\Omega}_j = \boldsymbol{p}_j \dot{q}_j \ (j=1, 2, \cdots, n) \quad (2\text{-}26)$$

$\boldsymbol{\Omega}_j$ 和 $q_j (j=1, 2, \cdots, n)$ 可以列成列阵 $\bar{\boldsymbol{\Omega}} = \left(\boldsymbol{\Omega}_1 \ \boldsymbol{\Omega}_2 \cdots \boldsymbol{\Omega}_n \right)^{\mathrm{T}}$，$\boldsymbol{q} = \left(q_1 \ q_2 \cdots q_n \right)^{\mathrm{T}}$。用广义坐标列阵 $\boldsymbol{q}$ 描述的系统内各刚体的角速度和角加速度为

$$\bar{\boldsymbol{\omega}} = \bar{\boldsymbol{\beta}} \dot{\boldsymbol{q}} + \boldsymbol{\omega}_0 1_n \quad (2\text{-}27)$$

$$\dot{\bar{\boldsymbol{\omega}}} = \bar{\boldsymbol{\beta}} \ddot{\boldsymbol{q}} + \bar{\boldsymbol{\sigma}} \quad (2\text{-}28)$$

式中，$\boldsymbol{\omega}_0$ 为 B_0 的角速度，1_n 为由 n 个 1 排成的列阵，矢量矩阵 $\bar{\boldsymbol{\beta}}$ 和 $\bar{\boldsymbol{\sigma}}$ 定义为

$$\bar{\boldsymbol{\beta}} = -\left(\bar{\boldsymbol{p}} \boldsymbol{T} \right)^{\mathrm{T}}, \ \bar{\boldsymbol{\sigma}} = \dot{\boldsymbol{\omega}}_0 1_n - \boldsymbol{T}^{\mathrm{T}} \bar{\boldsymbol{f}} \quad (2\text{-}29)$$

式中，$\boldsymbol{T}$ 是刚体系统的通路矩阵，$\bar{\boldsymbol{f}} = \left(\boldsymbol{f}_1 \ \boldsymbol{f}_2 \cdots \boldsymbol{f}_n \right)^{\mathrm{T}}$，$\boldsymbol{f}_j = \boldsymbol{\omega}_{i(j)} \times \boldsymbol{\Omega}_j (j=1, 2, \cdots, n)$。

2）体铰矢量与通路矢量

体铰矢量是指自刚体 B_i 质心 O_{ci} 向与 B_i 关联的任意铰 O_j 所做的矢量，记为 $\boldsymbol{c}_{ij}$。将 $\boldsymbol{c}_{ij}$ 与关联矩阵元素 S_{ij} 的乘积，记为 $\boldsymbol{C}_{ij}$。

$$\boldsymbol{C}_{ij} = S_{ij} \boldsymbol{c}_{ij} \ (i, j = 1, 2, \cdots, n) \quad (2\text{-}30)$$

以 $\boldsymbol{C}_{ij}$ 为元素的矢量矩阵称为体铰矢量矩阵 $\bar{\boldsymbol{C}}$。将体铰矢量矩阵 $\bar{\boldsymbol{C}}$ 与通路矩阵相乘，就得到一个 n 阶矢量矩阵，称为通路矢量矩阵 $\bar{\boldsymbol{d}}$。

$$\bar{\boldsymbol{d}} = -\bar{\boldsymbol{C}} \boldsymbol{T} \quad (2\text{-}31)$$

3）刚体的质心速度和加速度

在定义了刚体系统的体铰矢量矩阵和通路矢量矩阵后，我们就可以建立一般

形式的刚体质心速度和加速度的计算方程。设铰 O_1 相对于惯性空间中的固定参考点 O_0 的矢径为 $\boldsymbol{r}_0$，则任意刚体质心 B_i 的质心 O_{ci} 的矢径 $\boldsymbol{r}_i$ 可以按照通路矢量的元素的矢量和来计算

$$\boldsymbol{r}_i = \sum_{l=1}^{n} \boldsymbol{d}_{li} + \boldsymbol{r}_0 \quad (i=1, 2, \cdots, n) \tag{2-32}$$

刚体质心速度和加速度可以用广义坐标 $\boldsymbol{q}$ 表示

$$\vec{r} = \bar{\boldsymbol{a}}\dot{\boldsymbol{q}} + \bar{\boldsymbol{v}} \tag{2-33}$$

$$\vec{r} = \bar{\boldsymbol{a}}\ddot{\boldsymbol{q}} + \bar{\boldsymbol{u}} \tag{2-34}$$

式中，$\bar{\boldsymbol{a}}$、$\bar{\boldsymbol{v}}$ 和 $\bar{\boldsymbol{u}}$ 分别由以下公式定义

$$\bar{\boldsymbol{a}} = -\left(\bar{\boldsymbol{p}}\boldsymbol{T} \times \bar{\boldsymbol{d}}\right)^{\mathrm{T}}, \ \bar{\boldsymbol{v}} = \dot{\boldsymbol{r}}_0 \boldsymbol{1}_n - \bar{\boldsymbol{d}}^{\mathrm{T}} \times \boldsymbol{\omega}_0 \boldsymbol{1}_n, \ \bar{\boldsymbol{u}} = \bar{\boldsymbol{a}} - \bar{\boldsymbol{d}}^{\mathrm{T}} \times \bar{\boldsymbol{\sigma}} \tag{2-35}$$

2.2.3.3 罗伯森-维藤堡方法与凯恩方法

1）罗伯森-维藤堡方法

罗伯森-维藤堡（R/W）方法的动力学方程是通过有根树系统推导出来的，对于无根树系统，可以进行适当处理，也可以推导出对应的动力学方程。为节省篇幅，在此只讨论单自由度有根树系统的动力学方程，更详细的内容可以查阅参考文献。

讨论刚体系统有 n 个刚体 $B_i(i=1, 2, \cdots, n)$ 由 n 个单自由度铰 $O_j(j=1, 2, \cdots, n)$ 连接，组成有根树系统。该系统具有 n 个自由度，对应的广义坐标为 $q_j(i=1, 2, \cdots, n)$。设刚体质量和中心转动惯量张量分别为 m_i 和 $\boldsymbol{I}_i$，质心 c_i 相对固定参考点的矢径为 $\boldsymbol{r}_i$，转动角速度为 $\boldsymbol{\omega}_i$，系统受到的主动外力（如重力）对刚体质心作用的力矢量和力矩矢量分别是 $\boldsymbol{F}_i^g$ 和 $\boldsymbol{M}_i^g$，系统内部通过铰 O_j 的作用于刚体之间的主动力矩为 $\boldsymbol{M}_i^a$。那么刚体系统的动力学方程为

$$\boldsymbol{A}\ddot{\boldsymbol{q}} = \boldsymbol{B} \tag{2-36}$$

系数矩阵 $\boldsymbol{A}$ 和 $\boldsymbol{B}$ 分别由以下公式计算

$$\begin{cases} \boldsymbol{A} = \bar{\boldsymbol{a}}^{\mathrm{T}} \cdot \boldsymbol{m} \cdot \bar{\boldsymbol{a}} + \bar{\boldsymbol{\beta}}^{\mathrm{T}} \cdot \bar{\boldsymbol{I}} \cdot \bar{\boldsymbol{\beta}} \\ \boldsymbol{B} = \bar{\boldsymbol{a}}^{\mathrm{T}} \cdot \left(\bar{\boldsymbol{F}}^g - \boldsymbol{m}\bar{\boldsymbol{u}}\right) + \bar{\boldsymbol{\beta}}^{\mathrm{T}} \cdot \left(\bar{\boldsymbol{M}}^g - \bar{\boldsymbol{I}} \cdot \bar{\boldsymbol{\sigma}} - \bar{\boldsymbol{\varepsilon}}\right) + \bar{\boldsymbol{p}} \cdot \bar{\boldsymbol{M}}^a \end{cases} \tag{2-37}$$

式中，矩阵和矢量矩阵分别是

$$\begin{cases} \boldsymbol{m} = \mathrm{diag}\left(m_1 \ m_2 \cdots m_n\right), \bar{\boldsymbol{I}} = \mathrm{diag}\left(\boldsymbol{I}_1 \ \boldsymbol{I}_2 \cdots \boldsymbol{I}_n\right), \bar{\boldsymbol{\varepsilon}} = \left(\boldsymbol{\varepsilon}_1 \boldsymbol{\varepsilon}_2 \cdots \boldsymbol{\varepsilon}_n\right)^{\mathrm{T}} \\ \bar{\boldsymbol{F}}^g = \left(\bar{\boldsymbol{F}}_1^g \ \bar{\boldsymbol{F}}_2^g \cdots \bar{\boldsymbol{F}}_n^g\right)^{\mathrm{T}}, \bar{\boldsymbol{M}}^g = \left(\bar{\boldsymbol{M}}_1^g \ \bar{\boldsymbol{M}}_2^g \cdots \bar{\boldsymbol{M}}_n^g\right)^{\mathrm{T}}, \bar{\boldsymbol{M}}^a = \left(\bar{\boldsymbol{M}}_1^a \ \bar{\boldsymbol{M}}_2^a \cdots \bar{\boldsymbol{M}}_n^a\right)^{\mathrm{T}} \end{cases} \tag{2-38}$$

式中，$\boldsymbol{\varepsilon}_i = \boldsymbol{\omega}_i \times \left(\boldsymbol{I}_i \cdot \boldsymbol{\omega}_i\right)(i=1, 2, \cdots, n)$，而式（2-37）中其他参数的计算都已经在前面讨论。

式（2-36）就是 R/W 方法所推导的多体系统的一般形式的动力学方程。当系统的结构、刚体惯性参数、铰的位置和约束特点，以及主动力变化特征都确定以后，多体系统的动力学方程就可以完全确定，系数矩阵 $\boldsymbol{A}$ 为广义坐标 $\boldsymbol{q}$ 的确定函数，$\boldsymbol{B}$ 为广义坐标 $\boldsymbol{q}$ 和广义速度 $\dot{\boldsymbol{q}}$ 的确定函数。

2）凯恩方法

凯恩方法选取单个刚体的质心速度或角速度的投影，或者选取邻接刚体的相对转角 $q_j(j=1, 2, \cdots, n)$ 的导数，作为独立的广义速率 $q_v(v=1, 2, \cdots, n)$。这里仍然讨论单自由度转动铰连接的有根系统，自由度 f 等于刚体数 n。令

$$u_v = \dot{q}_v \quad (v=1, 2, \cdots, n) \tag{2-39}$$

利用式（2-26）、（2-27）和（2-33）可以写出广义速率表示的单个刚体质心速度、角速度和邻接刚体相对的角速度。再经过推导后可以得出广义主动力和广义惯性力

$$\begin{cases} \tilde{F}_v = \bar{\boldsymbol{F}}^{g\mathrm{T}} \cdot \bar{\boldsymbol{v}}_v + \bar{\boldsymbol{M}}^{g\mathrm{T}} \cdot \bar{\boldsymbol{\omega}}_v + \bar{\boldsymbol{M}}^{a\mathrm{T}} \cdot \bar{\boldsymbol{\Omega}}_v \\ \tilde{F}_v^* = -m\ddot{\bar{\boldsymbol{r}}}^{\mathrm{T}} \cdot \bar{\boldsymbol{v}}_v - \left(\bar{\boldsymbol{I}} \cdot \dot{\bar{\boldsymbol{\omega}}} + \boldsymbol{\varepsilon} \right)^{\mathrm{T}} \cdot \bar{\boldsymbol{\omega}}_v \end{cases} \tag{2-40}$$

式中，

$$\bar{\boldsymbol{v}}_v = \left(v_1^{(v)} \, v_2^{(v)} \cdots v_n^{(v)} \right)^{\mathrm{T}}, \bar{\boldsymbol{\omega}}_v = \left(\omega_1^{(v)} \, \omega_2^{(v)} \cdots \omega_n^{(v)} \right)^{\mathrm{T}} \tag{2-41}$$

$$\bar{\boldsymbol{\Omega}}_v = \left(\boldsymbol{\Omega}_1^{(v)} \, \boldsymbol{\Omega}_2^{(v)} \cdots \boldsymbol{\Omega}_n^{(v)} \right)^{\mathrm{T}}$$

将式（2-40）组成矩阵形式

$$\tilde{F} = \left(\tilde{F}_1 \, \tilde{F}_2 \cdots \tilde{F}_n \right)^{\mathrm{T}}, \tilde{F}^* = \left(\tilde{F}_1^* \, \tilde{F}_2^* \cdots \tilde{F}_n^* \right)^{\mathrm{T}} \tag{2-42}$$

根据广义主动力与广义惯性力之和等于零，得到刚体系统的动力学方程

$$\tilde{F} + \tilde{F}^* = 0 \tag{2-43}$$

凯恩方法在确定广义速率后，即可计算出系统内各刚体相应的偏速度和偏角速度，以及相应的广义主动力和广义惯性力，建立动力学方程。该方法推导多体系统动力学方程应用范围广、程式化强，方便应用计算机软件实现，已经应用于多体动力学仿真的计算机软件系统。

近年来，随着计算机计算能力的快速提升，人们开发了一些基于多体系统动力学方法的软件系统（如 MSC Adams 系统），广泛应用于车辆、机械系统、航天器等工业领域的计算机仿真研究和工业设计。同时，人们也建立了一些人体运动仿真的计算机软件系统，如 Anybody、OpenSim 等。另外，人们还开发了基于 MSC Adams 的插件软件：LifeMod 软件。它也可以进行人体运动计算机建模仿真，同时还可以基于 MSC Adams 建立各种机械模型，研究人体运动与环境和机械等

物品的力学关系。

2.3 固体力学基础

固体力学是研究固体受到外力等因素（也包括温度）作用下内部微小单元的应力、应变、位移及破坏等规律的科学。人体在运动过程中各环节都承受着各种力的作用，组成环节的生物组织（如骨骼、肌肉、韧带，甚至血管和神经等）都会发生变形，这些变形与生物组织受到的应力变化有关。同时，生物组织的生理和病理变化（如细胞的生长、损伤和凋亡）也都与其受到的应力和应变有关。本节简要介绍应力、应变和主要控制方程等固体力学基本概念和方程，以便在应力和应变尺度上研究人体运动的生物力学奠定基础。

2.3.1 基本概念

2.3.1.1 应力

固体材料受到外力作用时就会产生内力和变形。描述物体中任何位置的内力和变形特征的力学量就是应力和应变。如图 2-9 所示，物体受到一组外力后处于平衡状态，为了考察物体内部 P 点的受力状况，使用通过 P 点的假想平面 C 将物

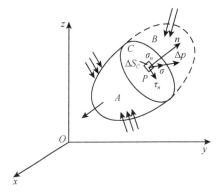

体分为 A、B 两个部分。如果将 B 移走，则 B 对 A 的作用可以由 B 对 A 的一组作用力代替。这组力在 B 移走前，实际是物体内部的 A、B 之间在平面 C 截面上的内力，并且为分布力。如果在 P 点周围取一个微小的面积元素 ΔS_C，ΔS_C 面积上的内力矢量是 Δp，则该区域内力的集中程度是 $\Delta p/\Delta S_C$。当 ΔS_C 趋于无穷小时，$\Delta p/\Delta S_C$ 就是 C 平面内 P 点的应力，即

图 2-9 物体内平面的应力

$$\sigma = \lim_{\Delta S_C \to o} \frac{\Delta p}{\Delta S_C} \qquad (2\text{-}44)$$

应力 σ 也是矢量，方向与 Δp 相同。事实上，常常将应力矢量分解为与截面法向和切向的两个应力分量，前者称为正应力 σ_n，后者称为剪应力或切应力 τ_n。

为了考察 P 点其他方向上的应力状况，我们可以考察在 P 点周围微小立方体的应力状况（图 2-10）。由于微小立方体处于平衡状态，因此物体内一点应力共有 9 个分量，并且是二阶张量。式（2-45）矩阵为对称矩阵，即 $\tau_{xy} = \tau_{yx}$，$\tau_{yz} = \tau_{zy}$，$\tau_{xz} = \tau_{zx}$。

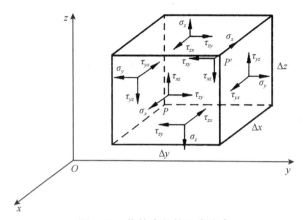

图 2-10　物体内部的三维应力

$$\vec{\sigma} = \begin{bmatrix} \sigma_x & \tau_{xy} & \tau_{xz} \\ \tau_{yx} & \sigma_y & \tau_{yz} \\ \tau_{zx} & \tau_{zy} & \sigma_z \end{bmatrix} \qquad (2\text{-}45)$$

2.3.1.2　位移

物体受到外力作用必然会发生变形。物体上任意一点的位移就是该点在受力前、后位置的空间距离和移动方向，位移是矢量。

2.3.1.3　应变

物体在受到外力作用下变形的程度就是应变（图 2-11）。假设物体内部某点附近的某长度为 L 的微小单元，在变形后长度增加了 ΔL，则该点应变就是以下极限值，

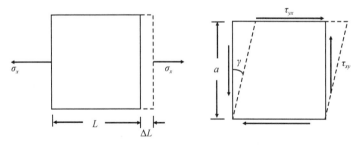

图 2-11　物体内部微小单元的正应变和剪应变

$$\varepsilon = \lim_{L \to 0} \frac{\Delta L}{L} \qquad (2\text{-}46)$$

式（2-46）所定义的应变是物体内部线段长度变化量的集中程度，称为正应变（也称线应变）。然而，有些物体变形时有角度的变化，这种变化称为切应变（也称角应变、剪应变）。切应变是物体内部两个相互垂直的微小线段在变形后夹角的

改变量。应变与所考虑的点的位置和所选取的方向有关。一般地，正应变用 ε 表示，而切应变用 γ 表示。

与应力一样，应变也是二阶张量，物体内部任何一点的应变具有 9 个分量：

$$\bar{\varepsilon} = \begin{bmatrix} \varepsilon_x & \gamma_{xy} & \gamma_{xz} \\ \gamma_{yx} & \varepsilon_y & \gamma_{yz} \\ \gamma_{zx} & \gamma_{zy} & \varepsilon_z \end{bmatrix} \tag{2-47}$$

式（2-47）矩阵为对称矩阵，即 $\gamma_{xy} = \gamma_{yx}$，$\gamma_{yz} = \gamma_{zy}$，$\gamma_{xz} = \gamma_{zx}$。

2.3.1.4 应变能

从能量角度来看，物体如果受外力作用时发生弹性变形，则外力对物体的做功完全转换为物体内部的变形势能。但物体内部应力和应变往往都是不均匀的，因此需要引入应变能密度函数。应变能密度 U_1 是指物体变形时单位体积上的应力所做的功，

$$U_1 = \frac{1}{2}(\sigma_x \varepsilon_x + \sigma_y \varepsilon_y + \sigma_z \varepsilon_z + \tau_{yz}\gamma_{yz} + \tau_{zx}\gamma_{zx} + \tau_{xy}\gamma_{xy}) \tag{2-48}$$

整个物体上的应变能为应变能密度在物体内全部体积中进行的积分，

$$U = \iiint U_1 \mathrm{d}x\mathrm{d}y\mathrm{d}z \tag{2-49}$$

2.3.2 基本原理

2.3.2.1 控制方程

在固体力学中，物体受到外力作用产生的变形的控制方程有 3 组：平衡方程、几何方程和本构方程。几何方程和平衡方程实质上就是物理学中的守恒定律（质量守恒、动量守恒和能量守恒）的变形。平衡方程和几何方程与材料的本构方程相结合，就形成了关于物体运动的完整的数学描述。

1）平衡方程

物体处于平衡状态时，物体内部任何一点的应力都应满足平衡条件，对应的微分方程就是平衡方程。

$$\begin{cases} \dfrac{\partial \sigma_x}{\partial x} + \dfrac{\partial \tau_{xy}}{\partial y} + \dfrac{\partial \tau_{xz}}{\partial z} + F_x = 0 \\[3mm] \dfrac{\partial \tau_{yx}}{\partial x} + \dfrac{\partial \sigma_y}{\partial y} + \dfrac{\partial \tau_{zy}}{\partial z} + F_y = 0 \\[3mm] \dfrac{\partial \tau_{zx}}{\partial x} + \dfrac{\partial \tau_{zy}}{\partial y} + \dfrac{\partial \sigma_z}{\partial z} + F_z = 0 \end{cases} \tag{2-50}$$

式中，F_x、F_y 和 F_z 是单位体积上的外力（惯性力）矢量。

2）几何方程

设物体内部任意一点在外力作用下发生变形，在 x、y 和 z 方向上产生位移 u、v 和 w，在小变形条件下，该点应变与位移满足以下关系，

$$
\begin{cases}
\varepsilon_x = \dfrac{\partial u}{\partial x}, \ \varepsilon_y = \dfrac{\partial v}{\partial y}, \ \varepsilon_z = \dfrac{\partial w}{\partial z} \\[2mm]
\gamma_{yz} = \dfrac{\partial w}{\partial y} + \dfrac{\partial v}{\partial z}, \ \gamma_{zx} = \dfrac{\partial u}{\partial z} + \dfrac{\partial w}{\partial x}, \ \gamma_{xy} = \dfrac{\partial v}{\partial x} + \dfrac{\partial u}{\partial y}
\end{cases}
\tag{2-51}
$$

几何方程实质上就是物体的连续性方程，物体受到外力作用会发生刚体位移和变形，而几何方程则是排除刚体位移后位移与应变的关系。

3）本构方程

本构方程也称为物理方程，是指固体材料应力与应变之间关系的方程。显然，不同的材料具有不同的本构方程。最简单的本构方程是完全弹性的各向同性介质内，变形分量与应力分量之间的关系：

$$
\begin{cases}
\varepsilon_x = \dfrac{1}{E}\left[\sigma_x - \mu\left(\sigma_y + \sigma_z\right)\right] \\[2mm]
\varepsilon_y = \dfrac{1}{E}\left[\sigma_y - \mu\left(\sigma_z + \sigma_x\right)\right] \\[2mm]
\varepsilon_z = \dfrac{1}{E}\left[\sigma_z - \mu\left(\sigma_x + \sigma_y\right)\right] \\[2mm]
\gamma_{yz} = \dfrac{1}{G}\tau_{yz} \\[2mm]
\gamma_{zx} = \dfrac{1}{G}\tau_{zx} \\[2mm]
\gamma_{xy} = \dfrac{1}{G}\tau_{xy}
\end{cases}
\tag{2-52}
$$

式中，E 是拉压弹性模量，又称弹性模量；G 是剪切弹性模量，又称刚度模量；μ 是泊松比。这 3 个常数存在如下的关系：

$$
G = \frac{E}{2(1+\mu)}
\tag{2-53}
$$

生物材料的本构方程十分复杂多变，大多数生物材料呈现各向异性和非线性。人们已经认识到，生物种类繁多、形式多样，生物体在个体、系统、器官、组织、多细胞、细胞、亚细胞、分子等不同水平上千差万别。生物体在化学组成、几何形态与结构、生理功能和物理性质等方面都具有高度相关性。有关生物材料的本构关系一直是人类认识自然客观规律的重要内容。人体运动有关的骨和软组织力

学性质将在 2.5 节介绍。

4）边界条件

设某物体 V 的全部边界为 S。一部分边界上外力 $\overline{T}_x$、$\overline{T}_y$、$\overline{T}_z$ 已知，用 S_σ 表示，称为力边界条件；另一部分边界上位移 $\overline{u}$、$\overline{v}$、$\overline{w}$ 已知，用 S_u 表示，称为几何边界条件，或者位移边界条件。这两部分之和就是物体的全部边界，即

$$S = S_\sigma + S_u \tag{2-54}$$

设边界法线的方向余弦为 $\boldsymbol{n} = (n_x, n_y, n_z)$。在 S_σ 区域，则根据边界微单元的平衡条件，有如下公式：

$$\begin{cases} \overline{T}_x = n_x \sigma_x + n_y \tau_{yx} + n_z \tau_{zx} \\ \overline{T}_y = n_x \tau_{xy} + n_y \sigma_y + n_z \tau_{zy} \\ \overline{T}_z = n_x \tau_{xz} + n_y \tau_{yz} + n_z \sigma_z \end{cases} \tag{2-55}$$

在 S_u 区域，物体的位移已知，即

$$u = \overline{u}, \quad v = \overline{v}, \quad w = \overline{w} \tag{2-56}$$

以上就构成了物体弹性力学的基本方程和边界条件，包括物体内部的平衡方程、几何方程和本构方程，以及力边界条件和位移边界条件。对于少数几何形状规则的物体（如杆、梁、轴对称物体、圆板等），受到较特殊的载荷作用（如平面力）的一些弹性力学问题，人们已经获得了精确的解析解。但是，面对目前大量的机械工程中的形态各异、载荷多变和材料性质（如复合材料）各异的问题，人们依靠传统的弹性力学已经无法推导计算解析解。在人体内，人体骨骼、软组织等组织器官形态、负荷和材料性质更加复杂多变，非线性特征明显，几乎不可能得到相应的精确解析解。但是，人体组织器官的生理学功能、病理变化都与力学因素密切相关，研究这些机体的生物力学规律十分重要。在这种情况下，人们建立研究对象的有限元模型就成为一种有效的数值求解手段。

2.3.2.2 最小势能原理

最小势能原理以标量形式的应变能取代了微分形式的方程，是有限元法的重要理论基础。最小势能原理是通过变形体的虚功原理推导而来的。变形体的虚功原理就是指变形体中满足平衡力系在任意协调条件的变形状态下作的虚功等于零，或者说体系外力的虚功与内力虚功之和等于零。

最小势能原理：在所有满足给定几何边界条件的位移场中，真实的位移场使物体的总势能取最小值，即

$$\delta(U + V) = 0 \tag{2-57}$$

式中，U 可以由式（2-49）计算，是总应变能。V 是外力势能总和，即

$$V = -\iiint \left(F_x u + F_y v + F_z w\right) \mathrm{d}x\mathrm{d}y\mathrm{d}z - \iint \left(\overline{T}_x u + \overline{T}_y v + \overline{T}_z w\right) \mathrm{d}S_\sigma \qquad (2\text{-}58)$$

式中，F_x、F_y 和 F_z 是外来体积力，S_σ 为表面力边界条件区域。

2.3.3　有限元简介

2.3.3.1　有限元法概述

有限元法是在 20 世纪 60 年代随着计算机技术得以发展和广泛应用的，逐渐成为力学中的重要求解方法。目前有限元法已经应用于多个科学技术领域，如机械、电磁、热力学、地质等。

有限元法基本思想是将连续的求解区域离散为一组有限个、按照一定方式相互联结起来的单元组合体。多个单元可以有不同的联结方式，同时单元几何形状又可以有诸如四面体、六面体等不同类型，所以可以建立各种复杂几何形状物体的有限元模型。作为一种数值分析方法，有限元法还能利用在每个单元的设定近似函数来分片地表示求解域上待求的未知函数。单元内的近似函数一般由未知场函数，或未知场函数及其导数在单元的各个结点数值和其插值函数来表示。这样，对于一个有限元分析问题，未知场函数，或未知场函数及其导数在各个结点上的数值就成为求解的未知量（即自由度）。

通过对连续体的离散化和单元结点未知量的求解，一个连续的无限自由度的问题就变成离散有限自由度的问题。一旦获得结点上的数值，就可以通过插值计算单元内任意一点场函数的近似值，进而也就得到整个求解域的近似解。很显然，随着单元尺寸减小、单元数目的增加，近似解的精度也随之提高，近似解也就越来越接近精确的场函数。

2.3.3.2　有限元法的一般原理步骤

下面将简要讨论根据弹性力学中的变分原理，建立弹性力学有限元法的表达式。更详细的内容参阅参考文献中的相关内容。

1）几何模型的建立与离散化

有限元法首先要建立研究对象的几何模型。目前，主要通过医学影像数据三维重建人体组织器官的几何模型，在建立几何模型后对其进行离散化。例如，图 2-12 为基于 1 名体操运动员的计算机断层成像（computed tomography，CT）和 MRI 图像数据的足部骨骼和软组织的几何模型的离散化，为大约 74.2 万个四面体单元。

一般来说，二维平面问题的单元可以是 3 结点或者 6 结点的三角形，而三维问题则可以是 4 结点四面体、6 结点三角棱柱、8 结点平行六面体等。

骨骼　　　　　　　　　　　　　　　软组织

图 2-12　足踝几何模型离散化为有限数目的单元

2）选择单元位移函数

单元中的位移模式可以采用多项式作为近似函数，多项式的系数 $\boldsymbol{\beta}$ 作为待定参数，$\boldsymbol{\beta}$ 就是单元的广义坐标。以广义坐标 $\boldsymbol{\beta}$ 给出单元的位移函数 $\boldsymbol{u}$。

$$\boldsymbol{u} = \boldsymbol{\Phi\beta} \tag{2-59}$$

3）广义坐标 β 的表示

设结点位移为 $\tilde{\boldsymbol{a}}^{\mathrm{e}} = \left[u_1 u_2 \cdots v_1 v_2 \cdots w_1 w_2 \cdots\right]$，

$$\tilde{\boldsymbol{a}}^{\mathrm{e}} = \boldsymbol{A\beta} \tag{2-60}$$

上式可以变换为用单元结点位移 $\tilde{\boldsymbol{a}}^{\mathrm{e}}$ 表示广义坐标 $\boldsymbol{\beta}$

$$\boldsymbol{\beta} = \boldsymbol{A}^{-1}\tilde{\boldsymbol{a}}^{\mathrm{e}} \tag{2-61}$$

4）单元位移函数 u 的表示

以单元结点位移 $\tilde{\boldsymbol{a}}^{\mathrm{e}}$ 表示单元位移函数 $\boldsymbol{u}$，得到单元插值函数矩阵 $\boldsymbol{N}$

$$\boldsymbol{u} = \boldsymbol{\Phi A}^{-1}\tilde{\boldsymbol{a}}^{\mathrm{e}} = \tilde{\boldsymbol{N}}\tilde{\boldsymbol{a}}^{\mathrm{e}} \tag{2-62}$$

将 $\tilde{\boldsymbol{a}}^{\mathrm{e}}$ 整理为一般排列顺序的 $\boldsymbol{a}^{\mathrm{e}} = \left[u_1 v_1 w_1 u_2 v_2 w_2 \cdots\right]$，上式变为

$$\boldsymbol{u} = \boldsymbol{N}\boldsymbol{a}^{\mathrm{e}} \tag{2-63}$$

5）单元应力和应变的表示

单元应力和应变可以通过结点位移 $\boldsymbol{a}^{\mathrm{e}}$ 表示，

$$\boldsymbol{\varepsilon} = \boldsymbol{L}\boldsymbol{u} = \boldsymbol{B}\boldsymbol{a}^{\mathrm{e}} \tag{2-64}$$

$$\boldsymbol{\sigma} = \boldsymbol{D}\boldsymbol{\varepsilon} = \boldsymbol{D}\boldsymbol{B}\boldsymbol{a}^{\mathrm{e}} \tag{2-65}$$

6）建立结点平衡方程

在前面的基础上，我们就可以应用结点位移 $\boldsymbol{a}^{\mathrm{e}}$ 推导系统的总势能（包括总应变能和外力势能）。对单元应力和应变用最小势能原理建立离散系统的结点平衡方程，总势能的变分 $\delta\Pi_p = 0$，就得到

$$\boldsymbol{Ka} = \boldsymbol{P} \tag{2-66}$$

式中,

$$K = \sum_e G^T K^e G \qquad (2\text{-}67)$$

式中, K^e 为单元内的积分, 即

$$K^e = \int B^T DB \mathrm{d}V \qquad (2\text{-}68)$$

式 (2-68) 就是单元刚度矩阵的普遍公式。

7) 引入几何边界条件

在有限元法中, 通常几何边界条件 (变分法中称为强制边界条件) 的形式是在若干个结点上给定场函数的值。

8) 求解方程

在建立单元结点平衡方程和引入几何边界条件后, 我们就可以把所有单元的对应方程组总装成整个离散域的总矩阵方程 (联合方程组), 求解方程组得到结点位移。

9) 辅助计算

通过结点位移, 计算模型系统内任意点的位移、应变、应力等相关力学指标。

在实际的有限元法分析中, 人们一般采用成熟的商业软件系统结合具体问题模型和材料属性, 进行相关的计算机仿真研究。目前有限元法相关的通用软件有 ABAQUS、ANSYS 和 MSC 3 个公司的相关软件产品。在实际应用商业软件系统中有限元分析的基本步骤通常为前处理、总装求解和后处理三大步骤。

有限元法已经广泛应用于人体肌肉骨骼在运动中受到力学因素作用下的生理病理变化, 例如, 体育锻炼时骨骼和关节受力分布、运动损伤的预防研究。

2.4　人体测量学

人体测量学 (anthropometry) 是人类学的一个分支, 是通过物理测量研究人体尺寸, 以便确定个体和群体的差异。人体测量学应用多种物理测量数据区分不同种族、性别、年龄和身体类型的特征。人体测量学过去主要集中在人类进化和历史研究中, 但近年随着技术的进步, 已经应用于人-机或者人-环境交互领域, 如工业产品、建筑设计、军事工业、劳动保护、临床步态评估和航空航天等。这些领域大多数只需人体的长度、面积和体积等较简单的数据, 然而涉及人体运动分析则需要更加复杂的测量数据, 如质量、质心位置和转动惯量等。

由于人体测量学参数, 特别是环节惯性参数是运动生物力学中基础性的重要数据, 人们一直在探索准确和便捷的测量方法、手段和技术。人体运动相关的人体测量学一些数据 (如长度、围度等几何数据) 可以通过传统方法直接测量, 还有一些

数据（如质量、质心位置、转动惯量等惯性参数）需要通过特殊测试方法获得。

人体环节惯性参数主要测量方法有尸体解剖法、活体测量法和数学模型法。尸体解剖法就是对解剖尸体的环节进行惯性参数的测量。尸体解剖法所获得的数据与活体之间存在一定差异，同时会受到样本量有限的限制。活体测量法测量结果较真实，有称重法、水浸法、机械振动法、快速释放法和医学影像法（放射性同位素法、CT 法、MRI 法和双能 X 射线吸收法、数字化虚拟人等）。Yeadon（1990）利用较简单的几种几何图形模拟人体 40 个环节，以计算环节参数的方法称为数学模型法。数学模型法一般要以其他方法的研究结果为基础，各环节重量是利用尸体资料建立的回归方程来计算。

2.4.1　人体环节几何尺寸

人体环节的几何尺寸是人体运动建模仿真的最基本的人体测量学数据。这些尺寸包括环节长度、宽度、角度，甚至围度等。我国通过对中国人群的人体尺寸测量，制定了两项国家标准，分别是 1988 年发布的《中国成年人人体尺寸》（GB/T 10000—1988）和 2011 年发布的《中国未成年人人体尺寸》（GB/T 26158—2010）。这两项国家标准所列数据，代表了中国人不同环节（如头颈、躯干、四肢）的长度、宽度、厚度等，数据随着性别、年龄和身高等因素变化。《中国成年人人体尺寸》的数据量为 300 多万个，采用分层、整群随机抽样法，测量样本来自 16 个省市，样本人数为男性（18～60 岁）11 164 名、女性（18～55 岁）11 150 名。《中国未成年人人体尺寸》给出了未成年人（4～17 岁）72 项人体尺寸涉及的 11 个百分位数，标准还附录了我国不同区域未成年人身高、体重和胸围指标的平均值和标准差。

美国登普斯特（Dempster）及其同事于 20 世纪 50 年代根据解剖标志点，测量了人体环节尺寸和关节转动中心点位置。还有学者将人群身体环节的平均长度表示成相对于身高的比值，例如，大腿长是身高的 0.245 倍，小腿长度是身高的 0.246 倍。

2.4.2　人体环节的质量和质心位置

人体包括很多类型的组织，每种组织都具有密度。例如，密质骨（又称皮质骨）密度较大，约为 1.8kg/L，肌肉组织的密度约为 1.0kg/L，而脂肪的密度小于 1.0kg/L，肺部空气密度比其他组织小得多，肺泡内空气甚至可以忽略不计。人体全身密度与体型（体重和身高）有关，体型瘦的个体的密度比胖的要高。

人体每个环节具有独特的骨、肌肉、脂肪和其他组织，所以不同环节的密度会不同。一般来说，人体远端的环节中含有较多的骨组织，较远环节的密度一般比近端的密度更大一些。

《中国成年人人体尺寸》中没有惯性参数，但郑秀媛等（2007）在《现代运动生物力学》中提供了相关数据，包括我国男女成年人的惯性参数，如质量、质心位置等（表 2-1，表 2-2）。但是，有关我国人体不同环节的体积和密度等方面的数据依然缺乏。

表 2-1　中国成年男性人体各环节质量、质心位置及相对质心位置的均值与标准差

指标	头	上躯干	下躯干	全躯干	大腿	小腿
质量（kg）	5.163±0.211	10.075±1.010	16.302±2.230	26.374±3.037	8.497±0.929	2.196±0.368
相对质量（%）	8.62	16.82	27.23	44.05	14.19	3.67
质心（mm）	117.782±0.361	115.573±6.109	177.79±6.801	286.243±14.170	254.504±11.483	224.053±12.865
相对质心（%）	46.9	53.6	40.3	—	54.7	60.7

指标	足	上臂	前臂	手	整体
质量（kg）	0.885±0.117	1.458±0.179	0.747±0.103	0.383±0.068	—
相对质量（%）	1.48	2.43	1.25	0.64	—
质心（mm）	38.206±2.012	163.256±9.201	136.605±7.393	114.201±1.718	734.227±27.179
相对质心（%）	51.4	52.2	57.6	63.4	—

注：四肢的质量是单侧质量；"—"表示该指标不适合全身或者整体。下表同

表 2-2　中国成年女性人体各环节质量、质心位置及相对质心位置的均值与标准差

指标	头	上躯干	下躯干	全躯干	大腿	小腿
质量（kg）	4.38±0.247	8.728±1.119	14.666±2.691	23.388±3.636	7.524±1.171	2.365±0.366
相对质量（%）	8.20	16.35	27.48	43.83	14.10	4.43
质心（mm）	111.771±2.891	107.423±6.706	178.689±8.732	281.419±13.580	244.521±9.427	197.638±12.179
相对质心（%）	47.3	49.3	44.6	—	55.8	57.5

指标	足	上臂	前臂	手	整体
质量（kg）	0.66±0.101	1.417±0.280	0.611±0.107	0.225±0.044	—
相对质量（%）	1.24	2.66	1.14	0.42	—
质心（mm）	36.166±1.714	151.375±11.122	124.931±7.863	114.953±3.538	698.66±21.871
相对质心（%）	54.9	53.3	54.3	65.1	—

2.4.3　人体环节的转动惯量

人体转动惯量参数给出了头、躯干和四肢等环节，以及整体通过质心位置、沿着冠状轴（x）、矢状轴（y）和垂直轴（z）3 个方向上的转动惯量。郑秀媛等（2007）根据人体体表主要参数与人体环节转动惯量的回归方程，利用《中国成年人人体尺寸》中的原始数据，计算了我国男女成年人环节转动惯量的相关数据（表 2-3，表 2-4）。2004 年 4 月，《成年人人体惯性参数标准》（GB/T 17245—2004）国家标准正式颁布，列举了相关数据。

表2-3　中国成年男子转动惯量（kg·mm²）

环节	转动轴	数值（均值±标准差）	环节	转动轴	数值（均值±标准差）
头	I_x	32 329±845	小腿	I_x	21 566±3 230
	I_y	33 827±1 292		I_y	21 344±3 182
	I_z	18 762±791		I_z	2 412±651
上躯干	I_x	114 913±16 845	上臂	I_x	11 478±1 837
	I_y	66 578±10 473		I_y	11 855±1 995
	I_z	107 599±15 243		I_z	1 552±72
下躯干	I_x	308 105±54 904	前臂	I_x	2 913±563
	I_y	277 666±46 894		I_y	2 821±532
	I_z	123 524±26 549		I_z	738±180
大腿	I_x	135 388±18 751	整体	I_x	9 222 809±1 695 306
	I_y	137 902±19 114		I_y	9 479 466±1 765 307
	I_z	24 926±5 603		I_z	637 993±143 725

注：x 轴为冠状轴，y 轴为矢状轴，z 轴为垂直轴。下表同

表2-4　中国成年女子转动惯量（kg·mm²）

环节	转动轴	数值（均值±标准差）	环节	转动轴	数值（均值±标准差）
头	I_x	25 830±1 375	小腿	I_x	20 092±408
	I_y	25 672±1 497		I_y	20 634±4 155
	I_z	12 438±1 505		I_z	2 407±568
上躯干	I_x	45 073±8 306	上臂	I_x	9 984±2 063
	I_y	70 563±11 490		I_y	9 382±1 885
	I_z	58 827±11 624		I_z	1 423±387
下躯干	I_x	208 697±34 761	前臂	I_x	2 205±355
	I_y	218 926±37 442		I_y	2 139±319
	I_z	75 147±19 329		I_z	489±61
大腿	I_x	102 537±21 994	整体	I_x	7 517 344±1 350 607
	I_y	105 751±23 942		I_y	7 032 832±1 223 864
	I_z	19 832±6 764		I_z	468 254±126 309

　　在人体运动的生物力学建模与仿真中，人体环节的几何与惯性数据都是必不可少的参数。国内外学者则基于大量的人体测量数据与质量、质心位置及转动惯量进行回归分析，得到回归方程——以身高和体重为自变量的二元回归方程，或者多元回归方程。

　　在个性化人体运动的生物力学建模中，研究者可以通过软尺和游标卡尺等直接测量个体环节的长度和围度等数据，然后采用数学模型计算人体环节的几何与惯性参数。研究者将人体环节简化为有 90 个人体测量学尺寸的 40 个几何体，建

立了将人体简化为 20 个环节的人体惯性参数计算的方法。这个方法可能是近年来开展个性化人体建模仿真时人体惯性参数的最理想计算方法。

2.5 人体骨和软组织力学性质

体育运动和身体锻炼是人们十分喜爱的活动，它们可以提高大众的健康水平，但也会引起运动损伤。运动损伤都是由骨骼或者软组织受到的力学负荷引起的。通过人体生物力学建模与仿真方法，研究人体运动过程中组织器官力学负荷特征，对分析损伤影响因素、阐明损伤机制极其重要。研究运动过程中人体组织的力学负荷涉及人体骨、软骨、肌腱和韧带等组织的力学性质。

与工程材料相比，人体组织结构十分复杂，这使其力学性质十分复杂。生物组织中的蛋白质纤维和钙含量及其组成的微结构的排列方式，导致生物组织的力学性质呈现出非均质、各向异性、非线性和黏弹性等特征。同时，人体组织力学性质还具有较大的个体差异，受到性别、年龄、健康状况和运动习惯等诸多生物因素的影响。本节将简要讨论骨组织和软组织的基本力学性质。

2.5.1 骨组织力学性质

骨是人体的重要器官之一，承担人体运动过程中的主要负荷。骨组织在材料角度和结构角度呈现出三个层次的力学性能。第一层次是对骨局部组织中矿化骨力学性能的研究；第二层次是对骨的标本的研究，此标本主要用来对皮质骨或松质骨的表观形态结构及相关力学性质进行研究；第三层次是对整骨或其部分结构的研究。受篇幅限制，本节重点阐述有关骨的标本研究成果。

2.5.1.1 骨组织基本结构与力学性质

在宏观层面上，骨组织可分为皮质骨和松质骨。皮质骨质地坚硬而紧密，可见于骨表面，主要由紧密排列的骨单元构成；松质骨质地疏松、呈海绵状，在骨内和长骨的骺端均有分布，由相互交织的杆状或板状的骨小梁排列而成。皮质骨的矿物质含量较高，而松质骨具有更高的孔隙率。皮质骨和松质骨中的微观结构（10～500μm）有所不同。在皮质骨中，圆柱状的骨单元（又称为哈弗氏系统）非均匀地分布于骨间质中，构成了皮质骨的一级结构。骨单元由长而细的矿化胶原纤维螺旋环绕哈弗氏管构成。皮质骨中存在着孔隙，由小腔和通道交错复杂地排列而成，骨单元的中央腔是直径稍大的孔隙腔（30～40μm）。这些腔中分布着神经血管。长骨中的骨单元平行排列，由佛克曼氏管（Volkmann's canal）相连。而松质骨中的骨小梁之间相互连接，形成海绵状结构，孔隙约为 1mm，孔隙中充满了可流动的骨髓等组织液。骨小梁的平均厚度为 50～300μm，形状和排列方式与骨组织受到的力学负荷有关。

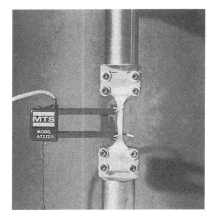

图 2-13 材料实验机上的标准化骨标本
用应变仪测量两个仪表臂之间骨段的变形，总的负荷就是骨标本的负荷

在研究骨组织标本时，研究者将加工制作的标准化骨标本置于实验台（图 2-13），直至材料完全失效，获得应力-应变曲线，同时得到强度极限、弹性模量和延展率等材料指标（图 2-14）。弹性区域不会造成永久变形，卸载后变形完全恢复；但一旦超过屈服点，就会形成永久变形，卸载后变形只能部分恢复。如图 2-14 所示，弹性区曲线的斜率代表材料的刚度，用弹性模量（杨氏模量，Young modulus）表示。

$$E = \sigma / \varepsilon \qquad (2\text{-}69)$$

两种类型的骨的力学性质不同，皮质骨的刚度要比松质骨大，在材料失效前可以承受较大的应力但发生的应变较小。在体外试验时，皮质骨在达到屈服点发生断裂时可以有 1.5%～2.0% 的应变量，但松质骨在达到屈服点时应变量可以达到 50%。松质骨和密质骨的密度差异较大。骨密度是单位体积的骨质含量，其单位是克每立方厘米（g/cm³，即 g/cc）。图 2-15 显示了相同条件下不同密度的皮质骨和松质骨的应力-应变曲线。

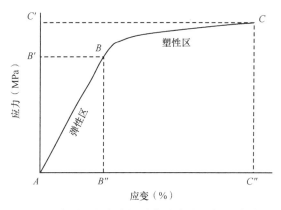

图 2-14 皮质骨标本在拉伸实验中的应力-应变曲线
当超过屈服点（B）时，骨标本就会部分发生永久变形，对应的应力（B′）就是屈服应力，对应的应变（B″）就是屈服应变。当超过 C 点时，骨标本完全失效，发生破坏，对应的应力（C′）就是极限应力或者极限强度（简称强度），对应的应变（C″）就是极限应变

为了更好地比较骨与常见材料力学性质的差异，我们比较了骨与玻璃和金属应力-应变曲线之间的关系（图 2-16）。从图 2-16 中可以看出，金属的曲线最陡、刚度最大，呈现出明显的线性阶段和塑性阶段；玻璃呈现出一条直线，为线性应

力-应变关系；骨组织的曲线最缓、刚度最小。经过精确的测量，皮质骨的应力-
应变曲线在弹性区域内不是呈现出直线而是呈轻度弯曲的曲线，说明皮质骨是一
种非线性材料。表 2-5 为不同材料强度极限、弹性模量和延展率的比较。可以看
出，与大多数工程材料相比，骨和软骨等生物材料的强度极限和弹性模量都远远
更小，骨和软骨的延展率也比金属材料更小。

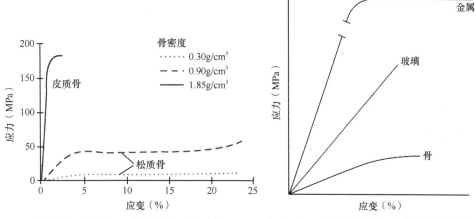

图 2-15　不同密度皮质骨和松质骨在　　　图 2-16　三种材料应力-应变曲线示意图
　　　压缩实验中的应力-应变曲线

表 2-5　几种材料的力学特征

材料性质	材料	强度极限（MPa）	弹性模量（GPa）	延展率（%）
金属	钴铬合金（浇注）	600	220	8
	钴铬合金（锻制）	950	220	15
	不锈钢	850	210	10
	钛	900	110	15
高分子	骨水泥	20	2.0	2～4
陶瓷	铝陶瓷	300	350	<2
生物	皮质骨	100～150	10～15	1～3
	松质骨	8～50		2～4
	肌腱、韧带	20～35	2.0～4.0	10～25

2.5.1.2　皮质骨力学特征

由于骨单元的排列密度和方向特征，皮质骨具有前面所述的非线性、非均匀
和各向异性等基本的力学性质。与此同时，皮质骨在一定范围内的变形可以完全
恢复，呈现一定的弹性性质。皮质骨力学性质还受到加载方向、加载速率和年龄
等多种因素的影响。

图 2-17 显示了人股骨干皮质骨在 4 个方向上制作的标本拉伸实验的应力-应变曲线，说明 4 个方向上的强度和刚度是有差别的。纵向加载时标本的强度和刚度最大，横向加载时标本的强度和刚度最小。与皮质骨相比，松质骨的密度、刚度和延展率分别是皮质骨的 25%、5%～10% 和 5 倍。

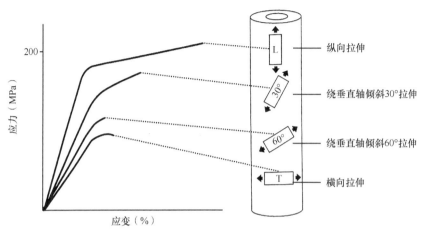

图 2-17　人股骨干皮质骨 4 个方向拉伸的应力-应变曲线

表 2-6　股骨皮质骨强度极限

加载方向	加载方式	强度极限(MPa)
纵向	拉伸	133
	压缩	193
	剪切	68
横向	拉伸	51
	压缩	133

表 2-6 显示了各种加载方式下成年人股骨皮质骨在纵向和横向的强度极限。可以看出，皮质骨纵向强度大于横向强度，压缩强度大于拉伸强度，剪切强度（由沿着纵轴方向上的扭转实验确定）大约是压缩强度的 1/3。表 2-7 为成年人股骨皮质骨的弹性模量。纵向弹性模量比横向弹性模量要高约 50%，纵轴上扭转产生的剪切弹性模量约为纵向弹性模量的 1/5。

虽然加载方式与骨骼力学性能之间的关系十分复杂，但通常情况下骨在日常生活中什么方向上承受负荷，那么这个方向上的强度和刚度就会最大。

皮质骨的力学性质还受到实验时加载速率的影响（图 2-18）。在加载速率高的条件下，所

表 2-7　股骨皮质骨的弹性模量

加载方向	弹性模量（GPa）
纵向	17.0
横向	11.5
剪切	3.3

测量的皮质骨的强度极限和弹性模量比加载速度低的时候要增加很多。可以采用应变率（单位：1/s）来描述皮质骨的变形速度。人在正常生活活动时，骨的应变率一般会低于 0.01/s。生物材料（如骨组织）通常呈现出黏弹性，其强度极限和应力-应变关系依赖于作用其上的应变率。这样的材料的力学性能与时间相关。骨

组织的应变率的依赖性与软组织相比相对较弱。骨的强度极限和弹性模量会随着应变率的增加提高到 0.06 次幂（图 2-18）。所以，如果应变率增加足够大，骨的强度极限大约提高到原来的 3 倍，而弹性模量大约提高到原来的 2 倍。

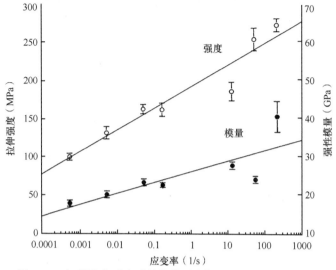

图 2-18　加载速率对皮质骨拉伸强度极限和弹性模量的影响

皮质骨的材料力学性能随着年龄增长而减弱（图 2-19）。20～90 岁，皮质骨的拉伸强度极限和弹性模量每 10 年降低 2%。拉伸强度极限从 30 岁的 140MPa 减少至 90 岁的 120MPa；与此同时，弹性模量也从 17GPa 降低至 15.6GPa。

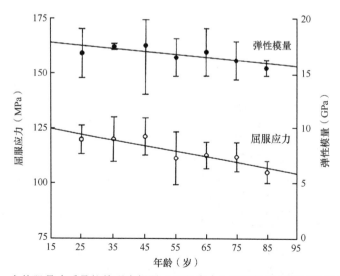

图 2-19　人体股骨皮质骨拉伸强度极限（屈服应力）和弹性模量随年龄增长而减小

2.5.1.3 松质骨力学特征

可以应用拉伸、三点或四点弯曲方法对离体标本进行测量，得到松质骨组织的强度和弹性性能。松质骨的弹性模量在拉伸时是 $0.76\sim10GPa$，在三点或四点弯曲时是 $3.2\sim5.4GPa$。

松质骨的强度测量数据相对较少，主要原因是利用标准的工程方法制作松质骨的标本存在较大难度。松质骨的骨小梁标本太小（厚度为 $100\sim200\mu m$，长度为 $1\sim2mm$），容易造成测量和模量计算的误差。另外，松质骨的几何不规则导致制作的测量标本很难满足工程上的标准标本的要求。有通过四点弯曲实验测量的松质骨的强度为160MPa，该测量值比相应测量的皮质骨的15%还要小。

松质骨与皮质骨在物理上的主要区别在于其内部具有较多的孔隙，这可以通过表观密度的测量来反映（即将骨质量除以标本的体积，包括矿化骨和骨髓腔的体积）。人松质骨的表观密度为 $0.1\sim1.0g/cm^3$，皮质骨约为 $1.8g/cm^3$。当松质骨的表观密度为 $0.2g/cm^3$ 时，其孔隙率约为90%。

骨密度对骨的力学性质有重要影响（图2-15）。松质骨的应力-应变关系与皮质骨不同，但是与那些可吸收冲击能量的多孔材料相似。松质骨的应力-应变曲线显示，它首先是一段弹性变化区域，然后是屈服阶段；一旦屈服，骨小梁就开始断裂；屈服后经过一长段的平台区，这个阶段越来越多的骨小梁断裂，断裂的骨小梁不断填充髓腔。当应变达到大约0.50时，大多数髓腔被这些断裂的骨小梁填满；这时候进一步加载，松质骨的模量就会明显增加。

松质骨压缩强度和模量与表观密度都呈现出指数关系（图2-20）。这些关系

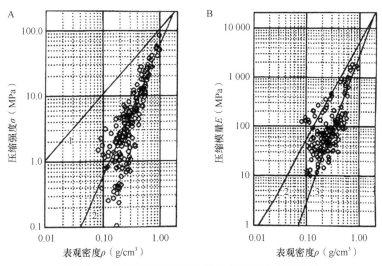

图2-20　松质骨压缩强度和模量与表观密度的关系

A. 压缩强度随着表观密度呈指数级变化，指数近似二次方；B. 压缩模量亦随着表观密度呈指数级变化，指数近似二至三次方

表明，松质骨的强度与刚度的变化幅度非常大，很大程度上取决于其表观密度，大小跨度可以达到 3 个数量级。虽然松质骨的密度变化范围仅仅在 1 个数量级内（即 0.1～1.0g/cm³），但它也会对松质骨的力学性质产生巨大影响。这也说明骨密度的重要性，一些影响骨密度的疾病（如骨质疏松症）会对骨的力学性质和骨折危险性具有非常大的影响。

2.5.1.4　骨组织的本构方程

从前面讨论可以看出，骨组织的生物力学性质非常复杂，不同层次的骨组织结构呈现的生物力学特性有所差异。迄今，有关骨组织生物力学性质的研究主要集中在骨组织应力-应变关系及相关参数、骨组织强度和断裂力学特征。

骨组织具有非均匀、正交各向异性，并且具有黏弹性力学特性，即骨的应力、应变都与时间相关。Cowin 等（1995）总结了以往成果，将骨组织视为各向异性弹性体的本构关系：

$$\sigma_{\Phi\Psi} = C_{\Phi\Psi}\varepsilon_{\Psi} \tag{2-70}$$

通常情况下，将骨看作横向各向同性对称性的材料，刚度矩阵 $C_{\Phi\Psi}$ 可以写成以下形式：

$$C_{\Phi\Psi} = \begin{bmatrix} C_{11} & C_{12} & C_{13} & 0 & 0 & 0 \\ C_{21} & C_{22} & C_{23} & 0 & 0 & 0 \\ C_{31} & C_{32} & C_{33} & 0 & 0 & 0 \\ 0 & 0 & 0 & C_{44} & 0 & 0 \\ 0 & 0 & 0 & 0 & C_{55} & 0 \\ 0 & 0 & 0 & 0 & 0 & C_{66} \end{bmatrix} \tag{2-71}$$

式中，$C_{11}=C_{22}$，$C_{13}=C_{23}$，$C_{44}=C_{55}$，$C_{66}=(C_{11}-C_{22})/2$，轴 3 为对称轴，是骨的长轴方向。该矩阵有 5 个独立的参数。该公式能够较好地描述骨组织的弹性性能，已有若干研究给出了这种模型的弹性模量。当然，也有更多研究基于骨组织在不同载荷条件下的其他形式的本构方程，这些研究内容还在不断发展中，在此就不再细述。

2.5.2　韧带和肌腱力学性质

韧带和肌腱是连接骨与骨和骨与肌肉的结缔组织，属于生物软组织。除了韧带和肌腱，生物软组织还包括肌肉、血管、皮肤、内脏等。软组织虽然种类繁多，但大多数软组织由一些基本的材料，如弹性纤维、胶原纤维和其他一些基本结缔组织构成。软组织具有基本的非线性、各向异性、非均质和黏弹性等典型的力学特征。

韧带和肌腱在运动中起着十分重要的作用——传递力以牵拉骨引起关节运动，并维持运动中关节稳定。韧带（如交叉韧带）和肌腱（如跟腱）的损伤可能破坏关节运动和稳定性，引起关节异常运动和周围组织的继发性损伤。近几十年来，肌腱损伤的人数和发病率逐渐增加，占所有运动损伤的 30%～50%。韧带损伤发生率也同时增长，仅膝关节韧带的损伤的人数就可达到总人口的 2‰。显然，韧带和肌腱在运动中损伤与其所受到的力学载荷和力学性质有关。本节以下部分将首先讨论生物软组织的黏弹性，之后再阐述有关韧带和肌腱生物力学特性。

2.5.2.1 韧带肌腱的组成与结构

韧带和肌腱是一种纤维状分层排列的组织，由纤维束、次级纤维束、纤维逐级组成。韧带和肌腱周围有网状疏松结缔组织包绕。

韧带和肌腱附着骨的部分具有应力调节作用，通过纤维软骨向骨转移的方式分散这些应力。以肌腱为例，肌腱与骨的附着点大体上分为四个区域：肌腱末端、胶原与纤维软骨混合区、组织矿化区，之后融入密质骨。这种由肌腱逐渐转化为骨的结构变化使组织机械特性渐渐过渡，减小了应力集中在肌腱-骨骼附着点上。

韧带和肌腱生化组成包括胶原、弹性蛋白、蛋白多糖（proteoglycan，PG）、糖脂质、水（占总重 65%～70%）和细胞。胶原占韧带和肌腱干重的 70%～80%。胶原纤维的基本性质和排列方式，很大程度上决定了韧带和肌腱的基本力学性质。弹性蛋白占韧带和肌腱不到 10%，具有使韧带和肌腱在生理载荷位移时恢复原来长度的作用。

人的韧带和肌腱结构和化学成分与很多动物，如猴子、狗、兔子和大鼠都十分相似，因此这些动物的实验结果可以代表人类。

2.5.2.2 韧带和肌腱的黏弹性

1）黏弹性的特点

如前所述，大多数生物材料特别是韧带和肌腱等软组织都具有黏弹性。一般来说，黏弹性具有松弛（relaxation）、蠕变（creep）和滞后（hysteresis）三个特点。

所谓松弛，就是物体材料突然发生变形时，若变形保持不变，负荷将随着时间的增加而降低。图 2-21A 为典型的松弛曲线，当初始负荷施加后并且材料的应

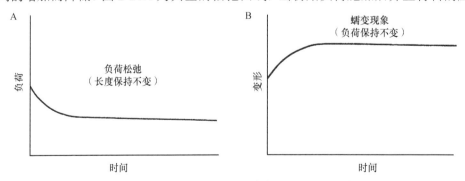

图 2-21　松弛的负荷-时间（A）和蠕变变形-时间（B）曲线示意图

力小于屈服应力时，保持初始变形不变，随着时间的延长负荷逐渐衰减接近一个极限。蠕变则是若初始负荷保持不变，则变形将随着时间的增加而增大，并且趋于一个极限（图 2-21B）。

当对物体材料施加周期性的加载和卸载，则加载时负荷-变形曲线与卸载时的负荷-变形曲线不重合，这种现象就是滞后（图 2-22）。图 2-22 中两条曲线包围的阴影面积就是加载和卸载循环过程中材料耗散的能量。不像弹性材料在弹性范围内无论是加载还是卸载都不存在能量耗散，黏弹性材料加载和卸载存在着能量耗散。

2）初始循环效应

包括韧带和肌腱在内的所有软组织材料每次加载循环下的负荷-伸长曲线都不相同（图 2-23），这种现象称为初始循环效应（initial-cycles effect）或者第一循环效应（first-cycle effect）。从图 2-23 中可以看到，随着循环次数的增加，加载-卸载曲线逐渐接近，同时相邻两次循环曲线也逐渐接近并趋于稳定状态。造成这种现象的原因包括材料的温度波动、液体移动和黏弹性。鉴于软组织的初始循环效应，研究软组织的生物力学特性时，需要首先对其进行多次循环加载-卸载作用，然后再分析稳定后的应力-应变关系，这种做法称为预调（precondition）。对软组织材料力学性质分析时，首先应当介绍预调的过程，然后再说明稳定后的力学性质。

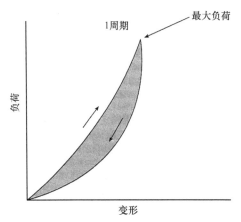

图 2-22　软组织加载（上升段）和卸载（下降段）形成滞后环

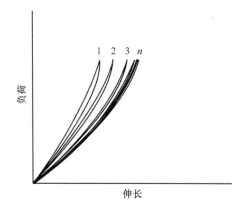

图 2-23　韧带的负荷-伸长循环曲线
1，2，3，…，n 代表负荷循环顺序

3）黏弹性材料的力学模型

黏弹性材料的力学性质颇为复杂，在线性理论中，采用由线性弹簧和阻尼组合而成的三种常见力学模型（图 2-24）。

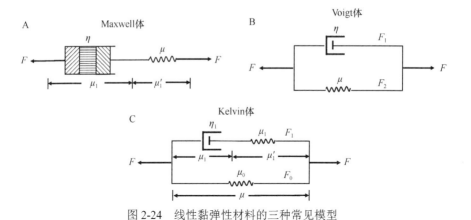

图 2-24　线性黏弹性材料的三种常见模型

Maxwell 模型由弹簧和阻尼串联而成。设弹簧服从

$$F = \mu u_1'$$ （2-72）

式中，F 为作用外力，u_1' 为 F 作用下产生的位移，μ 为弹性系数。设阻尼服从

$$F = \eta u_1'$$ （2-73）

式中，η 为阻尼的黏性系数，u_1' 为运动速度（即伸长速度）。

Maxwell 模型的微分方程为

$$\dot{u} = \frac{\dot{F}}{\mu} + \frac{F}{\eta}$$ （2-74）

Voigt 模型的微分方程为

$$F = \mu u + \eta \dot{u}$$ （2-75）

Kelvin 模型的微分方程为

$$F + \frac{\eta_1}{\mu_1}\dot{F} = \mu_0 u + \eta_1\left(1 + \frac{\mu_0}{\mu_1}\right)\dot{u}$$ （2-76）

黏弹性材料的力学性质模型还有弹性单元和阻尼组合起来的其他形式的模型。例如，由一个 Maxwell 模型和一个 Voigt 模型串联起来形成的四单元 Burgers 模型。此外还有描述黏弹性材料记忆性能的积分型本构方程、非线性本构方程等多种模型。

2.5.2.3　韧带和肌腱力学特性

韧带和肌腱与其他生物软组织（如皮肤）一样，具有典型的黏弹性（松弛、蠕变和滞后）、负荷-变形的非线性和各向异性等基本力学性质；同时韧带和肌腱生物力学实验时存在初始循环效应，需要进行预调。韧带和肌腱还具有以下力学特性。

1）骨-韧带-骨复合体的结构特性

在生理条件下，韧带主要传递骨-骨和骨-肌肉之间的张力，所以对这类组织的生物力学实验最主要的是单轴拉伸实验，获得骨-韧带-骨整体结构的载荷-位移曲线（反映结构力学特性），以及韧带材料的应力-应变曲线（反映材料力学特性）。通过实验可以获得典型的载荷-位移曲线，包括刚度、极限载荷、极限位移、屈服载荷、变形能等指标（图 2-25A）。

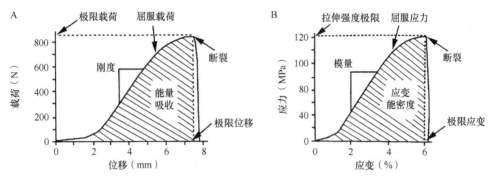

图 2-25　骨-韧带-骨结构的载荷-位移曲线（A）和韧带材料应力-应变曲线（B）

2）韧带力学特性

通过单轴拉伸实验，还可以获得韧带的应力-应变曲线（图 2-25B）。通过该曲线，可以获得韧带材料的线弹性模量、屈服应力、拉伸强度极限、极限应变和应变能密度等力学性质指标。

3）各向异性

由于韧带和肌腱主要由平行纤维组织构成，其力学性质可以适当描述为横向各向同性，可以用超弹性应变能函数描述其力学性质。实验测得，人体膝关节内侧副韧带（MCL）纵向线性模量和拉伸强度极限都比横向线性模量和拉伸强度极限要大许多（图 2-26）。

4）影响因素

韧带和肌腱力学特性受到很多因素影响，主要包括实验条件影响和生物因素影响。实验因素包括实验样本的方向、应变率、样本温度和含水量、冷冻保存条件等。例如，当应变率增加时，样本的最大负荷、拉伸强度极限和弹性模量都要增加。

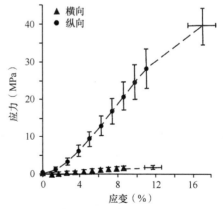

图 2-26　人体膝关节内侧副韧带（MCL）沿胶原纤维纵向和横向应力-应变曲线

生物因素有解剖位置、成熟程度、年龄和生物体活动水平等。例如，有前交叉韧带（ACL）单轴拉伸实验结果显示，年轻人的强度和极限载荷比老年人的高1.3～3.3倍。再如，Schmidt 等（2019）的儿童膝关节的韧带实验表明，外侧副韧带（LCL）和内侧副韧带（MCL）呈现相同的力学性质，但后交叉韧带（PCL）的强度极限和弹性模量比二者小，但能承受更大应变；儿童这些韧带比成年人对应的强度极限和弹性模量要小一些。

2.5.3 生物组织力学性质的变化

从力学角度来看，生物组织与其他材料（如工程材料中的金属、岩石、合成材料）的最大区别在于生物组织具有活性特征。生物组织的力学性质会受到生物学和力学等很多因素的影响。例如，运动员长期训练后，运动员的股骨、韧带和肌腱等组织的力学性质会发生改变。相反，长期卧床不起的人会发生骨质疏松、肌肉萎缩。特别地，在超重或者失重/模拟失重条件下，人体骨骼和软组织（如血管）力学性质都会发生显著变化（Zhang，2001）。例如，航天飞行后大鼠脊柱骨的强度极限和弹性模量都下降，而模拟失重后大鼠股骨弹性载荷、最大载荷和刚性系数等指标均显著降低（曹新生等，2000）。

生物组织在受到力学因素刺激下，所发生改变的特征及其机制的研究是近年来研究热点之一，即所谓的力学生物学（mechanobiology）。力学生物学研究主要基于Roux 于 1895 年提出的两个假说：所有生物学过程都是通过细胞内信号调控实现的；信号是通过细胞对力的感知产生的。力学生物学主要研究内容为探究细胞感受力学刺激的方式，并如何将细胞外的机械刺激信号转化为细胞内的生物化学信号，进而如何影响细胞的形态、结构和功能。力学生物学的研究对象为生命有机体。生命体与非生命体相比，具有以下若干特性：生命体是由生物大分子组成的结构和功能的有机整体；具有高度组织化的生命系统；具有传递与储存信息的功能；具备反馈、代谢和稳态调节功能；具有遗传和适应性；具有自然选择和个体差异性。力学生物学的研究重心是生物学而不是力学，在细胞分子水平揭示组织的力学响应机制，探讨机械力（如组织应力）如何调控组织的形态和结构，研究组织如何通过对力学刺激的反馈，维持其形态和结构，以适应环境变化。探究航天失重心血管适应性变化属于力学生物学研究。动物实验证明，作用于血管壁的法向应力（血压）与平行于血管内皮表面的切向应力都与血管重塑过程密切相关（Zhang，2001）。当动脉血压或血流量持续升高或降低时，通过血管的结构性自体调节可分别引起以管径变化或管壁厚度为主的结构重塑过程，以使内皮表面切向应力均能趋向正常。

参 考 文 献

曹新生, 张乐宁, 吴兴裕, 等. 2000. 间断性头高位 45°对抗措施对模拟失重大鼠股骨生物力学特性的影响. 第四军医大学学报, 21(6): 655-657.

陈滨. 2012. 分析动力学. 2 版. 北京: 北京大学出版社: 1-490.

戴尅戎. 2009. 骨再生的力学生物学问题. 生命科学, 21(2): 208-211.

杜安·努森. 2012. 生物力学基础. 2 版. 钟亚平, 胡卫红译. 北京: 人民体育出版社: 1-335.

樊瑜波, 王丽珍. 2018. 骨肌系统生物力学建模与仿真. 北京: 人民卫生出版社: 1-463.

冯西桥, 赵红平, 李博. 2020. 仿生力学前沿. 上海: 上海交通大学出版社: 1-422.

国家技术监督局, 中国国家标准化管理委员会. 1988. 中国成年人人体尺寸: GB/T 10000—1988. 北京: 中国标准出版社.

国家质量监督检验检疫总局, 中国国家标准化管理委员会. 2004. 成年人人体惯性参数: GB/T 17245—2004. 北京: 中国标准出版社.

国家质量监督检验检疫总局, 中国国家标准化管理委员会. 2011. 中国未成年人人体尺寸: GB/T 26158—2010. 北京: 中国标准出版社.

哈尔滨工业大学理论力学教研室. 2002. 理论力学(Ⅰ). 6 版. 北京: 高等教育出版社: 1-355.

贾长治, 殷军辉, 薛文星. 2010. MD ADAMS 虚拟样机从入门到精通. 北京: 机械工业出版社: 1-290.

姜宗来. 2017. 从生物力学到力学生物学的进展. 力学进展, 47(1): 309-332.

姜宗来, 樊瑜波. 2010. 生物力学——从基础到前沿. 北京: 科学出版社: 1-60.

刘延柱. 2001. 高等动力学. 北京: 高等教育出版社: 1-212.

刘延柱, 潘振宽, 戈新生. 2014. 多体系统动力学. 2 版. 北京: 高等教育出版社: 1-391.

王勖成, 邵敏. 1997. 有限单元法基本原理和数值方法. 2 版. 北京: 清华大学出版社: 1-91.

西北工业大学. 1980a. 理论力学(上册). 北京: 高等教育出版社: 1-377.

西北工业大学. 1980b. 理论力学(下册). 北京: 高等教育出版社: 1-456.

徐芝纶. 1982. 弹性力学(上册). 2 版. 北京: 高等教育出版社: 1-397.

杨桂通. 2013. 弹塑性力学引论. 2 版. 北京: 清华大学出版社: 1-278.

于露, 李昊, 高丽兰, 等. 2019. 骨组织的多层次生物力学特性及本构关系. 医用生物力学, 34(4): 434-439.

张西正. 2016. 骨重建的力学生物学研究. 医用生物力学, 31(4): 356-361.

郑秀媛, 等. 2007. 现代运动生物力学. 2 版. 北京: 国防工业出版社: 1-476.

B. M. 扎齐奥尔斯基, A. C. 阿鲁因, B. H. 谢鲁扬诺夫. 1987. 人体运动器官生物力学. 吴忠贯, 刘荣曾, 易先俊译. 北京: 人民体育出版社: 1-141.

Cicchella A. 2020. Development of the biomechanical technologies for the modeling of major segments of the human body: linking the past with the present. Biology (Basel), 9(11): 399.

Cowin S C, Weinbaum S, Zeng Y. 1995. A case for bone canaliculi as the anatomical site of strain generated potentials. J Biomech, 28(11): 1281-1297.

Dempster W T. 1955. Space requirements of the seated operator, WADC-TR-55-159. Ohio: Wright Air Development Center, Wright Patterson Air Force Base.

Mow V C, Huiskes R. 2009. 骨科生物力学暨力学生物学. 3 版. 汤亭亭, 裴国献, 李旭, 等译. 济南: 山东科学技术出版社: 114-167.

Nordin M, Frankel V. 2008. 肌肉骨骼系统基础生物力学. 3 版. 邝适存, 郭霞译. 北京: 人民卫生出版社: 1-302.

Schmidt E C, Chin M, Aoyama J T, et al. 2019. Mechanical and microstructural properties of native pediatric posterior cruciate and collateral ligaments. Orthop J Sports Med, 7(2): 2325967118824400.

Whiting W C, Zernicke R F. 2008. Biomechanics of Musculoskeletal Injury. 2nd ed. Champaign: Human Kinetics: 53-122.

Winter D A. 2004. Biomechanics and Motor Control of Human Movement. 3rd ed. Hoboken: John Wiley & Sons: 1-260.

Yeadon M R. 1990. The simulation of aerial movement—II. A mathematical inertia model of the human body. J Biomech, 23(1): 67-74.

Zhang L F. 2001. Vascular adaptation to microgravity: what have we learned? J Appl Physiol, 91(6): 2415-2430.

第3章　人体运动的生物力学建模与仿真的基本原理

人体运动是在神经支配肌肉活动并牵拉骨骼带动环节运动形成的。任何形式的人体运动都遵循着基本的生物力学规律。人们可以采用实验的方法观测分析人体运动的生物力学特征，但由于受到技术和伦理等方面的限制，很多人体内部力学指标（如关节力和力矩）无法实验测量，因此研究人体运动内在规律受到限制。

马克思曾表示，一门科学只有成功运用数学时，才算达到了完善的地步。近30多年来，随着计算机科学和技术的飞速发展，基于人体运动所遵循的生理和生物力学规律，建立相应数学模型，并展开各种相关计算机仿真实验，使人体运动生物力学研究领域发生了质的飞跃。本章将首先阐述建模仿真的基本理论，然后讨论人体运动建模仿真的基本概况。

3.1　建模与仿真的基本理论

3.1.1　模型的概念

人类生活在丰富多彩、变化万千的现实世界中，不断运用智慧和力量认识和改造世界，创造出五彩缤纷、日新月异的新世界。博览会常常是集中展现这些成果的场所之一，那些精妙绝伦、五光十色的展品常常给我们留下非常深刻的印象。工业展览会上，那些舒适、智能的新型汽车，特别是无人驾驶汽车和新能源汽车令人赞叹不已。农业展览会上，来自世界各地的各种各样的水果令人流连忘返、馋涎欲滴。科技展览会上，飞机、火箭、航天器、机器人等模型无不让人赞叹人类的无限智慧和科技力量。

博览会中，像汽车、飞机、机器人等被原封不动地从现实世界搬到展厅中的物品固然给人亲切、直观和现实的感受，可是，如果它们以各种形式的模型（实物模型、照片、公式、图表、计算机程序……）汇集在人们面前，从丰富知识和开阔眼界的角度来看，这些模型在短短的几十分钟所起的作用，会比置身于现实世界中很多天都要大许多。

与模型相对应，现实世界里的原始参照物通称为原型（prototype）。原型和模型（model）是一对对偶体。所谓原型是指人们所关心、研究或从事生产、管理的实际对象。在科技领域常常使用系统（system）、过程（process）等术语，如机械系统、控制系统、动力系统等，与人体相关的有生理系统、解剖系统、神经系统、循环系统、运动系统、肌骨系统等；而过程也有很多，如神经信号传递过程、血液流动过程、心脏收缩过程或者舒张过程等，还有体育动作中肢体的运动过程、肌肉收缩过程等。肢体的运动过程还可以更进一步细化，如步行过程中的下肢摆动过程、关节屈曲过程、足部的着地过程等。

所谓模型就是指为了达到某个特定目的将原型的某一部分信息简缩、提炼而构造的原型类似物（analog）。这里需要特别强调模型的目的性，模型不是原封不动对原型的复制品。原型具有各个方面和各层次的物理、化学、生物等特征，而模型只要求反映与某种目的有关的那些方面和层次。因此，一个原型，为了达到不同的目的，可以有很多不同的模型。例如，在展览馆放置的飞机模型需要外观上与原型相似逼真，却不一定会飞，但在航模竞赛中的飞机模型则要具有良好的飞行性能，外观并不十分重要。而在飞机设计、制造过程中用到的数学模型或者计算机模型，则只要求数量规律上客观反映飞机的动态特性，并不涉及飞机实体。再如，人们建立了许许多多繁简不一的人体运动系统的数学模型。一些模型是为了模拟人体运动过程中全身环节及其与环境之间的动力学关系；而另一些模型则比较简便，因为它们只要求模拟人体站立中的足部受力及站立的稳定性。所以，模型的基本形态、性能特征是由构造模型的目的决定的。

一般来说，对于运动系统模型而言，其原型就是人体的运动系统，包括骨骼肌肉系统，以及相关的神经系统。当然，运动系统的局部（如特定环节、骨骼、肌肉及其联合体等）或者运动过程及其相关问题都是人体运动系统模型的原型。

通常，人们将某个研究原型对象作为一个系统来分析并建立其模型。我们定义一个系统时，首先必须明确其边界。任何一个系统都会与周围环境相联系和相互作用，因此必须将系统与周围环境区别开来。周围环境对系统的作用可以作为系统的输入，而系统对周围环境的作用则是系统的输出。

虽然世界上系统千差万别，但所有的系统都具有"三要素"：①实体，它确定了系统的构成和边界；②属性，也称为描述变量，是每一个实体的特征，当描述系统状态时，要使用系统内每个对象的瞬时属性；③活动，是指系统内部实体之间的相互作用，确定系统内部发生变化的过程。

从前面可以看出，模型有各种形式，用模型代替原型的方式分类，模型可以分为物质模型（形象模型）和理想模型（抽象模型）。前者包括直观模型、物理模型，后者包括思维模型、符号模型、数学模型等。在生物力学研究中，物理模型和数学模型是最常见的两种模型。

通常物理模型（physical model）是可见的，指人们为了达到一定的目的，根据相似原理构造的模型。它不仅可以显示原型的外形和某些特性，而且可以用来进行模拟实验，间接地研究原型的某些规律。物理模型的优点是直观、形象化、易于理解，可以在控制条件下进行长时间的重复实验，对于所要测量的物理量有明确的意义，有时还可为数学模型提供一些参数。但是，建立较复杂系统的物理模型常受到技术、经费和时间等因素的限制。建立模型后又因应用范围有限，不灵活，受到材料、加工等实际条件的限制，很难根据研究需要修改模型系统的结构，导致其实验受到限制。所以，随着计算机技术和数值计算方法的发展，数学模型受到越来越多的重视。

数学模型（mathematical model）是由数字、字母或其他数学符号组成，描述现实对象数量规律的数学公式、图形或算法。数学模型可以描述为，对于现实中的一个特定对象，为了某个特定的目的，根据其特有的内在规律，进行一些必要的简化假设，运用适当的数学工具，得到的一个数学结构。人体运动系统的许多问题，如行走速度、关节力和力矩、关节功和功率、重心位置等都需要定量地分析计算，这时往往离不开数学的应用，而建立数学模型则是这个过程的关键环节。

模型的建立过程简称为建模（modeling）。建立模型需要对原型进行三方面的工作：①理想化；②抽象化；③简单化。也就是建模时根据所研究的目的将实际条件理想化，将具体事物抽象化，将复杂的系统简单化。

3.1.2　数学模型与计算机仿真

人们采用建模的方法来深入研究客观事物的规律由来已久。早在 19 世纪，英国著名自然学家达尔文就曾说："我永远不满足自己，直至我能对一事物做出它的模型为止。如果我能做出它的数学模型，我就通晓它了"。可见，人们早就认识到了通过数学模型的方法研究自然的重要性和必然性。随着现代科技的发展，建立模型的方法由最初的静态发展为动态，由形态类似的实体发展为性能或功能相似的机械或电路模型，由简单的数学公式描述的模型发展为复杂的数学方程组，并且用计算机程序语言描述的复杂的运算控制模型。

由于建立模型过程中所采用的是理想化、抽象化和简单化的手段，即使数学描述的动态模型也难以全面反映其所代替的客观事物，而仅仅能在有限的方面反映事物的特征。因此通过建模与仿真方法对事物的表述只能是事物的模型空间。因为模型是根据

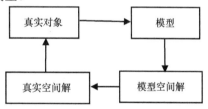

图 3-1　真实空间与模型空间的关系

真实的现实对象建立起来的，所以模型空间所获得的问题的解必然与现实对象的真实解有必然的联系。这种真实空间和模型空间之间的关系如图 3-1 所示。在此，真实对象既可是自然存在的对象，也可是人工对象；既可是现存对象，也可是将要建立的对象。

对于模型空间而言，真实对象可以视为含有无穷多可观测信息的源，而在有限时间和有限条件下，我们只能获得有限的部分而远非全部。既然我们无法利用真实系统对象的全部信息，又不可能建立完全满意的模型，那么建模者总会面临所建模型对所研究问题的有效性的问题。事实上，任何模型都是根据某个具体目的而建立起来的，所以其有效性的评估标准也不可能相同，而是与其特定的使命

相关。例如，描述膝关节有限元模型对于分析膝关节部位组织器官受力分布可能是有效的，但它无法反映膝关节组织器官的血液流动和应有供给的生理特征。

对于一个连续动态变化的现实对象系统，数学模型是系统的一种数学描述，也就是一组数学公式。完成建立数学方式表述的数学模型后，研究者就可以进行计算机仿真。为了利用计算机进行仿真实验，研究者需要将这些数学方程式转化为计算机算法，并将其用计算机语言编制出程序，这种用计算机程序所表达的模型一般不完全等同于原来的数学模型，但应该是一种很好的近似，并称为"仿真模型（simulation model）"或者"计算机模型（computer model）"。而仿真模型在计算机上的运行就是所谓的仿真实验（或数字化模拟）。因此，计算机仿真（computer simulation）与原型系统之间经历了两个基本过程，即建立数学模型，而后建立仿真模型，如图 3-2 所示。

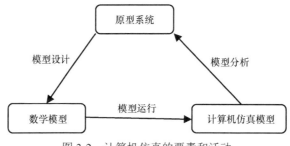

图 3-2　计算机仿真的要素和活动

3.1.3　建模与仿真的意义

随着科学技术的迅速发展，建模与仿真逐渐成为科学研究和工程技术中的一种必备方法。然而，建模仿真科学与技术已经有近 100 年的发展历史，它不仅被应用于航空、航天、各类武器系统的研制，而且已经被广泛应用于交通运输、电力、化工、通信、核能等各个工业生产领域。近年来，建模与仿真方法已经推广到了社会经济系统、生态环境系统、能源系统、教育训练系统和生物医学领域。

建模与仿真方法能够解决通过数学解析方法难以解决的复杂系统的问题。有些系统的控制方程难以求解，当然也就无法得到分析解，如果采用建模与仿真方法就可能获得其数值解。另外，通过建模与仿真可以详细分析研究系统的动态变化过程。建模与仿真方法还可以通过反复实验（trial-and-error）获得最优结果。最后，与实体实验相比，通常条件下建模与仿真方法具有安全、不受气候环境条件限制、实验效率高、费用较低和时间成本小的优势。

近年在生命科学领域，建模与仿真方法也成为必不可少的研究技术。由于人体系统的复杂性，建模仿真因其经济、快速、灵活等优势有着不可替代的地位，成为通用的研究方法之一。人体系统的建模仿真弥补了传统实验方法存在的个体差异大和偶然因素干扰多等不足之处，表现出其他实验手段所无法比拟的优越性，主要反映在以下几个方面。①可实现时空的伸缩，具有预测功能。因为仿真的尺度和时间不一定等同于实际的时空尺度。②可实现极端或异常条件下的仿真实验。在现有的技术水平上，有些极端条件下（如失重条件）的真实实验无法或者很难实施；例如，一些实验对人体有害，不能进行真实的人体实验；而运用模型进行仿真实验则不受这些极端条件的限制，可以随意地考察系统在各种极端条件下的可能反应。③可作为预研手段，为真实系统的运行奠定基础。④仿真实验可以灵活地进行多种实验条件的不同组合，寻找问题的关键因素及因素间协同或拮抗作用。

3.2　建模与仿真的方法与步骤

3.2.1　建模与仿真的方法

现代建模仿真技术包括建模阶段和计算机仿真阶段两大部分。建模阶段是根据研究目的和掌握的信息（如规律、数据和现象），将实际系统由模型替代。数学建模则将有关真实对象的实际问题翻译成数学问题，用数学语言确切地表达出来。而仿真阶段通常是将数学模型转化为计算机模型，运行计算机模型实现对数学模型的求解（solution），解释（interpretation）求解结果所表达的实际对象的信息，应用实际对象的行为信息检验模型仿真结果，验证（verification）模型结果的正确性。

3.2.1.1　模型建立

建立一个实际系统或真实对象的模型应当包括两方面的内容：第一是建立模型结构，包括确定系统边界，分辨出系统的实体、属性和活动；第二是根据其内部规律的理解给出其描述形式。例如，对于人体运动建模来说，首先要确定出研究对象是人体整体还是局部（如下肢）；其次要确定环节的刚体属性及其空间特征、关节属性（柱铰或者球铰、运动范围等），同时还要建立描述环节间相互约束作用和运动关系的动力学方程；最后，根据研究目标提供数据，即应用模型对所研究动作进行计算。

1）模型结构

一般地，模型结构应当具有相似性、简单性和多面性等特征。

相似性就是指模型与被研究对象在属性上具有相似的特性和变化规律。模型是原型的"替身"，自然要与原型之间存在本质上的相似。

简单性是指模型在满足相似性的前提下应当尽量简单，而不是越复杂越好。因此，建模时，要根据研究目标，对对象进行简单化处理，忽略实际系统中的一些次要因素，这一点非常重要。

多面性是指同一个系统的模型结构不唯一，应当满足多方面、多层次研究的需求。由于实际对象的复杂性，研究目标常常并不完全相同，对系统的理解和所获得的数据也不完全相同，因而建立的模型结构也会有所差异。

2）模型有效性

模型有效性是指模型应当反映实际对象的充分程度，是建模的基本要求。一般用实际对象观察行为和数据与模型产生的行为和数据之间的吻合程度来度量。模型有效性可以分为 3 个层次。

复制有效（replicatively valid）：将实际对象看作黑箱（black box），仅在输入输出层的行为层次上认识系统，即只要求模型的输入输出数据与实际对象的输入输出相匹配。

预测有效（predictively valid）：研究者对实际对象的总体结构及其内部规律有一定认识，但仍然对其详细结构缺乏足够信息和数据。所建立的模型不仅输入输出数据能够与实际对象相匹配，而且能够用来预测实际对象的未知的行为和信息。

结构有效（structurally valid）：研究者能够清楚地理解实际对象的详细结构，即系统子系统的构成、子系统的内部结构、子系统之间的相互作用等规律。这种情况下，模型不仅能够用来观察实际系统的行为，而且能够研究阐明实际系统产生行为的操作机制。

3）两种数学建模方法

建立数学模型大体上可分为两大种方法：一种是机理分析法，另外一种是测试分析法。机理分析法是根据对现实对象特性的认识，分析其因果关系，找出反映内部机理的规律建立的模型，常有明确的物理或现实意义。机理分析法所建立的模型力求达到模型的最高层次——结构有效。

测试分析法将研究对象视为一个"黑箱"系统，内部机理无法直接寻求，可以测量系统的输入输出数据，并以此为基础运用统计分析方法，按照事先确定的准则在某一类模型中选出一个与数据拟合得最好的模型，这种方法称为系统辨识（system identification），也称为黑箱方法。黑箱方法建立的模型处于复制有效的层次。有时，将两种方法结合起来，即用机理分析建立模型的结构，用系统辨识确定模型的参数，称为综合法。

3.2.1.2 模型分类

模型可以按照不同分类方式分为多种类型，下面介绍本书相关的几种数学模型分类。

1）按照应用领域模型分类

按照应用领域（或所属学科）划分，模型分为交通模型、人口模型、流行病传播模型、环境模型等。与人体运动相关的模型也可以分为多种类型，如下肢运动模型、足部运动模型、上臂运动模型、头颈部运动模型等；从模型属性又可分为刚体系统动力学模型和有限元模型；从研究人体系统还可分为肌肉力学模型、骨骼动力学模型、运动神经生理模型等。

2）按照数学方法模型分类

按照建立时所使用的数学方法划分，模型可分为初等数学模型、几何模型、微分方程模型、马尔可夫链模型、统计模型、规划模型等。

3）按照模型表现分类

模型按照表现可以分为以下几类：根据模型表现是否考虑随机因素的影响，分为确定性模型和随机性模型；根据模型表现是否随时间变化，分为静态模型和动态模型；根据模型的基本关系，如微分方程是否线性，分为线性模型和非线性模型；根据模型中的自变量（主要是时间变量）是连续的还是离散的，分为连续模型和离散模型。

4）按照建模目的分类

按照建立模型的目的可以分为以下几类：描述模型、分析模型、预测模型、优化模型、决策模型、控制模型等。

5）按照对模型结构理解程度分类

按照人们对模型结构了解程度分为白箱模型、灰箱模型和黑箱模型。这是将实际对象看成一只箱子里的机关，通过建模来揭示它的秘密。白箱模型通常在对象（如机械、力学、电学和热学等问题）的相关的科学规律已经基本确定，还需要研究具体对象行为和控制特征时建立，一般通过机理分析法建立。

黑箱方法所建立的模型称为黑箱模型。建立黑箱模型时只要求模型的输入 $X(s)$、输出 $Y(s)$ 与实际对象相同或者相似，不考虑实际对象内部构成和相关因素间的作用关系（图 3-3）。传统黑箱方法就是建立一个传递函数 $H(s)$，并且具备以下关系：

图 3-3　黑箱模型示意图

$$Y(s)=H(s)X(s) \tag{3-1}$$

在对实际对象的机理尚不十分清楚的条件下，人们可以建立灰箱模型。它间于白箱模型和黑箱模型，模型在结构和改进方面都有待不同程度的改进。

近年来，随着计算机科学技术和人工智能的快速发展，人们开始通过深度学习或人工神经网络，建立实际对象的输入-输出关系的模型。这类模型实质上也可以看作黑箱模型或者灰箱模型。

3.2.1.3 计算机仿真

1）计算机仿真的要素及其关系

广义的仿真可以这样简单地理解：了解和学习真实对象，首先建立系统的模型，然后运行模型。真实对象、模型和仿真可以看作计算机仿真的三个要素，三者有着密切关系（图3-2）。真实对象是要研究的系统，模型是对象的抽象，仿真是通过对模型的实验或运行达到研究对象的目的。

现代仿真技术大多数依赖计算机的运算实现，因此称为计算机仿真或者计算机模拟。为了理解和认识客观事物的本来面目及其复杂性，人们必须建立人造对象并使其动态地运行，计算机的作用就是驱动人造对象或虚拟环境（即模型）。

计算机仿真有三个基本活动：设计实际的或设想的物理系统的模型（模型设计），在计算机上执行模型（模型运行）、分析执行输出（模型分析）（图3-2）。计算机仿真通过三个要素，即真实对象、模型（数学模型）、计算机（包括计算机硬件和软件），将这三个基本活动联系起来。

2）人体系统计算机仿真的类型

人体系统是十分复杂的系统，为了不同研究目的可以建立很多的人体模型（如全身或者局部的生理和病理模型）。例如，人们建立了一些反映人体运动系统、循环系统、呼吸系统、消化系统等生理活动的数学模型，也建立了反映肿瘤扩散、血管硬化、肢体损伤等病理变化的模型。这些模型繁简不一，都代表了人体某一方面的生理或病理变化特征。

以不同模型为基础的计算机仿真也会有所不同，主要分为两大类：一类是再现（reproduce）仿真，另外一类是预测仿真。再现仿真主要用来检测分析实际人体的生理或者病理变化过程中相关因素的变化特征，特别是获取一些通过实际人体或者动物实验无法测量的指标。例如，研究者可以建立人体脑部血管系统模型，通过仿真研究在生理条件下大脑局部血管血液流动的动态变化。预测仿真也可称为仿真实验（simulation experiment），就是对经过验证的模型中代表物理、化学或者生物等相关因素的参数进行适当调整变化，通过计算机仿真观察这些参数变化对仿真结果（即模型输出）的影响，并以此说明此因素的变化对人体生理或者病理的影响。例如，研究者可以应用前面建立的人体脑部血管系统模型，通过改变模型中血液和周围脑组织所受的重力，就可以仿真脑血管系统在受到短时间的超重或者失重条件下血液循环的变化。

3.2.2　建模与仿真的步骤

建模仿真的一般步骤可以概括为图3-4所示的6个步骤。第1步，研究者要实际系统建立相应的系统模型与模型形式化。这时候要考虑两个方面，一方面要根据研究目的，确定模型的边界。一个模型只是实际系统的有限映射，因为任何一个模型都只能反映实际系统的某个方面或某个部分。另一方面，为了使模型具有合理性和可信性，研究者必须深入了解实际系统的先验知识及必要的实验数据。此外，研究者还必须对模型进行形式化处理，以便获得计算机仿真所要求的数学描述。建模阶段最后一步是对模型进行可信性检验，也是必需的一步，只有模型可信才能用来进行计算机仿真。

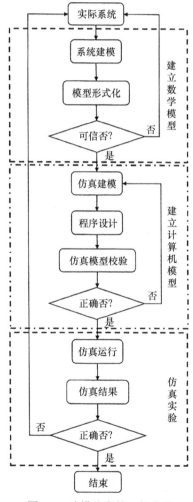

图 3-4　建模仿真的一般步骤

第 2 步是仿真建模。这个阶段的主要任务是根据系统的特点和仿真的需要选择适当的算法。仿真模型所采用的算法应当满足计算的稳定性、计算精度、计算速度的要求。

第 3 步是程序设计，就是把仿真模型转化为计算机可以执行的程序来描述。程序中还应当包括仿真实验的具体要求，如仿真运行的参数、初始条件、边界条件、控制参数、输出条件等。早期的仿真主要采用高级语言编程，随着仿真技术和计算机软件系统的开发，很多适用于不同领域的仿真语言和仿真软件被开发出来，大大提高了程序设计的效率。

第 4 步是仿真模型的校验。除了必需的程序调试，更重要的是检验仿真算法的合理性。

第 5 步是仿真运行。在建立了正确的仿真模型后，研究者就可以应用模型进行实验，这是最实在的仿真活动。它可以根据仿真研究目的，对模型进行多方面的仿真实验，获得相应的模型输出。

第 6 步是对仿真输出结果进行分析。这一步十分重要，不容忽视。输出结果分析既要对模型的数据处理（评价系统性能）进行分析，同时也要对模型的可信性进行检验。

上面简要说明了建模仿真的主要步骤。事实上，上面 6 个步骤又可以大致划分为 3 个阶段：建立数学模型阶段、建立计算机模型阶段和仿真实验阶段。在实际建模仿真中，上述每一步骤都会遇到很多科学或者技术的问题，往往需要经过很多次的反复尝试和重复迭代。

3.3 人体运动生物力学模型的建立

3.3.1 引言

运动是人体的基本生理功能之一，由运动系统执行完成。人体运动过程遵循生物力学规律，研究人体运动的建模与仿真能够提高我们对人体运动规律的认识。与前面一般系统建模仿真一样，人体运动的建模与仿真研究也分为 3 个阶段：首先在明确具体研究目的条件下建立生物力学模型，然后建立计算机模型并且与实验数据进行对比改进模型，最后进行相关的仿真实验。

传统生物力学研究都是利用仪器设备直接采集受试者运动时的数据，这种方法所得到的数据既真实又精确。但是，建模仿真方法仍然不可或缺，最主要的原因是人体系统的异常复杂性。真实人体实验会存在较大的随机性和易疲劳特性，实验还受到力量、协同、安全和伦理等因素的限制。

在体育运动中，运动员运动技术相关的建模与仿真十分重要，可以针对某一个因素进行计算机仿真研究，探讨该因素对动作技术的影响。例如，针对助跑速度对跳高成绩的影响，研究者可以分别采用传统和建模仿真的方法进行研究。如果采用传统方法，要求运动员按照不同助跑速度进行试跳，运动员会在改变助跑速度的同时，也改变其他因素，所以无法确定助跑速度对成绩如何影响。如果采用建模仿真方法，只要建立有效的跳高动作模型，就可以灵活地通过计算机仿真方法模拟改变助跑速度后，其他因素不变的条件下仿真跳高动作的全过程，并探讨助跑速度对跳高成绩的影响。

人体运动的生物力学模型繁简不一，具有几种类型。按照模型的运动轨迹或空间范围可以划分为一维模型、二维模型和三维模型；按照模型几何形态和结构可以划分为最简单的质点模型、较复杂的平面单刚体或者双刚体模型，以及很复杂的多刚体模型等。以刚体为基础的模型都将人体运动中人体整体或者部分环节（如大腿、小腿和足部）看作刚体系，在关节力矩控制作用下运动。另外，还有质量-弹簧模型（mass-spring model）将人体质量整合成一个或者几个质量体，然后又连接着一个或者几个弹簧，这类模型常常用来模拟人体在垂直方向上的运动（如跑步时的垂直运动）。震颤质量模型（wobbling-mass model）和质量-弹簧-阻尼模型（mass-spring-damper model）由质量、弹簧和阻尼器组成，往往用来研究人体受到冲击力作用下的生物力学反应（如落地冲击作用下的运动）。

与一般模型在关节处有力矩作用不同，肌肉骨骼模型含有一些子模型。这类模型将在下节中讨论。另外，基于固体力学在应力应变水平上研究人体运动过程中身体变形和损伤的有限元模型也不在这里讨论。

3.3.2　简化模型

人体具有 200 块以上的骨骼和 500 多条肌肉，任何人体运动模型都需要对人体运动进行简化。简化的程度主要考虑需要仿真的动作和研究目标。例如，如果要研究跳水运动员的空中动作，直体跳（俗称冰棍跳）简化为单个环节甚至质点是适当的，而将屈体跳动作简化为 2 个或者 3 个环节也是不错的选择。因为模型都是经过简化，所以不可能存在适合所有动作的模型，任何模型都是用来研究特定动作而建立的。建立模型的原则是只要复杂程度能够阐述所研究的问题，就尽可能简化。虽然如此，但是做到这点经常很不容易，因为有时候我们找准研究的问题也存在困难。

3.3.3　模型组成

下面讨论几种不同类型的模型的组成部分。

3.3.3.1　多刚体系统模型

很多的人体全身模型都采用连接在一起的多个刚体组成，称为多刚体系统模型或者多环节系统模型。模型采用刚体代表人体的惯性和基本结构。在平面模型中，一个刚体需要 4 个参数：长度、质量、质心位置和转动惯量。汉纳范（Hanavan）于 1964 年提出的 15 环节的多刚体模型可能是最经典的人体全身模型，包括头、上躯干、下躯干、上臂、前臂、手、大腿、小腿和足 15 个密度相同的实心刚体（图

3-5A）。以 Hanavan 模型为基础，人们进行了一系列的人体测量学数据的测量和计算，积累了大量的相关数据。海兹（Hatze）于 1980 年提出了一个更为复杂的 18 环节的模型，模型是骨骼、肌肉和神经的综合模型（图 3-5B）。模型环节数目取决于具体研究问题。例如，为研究跳水空中动作，伊登（Yeadon）于 1990 年建立了 11 刚体模型（图 3-5C）。

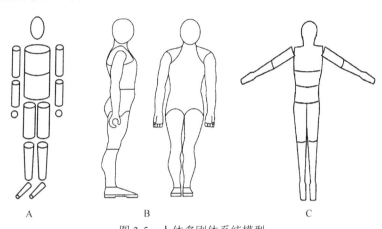

图 3-5　人体多刚体系统模型
A. Hanavan 模型；B. Hatze 模型；　C. Yeadon 模型

3.3.3.2　震颤质量

虽然多刚体系统模型能够模拟很多人体动作，但是 1998 年格鲁伯（Gruber）等提出了震颤质量（wobbling-mass）概念，在刚体上附着震颤质量。实际上，刚体模型中引入震颤质量就是考虑了人体存在一些质量（软组织）相对于骨骼运动的因素。根据 Pain 和 Challis（2006）的研究，人体承受冲击性负荷时，在四环节的落地模型中引入震颤质量的负荷比无震颤质量的刚体模型的负荷低 50%，所以这种条件下震颤质量可能十分重要（图 3-6）。

图 3-6　落地下肢动作的震颤模型
内部是刚性骨骼，外部是震颤质量软组织

3.3.3.3　刚体间连接

通常，多体系统模型中的刚体之间通过轴铰或者球铰（即两相邻刚体共用一条轴线或者一个轴心点）连接。例如，膝关节可以当作一个轴铰，进行屈伸运动；髋关节可以当作球铰，可以进行屈伸、内外旋和内收外展运动。虽然通常将关节进行简化，但是事实上，人体关节的运动并非如此。例如，膝关节面并非圆柱形面，而是不规则的曲面，在屈伸运动时自然不会围绕一条轴线转动，在屈伸运动时转动轴线也会随着角度改变而运动。

3.3.3.4　外界接触

人体模型自然要与外界（如地面或者环境、器械）接触，最简单的接触模型就是把接触区域看作"关节（joint）"，这时模型围绕外界固定点转动。然而，这不符合实际情况。例如，高速摄影拍摄的跑步足部运动可以看出，着地时足底与地面存在相对滑动。鉴于这种情况，人们在接触表面上建立几个黏弹性单元（viscoelastic element），使模型与外界之间的作用力与相对位移和相对速度有关。

3.3.4　肌肉模型

在人体运动模型中，一般都应用以希尔（Hill）于 1967 年建立的肌肉力学为基础的模型。譬如，常常采用具有收缩元（contractile element，CE）和弹性元（elastic element，EE）的三参数肌肉力学模型。有关更详细的肌肉力学模型将在 3.5 节中详细讨论。

3.3.5　模型构建

人体运动生物力学模型构建大致可以分为以下 5 个步骤。

3.3.5.1　模型受力图

在构建一个人体运动模型时，首先必须对人体动作进行力学分析，绘制出模型的受力图。在受力图中应当提供所有建模所需的信息，包括模型中的环节、力和力矩，以及一些长度的名称符号。图 3-7 为两个受力图。图 3-7 A 所示为质量

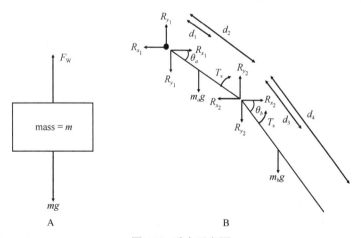

图 3-7　受力示意图

A. 自由落体受力图；B. 体操运动员单杠摆动的双环节模型；F_W. 空气阻力；d. 环节长度；θ. 与水平方向的夹角；T_s. 环节间作用力矩；R. 作用力

m 的自由落体受到重力（mg）作用和空气阻力（F_w）；图 3-7 B 显示了体操运动员在单杠上摆动的双环节二维模型的受力图，模型具有两个自由度（θ_a 和 θ_b），同时显示了环节长度和质心位置等信息。

3.3.5.2　模型运动微分方程

对于只有几个环节的二维模型，建立其运动防护最直接有效的方法就是应用基于牛顿第二定律的刚体平面运动动力学方程（见本书 2.2.1 节）。对于更复杂的模型，如多个环节的多体系统模型，则需要采用分析力学或者多体系统动力学的方法（见本书 2.2.2 节和 2.2.3 节），可以使用拉格朗日方程、R/W 方法或者凯恩方法推导模型的运动方程。

由于复杂系统的动力学方程推导十分烦琐，但这些推导都是程式化的，因此目前人们可以应用商业软件系统推导相应的运动方程。例如，MSC Adams 就是可以推导计算多体系统动力学的商业软件。

3.3.5.3　模型输入和输出

运行人体运动的模型所需要的输入数据可以有两种来源：第一种是初始运动学数据，包括人体每个环节的质心速度、环节间的角度和角速度等；第二种数据是要进行的仿真实验产生的数据。具体来说，对于运动学驱动的模型需要关节角度-时间的变化数据；而对于动力学驱动的模型来说，则需要模型中产生力或力矩的肌肉所受到的神经支配兴奋-时间的变化数据。

无论是运动学驱动模型还是动力学驱动模型，最后都可输出模型计算的所有变量随时间的变化数据。

3.3.5.4　运动方程的数值积分

运行人体运动的模型得到运动随时间变化的数据，需要对模型运动的微分方程进行积分。通常都采用数值方法进行积分，例如，欧拉方法（Euler method）：

$$x_{n+1} = x_n + \dot{x}_n \Delta t + \frac{1}{2}\ddot{x}_n \Delta t^2 \qquad (3-2)$$

式中，x、$\dot{x}$、$\ddot{x}$ 分别是运动位移、速度和加速度；下标 n 表示第 n 个时刻点，而 $n+1$ 则是下一个时刻点，二者之间的时间间隔为 Δt。时间间隔 Δt 可以取很小数值，如可以取 0.0001s。当然，如果 Δt 取得过小，会使整个模型的积分计算时间变得很长；相反，如果 Δt 过大，会使误差过大。实际计算过程中，要进行多种尝试，分析对比，最后确定 Δt 的合适数值。

无论如何，欧拉方法总需要很小的时间间隔 Δt，并且计算结果并不稳定。龙格-库塔算法（Runge-Kutta algorithm）是在数值积分中常使用的更好的积分方法，四阶的龙格-库塔算法虽然运算速度比欧拉方法慢一些，但是更精确。

对于动力学驱动模型，需要输入模型中的所有驱动元（actuator）每个时刻的力或者力矩。驱动元所产生的力或者力矩是兴奋程度、长度和速度的函数。因此，驱动元模型中的收缩元或串联弹性元的运动必须加以计算。

3.3.5.5　误差检查

采用任何方法生成的运动方程，总需要检查是否存在程序错误。这种误差可以通过一些简单的物理原理来检查。例如，当所有阻尼和肌肉单元都移除或关闭后，模型系统的能量应当守恒；冲量与线性动量的变化相等；如果将模型和外力设定为零时，模型的质心应当以抛物线轨迹运动；在空中的人体运动质心角动量守恒。

3.3.5.6　小结

经过前面讨论，我们可以总结出构建一个模型需要考虑以下几个要点：①确定重要因素；②确定环节和关节数目；③确定是否引入震颤质量；④绘制受力图，将系统中的所有力都显示出来；⑤确定模型采用运动学驱动（角度驱动）或者动力学驱动（力矩驱动）；⑥确定模型中包括的肌肉；⑦确定模型与地面环境或者器械接触模式；⑧确定是需要软件系统建模，还是直接按照力学原理进行建模。

3.3.6　参数确定

虽然人体系统模型中的参数很难确定，但是很重要，因为其中参数值的选择往往会对研究结果影响很大。模型中的刚体和震颤质量环节、肌肉-肌腱组合及黏弹性单元都需要相应的参数。基本上，参数可以有两种不同的方法——从文献中获得，或者对个体进行测量获得个性化参数。从个体中测量具有明显的优势，因为可以对同一个体进行实验，评估模型输出的结果。

3.3.6.1　惯性参数

在模型中每个环节的所有惯性参数值都必须准确。对于刚体来说，惯性参数包括环节质量、质心位置和转动惯量。对于二维平面模型，转动惯量只有 1个数值，而对于三维模型则需要 3 个转动惯量数值（详见本书 2.2 节和 2.3 节）。震颤质量环节含有 2 个惯性参数，因为震颤质量环节具有 2 个由黏弹性弹簧连接的刚体。

人体环节惯性参数常常由几种方法得到：回归方程计算，通过结合个体人体测量学数据和尸体测量数据计算，以及更现代的基于人体组织密度和医学影像技术计算（详见本书 2.3 节）。

如果模型中含有震颤质量，模型需要的未知参数将会增加。结合在一起的环节的惯性参数可以通过几何模型或回归方程计算。然而，确定模型中固定和震颤体的参数则需要更多的数据，譬如骨骼和软组织的质量比例。这些数据往往需要通过解剖获得。这样的比例还可以通过具体个体脂肪百分比折算出来。将来有关震颤质量的惯性参数还可以通过医学影像方法进一步测量计算。

3.3.6.2 力量参数

在运动生物力学中，准确给定个性化人体的肌肉-肌腱组合体的力量是一个挑战性的任务。目前有两种方法代表肌肉所产生的力或者力矩。第一种方法是在模型中包括所有通过关节的肌肉，应用个体肌肉-肌腱组合体相关实验数据（这些数据主要从动物实验中获得）。研究中常把等长收缩实验的数据按照比例换算成个体或者组对象的数据，但这无法代表个性化肌肉的参数。第二种方法是避开具体肌肉的力，而使用每个关节的肌群力矩（屈曲肌群和伸展肌群）代替所有通过该关节的肌肉的合力矩（净力矩，net torque）。采用这种方法的优点是只需要个体特定关节的合力矩，而该数据又可利用该关节的等速力量测试和最大等长收缩力测试的数据来估算。

3.3.6.3 黏弹性参数

模型中的弹簧都需要黏弹性参数，这些弹簧包括连接震颤质量、肩关节、足或者手与地面（或者器械）的接触。黏弹性参数最好通过独立的实验确定，应用于不同的模型之中。如果无法直接获得实验数据，黏弹性参数则可以通过优化程序确定：先选择初始参数，然后在参数实际范围内不断变动参数，直至达到与实际动作匹配达到最好状态。这种方法对于力矩驱动模型和角度驱动模型都有效，但角度驱动模型更容易确定黏弹性参数，因为这种模型中角度已经被确定，所需参数会少一些。通过优化参数方法还可能使弹簧具有补偿模型误差的潜在用途。这可以通过这样的方式实现：使用一套较少数量的弹簧参数，并由几次实验确定这些参数，之后再在评估模型的时候固定参数值。

3.3.7 模型评估

模型评估是在模型构建过程中十分重要的一步，在模型应用之前必须进行模型评估。虽然模型的评估在很多年前就受到重视，但目前仍然有很多仿真模型无法得知其精确程度。有一些模型在某种程度上得到了评估，如 Hatze（1981）和King 等（2006）的研究，但还有很多研究没有任何评估。

模型的复杂性和用途是模型评估中必须考虑的因素。当应用简单模型进行预测时，很容易通过结果确定是否在正确范围内。相反，当应用模型进行因素分析跳跃动作最优技术时，模型必须进行定量评估，以便得知模型的精确性，例如，King 等（2006）的研究。理想的模型评估最好包括模型的应用范围，特别是要避免使用模型分析那些精确度几乎未知的动作。例如，当模型能够成功应用于跳水前空翻动作，对于反向空翻动作可能不适用。

评估模型的目标就是确定模型的精确性，并且在分析仿真结果的时候能够清楚其精度。更进一步，模型若能够成功评估将会增加对模型假设正确的信心，也会确认建模无模型缺陷、仿真无软件问题。理想的评估将包括所有模型用来预测的方面。例如，假如模型用来探讨初始条件对最大跳高的影响，那么就应当定量评估该模型，与一组已知实际初始条件下的跳高高度数据对比，模型能够再现相同初始条件下的跳高高度。再如，一个模型用来考察膝关节屈曲和伸展肌群在跳跃动作时的工作特征，就应当评估该模型在跳跃时上述肌肉活动是否与实际情况相同。

评估模型是一个挑战性的任务，在得到满意的模型前可能需要多次重复。动作的初始数据必须由人体实际运动动作采集而来。对于体育动作来说，理想数据的动作应当是由高水平专业运动员完成得最好或者接近最好的动作。研究人员需要通过视频或者自动采集系统（如 Qualisys 系统）获得运动学指标-时间的数据；如果可能的话，还要通过测力台或者传感器采集动力学指标-时间、肌电（EMG）信号-时间的数据。个性化模型的参数，如人体测量学和力量数据，最好通过个体测量采集，尽量不依靠文献数据。模型需要的初始运动学条件（位移和速度数据）由采集实际动作的数据确定，其他模型运行所需要的数据也就都确定了。如果是动力学驱动模型，这将包括每个驱动元的兴奋-时间数据；如果是运动学驱动模型，将包括每个关节角度-时间数据。

一旦一次动作仿真完成后，就应当通过定量比较计算仿真结果与实际情况之间的差异分值。差异分值计算公式应与所仿真的动作有关，但也应与动作匹配的所有特征有关，如角度变化、平动和转动动量、地面运动。将不同性质的参量的差异组合在一个差异分值会存在一定难度，研究人员需要在目标函数中设定不同参量的权重值。例如，Yeadon 和 King（2002）在研究中假设后空翻起跳动作时关节角度的1°差异相当于起跳质心速度差异的1%。还有一些参量无法测量，例如，震颤质量的运动，可以在差异分值计算公式中增加一个罚值，以限制这种运动过大。最后，通过优化算法程序改变模型输入，找到与实际动作的最好对比（差异分值）。当模型结果与实际动作很接近时（图3-8），模型就可以用来进行进一步的仿真实验。否则，模型结构或者参数需要调整，然后再进行模型的评估。在运动

A 实际动作   B 仿真动作

图 3-8　后空翻动作模型的仿真动作与实际动作比较

生物力学研究的测量计算中，对比差异小于 10%，通常就被认为是足够精确的。

3.3.8　模型设计原则

人体运动的建模涉及生理、解剖、力学、数学和计算机科学等多个学科的理论与技术应用，存在着许多挑战性任务。人体运动模型的设计和验证都是十分复杂的任务，每个模型都会遇到各种各样的困难。本章 3.2.1 节讨论过一般建模与仿真的方法，本节将进一步讨论人体运动模型设计的具体原则。

人体运动的建模应当具有以下 3 点原则。

首先是目标导向性原则。在构建模型的时候，要以研究问题的目标为导向，根据模型的用途设计模型。例如，当需要确定跑步过程中身体内部所受到的力的作用特征时，建立逆向动力学模型就要比正向动力学模型更适合；而当需要通过身体运动说明一般性力学原理时，建立正向动力学模型就可能更好。

其次是结构简单性原则。如本章 3.2 节所讨论过的，模型力求简单化。简单化的前提是模型结构中包含所研究问题相关生理解剖和力学机制。例如，单自由度的倒立摆（inverted pendulum）可以很好地描述人体在自然步长、步频状态下行走时动能和势能的转化，是最简单的人体运动模型之一。但是这个模型无法用来分析下肢肌肉如何在神经系统调控下协调一致、共同工作，使人体重心在行走过程中能够顺畅地向前运动。若要研究这些内容，则必须在模型中含有这些生理机制的要素。Sprigings 和 Miller（2004）指出，使用能够概括研究问题本质的最简单的模型。但问题是实际研究中，模型究竟可以简单多大程度。在人体运动建模与仿真中，一般要求模型复杂程度能够使仿真结果与实际动作小于 10% 的差异。相反，如果模型的精度只有 30%，那么仿真结果很难让人信服。

最后是相似性原则。模型的结构与人体解剖结构相似，例如，多体系统模型的环节的拓扑结构与人体解剖连接关系相似。模型中控制元素符合生理机制，例如，模型中的驱动元的动态控制要符合神经肌肉生理学特征。模型的动力学方程符合基本的力学原理，例如，图 3-9 中的模型动力学方程遵循倒立摆的动力学方程，而多体系统模型则遵循高等动力学方程或者凯恩方程等。

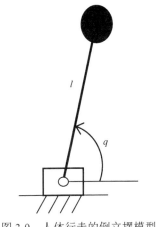

图 3-9　人体行走的倒立摆模型
l. 摆杆；*q.* 自由度

3.4　人体运动的计算机仿真

如同本章 3.1 节和 3.2 节所述，在建立了人体运动的生物力学模型后，就可以建立相应的计算机模型（或仿真模型）。然后以此为基础，进行两方面的计算机仿真实验（或数字化模拟）：①进行再现人体动作的计算机仿真实验，计算人体运动过程中一些难以通过测量获得的生物力学指标。例如，艾康伟等（2005）曾通过建立举重运动员二维 6 环节计算机模型，计算了个性化举重运动员在完成技术动作时的关节合力（净力，net force）和合力矩，分析运动员的用力特征。②根据研究目的，进行一系列的预测性计算机仿真实验，分析相关的生理（如神经肌肉系统功能状态）、力学（如肌肉力、初始运动条件）等诸多因素对人体运动及其相关生物力学指标的影响。

3.4.1　计算机模型的建立及可视化

通常，进行计算机仿真实验及仿真结果的可视化都需要计算机软件来实现。依照软件中的运动模型是否遵循基本力学、生理解剖规律，人体运动的计算机仿真技术可分为两大类：基于生物力学的人体运动计算机仿真技术和不基于力学原理的纯粹的人体运动计算机仿真技术。后者已经广泛应用于动画、影视特效、交互式游戏的制作及人体工程学的研究，它能够以十分逼真的形式再现通过运动捕捉技术获得的人体动作，并且可以通过虚拟现实和计算机动画技术人为改变原来的运动形式。因为后者仿真技术不遵循力学原理，所以无法提取实际人体运动过程中的生物力学指标，更不能进行相关预测性的仿真实验。本书只讨论前者，即基于人体基本力学和生理解剖规律的人体运动计算机模型。

计算机模型存在 3 个方面的问题：系统的稳定性、计算精度和计算速度。仿真的稳定性和计算精度与仿真实验所选择的数值计算方法和时间步长有关（参见 3.3.5.4 节）。当步长选得较大时，仿真实验的计算速度较快，但可能导致系统失去稳定性，计算精度降低。当所选的计算方法较复杂、步长较小，则所获得结果可能误差较小，但会导致计算量的增加而仿真时间的拖延。因此，仿真实验应当综合考虑硬件环境、系统的稳定性、计算精度、仿真时长等因素，选择折中方案。

人体运动的计算机仿真结果，除了采用常用的曲线图形、表格等表现形式，还常常需要计算机可视化，把计算机仿真结果直观地用人体动画表现出来，以便于进行分析比较。随着近年来计算机技术的高速发展，基于计算机图形学的人体动画技术为人体运动仿真结果提供了良好的实时显示工具。例如，郝卫亚（2004）开发了一个跳水运动员技术动作的可视化软件。该软件基于人体运动的三维数据，可以将计算机仿真人体运动结果转化为比较逼真的动画（图 3-10）。

3.4.2　软件系统

目前，基于运动生物力学规律的人体动作仿真软件并不多见。对于建立得较简单的人体运动模型可以通过研究者自行编写的软件实现。例如，前面提到的艾

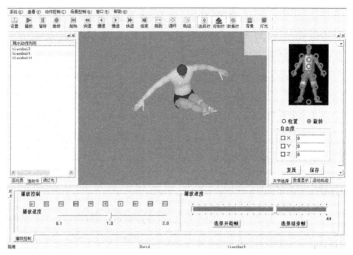

图 3-10　跳水仿真可视化软件的界面

康伟等（2005）所建立的举重运动员计算机模型，就是通过自编软件系统建立的。但是，如果模型比较复杂，人体系统模型的环节数目较大、自由度较多时，通常采用商用软件进行动力学方程的推导、求解和计算机仿真。常见人体运动仿真的计算机软件有 Anybody、LifeMod/MSC Adams、SD/FAST、SIMM、OpenSim 等。这些软件可以根据不同的研究目的较方便地建立不同形式的人体模型，结合动作捕捉测量得到的人体运动数据，进行人体系统的动力学分析和肌肉力计算，同时还可以通过建立外界环境，分析人体运动过程中人体与环境之间的作用力关系。其中 OpenSim 是由斯坦福大学德尔普（Delp）团队开发的免费开源软件系统（http://SimTK.org），是基于 C++和 JAVA 语言为基础开发的一款应用于肌肉模型开发、模拟仿真与分析神经肌肉系统的软件系统。它能应用在步态动力学分析、运动技术研究、手术过程仿真、医疗器械设计等很多领域。除了 OpenSim，其他人体运动计算机仿真的软件都是商业软件。目前，国内外基于 Anybody 和 OpenSim 的研究相对较为广泛。

3.4.3　计算机仿真的应用

建立人体运动的计算机仿真模型后，就可应用模型进行一系列的仿真实验，包括人体动作中的力学原理、动作影响因素分析和动作优化等研究。当然，人体运动计算机仿真还可以应用于生物医学、人体工程学、航空航天医学、康复科学等很多领域，以下将重点讨论其在体育领域的应用。

3.4.3.1　动作力学分析

应用人体运动的计算机仿真可以研究人体动作中的力学原理。实际测量的人体动作的运动学和动力学数据可以说明特定动作的实际情况，但缺乏影响因素的定量分析方法，很难有实质性的结论。如果有仿真模型，研究人员则可以评估分析不同动作，说明哪些是真正产生动作的因素。例如，Yeadon（1993a，1993b）应用空中动作的角度驱动的计算机模型，研究不同的接触式转体（contact twist，指在起跳时与地面或者器械接触形成转体动作）和空中转体技术，发现纯粹平面翻腾动作基础上进行上肢或者臀部不对称的运动就可以产生转体动作。此外，通过计算机仿真还可以研究体育项目中有关跳水踏板过程中的跳跃动作、滑板动作、跳高的曲线助跑、体操单杠大回环、体操跳马起跳和落地等动作技术的力学原理。

在生物医学领域，人们可以建立人体动作的生物力学模型，通过计算机仿真获得正常人体或者患者的动作的生物力学指标，阐明这些动作内在的力学原理。例如，人们可以建立人体行走或者跑步的生物力学模型，通过计算机仿真分析人体行走或者跑步过程中的地面反作用力、踝和膝关节的受力和肌肉力变化特征，为阐明人体步态的力学原理提供有力的手段。

3.4.3.2　动作影响因素分析

动作影响因素分析实质就是通过计算机仿真实验，进行敏感性分析。人们可以利用计算机模型仿真某一因素剔除或者减弱、加入或者增加时所发生的变化，以确定各方面因素对总体动作的贡献或者影响。例如，李旭鸿和郝卫亚（2018）为探讨跳马运动员在不同踏跳位置的起跳效果及下肢承载负荷的差异性，利用 19 环节多体动力学模型和助跳板模型，仿真运动员踏跳前区、中区和后区 3 个不同踏跳位置时踏跳后回弹速度和下肢负荷变化。结果表明，在后区踏跳可以有效提高踏板后的垂直起跳速度，因此在满足人体肌骨系统能够承载的前提下，采取后区踏跳有助于完成更高难度的技术动作。

3.4.3.3　动作优化

在建立人体动作的仿真模型后，研究人员就可通过输入不同数据进行多种计算机仿真实验，找到特定动作任务的最优动作。开展动作优化工作需要 3 个步骤：①需要确定目标函数（或者动作成绩），以便通过在实际限制条件下改变模型的输入，达到目标函数或者动作成绩最小化（或者最大化）。例如，对于体育中的跳跃动作模型，就可简单地将跳跃高度或者距离作为目标函数；但对于一些动作中高度和旋转角度都很重要，就需要考虑构建更复杂的函数。这种情况下，确定不同变量的权重就显得非常具有挑战性，因为不同权重将会影响最终的最优解。②建立不同变量的实际限制，包括肌肉活动和初始条件的生理与解剖限制。每条肌肉的活动模式只需要几个参数定义，但可能会增加找到全局性优化解的机会。③选择适当的算法求解，获得全局性的最优动作。迄今已经存在几种算法（如单纯形法、模拟退火算法、遗传算法、梯度下降法等）可以进行优化计算。

3.5 神经肌肉骨骼的数学模型

人体运动是在神经系统支配下，骨骼肌收缩牵引骨骼运动，在运动过程中遵循力学规律。本书第 1 章讨论了骨骼肌与骨骼的解剖和生理一般特征，第 2 章讨论了生物软组织和骨骼的一般力学性质。因此，进行人体运动的建模与仿真，除了建立人体骨骼动力学模型，还需要建立方程定量反映神经支配下骨骼肌收缩和骨骼空间运动特征的数学模型。这些模型包括了肌肉-肌腱驱动（musculotendon actuation）模型、肌肉兴奋-收缩耦联（excitation-contraction coupling）模型、肌肉路径模型等（图 3-11）。本节将重点讨论公式化定量描述关于神经、肌肉和骨骼在运动过程中相关的数学模型。

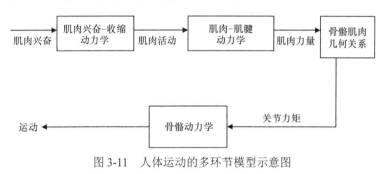

图 3-11　人体运动的多环节模型示意图

3.5.1 肌肉模型

3.5.1.1 肌肉收缩模型

人体运动中的肌肉力学模型大多是基于希尔关于肌肉产生收缩力的研究工作（参见本书 1.2.2 节），采用集总参数（lumped parameter）模型，将肌肉分成收缩元和弹性元。最常见的模型就是 3 单元模型，包括 1 个收缩元和 2 个弹性元（图 3-12）。在建模仿真过程中，如果涉及具体肌肉的收缩力，则必须确定肌肉收缩力的数学表达式。

模型中的串联弹性元代表肌肉连接的结缔组织（肌腱和腱膜）。这些组织与肌肉串联，其张力都是被动力，随着其长度的增加而增加，但在小于其长度时张力为零。并联弹性元代表包裹肌纤维的被动纤维和弹性组织。收缩元是可以产生主动的收缩力，是 3 个自变量的函数：肌肉长度、收缩速度和激活程度。肌肉收缩活动可以用两个微分方程表示：

$$\begin{cases} \dot{a} = f_1(u, a) \\ \dot{l}_M = f_2(l_M, l_{MT}, a) \end{cases} \tag{3-3}$$

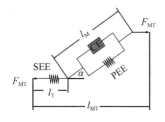

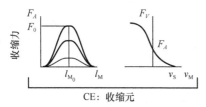 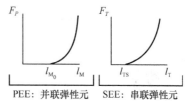

图 3-12　肌肉 3 单元模型

F_A 为收缩元主动收缩所产生的力，F_V 为随着收缩速度变化的收缩力，F_P 为并联弹性元随着长度变化的被动张力，v_s 为最大收缩速度。CE. 收缩元；PEE. 并联弹性元（parallel elastic element），与肌肉并联的弹性元；SEE. 串联弹性元（series elastic element），与肌肉串联的肌腱弹性元。肌肉收缩力由收缩元和弹性元的非线性力学特性确定。一般假设肌腱弹性为非线性并且与羽状角 α 有关

式（3-3）中，u 是肌肉兴奋（muscle exercitation）程度，a 是肌肉激活（muscle activation）程度（$0 \leqslant a \leqslant 1$），$\dot{a}$ 是肌肉激活程度随时间变化率，l_M 是肌肉长度，$\dot{l}_M$ 是肌肉长度随时间变化率，而 l_{MT} 是肌肉-肌腱组合体总长度。肌肉力量（F_{MT}）可以通过求解以上两个微分方程后再运用积分方程（3-4）获得肌肉力量随时间变化率（$\dot{F}_{MT}$）。

$$\dot{F}_{MT} = f\left(F_{MT}, l_{MT}, \dot{l}_{MT}\right) \tag{3-4}$$

一般肌肉-肌腱组合体由以下参数构成：最大等长收缩力（F_0）、最优纤维长度（l_{M_0}）、最大收缩速度（v_S）、肌腱舒张长度（l_{TS}）和羽状角（α）（图 3-12）。这个模型被广泛认可，并被应用于大规模肌骨系统模型的商业软件系统中（如美国的 SIMM）。

3.5.1.2　肌肉兴奋-收缩耦联模型

肌肉并不能瞬时进入收缩启动或者放松状态。肌肉收缩产生收缩力与它接受兴奋存在着时间延迟。这种延迟是由钙离子在肌浆网状组织向 T-小管系统间流动并与肌钙蛋白结合所需要的时间引起的。通常，人们采用一次方程的数学模型描述肌肉兴奋（u 代表纯粹的神经激活驱动）与肌肉收缩激活启动（a^M）之间的时间延迟。

$$\dot{a}^M = \left(\frac{1}{\tau_{rise}}\right)\left(u^2 - ua^M\right) + \left(1/\tau_{fall}\right)\left(u - a^M\right); \quad u = u(t); \quad a^M = a^M(t) \tag{3-5}$$

式（3-5）假设肌肉启动仅仅与其神经兴奋（u）有关。当然，还可以有其他形式

的肌肉兴奋-收缩耦联模型。例如，我们可以认为肌肉的启动与肌肉募集和刺激频率有关。但是，在人体多体动力学模型中，这两个频率对结果的影响都比式（3-5）中的两个时间常数（τ_{rise} 和 τ_{fall}）要小一些。常数 τ_{rise} 为肌肉的启动时间（12~20ms），而常数 τ_{fall} 则为肌肉的放松时间（24~200ms）。

3.5.2　骨骼几何特征与关节模型

从解剖角度来看，骨骼是物理上支撑着肌肉的架构。准确的骨骼几何模型能够确定肌肉起始点位置和肌肉收缩的路径。骨骼具体的表面几何模型可以通过手持式数字化仪、激光扫描仪或者影像重建（如计算机断层扫描 CT 或磁共振 MRI 图像）来获得。例如，图 3-13 就是人体下肢运动模型中基于扫描技术建立的人体股骨模型；其中左边的线框图（图 3-13A）确定了骨骼表面多边形节点的实际位置，而右边的图（图 3-13B）则显示了经过光滑处理过的股骨三维模型。通常，基于一个个体建立三维骨骼模型后，通过尺度变换可以建立其他个体的三维骨骼模型，但是这样会存在着一定的误差。①个体间骨骼形状可能存在变异；②个体间肌肉起始点可能存在变异；③尺度变换可能存在误差。较准确的办法就是进行个性化的扫描建模。虽然这种办法非常费力费时，并且十分昂贵，但是随着技术的进步，这种方法会逐渐成为程式化的技术。

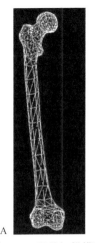

图 3-13　股骨扫描模型（A）和平滑处理的三维模型（B）

从力学角度来看，骨骼几何特征十分重要，因为来自肌肉的收缩力直接作用于骨骼产生骨骼和环节的移动和转动。处于骨骼之间的关节结构由软组织（如韧带和肌肉）所环绕，这些软组织会产生力使骨骼运动并且保持关节的完整性。例如，胫骨近端平台和股骨远端为膝关节提供的稳定性较差，而韧带和肌肉则为膝关节提供更多的稳定性，但在髋关节韧带和肌肉所提供的稳定性则小得多。在三维模型中，膝关节应当具有 6 个自由度（3 个位移和 3 个转动），模型应包括详尽的组织负荷。然而，由于膝关节的运动受到限制，分析人体宏观运动时，常常将膝关节看作平面铰链（即柱铰，或轴铰），在前后和上下方向内有限的位移，甚至简单地看作只有转动、无位移的柱铰。在这两种情况下，膝关节只有 1 个自由度，因为前一种情况下，位移是关节角度的函数（即确定关节角度时，膝关节的位移也会被确定）。使用单自由度的膝关节模型将极大地简化全身的运动方程。然而，应用膝关节的柱铰模型时，研究者应当十分重视肌肉长度及其力臂变化，因为肌肉长度和力臂不仅与关节角度有关，而且与关节位移有关。

3.5.3　关节被动性质

在大多数人体运动过程中，肌肉活动是关节运动的原动力。但是，一些被动结构也跨越关节产生作用。韧带、囊状组织、筋膜、软骨和平行肌肉弹性都可能对关节的合力矩有贡献。这些因素在肌骨系统模型中往往被忽视，但通常应当考虑以保证模型的精度。因此，关节合力矩有两个成分，即肌肉活动产生的关节主动力矩和被动组织产生的关节被动力矩。主动力矩和被动力矩之和就等于关节合力矩。这个合力矩就是逆向动力学计算的结果。考虑到人体大多数动关节的结构，被动力矩在多数正常关节运动范围内数值较小，导致在一些肌骨模型中被忽略不计。但是，当关节运动接近运动范围的最大值时，被动力矩变得很大，即使是正常运动，被动力矩也对合力矩贡献很大。例如，Whittington 等（2008）报道，步行支撑相后半程中，被动力矩对髋关节屈曲合力矩贡献达到 1/3。为保证更精确的仿真结果，在肌骨系统模型中引入被动力矩有助于避免在正向动力学仿真时出现关节高度不真实的姿态。

人们在肌骨系统模型中如何引入关节被动性质，取决于模型的用途。对于一个预测关节接触应力的、精细的膝关节三维模型，每个主要被动结构的实际作用线和材料特性都必须有明确的代表，但通常在研究大体运动的模型中，可以简化处理，每个转动自由度引入单个关节被动力矩即可。一些文献中采用了所谓的双指数方程。举例来说，关节被动力矩（M_{pas}）是关节角度（θ）的双指数函数：

$$M_{pas} = k_1 e^{-k_2(\theta-\theta_1)} - k_3 e^{-k_4(\theta_2-\theta)} \tag{3-6}$$

式中，$k_1 \sim k_4$，θ_1 和 θ_2 是确定被动力矩曲线形状的常数。特别地，θ_1 和 θ_2 是两个角度范围，使被动力矩此范围内的值较低；而 $k_1 \sim k_4$ 则决定了被动力矩超出此范围后增长的程度。该数学模型反映了被动力矩恢复关节角位移的作用（图 3-14A）。例如，当关节角度趋近于屈曲角度的极限时，被动伸展力矩将会按指数级幅度增长。对于大多数关节，被动力矩是非对称的，因为关节到达两个运动极限时发生作用的解剖结构组织不同。

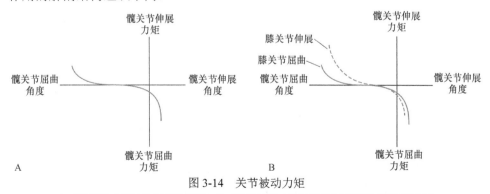

图 3-14　关节被动力矩

A. 假设被动力矩只与关节角度有关；B. 髋关节被动力矩受到膝关节屈伸角度的影响模式

人们很关注的一个问题是关节被动力矩是否仅仅与关节角度有关？或者，关节被动力矩是否还与相邻关节角度也有关？这个问题与整个肌骨模型中所包含的双关节肌肉如何产生被动力有关。例如，腘绳肌跨过髋关节和膝关节，它的并联弹性元（图 3-12 中的 PEE）成分对髋关节和膝关节的被动力矩都有贡献。如图 3-14B 所示，当膝关节伸展时腘绳肌受到牵拉，髋关节的被动伸展力矩会比膝关节屈曲时更大。只有当没有肌肉被动部分，而且跨过关节的肌肉模型中包括了并联弹性元，关节被动力矩仅与单个关节角度有关的方程才是适当的。但是，在关节被动力矩表达式中包括相邻关节的作用，会暗中影响跨过该关节的肌肉模型中的并联弹性元成分。这种情况下，就可以采用无并联弹性元的肌肉模型，避免使肌肉被动弹性因素被重复计算。这样的处理方法的好处是，可以对个体进行个性化测量关节被动力矩。这时式（3-5）中就需要更多项。事实上，区分肌肉被动部分和非肌肉被动部分在实际中很难做到。

3.5.4 肌肉路径模型

肌肉的起、末点位置影响着肌肉所跨过关节的作用力臂。该力臂与肌肉力相乘就是该肌肉对产生关节运动的合力矩的贡献大小。而肌肉力又与肌肉长度有关，肌肉长度、肌肉作用力臂都与肌肉在运动过程中的路径相关。因此，建立肌肉路径模型对于开展计算机仿真十分重要。

肌肉长度是该肌肉所跨过关节的角度函数。显然，单个膝关节伸展时腓肠肌伸长（图 3-15B），而踝关节跖屈时比目鱼肌和腓肠肌同时缩短（图 3-15C）；然而，当膝关节伸展和踝关节跖屈时，腓肠肌长度如何变化就很难判断（图 3-15D）。肌肉-肌腱组合体的长度依赖于由骨骼的几何构成的关节及其角度。有非常多的膝和踝关节的变化情形，使腓肠肌可以伸长、缩短，或者没有变化。

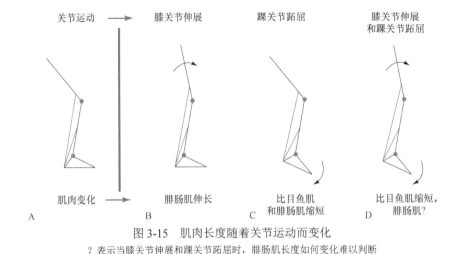

图 3-15　肌肉长度随着关节运动而变化

？表示当膝关节伸展和踝关节跖屈时，腓肠肌长度如何变化难以判断通常建立函数预测每块肌肉的长度，函数的自变量是该肌肉跨过的关节角度。例如，可以通过尸体测量估计不同膝关节和踝关节的角度时腓肠肌的长度。这种技术建立的方程还可以通过尺度变换，应用于特定的个体。另外一种方法就是通过医学影像学（如 MRI）技术，直接测量个性化人体的肌肉长度。这种方法可以避免所有个体都存在几何相似的假设。例如，唐刚等（2010）基于尸体切片图像重建下肢三维肌骨模型，并在模型上辨识股二头肌短头在骨骼上的附着点，计算了膝关节屈曲过程中肌肉长度和力臂的变化。

另外，肌肉在运动中的长度可以采用骨骼环节模型上肌肉起点和终点的距离。例如，我们可以基于骨骼上标志点、参考出版物中的图片或数字化解剖中肌肉附着点等方法找出肌肉的起点和终点。一旦定义了起点和终点，我们就可以计算它们在运动过程中的位置，因为这些点附着于肌骨模型中身体环节参考坐标系上运动的骨骼上。此时，我们主要关注如何在较大的肌肉附着区域中确定肌肉模型的起点和终点位置。很多情况下，我们将肌肉划分为两个或者更多分支，如臀中肌的前支、中支和后支。然而这种划分往往会存在一定的随意性。这样肌肉划分的另外一个局限性是，在较大肌肉附着区域中定义起点或者终点位置时，我们往往按照附着区域的几何中心点，而不是按照作用力的中心点。

在确定了肌肉在骨骼节段上的对应附着点后，建立肌肉路径模型的最简单方法就是直线连接起点和终点。这种方法能够很好地代表几块简单路径的肌肉（如比目鱼肌，图 3-16A），但是这种方法对于一些覆盖着其他肌肉的肌肉、包围骨性突出的肌肉，或者被支持带约束的肌肉无效。对于这些肌肉，可以在肌肉方向发生改变的位置定义中间点，用分段直线代替肌肉。例如，胫骨前肌，就可以在环绕踝部的支持带处，定义中间点（图 3-16B）。如果肌肉几何特征更加复杂，还可以定义包裹面（wrapping surface），当肌肉接触包裹面时，肌肉的路径会平滑地发

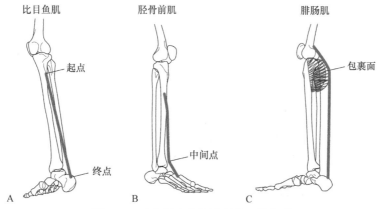

图 3-16　建立肌肉路径模型的 3 种类型

A. 可以是肌肉的起点至终点的连线；B. 通过中间点改变方向；C. 包裹面

生改变（图 3-16C）。一些情况下，肌肉路径可能与包裹面只在部分关节运动范围内发生作用。这种情况下，肌肉总长度将是肌肉的直线段和曲线段之和。

总之，建立肌肉路径模型不仅可以预测肌肉的长度，还可以用来确定肌肉力的作用点和作用方向线。这样就为计算骨骼与骨骼间关节接触力提供基础，因为正是肌肉力引起位于环节之间关节产生力学效应。显然，建立了肌肉路径模型也为计算肌肉力相对关节的力臂提供了基础。

3.5.5 正向动力学与逆向动力学

人体运动的生物力学模型一旦建立，就可以用来求解一些难以用测量方法确定的变量。例如，肌肉力难以通过无创性（noninvasive）直接获得，但可以通过逆向动力学（inverse dynamics）或正向动力学（forward dynamics 或 direct dynamics）分析求得（图 3-17）。在逆向动力学方法中，通过无创方法测得人体运动（环节的位移、速度和加速度，即广义坐标）和外力输入骨骼动力学方程后，便可以计算关节合力和合力矩。在此基础上，又可以进一步通过算法计算具体肌肉力的变化。相反，在正向动力学分析中，肌肉在神经刺激下的激活程度或肌肉兴奋程度作为输入，通过肌肉收缩模型、骨骼几何模型和肌肉路径模型等，首先计算关节力和力矩，之后再应用骨骼动力学方程，积分计算人体运动（广义坐标）的变化。在正向动力学分析中，肌肉力作为一个中间变量而获得；而在逆向动力学分析，肌肉力是最终结果。

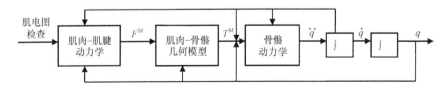

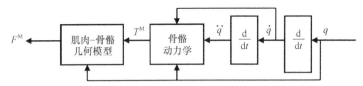

图 3-17　正向动力学（上图）和逆向动力学（下图）计算过程示意图

图中 q、$\dot{q}$、$\ddot{q}$ 分别反映人体运动的广义位移、速度和广义加速度；F^M 为肌肉力，T^M 为关节合力矩

3.5.6 肌肉力的优化计算

人体运动中单个肌肉的收缩力的估算能够为运动神经控制、组织负荷、运动损伤、假肢设计等研究提供深层次的视角。在体直接测量肌肉力一般十分困难，

人们通常采用基于肌骨系统模型的无创计算方法。由于人体肌骨系统中所有的关节都是冗余的，也就是跨过关节的肌肉数目大于关节的自由度。这样未知肌肉力的数目大于可以列举的力学方程个数，因而满足力学方程的解会有无穷多个。目前主要通过人体肌骨系统模型模拟人体系统运动，采用优化算法和肌力-肌电关系解决肌肉力计算的冗余问题。在一些情况下，最优化准则来自运动控制（motor control）原理，这就等价于发展一种理论控制模型。在另外一些情况下，最优化准则可能形成运动协调模式，与生理学基础关系不大。一般地，优化计算总是寻找一组模型的控制信号以便达到事先给定的最优（最小或者最大）度量准则。度量准则通常称为代价函数（cost function）、损耗函数（loss function）、目标函数（objective function），或者性能准则（performance criterion）。代价函数可以相对简单（如寻找能够产生的最小肌肉力）或者复杂（如确定一组最大肌肉力并且能量耗费最低）。代价函数可以直接与肌肉力有关（如最小肌肉力做功）或者与所研究的动作某些方面（如最大垂直跳跃高度）有关。另外，代价函数还可以定义为寻找模型输出（如关节角度、地面反作用力）与对应的实验测量数据之间最小差值的函数。这种情况就是所谓的跟踪问题（tracking problem），目标就是寻找使模型能够跟随或追踪的实验数据。

在所有的情况下，代价函数相当于一个约束条件，帮助我们从很多不同解决方案中选择一组最优肌肉控制。目前有两种优化计算方法来控制肌骨系统模型：静态优化（static optimization）方法和动态优化（dynamic optimization）方法。这里的"静态"意思是对代价函数进行评估，不考虑所有之前或者之后时间的情况。相反，动态优化方法中的"动态"则要从所有仿真的动作序列中评估代价函数的数值。

3.5.6.1　静态优化方法

以逆向动力学为基础，通过静态优化方法计算肌肉力研究始于 20 世纪 70 年代。如图 3-18 所示，静态优化方法大致分为两步：首先，利用人体实验测试数据运用逆向动力学，计算出关节合力矩，同时通过实测的运动学数据驱动模型模拟人体运动，计算出肌肉的力臂；其次，根据肌肉力臂和肌肉力与关节合力矩之间的力学平衡关系，确定约束条件，根据特定的代价函数，优化分配肌肉力。静态优化目标函数的基本表达式为

$$J = \min \sum_{i=1}^{n} c_i \left| \left(F_i^{\mathrm{M}} \right) \right|^p, \ p > 0 \tag{3-7}$$

式中，n 为肌肉数目；c_i 为权重因子；F_i^{M} 为未知肌肉力；p 取 1、2 或 3。肌肉力的立方（$n=3$）被广泛应用于下肢肌肉力的研究中，这时，$c_i = \left(\dfrac{1}{A_i} \right)^3$，静态优化

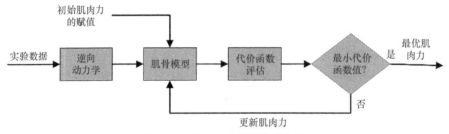

图 3-18　静态优化数据流示意图

目标函数为

$$J = \min \sum_{i=1}^{n} \left(\frac{F_i^{M}}{A_i} \right)^3, \ p > 0 \tag{3-8}$$

式中，A_i 为第 i 块肌肉的生理横断面（PCSA）。

约束条件为

$$\boldsymbol{M} = \sum_{i=1}^{n} (\boldsymbol{R}_i \times F_i^{M}) \tag{3-9}$$

$$0 \leqslant F_i^{M} \leqslant F_{i\,\max}^{M} \tag{3-10}$$

式中，$\boldsymbol{M}$ 为关节合力矩，$\boldsymbol{R}_i$ 为第 i 块肌肉的力臂，$F_{i\,\max}^{M}$ 为第 i 块肌肉的最大收缩力。上肢肌肉力计算时，常常应用肌肉力的平方和，即 $n=2$，$c_i=1$。

过去 40 多年来，静态优化方法被广泛应用于下肢和上肢肌肉力的计算中。这种方法计算量较小、速度快，但是也存在一些缺陷。在早期的应用研究中，为平衡关节力矩，优化模型计算不同时刻的肌肉力都相互独立，所以会求出完全无关的不同组肌肉力；随着独立求解的时间推移，肌肉力会突然施加或者卸载。这明显不符合生理规律。这种问题可以通过细致选择初始优化条件赋值而避免，如选择上一步的结果作为下一步的初始赋值。另外，模型中引入肌肉的生理条件，作为优化计算的限制条件［力-长度、力-速度关系和兴奋－激活动力学（excitation-activation dynamics）］。静态优化方法还需要注意不能考虑拮抗肌的作用。一些研究通过引入更多的生理性机制，完善静态优化算法。

3.5.6.2　动态优化方法

以正向动力学为基础，通过动态优化方法计算肌肉力的研究也是从 20 世纪 70 年代开始的。动态优化方法是用来寻找能够产生最优动作或者与实验数据吻合最好的肌肉兴奋模式。如图 3-19 所示，动态优化方法输入为肌骨模型初始肌肉兴奋状态赋值，而中间运动状态则通过优化预测。优化目标是寻找满足目标函数的最优肌肉兴奋，之后可以通过肌肉激活模型和肌肉收缩模型计算肌肉力（见 3.5.1.1 节），最后再通过正向动力学计算运动学指标的变化。肌肉激活模型是将肌肉所受到的神经刺激转化为肌肉激活值，即肌肉受到神经刺激兴奋后，到肌纤维兴奋收缩需要经过 Ca^{2+} 释放过程，因而存在时间延迟。

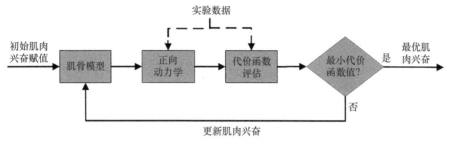

图 3-19　动态优化数据流示意图

　　动态优化方法与静态优化方法相比最大的差别是，动态优化方法所定义的目标函数与时间相关，是对整个运动过程的优化。动态优化建模过程包含了肌肉的生理特征，但优化每迭代 1 次，需要很长的计算时间。例如，Anderson 和 Pandy（2001a）对下肢步态进行的动态优化计算，优化的目标函数为单位距离能量消耗最小，其表达式为

$$J = \min \frac{\int_0^{t_f} \dot{E}_{total}^{M} dt}{X_{com}(t_f) - X_{com}(0)} \tag{3-11}$$

式中，$\dot{E}_{total}^{M}$ 为肌肉新陈代谢能量消耗率，$X_{com}(t_f)$ 和 $X_{com}(0)$ 分别代表人体质心终止和起始位置。该研究模型具有 10 个环节、23 个自由度、54 块肌肉单元，在具有 128 个处理器的超级计算机（IBM SP-2 型计算机）上计算，计算耗时达到 10 000h 的 CPU 时间。面对动态计算优化计算量非常大的问题，一些学者提出了一些改进方法，如简化肌肉收缩的控制信号，并对计算结果进行线性插值等处理。

　　如前面曾经提到的，动态优化方法所定义的最优动作的度量准则可以是动作表现的最大值（或者最小值），如最大跳跃高度，或者与某组实验数据吻合程度最好。不管如何定义优化函数，优化变量一般都是控制肌骨系统模型的肌肉兴奋模式（图 3-19）。这样的肌肉兴奋模式作为肌肉模型的输入，计算单块肌肉收缩力，并乘以对应的力臂形成肌肉主动力矩。肌肉主动力矩与被动力矩合成关节合力矩，驱动骨骼产生运动。这样，动态优化就能够把环节运动合成最优动作。这与静态优化有着本质的区别。

　　动态优化方法预测的最优运动学数据可以与实验得到的动作数据比较，但同静态优化方法不同的是，实验数据并非获得最优解所必需的条件（图 3-19）。这种动态优化方法的特质容许在没有实验数据的情况下进行问题的研究，例如，可以仿真实验绝迹物种行走的可能形式，也可以仿真不同重力环境下的行走模式。

在很多情况下，应用动态优化方法必须定义目标动作的数学形式。对一些力学角度上优化准则很明确的动作，确定其数学形式最容易。例如，垂直跳跃动作的代价函数可以是身体重心空中最大垂直位移。如果模型创建时再给定适当的条件（如肌肉实际特性和关节运动范围），优化计算的跳跃高度和身体环节运动就与实际人体能够完成的动作接近。然而，对于很多人体动作的度量准则并不明确。举例来说，常见的步行，似乎它的目标就是在一定时间内从 A 地点到达 B 地点。这样的目标无法为求解得到能够产生真实步行的一组肌肉兴奋模式。Umberger（2010）基于式（3-10）关于步行最小能量消耗优化目标的代价函数，并且引进动作起始和终止时刻的关节角度 β_i 和角速度 $\dot{\beta}_i$，以及关节被动力矩 M_{pas_k} 等指标，作为代价函数：

$$J = \min\left\{ \frac{\int_0^{t_f} \dot{E}_{\text{total}}^{\text{M}} \mathrm{d}t}{X_{\text{com}}(t_f) - X_{\text{com}}(0)} + w_1 \sum_{i=1}^{7}\left[\beta_i(t_f) - \beta_i(t_0)\right]^2 \right. \\ \left. + w_2 \sum_{i=1}^{7}\left[\dot{\beta}_i(t_f) - \dot{\beta}_i(t_0)\right]^2 + w_3 \int_{t_0}^{t_f}\left[\sum_{k=1}^{6} M_{\text{pas}_k}^2\right]\mathrm{d}t \right\}$$

（3-12）

式中，w_1、w_2 和 w_3 都是权重系数。可以看出，当动作度量标准不明确时，通过动态优化方法能够有效地试验各种优化目标的理论产生运动模式的优劣。

尽管静态和动态优化方法在肌骨系统模型中已经得到广泛应用，但是仍然必须说明几个重要内容。人体是否真正按照我们给定的动作度量准则来完成动作，或者动作目标是否在动作过程中变化？如果优化模型结果与人体真实动作相左，那原因是模型太简单还是约束条件不合适，或者人体并未按照最优方式完成动作？最后，EMG 数据显示，在一些动作过程中，拮抗肌同时存在着一定程度的收缩活动。但大多数的优化模型的关节并未包含拮抗肌的作用，只有少数研究中当模型中的肌肉跨过几个关节时拮抗肌的作用才被考虑。例如，在步行研究中，没有一个研究的代价函数能够同时预测健康人体中最小的肌肉共收缩和脑瘫患者的肌肉共收缩。虽然优化计算模型存在这些缺陷，但是它仍然对人体生物力学发展起着重要作用。

3.6 人体运动的控制

3.6.1 控制的基本概念

目前已有很多关于人体作用力和力矩的建模方法。这使模型显得越来越复杂，因为人们已经开始对人体自身控制机制进行建模。在工程领域，控制理论是工程学的一个分支，旨在研究自然界或者人造系统的控制。控制理论的应用十分广泛：

飞机和汽车的自动驾驶、核电站的温度自动调节、汽车刹车的防锁死、工厂生产线的机器人、室内温度自动调整等。人体动作研究工作者应用控制理论探索了特定动作任务的控制途径。人体动作具有十分复杂的控制机制，涉及神经生理、解剖和力学等多方面的机制，通过生物力学建模与计算机仿真也必将深化人们对人体动作控制理论的理解。

控制理论特别关注的一个问题就是反馈（feedback）。反馈就是机体收集到关于自身或者环境的信息。譬如，当我们行走的时候，我们得到很多不同类型的信息，包括视觉、本体和前庭系统等感受器的通道信息。我们应用这些信息来控制如何控制我们的步态，当需要时我们就改变控制。这种控制在控制理论中称为闭环控制（closed-loop control）。与此对应，按照事先设置好的程序、无须反馈的控制策略称为开环控制（open-loop control）。在计算机仿真中，嵌入闭环控制较为困难。但是，在生理系统建模仿真研究中，已有一些研究领域引入了生理反馈控制。例如，郝卫亚（1999）在建立的人体心血管系统模型中，就引入了颈动脉窦的压力反射机制的反馈信息，以控制人体心血管系统模型中的心率动态变化。但是有关人体运动反馈控制的生物力学建模与仿真的研究仍然很少，将是未来重要的研究内容。

3.6.2　动作的神经控制

从神经生理学角度来看，人体动作控制都是通过神经系统在肌电信号对肌肉活动的控制下完成的。因此，人们就可以根据肌电活动和中枢神经系统对肌肉控制的生理机制，分析肌肉活动特征。如前所述，人体运动系统是一个冗余的力学系统，即每个关节相关的肌肉数目超过关节的自由度。这样就存在两个问题：中枢神经系统（CNS）如何选择肌肉活动？在肌骨系统模型中如何为肌肉控制确定其数学表达式？前一个问题十分复杂，是动作控制研究的重要问题，超出本书范围。在生物力学研究领域，目前按照前面的假设进行优化计算分析。肌肉力的优化计算就是通过建立肌肉控制模型，然后嵌入肌骨系统模型中。

神经控制类型取决于具体的研究问题和特定肌骨系统模型。很多情况下，按照实际动作中 CNS 发出的信号确定对肌肉模型的刺激模式。另外一种方法是，对肌肉模型提供控制信号，以便产生最优的动作（如跳跃最远）或者完成最省力动作（如骑行耗费最小能量）。因此，这里所谓的"控制"就是能够产生特定动作的肌肉力变化过程。针对具体问题和特定模型，这样的肌肉力变化过程可能需要求解肌肉受到刺激的激活模式。也有些情况下，逆向动力学已经得到肌骨系统模型中的关节合力矩，并且模型直接求解具体肌肉的收缩力。如何通过肌骨系统模型产生控制信号的算法是一个十分活跃的研究领域，大多数研究可以划分为三类：①肌电信号模型；②理论神经模型；③优化模型（静态优化和动态优化方法）。此外，还有上述不同模型的组合。

3.6.2.1 肌电信号模型

最直接的方法就是通过测量完成动作时的"真实"的 CNS 控制信号肌电图（EMG），然后将 EMG 作为模型的控制信号。这种方法除了能够自动反映个体实际控制策略（即肌肉神经刺激的模式），还有更多优点。采用基于 EMG 的控制模型还可以比一些算法（如动态优化方法）节省更多的计算时间。但是，基于测量的 EMG 控制肌骨系统模型也不是没有问题的。其中一个局限性就是，无法通过表面肌电电极测量深部肌肉的 EMG 信号。虽然可以使用侵入式电极测量，但是局部的电信号也无法反映肌肉整体活动情况。此外，侵入式电极使用后，会干扰动作的完成。即使表面肌电信号也不一定能够准确反映所测量肌肉活动的真实情况。

基于 EMG 作为控制信号还需要考虑的一个问题是肌骨模型都是经过简化后的代表部分肌肉的模型。如图 3-20 所示，EMG 作为垂直跳跃动作的二维模型中 8 块肌肉的控制信号；EMG 信号用来确定每块肌肉从 0（静息状态）到 1（全激活）；EMG 停止信号可以用来确定肌肉从活动状态恢复到 0（静息状态）。在最大垂直跳跃动作中，控制信号都按照"全"或"无"两种状态，单次最大运动时（如步行），所产生的信号应当在 0 和 1 之间变化。这个跳跃的二维模型只使用了不到 10 块肌肉模型代表下肢所有的肌肉作用（图 3-20），但事实上超过 40 块肌肉参与

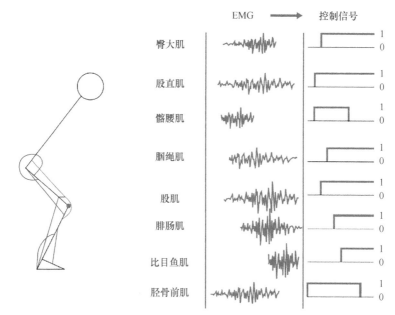

图 3-20　垂直跳跃的肌肉驱动（肌电图模型）示意图

了该动作的完成。结果导致，一个模型控制信号可能需要代表几块实际肌肉的活动，这样就无法说明从一块肌肉上测量的 EMG 信号如何合成这样的控制信号。例如，如果股直肌群的 3 个分支都采用一个 Hill 类型的肌肉模型，那么基于 EMG 的控制信号应当采用股外侧肌、股内侧肌还是股中肌或者三个分支的加权之和？最后，EMG 原始信号有高频成分必须在 Hill 类肌肉模型应用前进行处理，将 EMG 信号（显示了 CNS 的动作单元募集和编码）转换为简单、低频控制信号：从 0（无肌肉活动）到 1（全活动）（图 3-20）；这样的转换比较复杂。即使转换没有问题，也要记住肌骨系统模型并不代表真实的情况，所以处理后的 EMG 仍然不能是理想的模型控制信号。

虽然存在前面所述的问题，但是仍然有很多学者采用了基于 EMG 的控制信号的肌骨系统模型。例如，李翰君等（2014）结合下肢 EMG 信号和优化算法计算了急停起跳时个体膝关节的负荷。

3.6.2.2　理论神经模型

目前还有另外一种肌骨系统模型的控制信号是神经控制模型，这种模型建立在我们对 CNS 控制和动作协调理论的理解基础上。这种模型可能基于第一原理（也就是，通过建立脑和脊髓神经元活动的模型，尝试预测 CNS 向每块肌肉发送信号），或者基于动作控制原理（如下肢伸展时由近端向远端次序的一般原理）。神经控制模型还可能是基于控制假设预测肌肉模型的刺激。例如，Pierrynowski 和 Morrison（1985）通过分析每个三维关节产生所需力矩最有利的肌肉，生成了步行时下肢肌肉刺激模式。同样地，Caldwell 和 Chapman（1991）使用一个基于控制"规则（rule）"的神经模型，结合测量 EMG，预测控制肘关节运动的每块肌肉的收缩力。还有一种替代方法，Taga（1995）应用可感受本体感觉反馈信号的脊髓中枢模式发生器（central pattern generator，CPG）模型，控制双足行走的模型。还有更接近实际的 CNS 控制能够控制步态以对抗身体受到扰动，并且通过调整向脊髓中枢模式发生器的单个、非特定输入以改变移动速度。最近，Di Russo 等（2021）基于人体神经系统对步态力学特征（步长、步速和步频）的反射机制，对人体二维模型中与下肢的髋、膝和踝关节的屈伸动作有关的臀大肌（gluteus maximus，GMAX）、腘绳肌（hamstring，HAMS）、髂腰肌（iliopsoas，ILPSO）、股直肌（rectus femoris，RF）、股肌（vastus，VAS）、股二头肌短头肌（short head of biceps femoris，BFSH）、腓肠肌内侧（medial head of gastrocnemius，GAS）、比目鱼肌（soleus，SOL）和胫骨前肌（tibialis anterior，TA）9 块肌肉进行控制，然后进行计算机仿真，研究人体在步态周期的 5 个时相（支持早期、支持中期、准备摆动期、摆动期、准备着地期），反射调整步态力学特征的机制（图 3-21）。

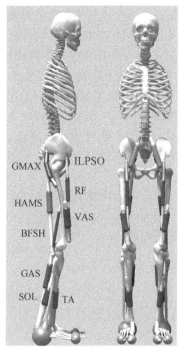

图 3-21　人体行走的肌骨模型

尽管在肌骨模型的控制中直接引入神经系统作用具有好处，但是目前总体上仍然无法公式化的定量描述大脑的控制信号。例如，Di Russo 等（2021）的最新研究中，虽然引入了神经系统的反射机制，但具体对模型的控制仍然是基于优化算法，仍然无法嵌入 CNS 对来自神经感受器的输入的方程化的反射（输出）。所以，如何判断输出信号是否合理仍然是一个挑战。一个判断方法就是对比测量的 EMG 信号的开始和停止的时刻。尽管验证模型控制信号是否正确非常困难，但它具有很大的应用前景，因为这能够测试不同的控制策略的后果。例如，上臂运动模型在嵌入开环控制机制下驱动，这样就可以应用此模型对比本体感觉反馈引导的肌肉刺激模式。通过对比两个模型，能够对特定动作任务中外周反馈的作用提供深入的视角。

3.6.3　体育动作的控制

关于体育动作的控制方面的研究较少。英国拉夫堡大学 Yeadon 及其合作者（Yeadon and Brewin，2003a；Yeadon and Trewartha，2003b；Hiley and Yeadon，2003；King and Yeadon，2004）通过建立运动员生物力学模型，计算机仿真研究了一系列的体操动作，探讨完成高质量动作的控制模式及其代偿机制。

在运动项目中，如果某运动技术能够产生优异的动作，那么无论如何实际完成中总会存在时间上的误差导致动作偏差。如果这样的时间误差幅度事先已知，那么动作偏差就可以被计算出来；反过来，也可以通过动作的偏差计算时间的误差。Yeadon 和 Brewin（2003）曾计算吊环上完成静止手倒立动作的误差大约为 15ms。

还有一些动作，如地面手倒立或者无转体直体翻腾动作，本身动作具有不稳定性，完成过程中十分依赖本体感觉反馈控制。另外一些动作，如有转体的翻腾动作，需要持续的反馈以防止偏离目标动作。King 和 Yeadon（2003）研究表明，空翻动作的助跑变异可以通过正向反馈调整起跳技术实现补偿，但前提是事先必须对这样的变异有精确的估计。再如，在自由滑雪空中技巧中，运动员出台后完成空中动作翻腾和转体动作，然后必须平稳落地。在有些情况下，因为环境（如风力、雪况等）运动员出台时速度会有些偏小，致使空中高度偏低、时间偏短，无法保证高质量地完成动作。这种情况下，有经验的运动员会调整控制动作（例如，对直体动作适当屈身降低身体转动惯量，提高转动角速度），以保证有利的落地姿态实现平稳落地。这样的动作控制，完全可以通过建立人体生物力学模型，进行计算机仿真研究，为运动员训练提供预测和建议。

动作技术的变异还可以通过采用相对扰动不敏感或鲁棒性（robustness）的技术解决。有些情况下，动作的时间极限很小，选择动作技术可能是时间短的特征最主要的考虑因素。

3.7　模型仿真的检验与验证

人体运动建模与计算机仿真方法来源于数理科学与工程技术领域。所有的工业产品无论是自行车、手机，还是飞机，都是由工程师构建模型并进行一定的计算机仿真设计的。工程师对产品的模型有足够的信心，确信模型及其仿真结果与未来的真实产品会相差无几。这是因为人类对与产品相关的材料性能、系统动力学都有了深入研究，并且拥有几十年甚至上百年的应用。但是生物系统的建模与仿真才刚刚开始发展。例如，基于人体运动生物力学模型的个性化步态分析只在近年来才逐渐应用于临床的诊断和康复评估。由于人体系统存在着复杂性和变异性，因此在生物力学模型与计算机仿真结果的大量应用过程中，仍然需要对模型进行确认，保证计算和仿真过程无误。

按照美国机械工程师协会（American Society of Mechanical Engineers，ASME）的定义，检验（verification）就是"对计算模型是否准确地表达了数学模型及其解的确定过程"，或者"我们是否求解方程正确"；而验证（validation）则是"对模型是否准确代表了模型预期用途角度的真实世界的确定过程"，或者"我们是否求解了正确的方程"。可以看出，检验是推断方程是否正确求解和数值解精度的过程，而验证则是评价方程是否能再现客观实际和数值解可信度的过程。

在本章 3.3.7 节曾就人体运动模型的评估进行了讨论，该节的讨论重点集中在与体育动作相关的模型。本节将从更大视角范围对建模与仿真的过程和一般原则进行讨论。

3.7.1 检验与验证的流程

Hicks 等（2015）对肌骨系统模型与仿真的检验和验证进行了研究，综述了有关神经控制、肌骨几何、肌肉-肌腱动力学、接触力和多体系统动力学等模型的选择和软件检测的原则，分别讨论了变异性、误差、不确定性和敏感性的关系，提供了通过实验和鲁棒性测试的检验和验证的建议。肌骨系统模型及其仿真的检验和验证的过程可以分为 7 个阶段。

3.7.1.1 研究问题的方程化

所有研究必须首先明确研究问题，必须确认问题可以通过建模与仿真解决，否则，验证就无从谈起。由于建模与仿真具有很大的挑战性，必须首先评估所研究的问题是否对研究领域有意义。这种评估往往是主观性的，但可以从以下三方面考虑：①研究是否增进人类对人体运动的生理或病理的理解；②研究是否可以改进人体运动的病理或者损伤的诊断、治疗或者预防的方法；③研究是否可以提高人体运动能力或者运动表现水平。

其次，研究必须对所研究的问题是必要的。一些情况下，实验分析可能更加合适，或者实验可能足以检测研究假设。相反，研究者还一定要确定通过建模与仿真是否可能检测研究假设。

3.7.1.2 方法、检验和验证的方案

设计研究方法，包括建模与仿真的框架方案，以及如何收集实验数据，同时制订检验和验证计划方案，并得出可信结论的规划。在收集数据和建模与仿真前，还应当保证以下几个条件：①对模型框架所代表探讨的物理系统，以及模型框架如何运作具有充分的理解；②所研究的问题属于应用模型与仿真能解决的范围；③简化模型对研究问题的不必要部分；④明确模型的假设及其含义；⑤确定用来输入标定模型的已有实验数据，或者需要采集哪些实验数据，明确这些测量数据的变异性、误差和不确定性；⑥确定是否具有评估上述变异性、误差和不确定性的独立数据；⑦确定是否可以通过敏感性测试（sensitivity test）处理那些不能由独立数据评估的变异性、误差和不确定性。

3.7.1.3 软件检验

在进行正式计算或者验证之前，必须检验软件，确保计算机模型及其底层算法正确地仿真了生理或物理现象（即结果与现有标准符合），这点至关重要。因为当嵌入的算法有误，所有的仿真结果都将不正确，推出的结论自然是错误的。矛盾的是，有实质性错误并不是最大的问题，因为那些错误结果会立即被发现。反而那些

小的错误常常是最大的致命问题，因为产生似乎可信的结果，很容易被忽视。

如果软件按照模块化形式设计，那么软件开发者要对每个模块进行测试，然后进行更高级别和汇总的功能性测试。综合检验方案保证输入是有界限的，只有状态和未知量能够变化，而且计算结果随着代码更新而可重复，最好可以用基准问题（benchmark problem）求解。如果是物理系统的模型，检验方案应当检测物理原理的符合性，如能量恒定，包括检测误差和计算错误可能存在的地方。

软件检验最有效的技术是采用现有被广泛检验和应用的软件模块，不管是商业软件，还是开源软件都可以。如果采用开源软件模块，就可以直接看到并检验代码。目前已经存在开源软件系统，并且已经被广泛使用和检验，例如，OpenSim就是当前广泛使用的开源软件系统。公开的建模与仿真平台应当包括检验方案的模型库和仿真算法。即使没有本身的具体检验，而采用其他已有的检验方案，也应当了解检验的必要性和关键性。

3.7.1.4　模型验证

模型仿真结果最正规的验证就是把结果与尽可能多的独立实验结果比较。与独立实验结果比较的验证并不是模型标定。模型标定是指寻找模型的过程，使其能够最好拟合已有数据。首先必须进行标定，然后与其他未用来调整模型仿真的独立数据比较。

可以用来进行标定和验证的数据比较广泛，包括代表性的光点运动轨迹的运动捕捉数据、地面反作用力和肌电信号，从图像或者尸体研究中的数据也可以用来确定肌骨动力学和几何模型中的参数。还有形态学实验数据也可以为标定和验证提供珍贵的数据，例如，在体肌肉束和肌腱动力学测量，或者膝关节置换中测量的内部关节力。通常，运动学和地面反作用力的实验数据用来对观察动作的肌肉驱动的模型仿真。这种情况下，运动学和地面反作用力的实验数据已经用来标定和仿真。留下来的 EMG 可以作为独立的验证数据，帮助研究者确定仿真得到的肌肉协调性工作是否与实验观察的肌肉激活时间同步。在验证模型仿真的流程中，还可以增加比较肌肉-肌腱动力学模型数据与超声测量数据，或者比较预测的关节力数据与关节置换的测量数据。

此外，还应尽可能将模型仿真预测结果与以往验证过和发表的研究结果比较。例如，当建立了一个新的病理步态的仿真架构时，那么这个架构减去特定病理改变后，应当可以仿真正常步态，并与已有文献中的多数步行仿真结果一致。可以对比的数据包括关节角度和力矩、地面反作用力、肌肉激活水平和肌肉力（动态变化和/或幅度）、关节力、肌纤维和肌腱速度等。

3.7.1.5　鲁棒性和敏感性测试

研究的鲁棒性测试可以通过模型仿真结果，对模型参数和选择的其他模型的敏感性进行评估。在完成模型仿真验证后，下一步就是评估敏感性，因为通过对比独立的实验数据验证常常会存在不确定性（例如，某个模型输入参数可能存在已知无法消除的实验测量误差）。还有很多量值不可能通过实验准确测量（否则，就没有必要建立模型）。建模的关键是确定可能结果的范围（如可靠区间）、重要输出（即验证研究假设的输出）对于输入参数和数值（特别是那些已知较大变异、不确定的或有影响的数值）的敏感程度。敏感性分析能够帮助确定模型复杂程度对于研究是否合适，通过评估建模时的简化或者假设（如减少模型中的肌肉肌腱驱动的数目，或者忽略肌肉激活动力学因素）对结论的适用范围影响。

分析模型的敏感性，既有简单的方法，也有复杂的方法。直接敏感性分析方法是进行差值分析（differential analysis），比较输入和输出间的差异。虽然对于复杂、非线性模型仿真一般不实用，但是差值分析方法是其他敏感性分析的基础。这种方法直接，而且常用敏感性测试采用参数研究，通过逐个变换一定范围内的输入参数，每次变化某个参数或者某个因素的几个参数，确定相互作用效果。采用参数研究足以完成测试一个事先已知变化范围和敏感性的输入参数的任务，但是测试很多相互作用关系就会变成非常困难的任务。

敏感性的采样方法在生物力学研究中也很常见，如采用蒙特卡洛分析（Monte Carlo analysis）。研究者通过随机采样生成给定特定概率分布的输入参数［例如，基于实用数据的高斯分布数据，具有平均值和标准差（standard deviation，SD）］。相应的输出分布就可以通过重复运行模型仿真获得。蒙特卡洛分析需要很多次（常常上千次）仿真，计算成本很高。目前有不同的技术改进抽样效率［如拉丁超立方（Latin hypercube）抽样］。概率分析的现代方法形成了输入输出分布的近似关系，很大程度上减少了仿真重复次数［如贝叶斯（Bayesian）推算方法］。虽然这些测试似乎很好，但仍然需要经过蒙特卡洛"金标准"来验证。这种近似方法能提供有关不同输入参数的重要程度，但并未包含直接影响的足够信息。

3.7.1.6　模型仿真的建档

通过与独立数据比较完成验证及敏感性分析后，就认为模型仿真结果是可信的，也有信心回答提出的研究问题。然而，验证过程并未随着最后数据计算和绘图完成而结束。最后重要的一步是为建模仿真方法、结果和结论建档。建档过程中，需要明确研究结果如何回答最初研究的问题，描述验证过程如何妥善地处理已知误差来源和不确定性。大多情况下，不确定性仍然存在，所以必须描述局限性，以及这些局限性可能如何影响着结论。

3.7.1.7　形成预测和假定

模型仿真最后一步就是形成可以通过事实验证的预测和假定。验证过程可以在完成一次建模与仿真研究后继续进行，本次研究者或者其他研究者都可以通过实验数据验证。换句话说，需要验证高层次的预测和分析是否能够经受得住临床、实验或者运动实践的数据检验。例如，如果模型提示跖屈肌肉力量对于支持脑瘫儿童膝关节伸展至关重要，那么跖屈力量训练是否改进了患者的步态？再如，模型仿真显示踝关节负荷在体操落地时很大，那么在体操运动员流行病调查中是否也显示踝关节在落地时更容易损伤？总之，建立更多建模和临床、运动损伤，或实验研究之间的联系对推进生物力学和康复研究具有重要的意义。

3.7.2　模型仿真的验证

3.7.2.1　模型仿真验证的基本原则

人体运动模型仿真的验证是一项十分重要而复杂的工作。模型仿真验证应当遵循以下四个方面的基本原则。

第一，模型结构应当合理。在验证模型仿真时，应确认模型结构中包含了动作相关的关键要素。建模前，研究者应对所研究人体对象及其动作特征进行充分分析，找出研究问题相关的生理学、解剖学和力学相关的关键要素，把这些要素通过方程定量方式引入所建模型中。例如，按照动作特征，确定建立二维模型还是三维模型，使用全身模型还是局部模型，模型中环节和自由度数目，模型中是否需要引入肌肉收缩的生理机制，计算具体的肌肉力时是否要考虑关节几何特征和肌肉力臂等。

第二，模型仿真能够较好地再现所模拟的真实动作。通常，所谓再现真实动作，最基本要求就是模型仿真结果中动作的运动学指标（如关节点位移或关节角度）与真实动作对应指标基本一致。在模型仿真的验证过程中，如果可以确定模型结构合理，且相关的控制方程恰当地表达了所研究动作动力学关系，那么模型就有可能再现所研究的真实动作；相反，无论如何都很难实现再现动作。

第三，模型仿真结果符合已知规律。在验证模型仿真结果时，应当综合和深入探讨仿真结果的意涵，分析是否与基本人体生理和力学规律相悖，是否与一些基本经验相悖。如果存在貌似相冲突的内容，则应进一步探讨是否存在力学模型不合理，以及仿真模型或者数学计算的错误。

第四，虽然我们会尽量使用实验和文献中的数据进行验证，但我们只能进行有限的模型仿真的验证。这主要表现在 3 个方面。①如前所述，我们可以采用实验或文献中的运动学数据、地面反作用力和 EMG 信号与模型仿真结果进行对比。但是，建模仿真能够获得大量无法通过实验测试提取的生物力学指标，而多数建模仿真得到的指标无法通过独立实验方法测量。因此只有有限的指标有可能被验证。②建模过程中需要大量现有技术无法准确计算或者测量的人体系统生理、解剖和力学参数（如肌肉收缩的生理指标、骨骼和关节的几何指标）；同时，人体相关参数都会存在个体差异。在建模仿真过程中，这些参数都必不可少，但它们会给模型仿真的结果带来一定的误差，这将给模型仿真验证工作带来困扰。所以，只要模型仿真结果处于测量结果的平均值的标准差范围内，就可以认为模型仿真结果良好。③理论上讲，计算机仿真可以进行无穷次（包括各种条件的组合），但一些仿真实验完全无法进行对应的实验；即使可以进行的实验，也必然是有限次。所以，可以通过实验验证的模型仿真结果只能是代表性的、有限条件的。

3.7.2.2 模型仿真与人体实验关系

如本章前面所述，在针对人体的某种动作建立了生物力学模型后，就可通过模型进行正向、逆向动力学计算或者优化计算，求解人体完成动作过程中相关肌肉、关节的受力，以及它们与动作过程中运动学指标间的关系，也可以研究人体动作过程中神经肌肉系统对动作的调节控制机理等问题（图3-22）。这种研究通常要结合人体在体（*in vivo*）实验获得的数据，如运动捕捉获得的运动学数据、测力台获得的地面反作用力（ground reaction force，GRF）、测试获得的肌电（EMG）信号等。利用肌骨模型对人体动作进行仿真时，往往需要人体实验数据作为输入数据；此外，肌骨系统模型仿真（动力学求解或者优化计算）结果需要与一定的人体实验结果对比验证，并对模型进行评估验证（图3-22）。

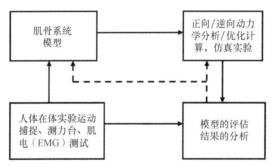

图3-22 肌骨系统模型仿真与人体实验关系

在完成模型的验证后，就可以进行两方面工作：①对求解结果进行分析；②进行计算机仿真实验，即根据研究目的，仿真研究相关的生理（如神经肌肉系统功能状态）、力学（如肌肉力、初始运动条件）等诸多因素对人体运动的影响。

3.7.2.3 体育动作的模型仿真验证

在体育中，一些高难度动作只有极少数运动员能够完成。即使对于这些运动员，也要视当时身体条件、训练状态，或者比赛的重要性，才会尝试练习或者完成高难度动作。对高难度动作进行建模仿真，无疑对理解完成动作的生物力学条件及预防损伤，有十分重要的意义。但是，高难度动作不可能在实验室完成，所以无法通过实验进行验证。即使对一般难度的动作，在实验室测试动作时必然会对运动员有一定的干扰（如粘贴标志点和EMG电极、测力台等），运动员在实验室完成的动作与其训练比赛中的实际情况也必然存在着一定差异。因此，很多体育动作都是在实际训练比赛中无干扰条件下通过视频录像采集的。视频录像中采集的动作再通过数字化解析，就可以获得动作的运动学数据。

从训练比赛中采集的体育动作的运动学数据更加真实而且珍贵，运用其进行体育动作建模仿真具有十分重要的意义，但模型仿真的验证却更具有挑战性。通常它的验证可以考虑从两种途径进行。第一种途径，验证分为两个阶段。①先以一般水平的运动员为对象，在实验室中对类似的非高难度动作进行测试，采集多种数据（除了运动学数据，还可以考虑地面反作用力、EMG、加速度传感器等），进行建模仿真，并利用实验数据对模型仿真进行验证。②再利用该模型对高难度动作进行仿真。

第二种验证途径是直接利用训练比赛中采集的动作视频解析的运动学数据与模型仿真对应的数据进行比较。如果二者吻合程度很好，很好地再现了原动作，就认为模型仿真是可靠的。模型仿真动作的运动学数据并不是独立的实验数据，这显然不符合前面所述应使用独立实验数据进行验证的原则（见 3.7.1.4 节）。但是，这种验证是退而求其次的方法，因为很难在训练和比赛中采集到可以用来验证的实验数据。事实上，如果模型能够很好地再现原来的动作，说明模型结构符合动作内在的基本生物力学规律。对于复杂的体育动作，如果模型结构不合理，其控制方程也一定与动作的生物力学规律存在差异，无论如何都无法再现原有动作。

事实上，第二种验证途径在其他研究领域中也很常见。例如，在物理学中的万有引力定律是在观察天体运行基础上提出来的，而定律的验证，以及太阳系中星球质量等参数（如地球）都是按照万有引力定律为基础的天体力学模型推算出来的。这些结果能够满足和解释所有可观察到的太阳系星球运行现象，但是很多参数（如地球或月球的质量）是永远无法通过实验直接测量验证的。人体运动的模型仿真的验证也是如此，在无法通过实验完全验证的条件下，只要模型仿真结果满足所有已知规律（即模型结构和控制方程正确），仿真结果与实际现象（即动作运动学数据）吻合较好，就可以认为模型仿真得到了验证。

参 考 文 献

艾康伟, 李方祥, 郝卫亚, 等. 2005. 举重抓举和下蹲翻运动学比较与用力特征分析. 体育科学, 25(7): 39-42.

白净. 1994a. 生理系统的仿真与建模. 北京: 清华大学出版社: 1-115.

白净. 1994b. 血液循环系统的数字仿真. 中国科学基金, 8(2): 112-116.

郝卫亚. 1999. 不同立位应激下心血管反应的仿真研究. 西安: 第四军医大学博士学位论文: 1-169.

郝卫亚. 2004. 跳水空中转体和翻腾及连接技术的计算机模拟与仿真. 北京: 国家体育总局体育科学研究所.

郝卫亚. 2011. 人体运动的生物力学建模与计算机仿真进展. 医用生物力学, 26(2): 97-104.

郝卫亚, 吴兴裕, 张立藩, 等. 2000. 循环系统的数学模型及仿真实验. 医学与哲学, 21(1): 26-29.

姜启源. 1993. 数学模型. 2 版. 北京: 高等教育出版社: 1-27.

雷功炎. 2009. 数学模型讲义. 2 版. 北京: 北京大学出版社: 136-158.

李翰君, 刘卉, 张新, 等. 2014. 基于肌电和优化方法的关节肌力分布模型. 中国运动医学杂志, 33(10): 981-987.

李旭鸿, 郝卫亚. 2018. 基于 LifeMoD 对跳马运动员不同踏跳位置的仿真研究. 中国运动医学杂志, 37(10): 821-825.

唐刚, 季文婷, 李元超, 等. 2010. 基于关节坐标系的肌肉骨骼间附着点坐标转换方法. 医用生物力学, 25(1): 40-44.

王成焘, 王冬梅, 白雪岭, 等. 2015. 人体骨肌系统生物力学. 北京: 科学出版社: 149-214.

肖田元, 范文慧. 2010. 系统仿真导论. 2 版. 北京: 清华大学出版社: 1-362.

张超慧, 赵凤, 冯云鹏, 等. 2019. 心血管系统建模仿真的研究进展及医学应用. 中国组织工程研究, 23(7): 1115-1121.

张希安, 叶铭, 王成焘. 2008. 基于骨肌模型的肌肉力计算方法及其面临的若干问题. 医用生物力学, 23(6): 475-479.

Anderson F C, Pandy M G. 1999. A dynamic optimization solution for vertical jumping in three dimensions. Comput Methods Biomech Biomed Engin, 2(3): 201-231.

Anderson F C, Pandy M G. 2001a. Dynamic optimization of human walking. J Biomech Eng, 123(5): 381-390.

Anderson F C, Pandy M G. 2001b. Static and dynamic optimization solutions for gait are practically equivalent. J Biomech, 34(2): 153-161.

Caldwell G E, Chapman A E. 1991. The general distribution problem: a physiological solution which includes antagonism. Human Movement Science, 10(4): 355-392.

Carl J, Payton C J, Bartlett R M. 2008. Biomechanical Evaluation of Movement in Sport and Exercise. London: Taylor & Francis Group: 176-220.

Di Russo A, Stanev D, Armand S, et al. 2021. Sensory modulation of gait characteristics in human locomotion: a neuromusculoskeletal modeling study. PLoS Comput Biol, 17(5): e1008594.

Erdemir A, McLean S, Herzog W, et al. 2007. Model-based estimation of muscle forces exerted during movements. Clin Biomech, 22(2): 131-154.

Hanavan E P. 1964. A mathematical model of the human body. AMRL-TR-64-102.

Hatze H. 1981. A comprehensive model for human motion simulation and its application to the take-off phase of the long jump. J Biomech, 14(3): 135-142.

Hicks J L, Uchida T K, Seth A, et al. 2015. Is my model good enough? Best practices for verification and validation of musculoskeletal models and simulations of movement. J Biomech Eng, 137(2): 020905.

Hiley M J, Yeadon M R. 2003. The margin for error when releasing the high bar for dismounts. J Biomech, 36(3): 313-319.

King M A, Wilson C, Yeadon M R. 2006. Evaluation of a torque-driven model of jumping for height. J Appl Biomech, 22(4): 264-274.

King M A, Yeadon M R. 2003. Coping with perturbations to a layout somersault in tumbling. J Biomech, 36(7): 921-927.

King M A, Yeadon M R. 2004. Maximising somersault rotation in tumbling. J Biomech, 37(4): 471-477.

Pain M T, Challis J H. 2006. The influence of soft tissue movement on ground reaction forces, joint torques and joint reaction forces in drop landings. J Biomech, 39(1): 119-124.

Pierrynowski M R, Morrison J B. 1985. A physiological model for the evaluation of muscular forces in human locomotion: theoretical aspects. Mathematical Biosciences, 75(1): 69-101.

Robertson D G E, Caldwell G E, Hamill J, et al. 2014. Research Methods in Biomechanics. 2nd ed. Champaign: Human Kinetics: 233-276.

Sprigings E J, Miller D I. 2004. Optimal knee extension timing in springboard and platform dives from the reverse group. J Appl Biomech, 20(3): 275-290.

Taga G. 1995. A model of the neuro-musculo-skeletal system for human locomotion. Biol Cybern, 73(2): 97-111.

Ueno R, Navacchia A, Schilaty N D, et al. 2021. Anterior cruciate ligament loading increases with pivot-shift mechanism during asymmetrical drop vertical jump in female athletes. Orthop J Sports Med, 9(3): 2325967121989095.

Umberger B R. 2010. Stance and swing phase costs in human walking. J R Soc Interface, 7(50): 1329-1340.

Whittington B, Silder A, Heiderscheit B, et al. 2008. The contribution of passive-elastic mechanisms to lower extremity joint kinetics during human walking. Gait Posture, 27(4): 628-634.

Yeadon M R, Brewin M A. 2003. Optimised performance of the backward longswing on rings. J Biomech, 36(4): 545-552.

Yeadon M R, King M A. 2002. Evaluation of a torque driven simulation model of tumbling. J Appl Biomech, 18(3): 195-206.

Yeadon M R, Trewartha G. 2003. Control strategy for a hand balance. Motor Control, 7(4): 411-430.

Yeadon M R. 1993a. The biomechanics of twisting somersaults. Part II: contact twist. J Sports Sci, 11(3): 199-208.

Yeadon M R. 1993b. The biomechanics of twisting somersaults. Part III: aerial twist. J Sports Sci, 11(3): 209-218.

Yun J, Kang O, Joe H M. 2021. Design of a payload adjustment device for an unpowered lower-limb exoskeleton. Sensors (Basel), 21(12): 4037.

第 2 部分

应用研究

第4章 人体基本动作的生物力学建模与仿真

人体日常行为动作主要有步态（走和跑）、跳、站、坐、投举、抓取、踢、蹲和躺等，这些行为动作构成了人体的最基本动作（或者姿势）。研究人体基本动作的生物力学能够增进我们对人体动作内在规律的理解，也可以为促进人类健康水平提供科学支持。通过建模与仿真方法，研究人体基本动作的生物力学规律是近几十年生物力学领域内的重要研究内容。

4.1 站立平衡控制

站立是最常见的主动平衡形式。科学家认为，人类具有双足直立能力是一个比其他远亲——类人猿相对快速进步的力学因素。站立使我们能够比四足动物看得更远一些，能够解放双手完成许多日常任务。人类具备站立能力需要具备独特的解剖结构和生理功能，而且人类社会也发展创造出各种以站立为基本条件的生活劳动的工具和环境。人类为保证站立功能的器官显示出复杂性。人类拥有的下肢是复杂的，涉及很多解剖、生理和力学原理。

虽然我们都可以轻松地站立，但我们可能都不知道，站立是一种不稳定的姿势。站立时，我们必须使两支连接的竖直杆（下肢）保持平衡，下肢在它们的末端（足）的前—后方向上放大，提高前后方向上的稳定性。

直立站立可以看作一种精致平衡状态，只有受到外力作用才会被破坏。但是，站立的稳定性较差，其稳定性必须有肌肉的活动才能维持。如果没有肌肉作用，人站立时只要受到很小的力学扰动（perturbation）就会跌倒。事实上，只有躺在地上时候，人体的平衡才是稳定的。

失去站立姿势的平衡可以视为倒下（fall）。某些活动中，倒下是主动的准备动作（如站立转化为坐的运动），但有些情况下倒下（跌倒）是意外的、努力避免的动作。在本节中，将从站立的基本生理出发，讨论生物力学建模仿真在站立和跌倒研究中的应用。

4.1.1 人体平衡系统

平衡是指保持身体质心（center of mass，COM）在支撑面（base of support，BOS）范围内的能力。平衡系统正常功能使人们在移动过程中清楚地观看、相对于重力确定方位、确定运动的方向和速度，以及在步态条件和动作中自动调整姿势保持姿态和稳定性。

平衡是由一套复杂的感知运动控制系统（sensorimotor control system）实现和支持的。这包括从视觉（视野）、本体感觉（触觉）和前庭感觉（运动、平衡、空间方位）的感觉输入；对感觉输入的整合；对眼和身体肌肉输出（图4-1）。损伤、疾病、药物或老龄会影响这些因素。除了这些，心理因素也会危害平衡的感觉。

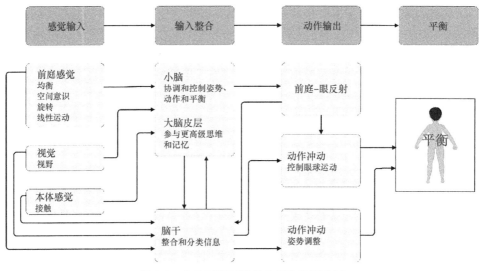

图 4-1　人体平衡系统的中枢和外周控制

4.1.1.1　感觉输入

维持平衡需要向大脑输入 3 方面的外周信息：眼、肌肉和关节，以及前庭器官。这些器官都向大脑发送来自特异神经终端（感受器）的神经冲动。

眼睛中视网膜处的光感受器称为视锥细胞和视杆细胞。视杆细胞主要感受弱光、暗视觉及没有颜色的视觉；视锥细胞主要感受强光、明视觉及有颜色的视觉。当光线到达视锥细胞和视杆细胞时，它们向大脑传送神经冲动，提供视觉有关个体与周围物体之间的方位的信息线索。例如，在街道行走时，周围的建筑物都垂直连接成一片，每个店面都先从视野中接近后又远去。视觉输入还可以提供周围物体分布情况，避免行走中遇到障碍。

本体感觉信息来自皮肤、肌肉和关节的感受器，它们感受周围组织的机械作用（牵拉和压力）信息。例如，当站立的人体向前倾斜时，足底前部分所受到的压力增加。腿、上臂或者人体任何部位运动时，感受器将会反应并向大脑发送神经冲动。这些压力和牵拉信息线索会与其他信息一起帮助大脑确定我们身体所处的空间位置。颈部和踝部感受器的神经冲动尤其重要。颈部的本体感觉信息表达了头部转动的方向，而踝部则能够表达相对于站立地面的身体运动或摆动（sway），以及地面状况（如软、硬、光滑或者粗糙）。

前庭器官的感受器收集有关运动、平衡和空间方位的信息。前庭位于两耳中，每个前庭包括椭圆囊、球囊和 3 个半规管。椭圆囊和球囊感知重力（垂直方向）和线性运动。3 个半规管互相垂直，充满淋巴液，可感知转动运动。当头部转动时，内部淋巴液由于惯性会滞后并向管内的感受器施加压力，然后感受器就向大脑发送来自特定半规管运动信息的神经冲动。当双侧的前庭器官功能正常时，它们会向大脑发送对称的信息（即右侧神经冲动与左侧一致）。

4.1.1.2　整合输入信息

来自外周器官（眼、肌肉和关节，以及前庭器官）的平衡信息传送到脑干。这些信息在此由小脑（大脑的协调中心）和大脑皮层（大脑的思维和记忆中心）根据以往学习到的信息被分类和整合。小脑能够提供反复受到作用后形成的特定运动的信息。例如，网球运动员反复发球练习后，会学习到如何在发球时优化平衡。脑干中以往学习信息也会起作用。例如，冰面上行走很滑，为保证安全移动，冰面上行走时会采用不同的动作模式。

如果眼、肌肉和关节，以及前庭器官 3 个方面的感觉输入互相冲突，那么就会出现混乱情况。例如，当某人站在路边时，旁边的大巴行驶离开。这时候，大且运动的大巴图像可能导致他的错觉：他觉得自己而不是大巴在运动。然而，他的肌肉和关节的本体感觉会显示他事实上没有移动。前庭器官的信息可能会帮助他克服这种感觉冲突。除此之外，高等思维和记忆可能强迫他向大巴远处看一下，以便寻得视觉确认自己没有实际移动。

4.1.1.3　运动输出

当感觉信息被整合后，脑干向肌肉传递神经冲动，控制眼睛、头颈、躯干和腿运动，以便人体能够维持平衡和移动时获得清晰视野。

婴儿学习平衡时，不断练习感受器传到脑干冲动，然后向肌肉发出冲动的过程，并形成新通路。随着重复次数的增加，冲动通过这些神经通道变得越来越容易［这种过程称为易化（facilitation）］，这时婴儿能够在所有活动中保持平衡。有足够证据证明，这样的突触重新组织在人的一生中会随着运动条件的变化而一直调整。

舞蹈家和运动员的长期艰辛训练正是利用这种通道易化。即使非常复杂的动作经过一段时间练习后也变得几乎自动完成。这也意味着如果一个感受器信息输入出现问题时，易化过程能够帮助平衡系统复位并且适应再次达到平衡感觉。例如，当某人在公园中转动轮车时，来自脑干的神经冲动报告大脑皮层，这种在公园中转动轮车的视觉是正常的特殊活动。随着多次的练习，大脑就学会认为，在这样的身体转动时，转动轮车的视觉场景是正常的。另外，舞蹈家为学习在表演一系列脚尖旋转时保持平衡，她们在旋转身体时，眼睛盯着远处的一点。

前庭系统通过神经系统向眼睛的肌肉发送运动控制信号，这个自动功能称为前庭-眼反射（vestibulo-ocular reflex，VOR）。当头不动时，从前庭发出的神经冲动数目左右相等。当头向右转动时，来自右耳的冲动数目增加，而左侧的数目减少。这种两侧冲动的差异控制眼球运动，并且在头部主动运动时（如跑步时或者曲棍球比赛时注视）或者被动运动时（如坐在加速或者减速的车内）为眼睛注视提供稳定性。

4.1.1.4 平衡系统协调

人体平衡系统是一整套复杂的感觉运动控制系统。它的交错反馈机制会因损伤、疾病或者老龄化而损害。受损的平衡会伴随着其他症状，如眩晕、头晕、视觉障碍、恶心、疲劳和精神集中问题等。

人体平衡系统的复杂性给诊断治疗平衡性疾病带来很大挑战。平衡系统需要整合来自前庭、视觉和本体 3 个系统的信息。这意味着一个系统功能失调会导致人体平衡觉的明显紊乱。前庭功能紊乱就会导致非常复杂的不平衡问题，因为前庭系统与认知功能、眼球动作和姿态的控制相互作用。

4.1.2 站立平衡的力学条件

在站立中，人体运动系统的目的就是保持身体质心位置在地面上的一定面积之上和范围之内（图 4-2），这个面积和范围称为支撑面（base of support，BOS）。从宏观来看，站立时人体处于平衡状态，人体的质心在水平前后（anteroposterior，AP）、内外（mediolateral，ML）和垂直方向上受到的合力都等于零。这是直立站

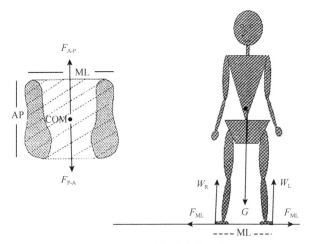

图 4-2 站立时各种力的平衡

F_{A-P} 和 F_{P-A} 表示水平方向上的受力；F_{ML} 表示内外方向上的受力；W_R 和 W_L 表示垂直方向上的受力

立的基本力学条件，但是为什么人类有能力站立的问题困扰了我们很多年。早期的研究发现，站立平衡时人体质心不像我们想象的那样不动，而是不停地移动。站立时，需要调整人体质心位置，使其落在双足组成的支撑面之内，即前后和内外边缘范围内。正常人体站立位的质心大约位于骶骨脊椎的高度、踝关节前面。站立位姿势的不稳定性是其固有性质，因为重力向下的作用，以及呼吸、心跳和感受器和运动系统的内在噪声。由于站立位的身体无法依靠被动结构保持稳定，站立平衡需要不停无意识的肌肉活动来维持。

站立的生物力学模型能够揭示中枢系统如何使身体保持站立位。这些模型描述了肢体间作用和保持直立位所需的肌肉力，所以称为仿真平衡控制的关键。

4.1.3　站立倒立摆模型

人体站立的生物力学模型能够帮助我们分析身体如何在 CNS 控制下，保持直立的基本姿态。站立平衡控制涉及基本的人体解剖、力学和神经肌肉控制等三个方面。在深入阐述人体站立模型前，需要明确几个相关的概念和定义。

4.1.3.1　基本概念

姿态是指人体所有环节相对于重力矢量的方位，是相对于重力方向的角度。

平衡一般指人体为预防跌倒的身体姿态动力学。它与作用于身体的惯性力和身体惯性特征有关。

质心（COM）是全身质量在大地坐标系中的等效点，是三维空间中每个环节质心位置的加权平均。关于人体 COM 位置等更多内容已经在 2.4.2 节中详细讨论。人体 COM 是受到平衡系统控制的被动变量。质心向地面的垂直投影位置常常称为重力中心（center of gravity，COG），其单位为长度单位。站立时质心的测量通常采用运动学方法，首先确定各环节的关节位置，之后根据人体惯性参数模型，推算出人体质心位置。

压力中心（center of pressure，COP）是垂直地面反作用力矢量作用点位置，代表了地面接触表面范围内所有压力的加权平均位置。如果单足着地站立，则压力合中心（net COP，也称合 COP 或净 COP）一定在该足范围内。如果双足着地，则合 COP 在双足之间的某个点，这个点位置还取决于每只足承受的重力大小。这时候，每只足都会有一个压力中心。地面反作用力常常用测力台来测量。当使用一个测力台测量时，只能测量到一个合 COP。如果需要定量测量每只足的 COP 动态变化时，则需要两个测力台分别测量每只足。

每只足的 COP 所在的位置直接反映了踝部肌肉的神经控制。增加跖屈肌群力量会使 COP 向前移动，增加内侧肌群力量会使 COP 向外运动。与 COG 一样，COP 的单位也是长度单位。在一些文献中，将 COP 的移动认为就是身体摆动，甚至直接用 COP 代替 COG。事实上，身体摆动应当是 COM 或者 COG 的移动，二者是两个不同的物理概念。

4.1.3.2 静止站立的基本模型

静止站立一直是人们的一项研究课题，其最基本的测量手段是从 1 个测力台上记录合 COP（COP_{net}），包括前后和内外方向上的合 COP。静止站立时，COP_{net} 和 COG 存在着密切的联系。最常见的双足位置是并列，研究方向最多的是前后方向姿势控制采用所谓的"踝策略（ankle strategy）"，其他控制模式在后面讨论。

通过引入前后方向平衡的倒立摆模型（inverted pendulum model），可以很好地说明 COG 和 COP 二者间的差别和联系。图 4-3 所示的人体站立的倒立摆模型，显示了受试者静止站立于测力台上时的前后摆动。图 4-3 中显示了摆动中的 5 个瞬时重力中心和压力中心相对踝关节的距离（g 和 p），以及角加速度（α）和角速度（ω）的变化。图 4-3 中时刻 1 时，COG 在 COP 之前，假设角速度为顺时针方向。重力 W 和垂直地面反作用力 R 相等，分别距离踝关节点力臂为 g 和 p。静止站立时，g 和 p 会保持恒定。设身体为倒立摆，那么存在顺时针方向的力矩 Wg 时，就会有逆时针的 Rp 作用。

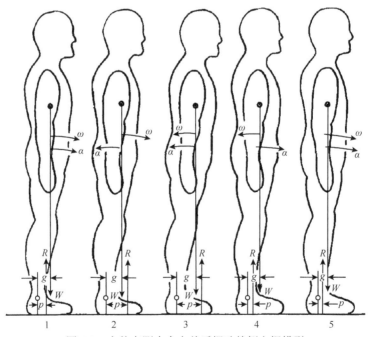

图 4-3　人体在测力台上前后摆动的倒立摆模型

$$Rp - Wg = I\alpha \tag{4-1}$$

式中，I 为全身相对于踝关节的转动惯量。

当 $Wg > Rp$ 时，身体将顺时针加速转动。为了校正这种向前"摆动"，人体将增加 COP（通过增加跖屈作用），以便在时刻 2 时 COP 在 COG 的前面。这时 $Rp > Wg$，角加速度 α 将逆时针方向，角速度 ω 逐渐减小，直至到达时刻 3。这时候，逆时针方向的 α 使逆时针方向的 ω 增加。身体将经历一个向后摆动的过程。当中枢系统 CNS 感受到向后移动的 COG 需要校正时，就会通过减小跖屈活动降低 COP，直至它处于 COG 后面。这样，在时刻 4，α 再次反向变为顺时针方向。经过一段时间后，ω 也将反向，变为顺时针方向（时刻 5），回到最初的状态。从时刻 1 至时刻 5 过程中，跖屈和背屈肌群在控制着踝关节力矩，并且调整着身体 COG。显然，COP 的动态变化范围必须比 COG 要大一些，COP 必须相对于 COG 前后不停地移动。如果容许 COG 移动超过脚尖几厘米，那么就有可能 COP 的最大校正无法反转 ω。这时候，人体必须向前移动肢体防止向前跌倒。

图 4-4 是 1 名受试者尽最大努力静止站立于 1 个测力台上的 COP 和 COG 变化关系。可以看出，COP 随着 COG 同时波动，而且 COP 的波动范围更大一些。在图中记录的 7s 时间内，COP 和 COG 反复波动了很多次。必须注意到，随着时间的延长，COP 的平均值一定与 COG 相等。人们经常估计全身 COM 位置并且跟踪其移动轨迹。在倒立摆模型中，我们可以通过以下方程估计 COM 的水平加速度（x）：

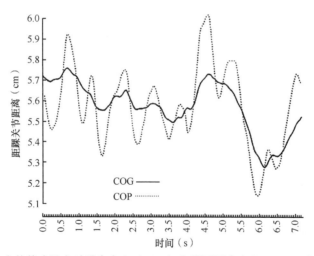

图 4-4　人体静止站立时重力中心（COG）和地面压力中心（COP）同时波动

$$\alpha = \frac{\ddot{x}}{d} \tag{4-2}$$

式中，d 是 COM 距离踝关节的距离。将式（4-2）代入式（4-1），得到

$$Rp - Wg = I\frac{\ddot{x}}{d}$$

另外，还有 $R=W$，得到

$$p - g = \frac{I\ddot{x}}{Wd} = K\ddot{x} \tag{4-3}$$

式中，K 为常数。通过式（4-3）可以看出，COP 和 COM 的差值与 COM 的水平加速度成正比。我们可以将这个差值认为是平衡控制系统的"误差"，导致形成 COM 的水平加速度。这里的水平加速度就是前后方向。对于内外方向也适用，但是我们需要简要地考察其生物力学模型。图 4-5 显示了式（4-3）给出的基本关系。这里记录了 1 名受试者 12s 静止站立时的 COP$_{net}$ 和 COM。然后绘制了 COP-COM 与 COM 加速度在前后方向的变化关系图。图中显示的静止站立时相关系数为 −0.94。实验中发现，在较大主动摆动时相关系数超过−0.99，这证实倒立摆模型的有效性。这种 COP-COM 与 COM 加速度之间的高度负相关关系，表明二者是相位相反（反相）的。当 COP 向前时，COM 加速度向后；反之，COP 向后，COM 加速度向前。在内外（ML）方向上也可看到类似的关系。

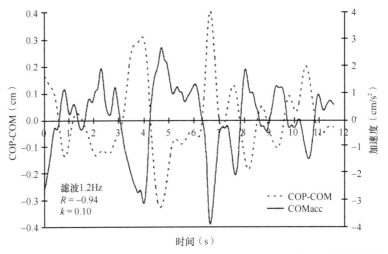

图 4-5　倒立摆模型预测的 COP-COM 与 COM 水平（AP）加速度高度相关

COMacc 表示地面压力中心加速度

式（4-1）为较理想状态下的倒立摆模型的动力学方程，直观地解释了站立状态下身体摆动和地面反作用力交互作用的关系，与站立在测力台的实验结果关系十分紧密。人们还推导了静止站立时前后和内外方向的倒立摆模型更一般形式的动力学方程，以图 4-6 模型为例，其动力学方程为

$$I\ddot{\theta} + b\dot{\theta} - WL\sin(\theta) = T \tag{4-4}$$

式中，L 为质心距离踝关节的高度，θ 为质心相对于垂直线（图中虚线，即理想直立站立的质心位置）的角位移，T 为踝部合力矩，I 为身体相对于踝关节的转

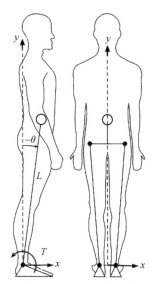

图 4-6　静止站立时矢状面（左）和冠状面（右）的倒立摆模型

动惯量，W 为身体重力，b 为踝关节的黏性系数。当 θ 绝对值较小接近于 0 时，$\theta \approx \sin(\theta) \approx \dfrac{x}{L}$，代入式（4-4）就得到小角度摆动时倒立摆模型的动力学方程：

$$I\frac{\ddot{x}}{L} + b\frac{\dot{x}}{L} - Wx = T \tag{4-5}$$

动力学方程式（4-4）或者式（4-5）比方程式（4-1）适用性更为广泛。在式（4-4）或者式（4-5）基础上，可以进行更多的研究，例如，可以引入关节力矩（T）控制，以及通过踝关节黏弹性系数（b）引入软组织被动力学性能等。

4.1.3.3　静止站立的双侧模型

图 4-3 中平衡控制是一种特殊情形的模型。由于左右侧解剖上对称并且具有共同转动轴，因此采用了平面（二维）倒立摆模型。所有神经肌肉控制作用的最终结果就是 COP_{net}，反映了左右两侧跖屈/背屈的合作控制作用。然而，我们不知道左右控制是否对称；在正常情况下存在着优势侧控制，如果一侧存在病理情况（例如中风、截肢等），则更可能存在左右控制不对称。一直到使用 2 个测力台测试的时候，人们才看到左右踝关节控制的独立性，而且人们看到了在内外方向上完全不同的控制情况。

在双侧下肢支撑情况下，前后或者内外方向的合 COP（COP_{net}）可以通过以下公式计算：

$$COP_{net} = COP_l \frac{R_{vl}}{R_{vl} + R_{vr}} + COP_r \frac{R_{vr}}{R_{vl} + R_{vr}} \tag{4-6}$$

式中，COP_l 和 COP_r 分别是左右足的 COP 分量，而 R_{vl} 和 R_{vr} 则分别是左右足的垂直地面反作用力。

式（4-6）表明，前后或者内外方向上，COP_{net} 都是由 4 个随时间变化的量控制，每个量都由自己的一组肌肉控制。在内外方向上，COP_l 由左侧踝关节的内旋/外旋肌肉控制，COP_r 则由右侧踝关节的内旋/外旋肌肉控制。R_{vl} 和 R_{vr} 则分别是双足下随时间变化的负荷，代表了每只足下的动态负荷变化。生物力学研究显示，R_{vl} 和 R_{vr} 完全不同步变化，并且当一侧负荷增加时，另外一侧会以相等的量减小。例如，当右侧髋部外展肌变得更活跃时右侧的负荷由 49% 增加到 51%；这将导致左侧负荷同时减小，由 51% 降低到 49%。这种变化可以通过左侧的内收肌的活动来完成。

图 4-7 为一名受试者静止站立时 COP_l、COP_r 和 COP_{net} 的变化曲线。在前后方向，COP_l 和 COP_r 几乎完全同步变化，而且 COP_{net} 在二者中间。说明左右足均承受着 50% 的负荷。但是，在内外方向，两侧踝关节肌群几乎完全是在反相变化，COP_{net} 的变化与 COP_l 和 COP_r 的变化没有关系。这种情况提示，式（4-6）中的 COP_{net} 一定按照每只下肢加载/卸载的方式控制，而且式（4-1）中的内外方向加载/卸载机制并不是通过踝部肌群控制 COP_l 和 COP_r。图 4-8 显示了图 4-7 中的同一名受试者左右垂直地面反作用力的变化。左右两侧都在 50% 附近波动，而且完全反相变动，说明一侧加载时另外一侧同时卸载。从力学角度来说，两侧存在紧密的耦合关系。另外，可以看出，图 4-8 中左右足波形与图 4-7 右侧图中 COP_{net} 的波形完全一致，说明在内外方向上的加载/卸载机制完全由髋部内收/外展肌群控制 COP_{net} 完成。

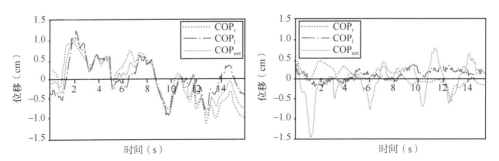

图 4-7　静止站立时前后（左图）和内外（右图）方向的 COP_l、COP_r 和 COP_{net} 变化

4.1.4　站立双倒立摆模型

前面讨论的站立倒立摆模型都以踝关节为转动轴。该模型认为，人体在站立时采用踝部肌肉产生的力矩控制身体的摆动，即所谓的"踝策略"。但是，近来一些研究显示，围绕髋关节的运动不能忽略，髋关节的角位移、速度和加速度的变异范围显著大于踝关节。这些观察提示，静止站立时髋关节也参与控制身体摆动，不仅有"踝策略"，还有"髋策略"。因此，人们就提出了站立双倒立摆（double

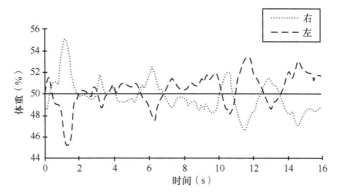

图 4-8　静止站立时左右足的垂直地面反作用力

inverted pendulum，DIP）模型。模型以踝关节和髋关节为转动轴（图 4-9）。

　　图 4-9 中的矢状面双倒立摆模型具有踝和髋 2 个控制区域，而冠状面模型环节质心位置相同，但具有 2 个踝和 2 个髋作为控制区域。冠状面模型具有 4 个驱动力矩控制踝关节和髋关节的转动。为将 COP_{net} 向右移动，可能引起以下肌肉的活动：左踝外翻、右踝内翻、左髋内收、右髋外展。另外，COP_{net} 向右移动会引起 COM 的向左加速度。

　　理论上，如果在左右踝、髋 4 个关节中任何 1 对关节作用力矩相等，则效果会相同。

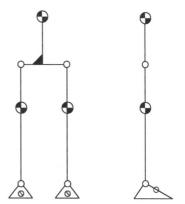

图 4-9　静止站立时冠状面（左）和矢状面（右）的双倒立摆模型

但是由于踝和髋关节的生物力学和解剖学特性，这样的情形不会发生。首先，踝关节内翻肌群和外翻肌群不能独立作用。所有外翻肌群（腓骨肌）和所有内翻肌群（胫骨前肌和后肌、趾长伸肌和拇长屈肌）同时也是跖屈和背屈肌群。在前后方向平衡控制需要左右跖屈和背屈肌群的配合。每只足下的 COP 几乎同步前后移动，但是，任何内翻/外翻肌群产生的内外活动将会使双足下的 COP 同时向内或者外移动。例如，如果左右腓骨肌兴奋引起两侧 COP 向前移动，将会同时引起两侧 COP 向内移动。图 4-10 显示了与图 4-7 的同一名受试者站立于 2 个测力台时 COP 的动态轨迹。从图 4-10 中可以看出，双足 COP 同时向前或者向后移动，但是在内外方向上则几乎反相移动。合 COP（COP_{net}）在内外方向上的移动是左侧 $R_{vl}(t)/[R_{vl}(t) + R_{vr}(t)]$ 和右侧 $R_{vr}(t)/[R_{vl}(t) + R_{vr}(t)]$ 两部分加载/卸载的共同作用的结果。这样的作用是由髋关节的内收/外展肌群作用引起的。合 COP 的轨迹与采用 1 个测力台测量结果相同，式（4-7）为合 COP 的计算公式：

$$\text{COP}_{\text{net}}(t) = \text{COP}_{\text{l}}(t) \frac{R_{\text{vl}}(t)}{R_{\text{vl}}(t) + R_{\text{vr}}(t)} + \text{COP}_{\text{r}}(t) \frac{R_{\text{vr}}(t)}{R_{\text{vl}}(t) + R_{\text{vr}}(t)} \tag{4-7}$$

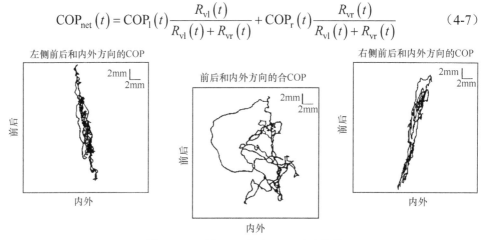

图 4-10 双足 COP 和合 COP 动态轨迹

其次，当发生较大平衡需求时，内翻/外翻不能发挥作用。由于足部的宽度有限，产生的内外翻最大力矩大约为 10N·m。超过 10N·m 时，将会使足部翻滚超出其边缘。但是，髋关节内收/外展并无这样的限制，每侧肌群都可产生超过 100N·m 的力矩。图 4-11 为地面反作用力的加载/卸载机制的概括。可以看到，左侧足底垂

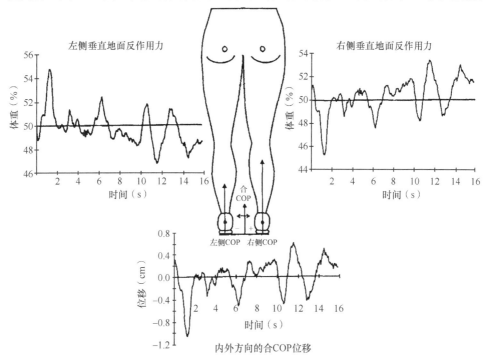

图 4-11 内外方向的合 COP 位移与左右足垂直地面反作用力的变化关系

直地面反作用力与右侧和内外方向的合 COP 呈现出反相变化。可以看出，合 COP 与右侧下肢的力同相变化，都与左侧反相。垂直反作用力的波动是由髋部内收/外展肌群活动所致，大概 5%的垂直力的波动引起大约 1cm 的合 COP 的平移。

4.1.5 站立模型的反馈控制

4.1.5.1 基本概况

前面已经讨论了站立平衡控制的神经生理机制，以及以力学模型（倒立摆模型或者树形模型）为基础的人体站立测试结果，这些研究对理解人体站立平衡的姿态控制机制具有十分重要的作用。这些研究都是以人体平衡系统（本章 4.1.1 节）生理机制为基础，采用最多的动力学模型是"踝策略"的（单）倒立摆模型（single inverted pendulum，SIP）（图 4-6 左）。SIP 模型的动力学方程就是式（4-4）。在控制姿势时，引入神经生理机制，对踝关节相关肌群收缩力进行控制，同时控制相应的力矩［调整式（4-4）中的踝部合力矩 T］，并实现调整身体运动和姿态的保持。SIP 模型假设全身摆动只在踝关节发生，这种情况在无扰动条件下前后方向的摆动较为有效。在受到扰动条件下髋关节和踝关节都参与摆动，这时候就需要双倒立摆模型。由于身体质心在踝关节前部，因此需要小腿三头肌产生跖屈力矩以抵抗重力产生的力矩，避免向前跌倒（图 4-3）。

踝关节力矩来源于两个方面：肌肉产生的主动力矩，它受到神经支配和调节；组织变形和肌肉紧张性刚度的被动力矩。在假定踝关节具有足够的刚度可以支撑身体质量后，学者提出紧张性的肌肉兴奋度不时地产生校正力矩，改变模型的弹簧刚度，就可维持平衡。但这样的理论受到质疑，由于跟腱的顺应性，仅仅基于固有的踝部刚度并不足以维持静止站立。同时，踝部刚度受到运动的影响，当身体摆动增加时，跖屈和背屈肌群就会变得活跃。

目前，关于冠状面内外方向的站立平衡的研究不如前后（矢状）方向的研究全面深入，原因在于运动自由度增加使问题变得更加复杂。身体下部（髋和踝）和上部（躯干）都参与运动，而且双足在地面的位置也变得更宽。研究领域比较认可的内外向模型是双链（即两条下肢）倒立摆模型（图 4-6 右）。该模型忽略了膝关节的运动，通过骨盆将两条下肢组合起来，由髋和踝关节构成四边形。质心位置的任何偏移都需要汇集髋和踝关节的力矩，形成校正力矩。在准静态站立时，负荷-刚度关系仍然可应用前后方向站立方程［式（4-4）］。这时，力矩 T 就是所有关节的总和，角度 θ 就是质心与两个踝关节中点垂直线的夹角。当质心恰好在双踝正中间时，4 个力矩之和等于零。

人们认为，髋关节的内收/外展肌群参与内外姿态控制的加载/卸载机制。增加右侧髋关节外展肌的活动度将使右腿负荷增加，导致左腿同时成比例地减少。但是，踝关节周围的肌肉也参与内外站立平衡。例如，静止站立时，比目鱼肌和内侧腓肠肌跖屈活动也会产生向内力矩。同样，踝关节内翻肌肉和外翻肌肉增加活动对双足跨距站立平衡有贡献。

双足站立的宽度对冠状面内站立平衡生物力学有重要影响。在正常站立时，自然站立双足与髋部等宽。在不稳定条件下，如乘坐公共汽车，人们常常会增加双足宽度。更宽的支撑能容许身体重心在更大范围内运动。这也提高了侧向摆动时踝和髋关节的耦合程度，增加了被动刚度，同时使骨盆侧向加速运动时髋关节的校正力矩更加有效。除此以外，在站立宽度增加后，关节周围的肌肉和肌腱的长度改变，固有刚度和阻尼，以及来自肌肉和肌腱的本体信息也都改变。

在静止站立时，站立宽度的生物力学效应与身体摆动变化和肌肉活动有关，而且在静止站立时身体摆动和肌肉活动都会随着宽度增加而降低。这样的结果提示增加站立宽度会提高稳定性，但一些模型仿真和实验研究表明，这样的稳定性提高只有在神经反馈适当的改变时才起作用。

如4.1.1节所讨论的，站立平衡控制系统中采用以下的神经生理控制机制：视觉、前庭和本体感觉的反馈信息，中枢神经系统对反馈信息进行处理，并对肌肉骨骼系统发出指令，控制肌肉收缩并产生跖屈/背屈力矩。例如，Reimann 和 Schöner（2017）采用图 4-12 所示的控制系统，对人体站立的动力学模型进行控制，系统中大多数的生理机制已被较好地阐明，并且建立了相关的数学模型。

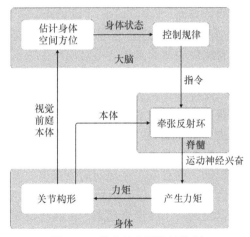

图 4-12   静止站立平衡的控制

4.1.5.2   倒立摆模型的反馈控制

大多数采用倒立摆模型进行的相关反馈控制的研究都是基于 SIP 模型。近期 Iqbal（2020）就采用 SIP 模型，基于生理原理进行神经力学（neuromechanics）的姿态控制研究。倒立摆模型如图 4-13 所示，模型两侧引入代表跖屈和背屈的希尔类型肌肉模型，驱动倒立摆。模型的动力学方程为

$$J\ddot{\theta} - mgh\sin(\theta) = T_a \tag{4-8}$$

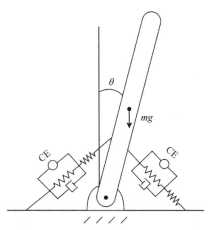

图 4-13　人体站立的矢状面单倒立摆模型

式中，$\ddot{\theta}$ 是 θ 角加速度，J 是全身相对踝关节的转动惯量，h 为质心高度，T_a 代表作用于踝关节的力矩，g 是重力加速度。应用拉普拉斯变换（Laplace transform）将式（4-8）转化，可以得到传递函数：

$$\frac{\theta(s)}{T_a(s)} = \frac{1}{Js^2 - mgh} \tag{4-9}$$

模型中踝关节两侧由肌肉-肌腱驱动模型（musculo-tendon actuator model）作用，模拟下肢肌肉抵抗重力力矩跌倒趋势。设肌肉的力臂为 d，f_1 和 f_2 是原动肌和拮抗肌的收缩力，则踝关节的力矩为

$$T_a = (f_1 - f_2)d \tag{4-10}$$

在 Iqbal（2020）研究的肌肉-肌腱驱动模型中还引入了几个子模型：Hill 类型的肌肉模型和肌肉兴奋动力学模型，涉及肌肉长度-张力特性、肌纤维黏性系数、肌腱刚度系数和肌纤维被动刚度系数等一系列生理和力学参数。

模型中驱动单元由 Hill 类型肌肉模型组成，包括 3 个单元：收缩元（CE）、并联弹性元（PEE）和并列黏性元，此外还有一个串联弹性元（SEE），代表肌腱的弹性（图 4-14）。假设肌肉收缩力与肌肉的纵向完全相同（即忽略肌纤维羽状角）。这样，类似于肌肉的驱动元产生的力就是收缩元和并列黏弹性力的代数和。代表肌腱的串联弹性元上面的力与肌肉力相同。

由 CE 产生的肌肉主动收缩力可以表示为

$$F_{ce}\left(a, l_{ce}, \dot{l}_{ce}\right) = a \cdot f_{l_{ce}}\left(l_{ce}\right) \cdot f_{v_{ce}}\left(\dot{l}_{ce}, v_{max}\right) \cdot F_{max} \tag{4-11}$$

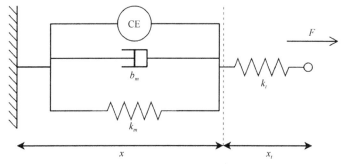

图 4-14　Hill 类型肌肉收缩模型

CE. 收缩元；b_m. 肌肉黏性元黏性系数；k_m. 肌肉并列弹性元弹性系数；k_t. 肌腱传来弹性元系数；x. 肌肉长度；
x_t. 肌腱长度；F. 肌肉力

式中，$a \in [0,1]$，为神经肌肉兴奋度，l_{ce} 为肌纤维长度，$\dot{l}_{ce}$ 为肌纤维收缩速率，$f_{l_{ce}}(l_{ce})$ 为肌肉长度-张力特性，$f_{v_{ce}}(\dot{l}_{ce}, v_{max})$ 为肌肉力-速度特性，v_{max} 为卸载时最大收缩速率，F_{max} 为肌肉最大等长收缩力。

肌肉兴奋动力学模型采用了以下一阶滞后方程：

$$\tau_{act}\frac{\mathrm{d}a(t)}{\mathrm{d}t} + a(t) = e(t) \tag{4-12}$$

式中，τ_{act} 为时间常数，$a(t)$ 为神经肌肉兴奋度随时间变化函数，$e(t)$ 为神经电信号随时间变化函数。

运动控制的伺服机制中，低层本体反馈主要由肌梭（muscle spindle，MS）和高尔基腱器官（Golgi tendon organ，GTO）完成。肌梭作为运动觉感受器，感受位置和运动。根据 MS 和 GTO 的生理机制，引入了相应的位置和运动信号的增益、传导速率和延迟等特征。

将所有的动力学模型和生理模型整合在一起后，就得到站立姿态控制的组合神经力学模型流程图（图 4-15）。组合模型中包括了倒立摆模型（SIP）、肌肉兴奋动力学模型、线黏弹性肌肉和肌腱动力学模型、MS 和 GTO 的本体反馈及其生理延迟。每个模块的详细传递函数及其具体参数可以参见 Iqbal（2020）。

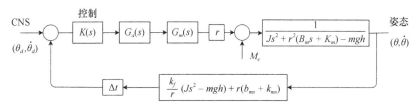

图 4-15　站立姿态的一种神经力学组合控制模型流程图

CNS. 中枢神经系统；θ 和 $\dot{\theta}$. 角位移和角速度；m. 全身质量；h. 质心的垂直位置；Js. 围绕踝关节的全身惯性矩；M_e. 外力矩；b_{ms}、k_{ms}. 肌梭力学参数反馈；k_f. 高尔基腱器官反馈；$G_a(s)$. 神经激活传递函数；$G_m(s)$. 肌肉兴奋传递函数；$K(s)$. 刚度控制传递函数在 Iqbal（2020）研究中，应用一种最优比例积分微分（proportional-integral-derivative，PID）控制器，实现姿态控制中的感受器反馈的延迟。稳定姿态的神经指令由随时间变化的 PID 控制器发出，指令由线性二次型调节器（linear quadratic regulator，LQR）的方法调节。通过计算机仿真对 PID-LQR 控制器的调制效果进行了评估，敏感性分析表明，延迟时间常数范围为 300ms。应用模型仿真了人体受到力矩扰动后质心（COM）在矢状面内的摆动过程，仿真预测结果与实际高度相关（ρ=0.91）（图 4-16）。

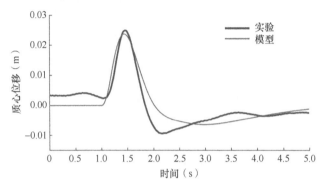

图 4-16　推动手腕后身体质心前后方向位移的实验与模型

前面以 Iqbal（2020）的研究为例，简要介绍了应用 SIP 模型，该研究引入人体平衡控制系统和工程控制的方法，探讨了站立受到扰动时的平衡控制过程。还有很多工作利用了 SIP 模型研究站立平衡的控制，例如，分析比目鱼肌和腓肠肌频繁而偏斜的颤动对站立姿态的影响（Loram et al.，2005）。事实上，还有一些研究应用更加复杂的人体动力学模型，包括双倒立摆模型（DIP）。例如，Morasso 等（2019）对比了 DIP 和 SIP 模型对静止站立仿真的结果，认为 SIP 模型尚可接受。考虑到在一些条件下，踝、膝和髋关节都参与站立平衡的动态控制，Reimann 等（2017）建立了 3 环节倒立摆模型，通过应用不同的控制方法发现，主动协调不同关节间肌肉活动的控制规则能产生正确的变异模式，而分别控制每个关节的控制规则却不能。Barton 等（2016）则应用 13 环节的多刚体系统模型，研究额状面内的平衡站立完成伸手触及运动目标的动态控制，发现关节以不同但高度协调的方式来完成跟踪任务，单个关节对屏幕上移动的目标盘频谱的不同部分做出一致的反应。

站立平衡控制研究中，除了所采用的人体动力学模型从最简单的 SIP 到复杂的多环节模型，对人体神经系统模拟的控制方程也随着研究目标不同而变化，基本上都采用了工程学中的控制论方法，如 PID-LQR 控制器、间歇性的比例微分控制器（proportional plus derivative controller，简称 PD 控制器）等。

虽然我们已经基本了解了人体站立平衡的控制机制，在此基础上建立了一些关于运动的动力学模型和神经生理活动的数学模型，并将这些模型组合在一起开展了一定的计算机仿真研究，但是，与图 4-1 相关的很多生理机制的数学描述仍然有待进一步评估，一些模型参数还有待进一步通过实验确定，人体运动和平衡控制仍然有大量问题有待进一步研究。此外，还有各种疾病会导致运动和姿态控制出现异常，这种情况下的身体运动和平衡控制也是十分重要的研究课题。

4.2 步态分析及其简单模型

4.2.1 人体步态分析基础

一般意义的步态（gait）是指人类或者动物在地面上通过双脚或者四脚的交互动作移行（locomotion）机体的特征性行为特征，或者说，行走方式（manner）和风格（style）。对于人类来说，广义上的人类步态可以包括走、跑、爬和跳等各种移动，本书中步态仅指走（walking）和跑（running）两种最基本的运动模式。步态涉及个体的行为习惯、职业、教育、年龄及性别等因素，也受到多种疾病的影响。

健康成年人都可以在不需大脑思考自如地执行步态运动，但从生理学角度来看，步态受到复杂的神经控制，包括中枢指令、身体平衡和协调控制，涉及下肢关节（足、踝、膝和髋）和肌肉的协同运动，同时也与上肢和躯干的姿势有关。正常步态具有周期性、稳定性、节律性、方向性及变异性，当身体存在一些疾病时，步态可能发生改变，形成异常的步态。步态分析（gait analysis）一般指研究步行规律的检查方法，目的在于通过生物力学综合手段，揭示步态异常的关键及影响因素，进而指导康复评估和治疗，同时有助于临床诊断、疗效评估及机理研究等。

4.2.1.1 步态周期

步态周期（gait cycle）是指在行进过程中，一侧下肢（足跟）完成从落地到再次落地的时间过程。步态周期可分为支撑相（stance phase）和摆动相（swing phase）。支撑相分为足跟着地、趾着地、支撑中期、足跟离地、蹬离期和趾离地 6 个动作阶段。摆动相分为加速期、摆动期和减速期 3 个动作阶段。常速行走时，支撑相占整个步态周期的 60%～65%。当一侧下肢进入支撑相时，而另侧下肢尚未离地，两侧下肢同时着地负重，这个阶段称为双支撑相，约占全周期的 28.8%，占支撑相的 44.8%。除了双支撑相，支撑相的其他时间为单支撑相。人体在走的步态下存在双支撑相；而在跑步状态下没有双支撑相，相反会有腾空阶段，即双足同时离地腾空。

4.2.1.2　步态力学特征

1）运动学特征

传统的步态测定方法为足印法。受试者足底涂上墨汁，嘱其在铺上白纸的 4～6m 步行通道上行走，用秒表记录步行时间，通过足迹测量步行空间。现代实验室也可采用数字化三维运动捕捉系统或专门的步态分析系统进行步态分析。

直线步行时，人体重心是身体摆动幅度最小的部位。步行重心摆动影响因素包括骨盆的前后和左右倾斜、骨盆侧移、重心纵向摆动。重心上下摆动，在单支撑相最高，双支撑相最低。步行时减少重心摆动是降低能耗的关键。

廓清机制是指步行摆动相中下肢适时离开地面，以保证肢体向前运动，包括摆动相早期和中期髋关节屈曲、摆动相早期膝关节屈曲、摆动相中和末期踝关节背屈。骨盆稳定性参与廓清机制，支撑相对其也有一定程度的影响。

步态分析中时-空参数包括：①步长（step length），即一侧足着地至对侧足着地的平均距离，国内亦称步幅；②步长时间（step time），即一侧足着地至对侧足着地的平均时间；③步幅（stride length），即一侧足着地至同一足再次着地的距离，也称为跨步长；④平均步态时间（stride time），就是支撑相与摆动相之和；⑤步频（cadence），即每分钟平均步数（步数/min）；⑥步速（walk velocity）是步行的平均速度（m/s）；⑦步宽（gait width）也称为支撑基础（supporting base），是指两足跟中心点或压力中心点之间的水平距离，也有采用两足内侧边缘或外侧边缘之间的最短水平距离。

2）动力学分析

步态动力学分析是对步行时作用力强度、方向及时间等因素进行研究，包括对地面反作用力的测量分析。地面反作用力包括垂直、前后、左右（或横向）地面反作用力。地面反作用力还对下肢产生一定力矩作用。步行时垂直地面反作用力随时间的变化为双峰曲线。

3）动态肌电图分析

步行运动的动力来源于肌肉的活动，涉及肌肉的协同收缩和力量的产生。步行中参与控制的肌肉数量和能力均有很大的储备力或者冗余量，从而使关节运动与肌肉活动出现十分复杂的耦合关系。步行速度和环境因素都会影响肌肉活动。步态异常通常与肌肉活动异常有密切关系。因此，动态肌电图对这些问题有十分关键的作用，是步态分析中不可缺少的组成部分。

4）足底压力分析

应用足底压力系统进行步态分析具有轻便、使用简单和适用性强的特点。与测力台不同，足底压力系统可以定量分析足底表面力的分布，可以比测力台提供更多的足底负荷信息。由于足底压力系统的传感器直接测量了作用于足的外力，不像测力台测量的是鞋底的力，因此足底压力系统常常用于鞋的设计。

5）传感器技术

除足底压力系统外，近年一些新技术也应用于步态分析中，包括加速度、角度和陀螺仪等传感器。这些传感器已经越来越普及，用来采集传统步态分析系统的信息。例如，角度传感器可以直接连续测量动态动作中关节角度。它能够提供比运动捕捉系统更为简单、费用低且可以同时观察的关节角度采集方法。加速度、角度和陀螺仪传感器还可与无线技术和数据记录器结合，提供廉价、轻便的步态分析手段，也使数据采集几乎不受环境条件限制。

4.2.2　简单步态模型

人体结构十分复杂，仅前臂和手部就包括 28 块骨和 45 条肌肉，具有 25 个自由度的明显运动。人体从颅骨至骶骨具有 24 块脊柱互相连接，形成多个关节，每个关节具有几个自由度。除关节运动外，人体上还有很多具有变形的软组织。这些因素造成人体的运动复杂而多变。

为理解人体运动，学者建立了很多人体运动的数学模型。很多模型尽量详尽地模仿真实人体的运动特征，但是也有一些模型非常简单，与真实人体形态相差较大。虽然这些模型简单，但是它们并非真正简单，而是避免了真实人体复杂结构的复杂性，利用了简单的优势。英国学者 Alexander（1995）指出，"最基础的理论常常来自最简单的模型""简单能促进理解""越简单的模型，越有利于观察到本质特征"。在这样的思想指导下，人们建立了若干简单步态模型，对步态生物力学进行了长期研究，揭示了人类和动物步态中最基本的规律，一些成果发表在近年的 *Nature* 和 *Science* 等国际最著名的杂志上。

4.2.2.1　步行模型

步行时每只足着地时间超过总步态周期的一半时间，所以存在双足同时着地时间。在足着地过程中，膝关节基本保持直线。

1）极简双足模型

人们可以慢慢步行，也可以快速跑步。成年人在速度超过 1.9m/s 时更愿意跑步，但人们仍然可以在大约 3m/s 速度下行走。竞走时通过臀部特殊运动可达到更高速度。20 世纪 70 年代末以来，学者一直使用极简双足（minimal biped）模型及其衍生模型解释这些现象。

极简双足模型包括 1 个质点在刚性、无质量的双足上运动（图 4-17A）。当一只脚着地时，髋部（大约为人体质心位置）按照弧形围绕足部向前运动。这样质心就围绕足部上下运动，这种现象与人体实际步行时一样。

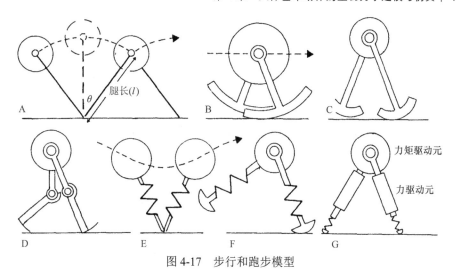

图 4-17　步行和跑步模型

身体质心速度在每个步态周期中波动，但在腿部与地面垂直瞬时会与步行速度 v_0（水平速度）相同。这时向心加速度为 v_0^2/l，其中 l 为腿长。步行时，向心加速度不能超过重力加速度 g，

$$v_0^2/l \leqslant g \tag{4-13}$$

这样就有

$$v_0 \leqslant \sqrt{gl} \tag{4-14}$$

这就是保持足部不离开地面的最大步行速度。按照 $g=10\text{m/s}^2$，腿长为 0.9m（成年人大概腿长），那么最大步行速度约为 3m/s，这与观察到的现象基本吻合。竞走时，运动员会通过臀部运动，使重心运动的弧线更加平直（即增加曲率半径 l），这样就可以达到更高的步行速度。世界上最大步行速度男子约为 4.4m/s，女子约为 4.0m/s。

极简双足模型不仅可以成功解释最大步行速度，而且还可以用来分析步行时能量消耗。当一只足着地时，模型就如同倒立摆：质心随着弧线提高，势能增加，并且伴随着动能减小，当质心降低时动能又得到新的储存。这样的变化在一条腿向另外一条腿转换时瞬时完成。

在两腿间转换中，有两种不同的假设。设在转换前瞬时速度为 v_1，可以看出这时的角度在腿的右侧并与垂直线成 θ 的角度（图 4-17A）。Alexander（1976b）认为，速度在 $-\theta$ 角度时由 v_1 变为水平方向，然后又在 $+\theta$ 角度时变为 v_1。这样，与垂直速度分量相关的动能就是 $1/2m(v_1\sin\theta)^2$，这里 m 为身体质量，动能在行走过程中会降低然后再重新得到增加储备。肌肉必须做正功，等量弥补在运动过程中由机械能转化为热能所耗散的能量。每步行走的水平距离为 $2l\sin\theta$，这样运输耗散（cost of transport）率就是

$$C = \frac{1/2m\left(v_1 \sin\theta\right)^2}{2mgl\sin\theta} = \left(\frac{v_1^2}{4gl}\right)\sin\theta \tag{4-15}$$

与前述亚历山大（Alexander）的假设不同，另外一种分析方法则考虑了腿的质量。在足落地前瞬时，身体质心以 v_1 的速度运动，这时速度与水平成 $-\theta$ 角度，质心相对于足的角冲量为 $mlv_1\cos\theta$。动能会在足冲击地面时由于非弹性作用而耗散，之后在 $+\theta$ 角度时相对于足的角冲量变为 mlv_2。由于作用于足的力矩为零，因此根据冲量定律，

$$mlv_1\cos\theta = mlv_2 \tag{4-16}$$

$$v_1\cos\theta = v_2 \tag{4-17}$$

损失的动能必须由肌肉来补充，

$$\frac{1}{2}m\left(v_1^2 - v_2^2\right) = \frac{1}{2}mv_1^2\sin^2 2\theta \tag{4-18}$$

这样运输耗散率就是

$$C = \left(\frac{1}{2}mv_1^2\sin^2 2\theta\right)/(2mgl\sin\theta) = (v_1^2/gl)\sin\theta\cos^2\theta \tag{4-19}$$

式（4-19）的运输耗散率为式（4-15）计算的 $4\cos^2\theta$ 倍。一些人体实验结果佐证了式（4-15）和式（4-19）的合理性。通过测量步行时人体耗氧量证明了，随着步行速度增加，能量消耗量急剧增加。

2）合成轮模型

肌电图观察发现，在步行时摆动腿中肌肉几乎不活动。这提示摆动腿可能在被动摆动。针对这种现象，McGeer（1990）提出了合成轮（synthetic wheel）模型（图 4-17B）。每条腿都是轮的一部分并且具有部分质量，躯干部分具有身体大部分的质量并且位于髋部。这个模型认为，人体可以被动地行走，只要启动和停止两种控制即可。在这个模型中，身体质心水平运动，在行进过程中没有能量的损失，所以无法分析行走过程中的能量变化。

Collins 等（2005）在 *Science* 上发表论文报道了可被动行走的双足机器人，这些机器人结构与此模型相似，可以不消耗能量地在小坡度的平面上自动行走，而在平地上只要非常小的能量驱动。

3）重腿双足模型

重腿双足（biped with heavy legs）模型（图 4-17C、D）的双腿都具有较大质量，摆动时动量的变化足以影响躯干的速度。图 4-17C 模型中腿的质量比合成轮模型（图 4-17B）更大，而足的尺度更小（更接近真实），足的曲率半径小于腿长。这就使行走时，模型质心在过程中会像极简模型一样，上下起伏。图 4-17D 模型

增加了被动的膝关节。膝关节在足离开地面时可以被动屈曲,但在腿向前摆动时保持伸直。

4.2.2.2 跑步模型

跑步双足腾空时会有身体的一系列跳跃。在足着地时,膝关节几乎伸直,但然后屈曲,随后在足离地前再次伸直。当身体质心通过支撑足的时刻,躯干高度最低,足底受到的作用力最大。这种变化过程如同一个质量在弹簧上面弹跳。

1)简单弹簧-质量模型

图 4-17E 显示了质点在无质量的弹簧上面弹跳,这就是所谓的简单弹簧-质量(simple spring-mass)模型。有学者利用此模型探讨了弹簧刚度的变化与质点的速度和着地、离地瞬时角度。平缓的着地和离地角度将产生较小的地面反作用力。当角度和弹簧刚度一定时,速度增加会导致力的增加。增加刚度将提高地面反作用力,但对步频影响不大;足着地时间降低,但步幅时间变化不大。

人体跑步时腿部如同弹簧一般的原因有两个:首先是因为腿部的韧带和肌腱弹性拉伸和回收,其次是因为肌肉的拉伸和收缩。有研究指出,在中长跑速度下,一半负功和正功是由被动弹簧作用的结果,一半是由肌肉作用的结果。模型中弹簧具有恒定刚度,但肌肉长度和作用力并非如此。在不同跑步速度下,虽然从生理学角度看,无法使跑者的腿部表现得像弹簧一样,但研究支持这样的观点。

跑者会增加步幅以提高跑步速度,步幅大约与速度的 0.6 次方($v^{0.6}$)成正比。人们发现,这样能使不同跑步速度下,足腾空过程中的身体质心垂直移动距离保持不变,但人们无法解释其原因所在。

2)引入腿部质量的模型

图 4-17F 模型中含有两条有质量的腿。模型中除两腿具有压缩弹簧外,在髋部还有转动弹簧,使两腿可以像剪子一样前后摆动。如同图 4-17C 所示模型,该模型中的足也是半圆形,但无质量。为方便分析,腿部质量都位于腿部弹簧的上边。研究显示,运行该模型步态频率与两腿悬空时剪子式摆动的自然频率接近。跑动速度可以通过增加摆动的幅度而提高。如果弹簧刚度保持不变,增加跑动速度时,步态频率基本不变,但步幅增加并且每只足着地时间占总步态周期比例降低。这导致速度提高时足部受力增加。

如果将身体简单地简化为一质量在一个无质量的弹簧上弹跳,那么地面反作用力就是单峰值的光滑曲线。事实上,测力台测量的跑步地面反作用力曲线在着地后很快就达到一个较小尖峰,相当于一个阻尼性振荡叠加在前述的光滑曲线上(图 4-18A)。该曲线就是图 4-18B 模型的地面反作用力。在此模型中,较大质量代表身体主要质量,足部质量较小。足质量下面的阻尼和弹簧代表足跟下脂性底垫的力学特性(赤足)或者脂性底垫与鞋底组合的力学特性。

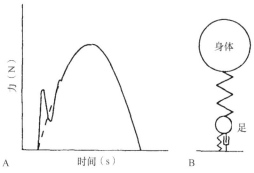

图 4-18　跑步时地面反作用力随时间变化（A）及其对应模型（B）

4.2.3　简单步态模型的应用

4.2.3.1　步态选择

　　人类在行进过程中会呈现出不同的步态。例如，当餐厅服务员端着一杯盛满滚烫的饮料时不会采用正常步行或者跑步的步态。为分析人体步态的选择，美国康奈尔大学 Srinivasan 和 Ruina（2006）在 *Nature* 杂志上发表论文，利用极简模型（图 4-17A），通过计算机优化分析方法，研究了人类的步态选择。在该研究进行了以下简化：首先，不计腿部质量，身体质量都在其余部分；其次，步态选择是基于能量节省目的；最后，能量的消耗与肌肉做功成正比。极简模型能够较好地描述多种类型的步态模式，包括步行和跑步（图 4-19A）。尽管极简模型外形与人体结构不符合，但它符合物理规律。因为该模型十分简单，所以很方便验证表征。它还可以通过详尽和精确的模拟实验来研究，这远远超出了以人类为实验对象的可能性。

　　1）三种步态模式

　　在不同的步态模式中，身体运动特征不同（图 4-19A）。步行时身体就像髋关节沿着圆形弧线向前运动到达下一个圆形弧线，两弧线间有蹬离地和足跟着地冲击间隔（图 4-19B）。同样，跑步可以描述为一系列抛物线形的自由飞行弧线，两弧线间有来自地面的弹跳冲击（图 4-19C）。

　　2）步态选择的优化计算

　　Srinivasan 和 Ruina（2006）研究了人如何能以最少的肌肉活动从一个地方到达另一个地方的方法。他们将 t 时刻位置 (x, y) 的身体看作质点 m（图 4-20A）。腿是无质量的，因此，当不接触地面时，它们可以定向、加长和缩短，而不需要消耗能量。由于髋关节、膝关节和踝关节的屈曲而引起的腿部长度 $l(t)$ 的波动被整合在一个可伸缩轴向驱动元中，该驱动元的压缩力按照 $F=F(t)$ 的函数变化。他们为了探讨步态选择的原因，假设没有弹簧（肌腱）与驱动元串联或并联，即步态选择不依赖于储存的弹性能量。

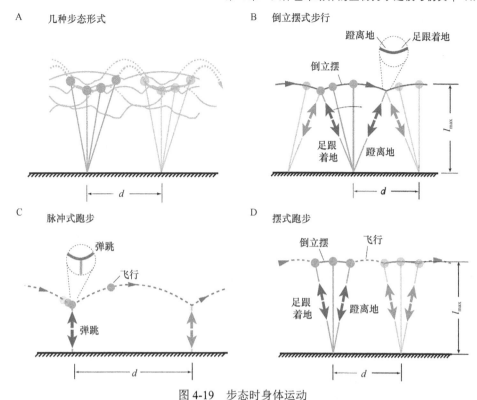

图 4-19　步态时身体运动

A. 几种可能的步态的质心轨迹。实线. 支撑相；虚线. 腾空相。B. 倒立摆式行走轨迹。C. 脉冲式跑步轨迹。D. 一种新步态的轨迹：摆式跑步。根据计算，步态 B、C 和 D 中至少有一种比其他任何一种步态（如 A 步态）消耗的功要少

　　研究假设在站立阶段，当足与刚性水平地面接触时不会打滑，最多只能有一只脚接触地面。在站立过程中，重力 mg 和 F 都作用于身体（图 4-20A）。在腾空阶段，当两条腿都没有接触地面时，重力是唯一的力。研究寻找周期运动，每一步都向前一步。左右腿有相同的力量和长度特征。一个单步包含支撑阶段（可能很短，如高速跑步）和腾空阶段（可能零持续时间，如步行）。

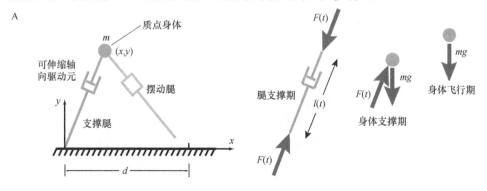

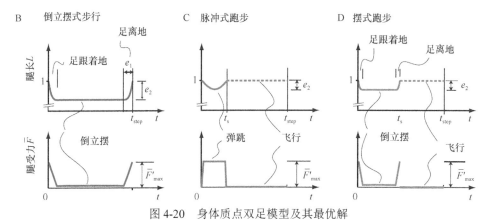

图4-20 身体质点双足模型及其最优解

A. 显示了一条腿处于支撑期，而另一条腿将要在距离 d 处着地。B~D. 显示了 3 种最优步态在充分收敛前的数值优化，其中无量纲的力和长度均为无量纲时间的函数。图中有限的几种力是收敛于脉冲（碰撞）力的近似。在推测优化中，当网格间隔趋于 0（$h{\to}0$）和容许上限 $F_{max}{\to}\infty$ 时，$e_1,e_2{\to}0$，并且 F_{max} 也趋于无穷大。在这些限制下，步行步态 B 是一个具有足跟撞击和推离脉冲的倒立摆，跑步步态 C 是有脉冲式弹跳间隔的自由飞行，而摆式跑步 D 则是由脉冲分开的恒定长度的倒立摆阶段和腾空阶段

3）步态模式与跑步速度的关系

步态特征是指着地支撑期开始时身体的位置和速度、步长和 $F(t)$ 等的特点。这些指标都可以对模型的动力学进行时间积分，得到身体轨迹和腿长作为时间的函数（包括最大腿长 l_{max}）。在这步结束时，假设另外一只足位于地面上，相对于身体的位置与开始时相同。这样就可以计算出步长 d，平均前进速度 v，以及相对于每单位质量和距离的腿做功 $C=W/(mgd)$。对于任意随机的 $F(t)$，最终的身体高度变化和速度变化通常都与起始条件不匹配，因此不产生周期性的步态。尽管如此，通过适当地改变 $F(t)$，就可以找到无限多个具有各种复杂轨迹的周期步态（图4-19A）。在这些周期性步态中，Srinivasan 和 Ruina（2006）通过一系列的计算机仿真实验，尝试寻找使能量消耗 C 最小的那些。

研究中使用 m、g 和 l_{max} 对模型参数进行非量纲化后，便没有了自由参数。这时，通过两个无量纲的参量的变化进行优化求解。第一个是速度参量 V [V^2 就是所谓的弗劳德数（Froude number），$V=v/\sqrt{gl_{max}}$，详见 4.2.3.2 节]；第二个参量是步长参量 D（$D=d/l_{max}$）。

所有的优化计算都收敛于三种典型的碰撞步态之一，这依赖于 V 和 D 值，但绝不会收敛于平稳的无碰撞步态。第一，在低 V 数值时，经典的倒立摆步态（图4-19B、图4-20B）是最优的。第二，在高 V 数值时，脉冲式跑步步态是最优的（图4-19C、4-20C）。第三，在中等 V 数值时，一种新的步态——摆式跑步（图4-19D、4-20D）是最理想的。摆式跑步有一个腾空阶段，中间存在延长的倒立摆支撑阶段。摆式跑步是间于步行和跑步之间的步态：没有腾空阶段的倒立摆式步行，具有无

限小的摆动相的脉冲式跑步。

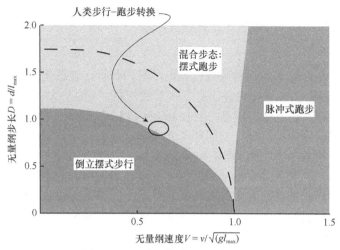

图 4-21　三种碰撞步态的最优区域

倒立摆式步行在摆-跑的临界不再是局部最优的。椭圆位置大致是人类从步行到跑步转换的速度和步长范围。虚线
表示仅靠压缩的倒立摆式步行在力学上变得不可行的地方。在中间区域的右侧，摆式跑步几乎就是脉冲式跑步；
在左边边缘，则几乎是倒立摆式步行

Srinivasan 和 Ruina（2006）研究中采用了不受限制的数值优化，发现了最优步态就是典型步行（倒立摆式步行）和跑步（脉冲式跑步），发现第三种步态（摆式跑步）可能是在模型缺乏肌腱条件下，存在非零着地阶段的跑步方式。该研究认为，还可能有的预测是着地时地面反作用力存在两个峰值，或许对于那些虚弱或肥胖的人跑步缓慢时就是这样。三种步态各自的最优区域如图 4-21 所示。曾有学者观察人体大约在 $V=0.65$ 和 $D=0.95$ 条件下由步行向跑步转换，这与图 4-21 中椭圆位置大致吻合。

4.2.3.2　人类学中的步态模型

早在达尔文 1871 年发表《人类的由来及性选择》以前，自然哲学的研究者就认为，直立行走、制造工具、大的脑子、语言、意识和社会是人与动物之间本质区别的标志。研究人类进化的（体质）人类学家，认为直立行走是区别人与猿的标志，能两足直立行走便是人。

能否直立行走可以从化石上判定。人类进化从化石猿（fossil ape）开始，经过能人（*Homo habilis*）、直立人（*Homo erectus*）和智人（*Homo sapiens*）阶段。有一些迹象表明，已知的最早的原始人类是两足动物，大量的化石证据表明，南方古猿（*Australopithecus*）至少在 440 万年前就已经习惯了行走。许多研究人员认为，从本质上说，一种类似现代人类体型的进化最早出现在早期直立人身上，证明了在更开放的栖息地中，人类的行走能力得到了改善。古人类（*Homo*）直立行走或者跑步的步态特征一直是人类学家的关注热点。人们广泛使用简单步态力学模型，并结合化石和现代人步态力学分析成果，探讨古人类步态特征。

1）古人类跑步力学

两足行走是原始人的一种关键行为。尽管两足行走包括走路和跑步，但人们普遍认为，跑步在人类进化中并没有发挥重要作用，因为与大多数四足动物相比，人类和猿类一样，短跑能力较差。但 Bramble 和 Lieberman（2004）的研究中评估了人类在持续长跑中的表现，并回顾了人类和其他哺乳动物耐力跑步能力的生理和解剖基础。根据步态生物力学、化石形态特征、能量消耗、骨骼强度、步态稳定性、热调节和呼吸等几个标准来判断，人类在耐力跑方面表现得非常好，这要归功于各种各样的特征，其中许多特征在骨骼上留下痕迹。这些特征的化石证据表明，耐力跑是起源于大约 200 万年前的古人类的一种能力，可能在人类身体形态的进化中起到了作用。

在 Bramble 和 Lieberman（2004）的研究中，步行力学分析中倒立摆模型（图 4-17A），质心在支撑阶段越过伸直的支撑腿，有效地将每一步的势能与动能进行转换（图 4-22A、B）。人类走路代谢的运输成本（metabolic cost of transport，COT）像其他哺乳动物一样，是一个"U"形曲线，其中，最佳速度约为 1.3m/s，很大程度上是腿部长度的函数。大多数人在 2.3～2.5ms 时自动切换到跑步，这与人类行走和跑步的 COT 曲线的交点密切相关（Bramble and Lieberman，2004）。在更高的速度下，跑步比步行更省能量。跑步通过利用质心-弹簧机制，转换动能和势能，这与步行中的转换完全不同（图 4-22B）。腿部富含胶原蛋白的肌腱和韧带在支撑阶段的初始制动期间储存弹性应变能，然后在随后的推进阶段通过收缩释放能量。为了有效地使用这些"弹簧"，腿在跑步时比走路时更弯曲：在支撑期膝关节和踝关节先屈曲然后再伸展（图 4-22A）。

如图 4-22A 所示，在步行中，头部和质心大约在脚趾着地（TO）时是最低的，在支撑中期（MS）腿部伸直时质心最高。在跑步中，头部和质心在腾空阶段最高，在 MS 时最低，此时髋关节、膝关节和踝关节屈曲；躯干也更倾斜，肘部更屈曲。图 4-22B 显示了步行和跑步时能量转化的过程。根据步行倒立摆模型，从足跟着地（HS）至 MS 期间，向前运动的动能（E_{kf}）转化为势能（E_p）；从 MS 至 TO 期间，这种转化正好相反。根据跑步质心-弹簧模型，跑步时势能（E_p）和动能（E_{kf}）同步变化，两种能量同时从足着地（FS）至 MS 期间迅速降到最小。

2）人类赤足跑步力学

人类进行耐力跑已经有数百万年的历史了，但现代跑鞋直到 20 世纪 70 年代才被发明出来。在人类进化史上的大部分时间里，跑步者要么赤足，要么穿便鞋或

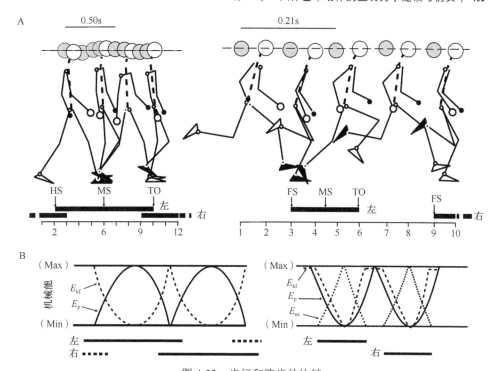

图 4-22　步行和跑步的比较

A. 步行（左）和跑步（右）的运动学；B.两种步态能量转换比较；E_{es}. 弹性势能

软鞋等极简鞋（minimal footwear）。与现代跑鞋相比，极简鞋的鞋跟更小，缓冲也更少。在现代鞋发明之前，美国哈佛大学 Lieberman 等（2010）研究了跑步者如何应对脚与地面碰撞产生的冲击。他们发现，赤足耐力跑者通常采用前足着地（fore-foot strike，FFS）方式，但有时用平足着地（mid-foot strike，MFS）方式，很少用后足着地（rear-foot strike，RFS）方式；相比之下，习惯穿跑鞋跑步者大都是 RFS 方式，这得益于现代跑鞋的高鞋跟和软垫（图 4-23）。

图 4-23　两种跑步着地方式

这 2 名跑步者是肯尼亚 12 岁的受试者，左边显示的女孩前足着地，右边则是男孩后足着地。

Lieberman 等（2010）完成的多角度研究扩展了赤足跑步的基本力学，针对脚和腿组合体碰撞地面，建立了"L 形双摆"模型。在着地碰撞阶段，跑步者一部分身体（如足部和下肢）会快速减速，而另外部分会逐渐减速，但受到的地面的冲量（地面反作用力对时间的积分）等于身体总动量的变化。因此等效质量（equivalent mass）与身体总动量变化也存在以下的关系：

$$\int_{0^-}^{T} F_z(t)\,\mathrm{d}t = M_{\text{body}}\left(\Delta v_{\text{com}} + gT\right) = M_{\text{eff}}\left(-v_{\text{foot}} + gT\right) \qquad (4\text{-}20)$$

式中，$F_z(t)$ 为随时间变化的地面反作用力，0 为触地前瞬时，T 为着地碰撞时间，M_{body} 为身体质量，v_{com} 为身体质心垂直速度，v_{foot} 为触地前瞬时足的垂直速度，g 是重力加速度。这样，就可以通过地面反作用力测量和运动学测量，计算着地碰撞过程中的等效质量，

$$M_{\text{eff}} = \frac{\int_{0^-}^{T} F_z(t)\,\mathrm{d}t}{\left(-v_{\text{foot}} + gT\right)} \qquad (4\text{-}21)$$

经过实验和计算分析，发现 FFS 比 RFS 着地方式具有明显较低的有效撞击（图 4-24）。

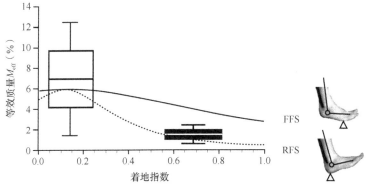

图 4-24　不同跑步着地方式的等效质量的变化

线条表示预测有效质量；方框表示测量有效质量；实线表示踝关节刚度无穷大；虚线表示踝关节刚度无穷小

Lieberman 等（2010）研究表明，即使在坚硬的地面上，赤足跑步者用前足撞击产生的冲击力也比穿鞋后足撞击产生的冲击力小。这一差异主要是由于落地时踝关节更倾向于跖屈，而在撞击时踝关节顺应性（compliance）更强，从而降低了身体与地面碰撞的有效质量。研究提示，前足着地和中足着地的步态可能在人类赤足或穿极简鞋跑步时更常见，这可能会保护足和下肢免受一些与撞击相关的损伤，而当前有许多跑步者都受到这样的伤害。

　　这些关于赤足跑的生物力学研究结果支持 Bramble 和 Lieberman（2004）的观点，即耐力性跑步对古人类的进化起着重要作用。无论以什么标准来衡量，更早的南方古猿（就像露西 "Lucy"，即阿法南方古猿 *Australopithecus afarensis*）的双足行走，都是长久且巨大的成功。然而，大约 200 万年前，这种骨骼结构在上新世/更新世（pliocene/pleistocene epoch）附近发生了重大改变。如果耐力性跑步确实对古人类的进化发挥了作用，那么更长的后肢和更短的脚趾必然是这个新组合的一部分；作为一种狩猎适应性策略的组成部分，这些特征的进化，以及足弓结构可能与赤足跑步直接相关。南方古猿光着脚非常适合从脚跟到脚趾的行走，或许也适合短距离、快速的冲刺，但露西不是马拉松运动员（Jungers，2010）。

4.2.3.3　不同重力环境下的行走

1）火星上行走

　　未来，人类可能会在重力加速度减小的火星上行走。重力在行走中起着重要作用。在地球上，人体利用重力在每走一步时"向前下落"，然后通过钟摆机制（倒立摆模型）利用向前速度将质心提升在最初高度。当重力减小时，就像在月球或火星上一样，步行机制一定会改变。

　　根据倒立摆模型（图 4-17A），人体在地面上行进中，受到身体重心和足在地面上静止接触点构成的环节的约束。在足接触地面后，环节向前减速，通过质心最高点后由随后的向前加速来补偿，以保持恒定的平均运动速度。这就增加了陆地移动的成本。Cavagna 等（1998）从能量角度分析了这个过程。在行进过程中身体质心减速，动能转化为重力势能的过程中（当足跟着地后，身体用腿向上运动），之后身体质心加速又从势能中获得动能。这样就可定义恢复倒立摆机械能系数 R，

$$R = \left(W_f + W_v - W_{cm}\right) / \left(W_f + W_v\right) \tag{4-22}$$

式中，W_f 为所需要的动能增量，W_v 为势能增量，而 W_{cm} 则为行进过程中整个身体质心机械能增量。在没有摩擦力的理想状态下，R 等于 1。

　　Cavagna 等（1998）利用飞行轨迹变化时重力环境的变化，探讨火星上的步行力学。在研究中，3 名男子以不同速度步行在飞机的平台上，模拟的重力加速度为 0.4 个重力加速度（0.4g），步行持续时间大约 30s。

　　图 4-25 显示，在火星上恢复倒立摆机械能系数 R 降低到 0.6，这时速度较低，为 3.4km/h。尽管 R 值较低，但在火星上每单位距离移动质心所做的功将是地球上的一半。总之，在火星上以任何绝对速度行走固定距离会比在地球上消耗的能量更低。事实上，在模拟低重力条件下运动时所测量的能量消耗比地面 1 个重力加速度（1g）时要少。同时，在低重力模拟器中也观察到最大行走速度的下降。除此以外，在火星上最佳步行速度和可能的步行速度范围都将是地球上的一半左右。在火星上步行-跑步的转换时的速度将在地球上的最佳步行速度的附近。因此，

在火星上，能量消耗可能会更低，运动也会更平稳。

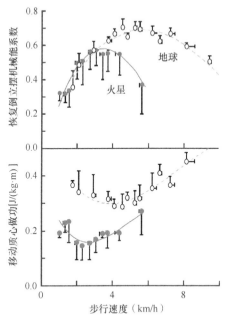

图 4-25　地球和火星上行走力学的比较

2）其他星体上行走

在 19 世纪，英国造船工程师威廉·弗劳德（William Froude）（1810～1879 年）提出了无量纲数"弗劳德数（Froude 数）"。Froude 数能够帮助人们制作小尺寸的船舶模型，进行流体力学实验，模拟分析真实船舶的动力学。20 世纪 60 年代起，科学家将 Froude 数引进了生物学领域，Alexander（1976a）将其应用于动物行走的能量和力学研究。

对于地面行走的人类或用手臂在树上摆动并在树之间行进的长臂猿来说，在运动过程中，身体质心垂直位置的变化会影响身体的重力势能变化，并同时伴随用来驱动运动所需的动能的相反变化。其结果是一个类似钟摆的运动模式，节省了机械能。大致的原理与船舶航行一样，但后者的势能与船舶产生的水波大小有关。

人们建立了一个运动理论——动力学相似性认为：如果几何相似的物体都按照钟摆动力学规律运动，那么只要 Froude 数相同，就具有相似的步态动力学。Froude（Fr）数可以按照以下公式计算：

$$Fr = v^2 / (g \times l) \tag{4-23}$$

式中，v 为行进速度，g 为重力加速度，l 为特征长度（如腿长）。可以看出，Froude

数与物体运动的动能和势能成比例。

动力学相似意味着，尽管人类和四足动物在体型和腿数上存在差异，但如果人类和四足动物的 Froude 数相同，那么它们从走路到跑步或小跑的变化都接近0.5。即便是长臂猿在空中摆动行进，它们的 Froude 数也均在 0.3～0.6。矮小的人，如儿童、早发性生长激素缺乏症患者和侏儒，最优步行速度与成年人动态对应，即 Froude 为 0.25。当身体恢复能量（即通过转换势能和动能）达到最大时，步行速度就是最佳的。所有这一切都意味着，在相同的重力环境下（比如在地球上），物体越小，"等效"运动速度就越低，并且与腿长度的平方根成正比。

Froude 数与相似性成正比还表明，重力越低，等效步行速度就越慢，这取决于重力比的平方根，即这颗行星的重力加速度除以地球的重力加速度。在地球上，平均身高的成年男子的最佳步行速度和步行-跑步过渡速度分别约为 1.5m/s 和2.0m/s。图 4-26 显示了在 Froude 数为 0.25（相当于人类的最佳步行速度）和 0.5（相当于由步行-跑步的转换速度）时，成年男子（腿长 l=0.92m）步行速度和重力之间的关系。图中方形和上面圆圈分别显示了模拟低重力条件下的最佳步行速度和步行-跑步过渡速度。图中三角形显示了先前对月球上行走速度降低的估计。下面线上的圆圈显示了通过抛物线飞行模拟的低重力和高重力环境下测量的最优行进速度。例如，利用 Froude 数预测，在重力为地球16%的星体上，如月球，其相应的速度将是地球上的40%（16%的平方根），即分别约为 0.6m/s 和 0.8m/s。

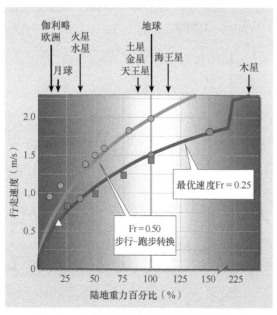

图 4-26 不同重力加速度环境下行走速度

4.3 步态多体系统动力学模型

人们已经建立了很多繁简不一的步态模型。一些非常简单的模型只有很少的变量。越少变量能够越容易建立原因和结果之间的关系，也就越方便进行步态的基本生物力学研究，具有"大道至简"的哲学理念。然而，简单步态模型具有局限性。例如，最简单的步态模型——倒立摆模型，虽然能够成功地预测步行时动能和势能的转换，但却无法再现行走过程中地面反作用力存在两个峰值的特点，更无法预测步行时髋、膝和踝关节力和力矩，以及下肢肌肉力的变化。为了更深入地研究步态生物力学规律，学者基于人体生理解剖和多体系统动力学，建立了一些具有多个环节组成的多体系统动力学模型。由于篇幅原因，本节仅阐述部分代表性步态多体系统动力学模型。

4.3.1 步行多环节模型

20 世纪 80 年代初，加拿大学者 Onyshko 和 Winter（1980）为探讨人体关节力和关节力矩如何驱动人体步行运动，建立了 7 环节（link segment）的步行模型（图 4-27）。该模型是在矢状面的二维模型，学者还建立了类似的其他多环节步态。例如，Pandy 和 Berme（1989）建立了步行中单支撑相的下肢三维模型，模型包括 7 个环节，但只有 7 个自由度。为了易于理解，本节段主要介绍矢状面的二维模型（Onyshko and Winter，1980）。

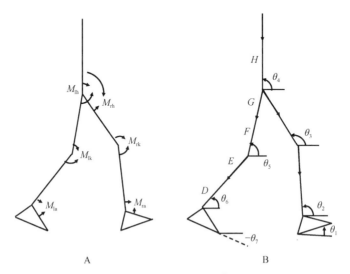

图 4-27 步行 7 环节模型

A. 环节间力矩作用；B. 下肢关节角度和长度

H. 躯干；G. 左侧大腿；F. 右侧大腿；E. 左侧小腿；D. 右侧小腿

4.3.1.1　模型结构及阶段划分

模型由 7 个部分组成：双侧下肢的大腿、小腿和足，以及将头、上臂和躯干（head，arms and trunk，HAT）组成为 1 个部分，还有臀、膝和踝共 6 个关节。为了方便，设从右足在前、右足跟着地瞬时开始。在图 4-27 中，关节力矩用带有下标的 M 表示，下标的第一个字母表示身体的一侧，即右侧（r）或左侧（l），下标的第二个字母表示关节的位置，即踝关节（a）、膝关节（k）或髋关节（h）。假设代表人体的 7 个环节在矢状面内运动，头、上臂和躯干（HAT）由一个环节代表，这种假设在手臂不过度摆动时合理。每只足都由具有一定形状的三角形代表。

图 4-27 所显示的 7 环节模型是对步行中的复杂性和真实情况的一种折中方案。如果再增加环节数目将迅速提高方程的复杂性，导致无法推导，因为环节之间存在着复杂的耦合关系。另外，如果小于 7 个环节将大大降低模型的精度。步行的不同阶段需要两种基本不同的数学表示。步行的不同阶段如下。

阶段 1：从右足跟着地（right-heel-strike，RHS）到左足趾蹬离地（left-toe-off，LTO）。这时，右足跟和左足趾以地面为支点转动。

阶段 2：从 LTO 到右足平直全着地（right-foot-flat，RFF）。这时，只有右足跟以地面为支点转动。

阶段 3：在 RFF 期间，右足不动，身体其余 6 个环节以右踝为支点转动。

阶段 4：从右足跟离地（right-heel-off，RHO）到左足跟着地。只有右足趾以地面为支点转动运动。

4.3.1.2　动力学方程

在完成步行阶段划分后，对于双支撑的阶段 1 需要建立一个动力学方程，对于左腿摆动期的阶段 2、3 和 4 需要建立另外一个动力学方程。后者与前者相比，会稍有不同。

推导模型的动力学方程前，首先定义关节角度 θ_i（i=1, 2, …, 7）为广义坐标（图 4-27B），然后采用分析动力学中的拉格朗日方程推导出双支撑期（阶段 1）的动力学方程的形式，

$$
\begin{bmatrix}
a_{11} & a_{12} & a_{13} & 0 & 0 & 0 & 0 \\
a_{21} & a_{22} & a_{23} & 0 & 0 & 0 & 0 \\
a_{31} & a_{32} & a_{33} & 0 & 0 & 0 & 0 \\
0 & 0 & 0 & a_{44} & a_{45} & a_{46} & a_{47} \\
0 & 0 & 0 & a_{54} & a_{55} & a_{56} & a_{57} \\
0 & 0 & 0 & a_{64} & a_{65} & a_{66} & a_{67} \\
0 & 0 & 0 & a_{74} & a_{75} & a_{76} & a_{77}
\end{bmatrix}
\cdot
\begin{bmatrix}
\ddot{\theta}_1 \\
\ddot{\theta}_2 \\
\ddot{\theta}_3 \\
\ddot{\theta}_4 \\
\ddot{\theta}_5 \\
\ddot{\theta}_6 \\
\ddot{\theta}_7
\end{bmatrix}
=
\begin{bmatrix}
b_1 \\
b_1 \\
b_3 \\
b_4 \\
b_5 \\
b_6 \\
b_7
\end{bmatrix}
\tag{4-24}
$$

或者

$$[a_{ij}]\ddot{\theta}_i = b_i \quad (i=1, 2, \cdots, 7; \ j=1, 2, \cdots, 7) \tag{4-25}$$

式中，$[a_{ij}]$ 项与人体测量学参数和环节角度有关，并使运动方程呈现为非线性。同时，矩阵 $[a_{ij}]$ 为对称矩阵。在方程（4-25）中的 $[b_i]$ 更加复杂，包含弹簧-阻尼组合引起的力矩、重力引起的力矩、施加的关节力矩和相关角速度平方项。事实上，角速度平方项就是由作用在下肢上的离心力引起的力矩。更详细的计算公式可查阅文献（Onyshko and Winter，1980）。

在摆动期，以支撑腿的足跟或者足趾作为支点（阶段 2 或者阶段 4），相应的动力学方程为

$$
\begin{bmatrix}
a_{11} & a_{12} & a_{13} & a_{14} & a_{15} & a_{16} & a_{17} \\
a_{21} & a_{22} & a_{23} & a_{24} & a_{25} & a_{26} & a_{27} \\
a_{31} & a_{32} & a_{33} & a_{34} & a_{35} & a_{36} & a_{37} \\
a_{41} & a_{42} & a_{43} & a_{44} & 0 & 0 & 0 \\
a_{51} & a_{52} & a_{53} & 0 & a_{55} & a_{56} & a_{57} \\
a_{61} & a_{62} & a_{63} & 0 & a_{65} & a_{66} & a_{67} \\
a_{71} & a_{72} & a_{73} & 0 & a_{75} & a_{76} & a_{77}
\end{bmatrix}
\cdot
\begin{bmatrix}
\ddot{\theta}_1 \\
\ddot{\theta}_2 \\
\ddot{\theta}_3 \\
\ddot{\theta}_4 \\
\ddot{\theta}_5 \\
\ddot{\theta}_6 \\
\ddot{\theta}_7
\end{bmatrix}
=
\begin{bmatrix}
b_1 \\
b_1 \\
b_3 \\
b_4 \\
b_5 \\
b_6 \\
b_7
\end{bmatrix}
\tag{4-26}
$$

或者

$$[a_{ij}]\ddot{\theta}_i = b_i \quad (i=1, 2, \cdots, 7; \ j=1, 2, \cdots, 7) \tag{4-27}$$

与前面一样，矩阵 $[a_{ij}]$ 也是对称矩阵，但其数值不同。矩阵 $[b_i]$ 也一样，但不包含弹簧-阻尼组合引起的力矩项，因为这时候不存在。

最后，在阶段 3 支撑足再次受到地面的约束，对应的动力学方程除消去第一行和第一列外，其他与方程（4-26）完全相同。与前面一样，更详细的计算公式可查阅文献（Onyshko and Winter，1980）。

4.3.1.3　模型求解

Onyshko 和 Winter（1980）在文献中，对所建立的动力学方程求解积分过程进行了阐述。首先要确定动力学方程的初始条件。初始条件包括下肢的角位移和角速度，以及系统输入，即关节力矩。这些数据从实验室中步态实验数据中得到。求解时需要将这些初始条件进行适当调整，以保证符合实际的环节长度和双足处于地面上。同时，在双支撑时，角速度必须保证右腿顶端与左腿顶端的速度相同。

同样，由于数学模型和人体之间的差异，计算出的关节力矩并不完全是多环节模型在理想步周期需要的。因此，根据需要调整关节力矩，以获得理想的步态。这些调整是通过检查结果和基于之前运行的判断"手动"进行的。但这些力矩不

一定使用测量的力矩模式，相反，人们可能想要在各种条件下进行实验。

步态动力学方程式（4-24）和式（4-26）是复杂而且非线性的。因此，唯一可行的方法是使用计算机数值积分求解，即下肢角度看作时间的函数。数值积分从初始条件开始。首先通过初始条件中的角度计算 $[a_{ij}]$，通过角度和角速度计算 $[b_i]$。然后就可利用式（4-24）或者式（4-26）计算下一时间间隔的角度和角速度。按照公式

$$\begin{cases} \theta_i(t+h) = \theta_i(t) + h\dot{\theta}_i(t) \\ \dot{\theta}_i(t+h) = \dot{\theta}_i(t) + h\ddot{\theta}_i(t) \end{cases} (i=1, 2, \cdots, 7) \tag{4-28}$$

这样就可以依次进行全部时间阶段的数值积分。在完成数值积分程序的构建后，就可以依次对阶段 1～4 进行求解。

4.3.1.4 仿真结果

通过编写计算机程序可对模型动力学方程进行积分求解，求解时需要考虑步周期不同阶段的实际情况进行手工调整。计算起步时，需要一组运动学初始条件和引起下肢运动学的 6 个关节力矩随时间变化的数据。随后研究者对这些进行检查，对行走 4 个阶段中的每个阶段的关节力矩进行调整，然后再运行程序。整个过程需要重复这个过程，直至模型完成完整的步周期。当最终条件与初始条件相差小于几个百分点时，计算就被终止。

图 4-28 为计算机仿真结果的棍图显示。图 4-28A 显示步的初始，图 4-28B 显示右足全部着地（13%步周期），图 4-28C 显示右足离地瞬时（57%步周期），图 4-28D 和图 4-28E 分别显示了 82%和 100%步周期的位置。步结束时，左足跟着地，整个步周期持续时间为 0.55s。

完成计算机程序对实际步态的再现后，Onyshko 和 Winter（1980）还进行了一系列的计算机仿真实验（图 4-29）。例如，①阶段 1 的左踝关节力矩增加 20%后，步周期缩短为 0.45s，左足跟着地比正常步态提前了很多；②右足跟着地后踝关节背屈力矩增加，将延迟平直着地；③初始左踝关节力矩增加将增加地面反作用力；④膝关节力矩增加引起的变化可以通过髋和踝关节力矩补偿。

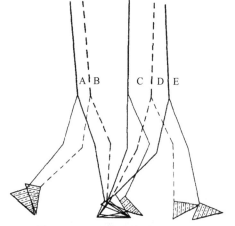

图 4-28 下肢随时间的位置变化
A. 初始；B. 右足全着地；C. 右足跟离地；D. 82%步周期；E. 步结束

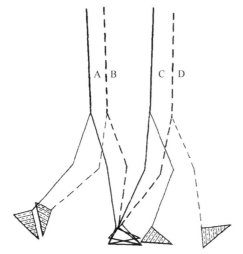

图4-29 蹬离地时左踝关节力矩增加时下肢位置
A. 初始；B. 右足全着地；C. 右足跟离地；D. 步结束

4.3.2 步态肌骨模型

前面阐述了针对人体下肢运动特征建立的多环节模型，可以通过关节力矩驱动这类模型，但这类模型无法获知人体行走过程中肌肉活动情况。步态肌骨模型（musculoskeletal model）不仅可以模拟下肢运动特征，同时也吸收了人体肌肉骨骼解剖数据和肌肉生理力学性质，应用优化计算方法，实现对下肢主要肌肉收缩力变化的计算。随着计算机计算能力的发展，模型中包括的肌肉数目也在增加，肌骨模型求解方法也在由静态优化算法向动态优化算法发展（Anderson and Pandy，2001a，2001b；Delp et al.，2007）。

4.3.2.1 多环节结构

Anderson 和 Pandy（2001b）建立了一个人体多环节模型，模拟步行时下肢的运动。模型包括 10 个环节，具有 23 个自由度（图 4-30）。骨盆具有 6 个自由度，确定骨盆相对地面的位置和方位。其他 9 个环节以开链形式依附于骨盆上。头、臂和躯干（HAT）由一个刚体代替，通过位于第三腰椎附近的 3 个自由度球窝（ball-and-socket）关节与骨盆连接。模型中髋关节为 3 个自由度球窝关节，膝关节为单自由度的铰链（hinge），踝关节-距下关节为单关节中心的万向节（universal joint），每个距骨关节模型为铰链关节。膝关节、踝关节、距下关节和距骨关节轴的方向是基于体内和尸体测量的解剖学知识确定的。因为刚体与地面并不是刚性连接，所以可以通过一些弹簧和阻尼单元与地面连接。

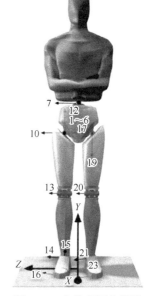

图 4-30　人体多环节模型
图中数字为自由度

4.3.2.2 下肢肌肉

Anderson 和 Pandy（2001b）建立的模型中的每条下肢由 24 条肌肉驱动，身体上部由 6 条肌肉驱动（图 4-31）。例如，连接身体上部的肌肉包括竖脊肌（ERCSPN）、腹外侧斜肌（EXTOBL）和腹内斜肌（INTOBL）等，跨过髋、膝和踝关节的肌肉包括臀大肌（GMAXM）、缝匠肌（SAR）、股内侧、中、外侧肌（VAS）和比目鱼肌（SOL）等。

在模型中多环节结构和肌肉确定后，需要引入人体测量学参数，定义每条肌肉相关的肌肉的收缩力学模型、骨骼几何与关节模型、肌肉和肌腱组合体的路径模型、肌肉兴奋-收缩动力学模型等（相关内容见 3.5 节）。

4.3.2.3　模型求解仿真

1）模型优化求解

由于肌骨模型中每个关节都有几条肌肉施加力矩，任何动作都是由几条肌肉协调完成的。因此，肌骨模型求解需要通过优化计算完成。优化计算有静态优化算法和动态优化算法两大类（见本书 3.5.6 节）。本节结合动态优化算法，简要阐述肌骨模型的求解。

优化计算涉及性能准则（performance criterion）。实验发现，人体会按

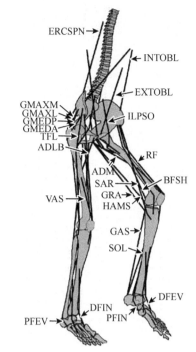

图 4-31　人体步态多环节模型中的肌肉

GMEDP. 臀中肌后部；GMEDA. 臀中肌前部；ILPSO. 腹内收肌；RF. 股直肌；BFSH. 半腱肌；GAS. 腓肠肌；HAMS. 半膜肌；GRA. 膝关节内收肌；ADM. 腹外斜肌；DFEV. 脊柱前屈肌；PFIN. 骨盆底肌；DFIN. 脚背屈肌；PFEV. 脚趾屈肌；GMAXL. 左臀大肌；GMEDP. 臀中肌；TFL. 股外侧束；ADLB. 腹直肌下部

照单位行走距离最省能量的速度行走（图 4-32）。代谢能量率随行走速度的增加呈抛物线形增加，单位行走距离的代谢能量消耗率最佳行走速度为 80m/min（图 4-32）。根据这个结果，假设正常步态运动模式会使移动单位距离的能量消耗最小。动态优化问题针对动作的性能准则数学表达式为（Anderson and Pandy，2001a）

$$E_d = \frac{\int_0^{t_f} \dot{E}_{\text{total}}^M \mathrm{d}t}{X_{\text{cm}}(t_f) - X_{\text{cm}}(0)} = \frac{\int_0^{t_f} \left[\dot{B} + \sum_{m=0}^{54} \left(\dot{A}_m + \dot{M}_m + \dot{S}_m + \dot{W}_m \right) \right] \mathrm{d}t}{X_{\text{cm}}(t_f) - X_{\text{cm}}(0)} \tag{4-29}$$

式中，$\dot{E}_{\text{total}}^M$ 是模型中全部能量消耗的变化率，$X_{\text{cm}}(0)$ 和 $X_{\text{cm}}(t_f)$ 是模型质心初始和最终位置。$\dot{E}_{\text{total}}^M$ 根据全身的基础代谢率 $\dot{B}$、肌肉的激活热率（activation heat rate）$\dot{A}_m$、维持热率（maintenance heat rate）$\dot{M}_m$、收缩热率（shortening heat rate）$\dot{S}_m$ 和机械功率 $\dot{W}_m$ 之和计算。

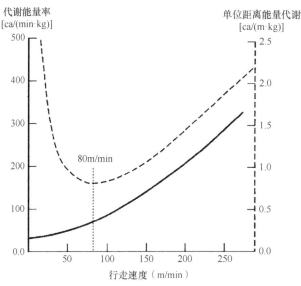

图 4-32 能量消耗随着步行速度的变化

为限制关节过度伸展，可定义一个罚函数，对动作准则式（4-29）进行限定，

$$\phi = w \int_0^{t_f} \left[\sum_{j=1}^{17} T_{\lig_j}^2 \right] \mathrm{d}t \qquad (4\text{-}30)$$

式中，$w(0.001)$为对动作准则式（4-29）的罚函数值权重参数，$T_{\lig_j}$为作用于第 j 个关节的韧带作用力矩。韧带力矩随着关节角度和角速度变化。

确定优化准则后，再确定约束条件和初始条件，就可以进行优化计算。动态优化计算的目标函数是式（4-28），满足模型动力学方程，式（4-30）的罚函数对仿真步态开始和结束进行限定。

随着近年来计算机的发展，人体运动多体系统动力学模型可以通过程式化的软件系统完成计算。常用软件系统有 OpenSim 和 Anybody，也有安装在机械动力学软件系统的 MSC Adams 上的插件 LifeMod 软件系统。OpenSim 软件系统是由斯坦福大学斯科特·德尔普（Scott Delp）教授领导下开发的开源生物力学平台（www.simtk.org），提供了较为完整的骨骼肌肉模型库，以及运动学和动力学分析的工具，从而将生物力学家从复杂的数学计算中解放出来，能够专注于生物力学问题本身的研究。

2）步态关节力矩

在建立模型及其求解计算方法后，即可结合人体步态实验中采集的运动学和动力学数据，计算人体步态过程中的关节力和力矩（Anderson and Pandy，2001b；Arnold et al.，2013）。图 4-33 显示了通过 OpenSim 软件计算的受试者在 1.5m/s 步行，2m/s、

3m/s、4m/s 和 5m/s 跑步时髋、膝和踝关节力矩（力矩由身体质量归一化）（Uchida and Delp，2021）。可以看出，步行和跑步时关节力矩呈现出不同的变化曲线，说明二者用力模式存在着明显差异。此外，踝关节的跖屈力矩是所有下肢关节力矩中最大的力矩。无论是步行还是跑步，随着移动速度的增加，关节最大力矩也会增加。

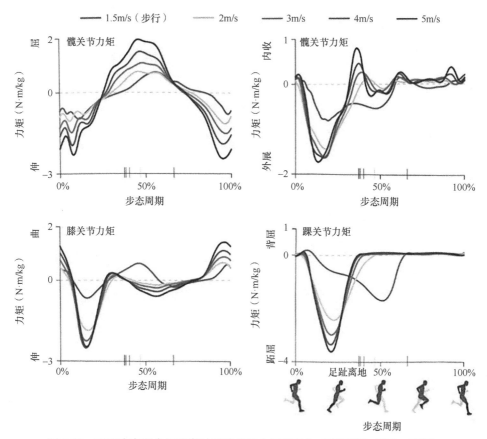

图 4-33　不同跑步和步行速度时下肢关节力矩的变化（彩图请扫封底二维码）

横坐标上的垂直线表示足趾离地的时刻

3）步态肌肉力

应用 OpenSim 软件系统，使用模型优化算法，可以对步态条件下肌肉活动程度，即肌电兴奋程度及对应的肌肉力进行计算（Uchida and Delp，2021；孙利鑫等，2022）。图 4-34 为 Arnold 等（2013）利用 OpenSim 软件，采用计算肌肉控制（computed muscle control，CMC）算法，对 5 名受试者 4 个步行速度和 4 个跑步速度下模型中部分下肢肌肉收缩力在步态周期中变化过程的计算结果。与此同时，这些肌肉在步态周期中肌电活动情况也可获得，并且可以与实验测试结果对比（Hamner and Delp，2013；Arnold et al.，2013）。

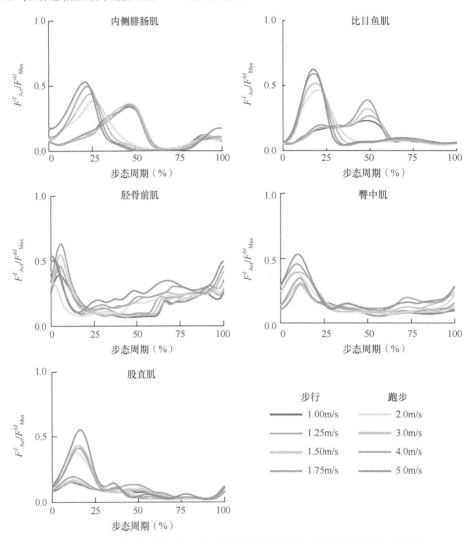

图 4-34 不同跑步和步行速度时下肢肌肉力的变化（彩图请扫封底二维码）

F_{Act}^T 为肌肉沿着肌腱相对于该肌肉的最大等长收缩力（F_{Max}^M）

4.4 跑步肌肉力优化算法比较分析

4.2 节和 4.3 节已经介绍了针对步行和跑步建立的简单模型和多体系统动力学模型，前者主要用来研究人体双足移动时的力学特征和最基本规律，后者用来研究人体关节力、力矩和肌肉力等更为详细的力学指标。两大类型的模型并不矛盾，而是相辅相成，互为补充。在 4.3 节中关于多体系统模型中，重点讨论了模型的多体系统结构及其关节力和肌肉力等计算结果的讨论，但未对模型的求解方法进行讨论。本节将介绍孙利鑫等（2022）近期利用 OpenSim 软件平台中的多体系统动力学模型，开展有关跑步时肌肉力的两种不同求解算法的对比分析的研究，为选择合适的肌肉力求解算法提供参考。

4.4.1　静态优化算法和计算肌肉控制算法

人体是一个十分复杂的力学系统，任何关节的肌肉数目都远大于其自由度数，这就意味着存在着无穷组解能够满足人体动力学方程。因此，人体多体系统模型的肌肉力求解一定是冗余问题，必须借助于优化算法。

本书 3.5.6 节已经提到，目前有静态优化算法（static optimization，SO）和动态优化算法（dynamic optimization，DO）两种优化计算方法来控制肌骨系统模型。前者先用逆向动力学方法计算每个关节的力矩，然后再在运动轨迹的每个时刻点进行参数优化，从而解决肌肉冗余问题；后者则是基于正向动力学的，在全部运动时间过程中求解运动任务的优化问题。静态优化算法简单高效，但未将肌肉激活动力学模型引入其中；动态优化算法虽然可以引入肌肉激活动力学模型，也可设置优化运动任务目标，但对运动控制方程的多次积分运算的计算量很大，限制了模型的实际应用。Thelen 等（2006）改进了传统动态优化算法，引入前馈和反馈控制过程，提出了计算肌肉控制（computed muscle control，CMC）算法，使每一时间点的计算仅需一次积分，大大降低了整个求解的计算量。

最优化算法有三要素：变量、约束条件和目标函数。优化算法旨在满足给定约束条件下，寻找使目标函数达到最优结果的变量值。肌肉力求解算法的变量是肌肉力或肌肉激活（可以看作肌电信号，肌肉力或肌肉激活可通过肌肉模型互相计算），不同肌肉力求解算法的目标函数和约束条件的形式会有所区别。

4.4.1.1　静态优化（SO）算法

该算法求解包括两个步骤，第一步是利用逆向动力学方法计算出各关节的关节力矩，如式（4-31）所示；第二步是利用前面计算的关节力矩建立约束方程，如式（4-32）或式（4-33）所示，同时确定目标函数和优化变量，如式（4-34）所示，采用使优化函数最小的方式来仿真肌肉相互协调配合的机制。

$$\tau = M(q) \cdot \ddot{q} + C(q,\dot{q}) + G(q) + F \tag{4-31}$$

式中，q、$\dot{q}$、$\ddot{q} \in R^N$ 为模型的 N 维运动数据，分别代表关节的广义位移（如位移或角度）、广义（角）速度和广义（角）加速度，$M(q) \in R^{N \times N}$ 为系统的质量矩阵，$C(q,\dot{q}) \in R^N$ 为科氏力和离心力，$G(q) \in R^N$ 为重力，$\tau \in R^N$ 为关节力矩；F 表示其他外力，N 是系统的自由度数量。

$$\sum_{i=1}^{n} \left(a_i F_i^0 \right) r_{i,j} = \tau_j \tag{4-32}$$

$$\sum_{i=1}^{n}\left[a_i f\left(F_i^0, l_i, v_i \right) \right] r_{i,j} = \tau_j \tag{4-33}$$

$$J = \sum_{i=1}^{n} \left(a_i \right)^p \tag{4-34}$$

式中，a_i 为第 i 块肌肉当前的激活水平，F_i^0 为该肌肉最大等长收缩力，l_i 和 v_i 分别为该肌肉长度和收缩速度，$f(F_i^0, l_i, v_i)$ 则为考虑肌肉收缩动力学模型的肌肉力，$r_{i,j}$ 为第 i 块肌肉对第 j 个关节的作用力臂，τ_j 为第 j 个关节处的关节力矩，n 为模型中总共肌肉数，p 是自定义常数。

4.4.1.2 计算肌肉控制（CMC）算法

在本质上，CMC 算法的求解过程是在运动仿真的过程中找到能够产生真实运动轨迹的肌肉激活水平，同时计算出相应的肌肉力。它可以分成三个步骤，第一步是比例微分控制，即赋予整个系统状态变量（关节角度、角速度、肌肉激活和肌纤维长度）的初始值，利用式（4-35）计算出下一时刻的模拟值。第二步是利用上一步求解的模拟关节（角）加速度建立约束方程，并利用式（4-36）或式（4-37）确立优化变量和目标函数。式（4-36）中将模拟关节（角）加速度误差作为目标函数的一部分进行优化，式（4-37）中将该误差等于 0 作为约束条件，第二种方法运算效率更高，但对模型质量要求更高。第三步则是正向动力学计算过程，即由上一步优化求解得到的肌肉激活，计算出关节的模拟（角）速度和模拟位移（或角度），如式（4-38）所示。

$$\ddot{\vec{q}}^*\left(t + \Delta T \right) = \ddot{\vec{q}}_{\mathrm{exp}}\left(t + \Delta T \right) + \vec{k}_v \left[\dot{\vec{q}}_{\mathrm{exp}}\left(t \right) - \dot{\vec{q}}\left(t \right) \right] + \vec{k}_p \left[\vec{q}_{\mathrm{exp}}\left(t \right) - \vec{q}\left(t \right) \right] \tag{4-35}$$

式中，$\ddot{\vec{q}}^*\left(t + \Delta T \right)$ 和 $\ddot{\vec{q}}_{\mathrm{exp}}\left(t + \Delta T \right)$ 分别表示 $t + \Delta T$ 时刻关节的模拟（角）加速度和实验测量（角）加速度，$\dot{\vec{q}}\left(t \right)$ 和 $\dot{\vec{q}}_{\mathrm{exp}}\left(t \right)$ 分别为 t 时刻关节的模拟（角）速度和实验测量（角）速度，$\vec{q}\left(t \right)$ 和 $\vec{q}_{\mathrm{exp}}\left(t \right)$ 分别为 t 时刻关节的模拟广义位移（或角度）和实验测量广义位移（或角度），$\vec{k}_v$ 和 $\vec{k}_p$ 分别是速度和位移误差的比例调节系数。通常，取 $\vec{k}_v = 2\sqrt{\vec{k}_p} = 20$，可以降低追踪误差。

$$J = \sum_{i=1}^{n_a} a_i^2 + \sum_{j=1}^{n_q} w_j \left(\ddot{\vec{q}}_j^* - \ddot{\vec{q}}_j \right)^2 \tag{4-36}$$

$$J = \sum_{i=1}^{n_a} a_i^2, \ C_j = \ddot{\vec{q}}_j^* - \ddot{\vec{q}}_j = 0 \quad \forall j \tag{4-37}$$

式中，J 为目标函数，C_j 表示第 j 个关节模拟与实验测量的（角）加速度之间的差值，a_i 表示第 i 块肌肉当前的激活水平，$\ddot{q}_j^*$ 和 $\ddot{q}_j$ 分别是第 j 个关节的模拟（角）加速度和实验测量（角）加速度，n_a 和 n_q 分别是模型中的肌肉数量和关节数量。

$$\ddot{q} = \left[M(q)\right]^{-1}\left[\tau + C(q,\dot{q}) + G(q) + F\right] \tag{4-38}$$

上式中的参数与式（4-31）中的参数相同。

4.4.2　实验数据与仿真计算方法

孙利鑫等（2022）对斯坦福大学网上公开的数据集进行了仿真实验。数据集为 10 位受试者［年龄（29±5）岁，身高（1.77±0.04）m，体重（70.9±7.0）kg］以 2m/s、3m/s、4m/s 和 5m/s 的速度跑步时的运动学（红外光点捕捉）、动力学（地面反作用力）和肌电（下肢表面肌电）数据。研究采用了上肢简化的全身骨骼肌肉模型，包括 12 个身体节段、92 块肌肉及 29 个自由度（图 4-35）。仿真计算分为 4 步：①利用 OpenSim 的 Scale 工具对该通用模型进行尺度变换，获得与 10 位受试者身体条件相符的个性化骨骼肌肉模型；②计算每位受试者不同跑步速度下的一个步态周期数据；③分别通过 SO 和 CMC 算法求解下肢肌肉的激活系数和肌肉力，并计算 10 位受试者在一个步态周期的结果的平均值；④结合两种算法的原理分析求解结果的差异及产生的原因。在分析两种算法求解的肌肉力（激活水平）曲线的相关性时使用了 Pearson 相关系数，其计算公式如下：

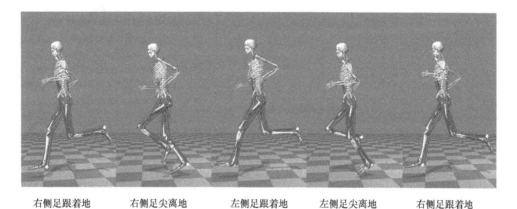

右侧足跟着地	右侧足尖离地	左侧足跟着地	左侧足尖离地	右侧足跟着地
支撑期	摆动前期	摆动中期	摆动后期	

图 4-35　人体骨骼肌肉模型在 5m/s 速度下跑步的步态周期

$$\rho_{x,y} = \frac{E(XY) - E(X)E(Y)}{\sqrt{E(X^2) - E^2(X)}\sqrt{E(Y^2) - E^2(Y)}} \tag{4-39}$$

式中，X 和 Y 分别代表两条曲线中各个时刻点取值所组成的向量，$\rho_{x,y}$ 的取值范围为[-1, 1]，取值为 0 表示不相关，大于 0 表示正相关，小于 0 表示负相关，绝对值越接近 1 则表示相关性越大。

4.4.3 两种算法结果的比较

两种算法对不同跑步速度下单个步态周期中右腿 10 块肌肉求解的肌肉力如图 4-36 所示，肌肉激活水平与肌电信号的对比如图 4-37 所示。表 4-1 为不同速度下 SO 和 CMC 两种算法求解的肌肉力（激活水平）曲线的相关系数。

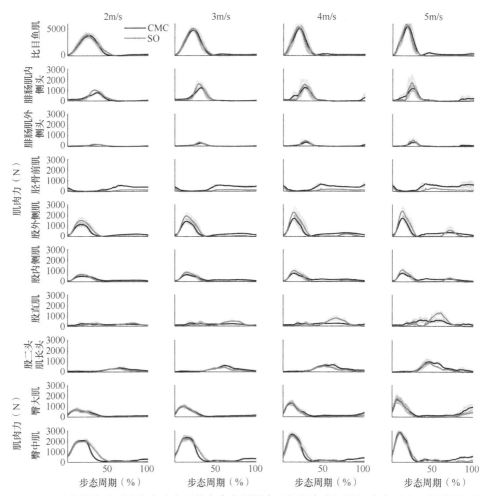

图 4-36　两种算法对不同跑步速度下单个步态周期中腿部肌肉求解的肌肉力对比（彩图请扫封底二维码）

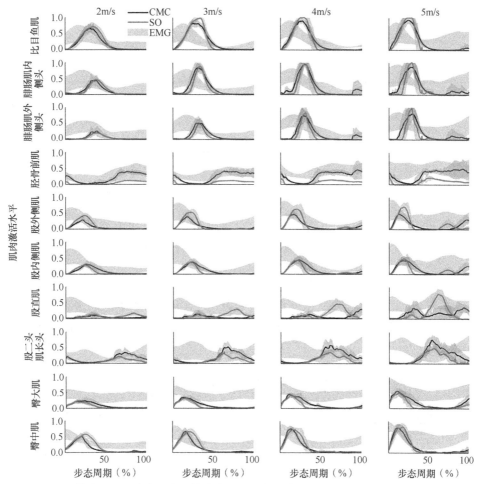

图 4-37　两种算法对不同跑步速度下单个步态周期中肌肉激活水平与实验肌电（EMG）的对比
（彩图请扫封底二维码）

表 4-1　不同速度下 SO 与 CMC 两种算法求解肌肉力（激活水平）曲线的相关系数

	2m/s	3m/s	4m/s	5m/s
比目鱼肌	0.98	0.99	0.99	0.98
腓肠肌内侧头	0.95	0.97	0.96	0.94
腓肠肌外侧头	0.91	0.96	0.96	0.93
胫骨前肌	0.92	0.94	0.86	0.79
股外侧肌	0.96	0.97	0.97	0.96
股内侧肌	0.97	0.99	0.98	0.95
股直肌	0.45	0.53	0.65	0.61
股二头肌长头	0.94	0.93	0.94	0.94

	2m/s	3m/s	4m/s	5m/s
臀大肌	0.99	0.99	0.99	0.96
臀中肌	0.93	0.96	0.97	0.98

4.4.3.1 肌肉力变化的相关性

在一个跑步步态周期中，主要发力肌群包括比目鱼肌、腓肠肌内侧头、股外侧肌、股内侧肌、臀大肌和臀中肌 6 块肌肉。当跑步速度增加时，腓肠肌外侧头、胫骨前肌、股直肌和股二头肌长头 4 块肌肉也渐渐参与进来，并且所有肌肉的肌肉力也都逐渐增加。不同速度下 SO 和 CMC 两种算法求解的肌肉力（激活水平）曲线的相关系数如表 4-1 所示，除了胫骨前肌和股直肌，两种算法求解的肌肉力（激活水平）具有相似的变化曲线，且相关系数均在 0.93 以上。

4.4.3.2 肌肉力变化的比较

虽然两种算法肌肉力变化呈现很高的相关性，但总体来看，SO 算法求解的肌肉力峰值周围更大，其余部分则略小。表 4-2 为不同速度下 SO 和 CMC 两种算法求解肌肉力的峰值差（百分比）。可以看出，除胫骨前肌、股二头肌长头两块贡献较小的肌肉，以及臀中肌外，其余肌肉的肌肉力峰值均表现为 SO 的结果更大。此外，两种求解算法获得的一些肌肉的力曲线峰值时刻也有所差异（图 4-36）。

表 4-2　不同跑步速度下 SO 与 CMC 两种算法求解肌肉力峰值的差值（百分比）

	2m/s	3m/s	4m/s	5m/s
比目鱼肌	126.66（3.40%）	343.53（7.26%）	296.51（5.86%）	376.54（6.85%）
腓肠肌内侧头	236.46（29.78%）	342.29（27.60%）	313.56（25.02%）	547.93（46.08%）
腓肠肌外侧头	33.81（18.94%）	93.86（31.71%）	136.72（36.02%）	214.6（55.06%）
胫骨前肌	408.27（−70.78%）	−363.89（−61.10%）	−367.51（−54.46%）	−320.46（−44.10%）
股外侧肌	380.07（33.71%）	499.69（35.43%）	549.65（32.49%）	646.76（37.50%）
股内侧肌	169.49（32.68%）	223.34（34.31%）	251.47（32.11%）	292.63（36.31%）
股直肌	67.51（25.86%）	189.01（60.16%）	466.08（155.56%）	651.31（108.10%）
股二头肌长头	−78.14（−19.38%）	−133.38（−21.64%）	−118.19（−17.30%）	−128.33（−13.16%）
臀大肌	10.22（1.45%）	11.78（1.18%）	42.74（3.31%）	93.53（5.77%）
臀中肌	−111.88（−5.42%）	−114.89（−4.95%）	−101.99（−3.90%）	−57.91（−2.06%）

4.4.3.3 肌肉激活程度比较

图 4-37 为两种算法对不同跑步速度下单个步态周期中 10 块腿部肌肉求解的肌肉激活水平与实验采集的表面肌电（sEMG）的对比。可以看出，两种算法获

得的肌肉激活水平之间与肌肉力差异类似（图 4-36），除了股直肌和胫骨前肌，二者差异并不明显。但是，两种肌肉激活水平的变化与表面肌电变化都存在着一定的差异。相比于表面肌电，肌肉力或肌肉兴奋水平都存在着一定的滞后。

4.4.4　结语

本节对 SO 和 CMC 两种算法求解不同跑步速度时下肢肌肉力和肌肉激活水平进行了对比分析，旨在为研究人员选择恰当的肌肉力求解算法提供指导，并为横向比较不同研究的结果提供理论依据。Anderson 和 Pandy（2001b）已经对不同肌肉力求解算法进行了对比研究，认为对于正常步态，如果静态优化算法所依赖的反向动力学求解结果准确，并且考虑肌肉力和关节作用力的时候，静态优化算法和动态优化算法实际上是等价的，考虑到动态优化算法的计算量很大，所以推荐采用静态优化算法。OpenSim 将 SO 算法和 CMC 算法集成到了平台中，虽然没有给出两种算法在求解肌肉力方面的区别，但给出了它们在求解关节反作用力时的异同，即二者都能通过求解肌肉力成功地计算出关节反作用力，并且具有相似的肌肉激活时序，只不过 CMC 计算的关节作用力更大一些，主要是因为它包含了更多共同收缩的肌肉。同时，OpenSim 给出的建议是，当研究问题中肌腱的作用不可忽略时，比如研究像跑步这种产生很大推力的动作，推荐使用 CMC 算法。但这并不绝对，因为对于任何肌肉力求解算法来说，最终确定其好坏的方式还是要看其求解的肌肉力对动作来说是否具备合理性。由此可见，两种算法没有高下之分，需要结合具体的研究问题来确定最终选择的算法。

本节研究的整个跑步的步态周期中，除胫骨前肌、股直肌和股二头肌长头在摆动期发力外，其余肌肉均在支撑期发力。比较肌肉力产生的时序可以发现，大腿肌肉先于小腿肌肉发力，其中，比目鱼肌比腓肠肌先发力，并且腓肠肌内侧头贡献远高于外侧头。综上，两种算法求解的肌肉力具备一定的合理性。同时，两种算法计算肌肉激活与肌肉力的变化趋势类似，与表面肌电的变化趋势也类似，但有一定延迟。这是由于 sEMG 信号只是肌肉电活动（肌肉激励）的一种量度，主要是测量传递至肌肉的神经激活，但是当神经激活传递给肌肉时，肌肉不会马上收缩，这中间会有一个时间延迟，肌肉从接收激励到被激活的过程可以用肌肉激活动力学模型表示。而两种算法都不包含 sEMG 信号与神经激活之间的转换过程，其中，除峰值不明显的胫骨前肌、股直肌和股二头肌长头外，其他 7 块肌肉用 SO 算法和 CMC 算法求解的肌肉激活的峰值与相应 sEMG 的峰值相比，分别延迟了（0.084±0.015）s 和（0.074±0.016）s。CMC 算法的结果延迟偏小的主要原因是，它考虑了肌肉激活动力学模型中神经激活到肌肉激活的非线性关系。随着跑步速度的加快，肌肉发力时的激活水平也逐渐提高。值得注意的是，比目鱼肌、腓肠肌内侧头和外侧头在速度 4m/s 时的支撑期就已经可以达到最大激活水平了，而其中的腓肠肌内侧头和外侧头产生的肌肉力并不大。相反，和腓肠肌产生肌肉力大小相当的臀大肌的激活水平则偏低,即便在 5m/s 的速度下其最大激活系数都没有超过 0.5。两种算法求取的肌肉激活对比,也与肌肉力对比类似,主要发力肌群中除臀大肌外,SO 算法相对于 CMC 算法计算的结果在峰值处更大,其余部分略小,并且峰值位置延迟约 0.01s。

结合两种算法的计算原理分析二者产生计算差距的原因,SO 算法是建立在反向动力学结果之上的,而 CMC 算法则将正向动力学过程融合到了整个优化过程中。从理论上讲,两种算法求解的肌肉力均能驱动人体骨骼肌肉模型还原出人体动作,并且二者的优化函数都包含各肌肉激活水平的 p 次方和($p \geq 2$),使其最小化以模仿人体执行动作的最优策略,即最小化肌肉总激活,不同的是前者利用反向动力学计算的关节力矩建立约束条件,后者利用正向求解出的关节角度建立约束条件。SO 算法求得的肌肉力峰值略大的主要原因在于,CMC 算法为了保证整个优化过程不会因为某些肌肉力量不足而失败,在每个关节处增加了保留的驱动因子,这样在力量需求较大时就会激活这些驱动因子发力,从而导致肌肉的峰值力有所降低。这种设计是存在合理性的,因为人体骨骼肌肉模型是对人体的简化,一些小肌肉并没有被包括在内,同时模型包含的肌肉参数来自尸体,和实验对象有一定差别,驱动因子的引入可以弥补这些系统误差。但由于没有真值做参照,因此没有办法判断哪种算法更胜一筹。此外,CMC 算法由于每一步都要进行正向动力学模拟,比较耗时,因此在对时间要求比较高的情况下可以选择 SO 算法。由于肌肉力目前还不能通过无创的方式测量真值,因此无法对两种算法的结果进行评判,但可以在对比分析使用两种算法求解肌肉力的研究结果时提供依据。此外,此数据集为公开数据集,未来研究也可以在此数据集上建立一个基准分析,检验其他肌肉力求解算法。

总之,本节研究在斯坦福大学公开的人体不同跑速下的运动和肌电数据集上,分别用两种肌肉力求解算法,即 SO 算法和 CMC 算法对下肢肌肉力和肌肉激活进行求解并对比分析。对比两种算法求解的肌肉力可以发现,除股直肌和胫骨前肌外,两种算法对其他肌肉的求解结果具有相似的变化曲线。因此在动作分析时,如果研究重点在肌肉发力的时序,以及不同肌肉之间的贡献比时,两种算法的选择没有太大区别,建议选择简单高效的 SO 算法。此外,SO 算法求解的肌肉力峰值偏高,肌肉激活峰值的位置有一定延迟(约 0.01s),在横向对比不同研究中两种算法求解的肌肉力和肌肉激活结果时需要考虑此差异。

4.5 跳远和跳高动作的建模与仿真

4.5.1 跳跃的基本力学特征

跳跃是人体的最基本动作之一,是人体有意识地离开地面的动作,有许多不同的方式。跳跃的目的是在足部离开地面后，使身体质心上升到一定的高度。起跳过程中，足部会受到向上的力，这个力必须大于身体质量才能使身体质心获得向上的加速度，并在离地瞬时具有一定的向上速度。在起跳过程中，人体通过肌肉协调作用，形成环节之间的相对运动，对触地的足部施加大于身体质量的力使质心获得向上加速度，最终在离地瞬时获得向上的质心速度。离地后，身体便完成了起跳动作，进入空中自由落体运动阶段，这个阶段跳跃者无法改变质心运动的抛物线轨迹。

4.5.2 跳远和跳高动作模型

运动员在跳远或者跳高的起跳时，会将足部在身体前面用力蹬踏地面，这时腿部几乎笔直。然后在足部离地前，膝关节屈曲然后再伸直。跳高运动员进入助跑的最后一步时，会将身体质心降低到比跳远运动员更低的高度，这样就能在足部触地时腿与水平面夹角更小。这似乎是理所当然的动作，因为这样会将身体更好地抛到空中。跳高运动员最后一步时的助跑速度比跳远运动员低很多，世界级别的跳高运动员的速度大约为 7m/s，而跳远运动员则超过 10m/s（与短跑运动员接近）。为探究跳高运动员采用较低的助跑速度是为了保持对起跳动作更好的运动控制，还是有其他原因，英国皇家学会会员 Alexander（1990）通过建立简单的生物力学模型，分析了肌肉力学特性，预测了最优起跳动作技术，预测结果符合运动员实际使用的动作。

4.5.2.1 起跳动作模型

Alexander（1990）采用了较简单的模型，具有躯干环节和两个腿部环节，共 3 个刚体（图 4-38A）。两个腿部环节的长度为 a，躯干部分的质量为 m，质心位于髋关节中心位置（根据研究，直立位时成年人躯干部分的质心在髋关节上部 5cm 处）。

建立的坐标系的 x 方向与地面水平面平行。足部看作在腿部末端的一点，位于坐标系的原点处。当足部触地时，伸肌作用力矩 T 作用于膝关节位置，而髋部无力矩作用。这样，地面反作用力 F 就与髋关节和质心位置处于同一直线上（图 4-38A）。

在 t 时刻，质心位于 (x, y) 位置，质心-原点连线与水平线形成 θ 角度。

$$\theta = \tan^{-1}\left(-\frac{y}{x}\right) \tag{4-40}$$

设膝关节角度为 φ，这样质心距离原点为

$$\sqrt{\left(x^2 + y^2\right)} = 2a \cdot \sin\left(\frac{\varphi}{2}\right) \tag{4-41}$$

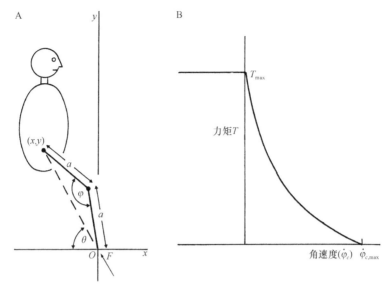

图 4-38　跳远和跳高模型及膝关节伸展力矩

A. 跳远和跳高模型示意图；B. 膝关节肌肉收缩元的收缩率与力矩关系

由膝关节伸展力矩 T 引起的地面反作用力 F 可通过以下方程计算

$$F = T / \left[a \cdot \cos\left(\frac{\varphi}{2} \right) \right] \tag{4-42}$$

膝关节运动时，膝关节伸肌收缩元和串联弹性元的长度都会发生变化。对于膝关节角度的变化 $\Delta\varphi$，是肌肉收缩元 $\Delta\varphi_c$ 和串联弹性元 $C \cdot \Delta T$ 两个部分之和，其中 C 为角度顺应系数。这样就有

$$\Delta\varphi = \Delta\varphi_c + C \cdot \Delta T \tag{4-43}$$

关节力矩与关节角度关系的方程比肌肉力与长度关系的方程更方便一些。设足部位于地面，膝关节力矩与肌肉收缩元长度的变化率有关（图 4-38B），

当 $\dot{\varphi}_c \leqslant 0$ 时，$T = T_{\max}$ \qquad (4-44a)

当 $\dot{\varphi}_c > 0$ 时，$T = T_{\max}\left[\left(\dot{\varphi}_{c,\max} - \dot{\varphi}_c \right) / \left(\dot{\varphi}_{c,\max} + G\dot{\varphi}_c \right) \right]$ \qquad (4-44b)

这里 $T_{\max}$ 是在离心收缩时最大力矩，$\dot{\varphi}_{c,\max}$ 为膝关节角速度，对应于肌肉限载后的收缩速率，G 为一常数。

当足部在地面时，质心动力学方程为

$$\ddot{x} = -\left(\frac{F}{m} \right)\cos\theta \tag{4-45a}$$

$$\ddot{y} = -\left(\frac{F}{m} \right)\sin\theta - g \tag{4-45b}$$

式中，g 为重力加速度。当足部离开地面时，力矩降到 0，如同方程（4-44b）。足部离地时刻（t_{off}）质心位于($x_{\text{off}}, y_{\text{off}}$)，质心速度为($\dot{x}_{\text{off}}, \dot{y}_{\text{off}}$)。通过分析跳跃的飞行阶段的运动轨迹，就可以得到跳跃的高度和距离：

$$h = y_{\text{off}} + \left(\frac{\dot{y}_{\text{off}}^2}{2g}\right) \tag{4-46a}$$

$$s = \left(\frac{\dot{x}_{\text{off}}}{g}\right)\left[\dot{y}_{\text{off}} + \sqrt{\left(\dot{y}_{\text{off}}^2 + 2gy_{\text{off}}\right)}\right] \tag{4-46b}$$

通过式（4-40）～式（4-46）就构成了人体跳跃模型（图 4-38A）的控制方程。

4.5.2.2 计算机仿真

建立了人体跳跃模型后，需要对方程中的参数赋值。虽然这些方程和参数具有一定的生理和物理意义，但在体测量肌肉力学特性十分困难。通过分析发现，模型结构符合起跳力学规律，模型对这些参数并不敏感，只要在一定范围内就可。

完成模型参数赋值后，就可以通过前面模型的方程进行计算机仿真实验。给定不同助跑速度 u 和腿部角度 θ，分别计算跳跃高度 h 和距离 s。图 4-39 显示的是一次跳跃过程中模型的连续位置。可以看出，在初始时刻，身体重心较低，下肢接近直线，之后屈曲，最后再伸直离地进入空中；在空中运动过程中，质心按照抛物线轨迹运动，获得轨迹的最大高度 h 和最远距离 s。

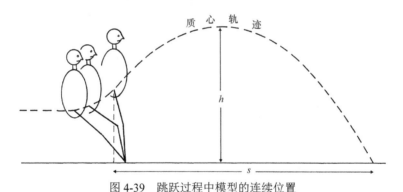

图 4-39 跳跃过程中模型的连续位置

4.5.2.3 跳跃距离和高度的变化

图 4-40A 显示了模型预测的跳跃距离，用角度 θ 和速度 u 的等高线表示。横轴显示的速度范围从慢跑到非常快的冲刺。当运动员以尽可能快的速度助跑，并以大约 70° 的腿部角度蹬地时，获得最远的跳跃距离。有文献报道，优秀男子跳远运动员以助跑速度大约为 10.5m/s、65° 时蹬地，完成 8m 左右的跳远距离。

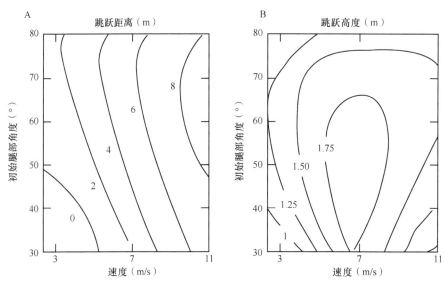

图 4-40 跳跃距离（A）和高度（B）随着助跑速度和初始腿部角度的变化关系

图 4-40B 显示了模型预测的跳跃高度。它预测最快的助跑速度不会带来最高的跳跃。相反，最佳的技术是大约 7m/s 的中等助跑速度，和 45°～50°的蹬地角度。优秀的跳高运动员动作与此相似，但高度要比模型（按照图 4-38B 的肌肉特性）要高，达到 2～2.4m。这还可能与优秀运动员的质心在杆下通过有关。

综上所述，适当的助跑速度会形成最优的跳跃高度，这样的预测不仅可以从数学上分析获得，而且也可以通过直观的语言解释。为了跳得尽可能高，运动员应该在地面上施加尽可能大的垂直冲量。冲量是力的时间积分，所以如果可以施加的力是有限的，那就应该延长施加的时间。较慢的助跑速度能使足部在地面上停留的时间比较高助跑速度的要长。

4.5.3 古奥林匹克跳远助推哑铃

4.5.3.1 跳远哑铃

公元前 776 年，在古希腊西南部一个名叫奥林匹亚（Olympia）的地方，这里的人喜爱体育运动，故古希腊人开始了"奥林匹克"运动会。在公元前 708 年的第 18 届古代奥运会上，人们首次在立定跳远比赛中使用了 Halteres 哑铃。哑铃在起跳前被运动员前后摆动，在空中飞行的第一部分向前推进，最后在着陆前向后摆动，正如各种花瓶画所描绘的那样（图 4-41）。

通常，人们在形容跳远运动员跳得很远时常使用"身轻如燕"这个词。人们直观认为，身上的额外负担越小，将会跳得越远。那么，古奥林匹克运动会上运动员使用哑铃究竟是为了增加跳远的难度，还是为了提高跳远距离？在 2002 年

图 4-41　古代立定跳远时使用的哑铃

上图，花瓶画描绘了在跳远空中阶段的中期和末期使用哑铃情况；下图，是不同材料（铅、石）、形状和质量（1.1～4.5kg）的考古助推哑铃文物

11 月，*Nature* 杂志上发表了英国曼彻斯特城市大学的米内蒂（Minetti）和阿尔迪戈（Ardigó）的研究论文，揭开了这个秘密，原来手持哑铃实际上能够使人跳得更远。哑铃在跳远过程中起着助推的作用，在这点上古希腊人远比我们要聪明。

4.5.3.2　手持哑铃跳远的助推作用

Minetti 和 Ardigó（2002）采用计算机和模拟实验，确定全力立定跳远所需的哑铃的最优质量，发现模拟实验的结果与实际考古标本的质量非常接近。考古哑铃由石头或铅制成，重 2～9kg；通过模拟实验计算，这将使 3m 跳的成绩增加至少 17cm。因此，哑铃可能是最早的被动工具，设计用来增强人的移动能力。

如图 4-41 所示，运动员在跳跃开始、空中和落地时前后和上下摆动哑铃。简单地说，如果假设负重身体与无负重身体以相同的速度和角度起跳，那么负重身体应当跳得更远。这是因为，在同样的抛物线轨迹上，在挥动增加质量（3+3）kg 的上肢后，起跳时身体质心将更加靠前（+0.07m）和更高（+0.08m），足部触地时身体质心更靠后（–0.03m）。这样的水平移动将能增加 0.10m 的跳远距离。此外，抛物线会向下延伸（假设起跳角与文献报道相同，约为 50°），会再增加 0.07m，总共跳跃长度将增加 0.17m。如果再按照历史资料，在着地前向后扔哑铃将会使这个距离进一步增加。这是因为身体和哑铃仍然遵循抛物线轨迹，所以如果把哑铃质量向后扔去，身体的其他部分会更加向前运动而着地。

4.5.3.3 模型仿真与实验验证

从直觉上人们通常认为，为达到相同的起跳速度，负重身体会更加困难。最大垂直起跳动作（挥动上肢）与立地跳远动作类似，起跳速度是由肌肉能够施加超过身体质量的额外力形成的。所以，当身体更重，但肌肉保持不变，这时能够产生的机械功率的净力（net force）就会更小。然而，肌肉是非线性驱动器，在较低的收缩速度下可能产生更大的力和功率，而负重的上肢前摆较慢，会增加地面反作用力，影响起跳速度和飞行距离，反映了产生的机械功率变化。

图 4-42　跳跃 4 环节模型

为了验证前面观点，Minetti 和 Ardigó（2002）对于立定跳远的动作进行了简化，即只研究竖直方向上的起跳运动。因为从生物力学的角度来看，竖直方向上的起跳运动所涉及的肌肉运动和立定跳远是十分相近的。研究人员使用了模拟跳跃的软件（Working Model 2D，Knowledge Revolution）进行计算机仿真。构建的垂直向上起跳的模型具有躯干、大腿、小腿，以及没有肘关节的手臂 4 个环节，其膝关节和肩关节都可以转动（图 4-42）。模型各环节的质量和惯性参数按照实际数据赋值，模型的膝关节和肩关节赋予类似肌肉的驱动器（即力矩-角度和力矩-角速度的关系）。利用该模型，研究人员计算机仿真了受到 0～20kg 的负荷时，垂直跳跃运动情况。结果发现，与无负重的摆臂相比，携带一对总质量约为 6kg 的哑铃的起跳速度要提高 2%，而且只有当负重质量超过 10～12kg 时，运动表现水平才开始下降。

为了验证这些计算机的预测结果，研究人员要求 4 名受试者进行最大垂直跳跃实验。在此期间，他们在负重的情况下，上肢向前和向上摆动，同时从 16 个随机哑铃中选择一对，这些哑铃的总质量从 0（未负重）到 17kg 不等。一个测力平台和一套动作捕捉系统记录了垂直地面反作用力和 6 个身体环节的坐标，以确定身体的质心运动。

图 4-43 显示了手持不同负荷对起跳速度和手腕最大高度的影响。此外，测量的峰值功率证实，在质量为 2～9kg（最佳为 5～6kg）的一对哑铃可以提高运动表现水平（5%～7%）。对于 10～12kg 及以上的质量，这种提高就似乎消失了。如图 4-43 所示，手腕的最大高度只呈现出轻微的变化，但这实际上反映了身体整体重心的较高上升幅度。

研究结果表明，手持哑铃可以获得更大的立地跳远距离（在跳远 3m 时至少增加 0.17m）。这得益于挥动哑铃引起的身体质心位置变化，以及更好地利用了上肢额外肌肉的爆发力，引起了更大的地面反作用力。模型预测与实际运动表现获

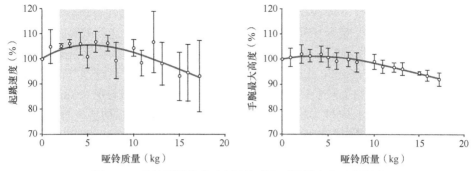

图 4-43　手持不同负荷对起跳速度和手腕最大高度的影响
图中数据都归一化为无哑铃时的数据；阴影带表示考古哑铃标本的质量范围

益之间的差异是由在体弹性结构（肌腱和韧带）引起的。更大的地面反作用力能够使这些弹性结构储存更多弹性能量，之后由肌肉-肌腱组合体释放出来。

Minetti 和 Ardigó（2002）研究发现，具有最佳助推作用的哑铃的质量（2～9kg）与考古发现的实际哑铃标本的质量相近（图 4-41 下图），这表明古希腊奥林匹克运动员已经自己解决了这个问题。

4.6　跌　　倒

随着社会经济的快速发展，人口老龄化成了不可忽视的社会问题，而提高老年人生活质量和身体健康也成为全球广泛关注的重要问题。据世界卫生组织（World Health Organization，WHO）报告显示，跌倒是老年人发生意外或非故意伤害中最普遍的潜在危险因素，其中 65 岁以上老年人每年发生跌倒的概率为28%～35%；我国老年人的跌倒风险为 6%～13%；有 10%～15% 的跌倒事件会导致严重损伤，如骨折、肌肉拉伤、腰背疼痛，甚至脑溢血等（Gao et al.，2021；Pai and Iqbal，1999）。在日常活动中，失稳或跌倒常常发生在涉及较大身体质心（COM）变化的动作中，如上下台阶、从坐到站立（sit-to-stand，STS）或从站立到摆动阶段等，其常见的跌倒方式包括滑倒（slipping）、绊倒（stumbling/tripping）、跳跃（leaping）和跨步（stepping）等。特别是，在心理和生理的影响下，有跌倒经历的老年人易发生再次跌倒事件，会大幅度限制正常行动能力与步态模式，从而影响老年人的生活质量。因此，预防老年人跌倒仍是人口老龄化所要面临的一项挑战。

造成跌倒的危险因素是复杂且多元的，包括年龄、性别、慢性疾病（如帕金森综合征、关节炎、骨质疏松症等），以及身体机能衰弱（如肌肉力量、本体感觉、视觉等）等生物因素；地面凹凸不平、障碍物、光照不足及光滑地面或楼梯等环境因素。研究发现，平衡控制能力的下降是导致老年人跌倒的主要原因，而如何评估平衡控制能力是一项具有挑战性且最基本的任务，尤其在行走、转身、STS 等动作中。随着非线性动力学理论的发展，人们提出了基于运动学和时空步态参数变化来评价动力学稳定性的方法，其指标包括近似熵、最大弗洛凯乘数、最大李雅普诺夫指数等（Bruijn et al.，2013；Yang et al.，2009）。而这些方法是以"步态模型的变异性增加等同于运动控制能力降低"作为基本假设的（Yang et al.，2009）。另外，平衡控制能力也可通过 COM 和 BOS 之间的运动学关系进行描述。特别是，基于倒立摆模型的动态稳定区域（dynamic stability region，DSR）能够确定人体动态稳定性与 COM 位置-速度状态之间的定量关系，可评估日常活动中人体前后（AP）方向与内外（ML）方向的稳定性。针对动态稳定理论的研究将有助于预防或预估跌倒事件的发生，降低老年人跌倒损伤风险。针对人体运动中的跌倒问题，美国伊利诺伊大学芝加哥分校白怡椿（Yi-Chung Pai）研究团队 20 多年来进行了一系列的研究，本节将重点介绍该课题组的研究成果。

4.6.1 动态稳定性理论

4.6.1.1 稳定性概念

稳定性（stability）是指人体抵抗线加速度和角加速度的能力，或在扰动后恢复原始状态或姿势平衡的能力。根据牛顿力学，当人体所受的合外力和力矩为零，对应的线加速度和角加速度为零，从而人体的线速度和角速度保持恒值或为零，此时人体处于稳定状态。稳定性是人体完成各项身体活动的基础条件之一，可分为静态稳定性和动态稳定性两种。在生物力学中，由身体质心（COM）和支撑面（BOS）间的相关关系来量化平衡控制能力。从静态角度来看，当身体 COM 投影到 BOS 内，人体处于平衡状态。需要强调的是，此时 COM 水平速度可以忽略不计，其不足以造成 COM 移到 BOS 外。然而，在实际情况下人体处于运动状态，静态概念不足以解释运动状态的稳定控制。例如，若刚开始人体 COM 位置投影在 BOS 外，可能由于 COM 速度较大，其在运动结束时重新移入 BOS 内，身体重新恢复平衡；反之，如果刚开始 COM 位置投影在 BOS 内，但若 COM 速度较大使其移出 BOS 内，导致人体处于不稳定的状态（Yang et al.，2009；张美珍等，2012）。因此，稳定性的动态概念既需要考虑 COM 与 BOS 间相对位置关系，又要考虑 COM 速度对稳定性的影响。因此，动态稳定性（dynamic stability）是指人体在运动过程中抵制外部干扰并维持身体平衡的能力，需要考虑 COM 状态（如位置和速度）对于运动中稳定性的影响。

4.6.1.2 动态稳定性的理论模型

基于人体倒立摆模型建立动力学方程（见 4.1 节），对人体运动进行动力学模拟计算；运用优化算法寻找给定初始 COM 位置所对应的最优初始速度；并利用 COM

位置-速度组合确定出动态稳定区域（DSR）或可行性稳定区域（feasible stability region，FSR）。特别是，在所有 COM 位置-速度组合中，通过优化算法找到满足假设条件的 COM 位置，使人体质心在速度降到 0 时其投影能够达到 BOS 内部的边界速度。其中边界速度有两个：①最大边界速度，使人体 COM 速度降为 0 时 COM 投影不超过 BOS 前边界；②最小边界速度，使人体 COM 速度降为 0 时 COM 投影不超过 BOS 后边界（Pai and Patton，1997）。若人体 COM 位置-速度落于动态稳定区域内，则人体处于稳定状态，反之亦然。理论上，平衡恢复的能力很大程度上取决于人体对生理学（如肌肉力量、收缩速率、神经反馈控制等）、解剖学（如足部几何形状、关节活动范围、环节长度或质心分布）或认知和行为（如反应时间、注意力）等约束条件，故在数学模拟过程中需要根据约束条件限制动力学方程的结果，从而更准确地量化动态稳定性与 COM 位置-速度间的定量关系。

4.6.1.3　可行性稳定区域的数学推导

通常，采用一个简单的双链倒立摆模型来模拟步行运动的终止条件及动态稳定区域，并建立模型的动力学方程。人体的简化模型主要由两个环节组成（图 4-44），其中足环节（m_f，提供基础支撑面）可在关节处产生平移，与身体其余环节（m，集中在一个点上）可在关节处产生旋转。

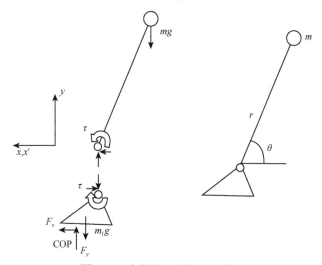

图 4-44　人体的双链倒立摆模型

如图 4-44 所示，(x, y) 表示惯性参考系；(x', y) 表示局部参考系；m_f 是足部的质量；m 是身体其余部分的质量；r 是到钟摆质心的长度；θ 是身体环节的角度位置；x 是足部支撑的移动距离；τ 是踝关节力矩；F_x 是水平地面反作用力；F_y 是垂直地面反作用力；μ 是摩擦系数；g 是重力加速度。

对于自由度为 2 的双链模型，其运动方程如下：

$$mr^2\ddot{\theta} + mr\ddot{x}\sin\theta + mgr\cos\theta = \tau \tag{4-47a}$$

$$(m + m_{\mathrm{f}})\ddot{x} + mr\ddot{\theta}\sin\theta + mr\dot{\theta}^2\cos\theta = F_x - \mu F_y \tag{4-47b}$$

$$(m + m_{\mathrm{f}})g + mr\ddot{\theta}\cos\theta - mr\dot{\theta}^2\sin\theta = F_y \tag{4-47c}$$

式中，$\ddot{\theta}$、$\dot{\theta}$ 分别是角加速度和角速度，$\ddot{x}$ 为位移加速度。

利用数值积分和正向动力学方法求解运动方程，输入变量包括初始身体参数（如初始环节位置和速度）与关节力矩。该模型是由关节力矩进行控制，即关节力矩被参数化为一个随时间变化的 Sigmoid 函数。模拟结果的输出值包括环节位置、速度和加速度，地面反作用力的水平和垂直分量，以及 COM 位置和速度（Pai，2003）。

如图 4-45 所示，对运动模拟进行优化以确定 FSR 的边界速度。优化的主要目标是确定动态稳定状态所允许的最大和最小初始 COM 速度，通过仿真结果计算代价函数，再利用梯度下降法更新模型的输入变量。计算机模拟和优化的方法是基于人体解剖学、生理学及环境等物理约束条件来确定动态稳定界限，使倒立摆模型能够更有效预测跌倒风险。其代价函数是包含了所期望的最终状态的数学表达式，公式如下：

$$F_{\mathrm{cost}} = f_0\,(初始速度) + \sum k_i\,(动作停止) + \sum g_i\,(约束函数) \tag{4-48}$$

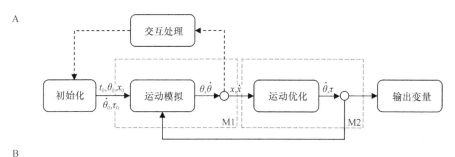

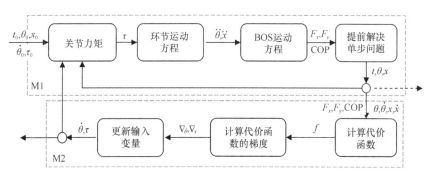

图 4-45　模型模拟和优化的示意图

对于第一个变量 f_0 表示初始速度的贡献；第二个变量 $\sum k_i$ 表示运动终止原则，包括 COM 位置误差、COM 速度、环节位置误差、环节速度及加速度；第三个变量 $\sum g_i$ 表示重力、摩擦力及压力中心约束之间的误差。继而在所有可能的 COM 位置-速度组合中，找出满足假设所给定的 COM 位置，使人体 COM 速度降到 0 时其投影能够达到 BOS 内部的边界速度。

4.6.1.4　可行性稳定区域的约束条件

在倒立摆模型中，假设三角形的足部环节处于固定位置，但实际上人体足部与地面之间不是固定接触，继而该模型将外力从地面传递到足部支撑面的能力受限于以下三个约束条件（Pai and Patton，1997）。

（1）重力约束：净垂直地面反作用力必须是正值，

$$F_y \geqslant 0 \tag{4-49a}$$

（2）摩擦力约束：水平地面反作用力不能超过由摩擦系数决定的滑动阈值，

$$|F_x| < \mu F_y \tag{4-49b}$$

（3）压力中心约束：足底压力中心（COP）必须位于 BOS 长度或足长（l_f）之内，

$$0 < \mathrm{COP} < l_f \tag{4-49c}$$

除上述约束条件之外，踝关节力矩在生理上受限于最大肌肉力量的数值范围，

$$(\tau)_{\mathrm{maximum\_plantarflexion}} \leqslant \tau \leqslant (\tau)_{\mathrm{maximum\_dorsiflexion}}$$

其中关节力矩的最大值取决于关节位置与肌肉骨骼模型。一般而言，通过 Hill 基础肌肉模型来考虑踝关节的肌肉力量-长度特征、所有肌腱单元的作用线，以及用来估计最大背屈力矩 $(\tau)_{\mathrm{maximum\_dorsiflexion}}$ 和最大跖屈力矩 $(\tau)_{\mathrm{maximum\_plantarflexion}}$（详见 4.1.5.2）。

与此同时，在动态稳定性理论中，双链倒立摆模型仅使用单一环节来代表人体运动状态，这种假设条件可能会限制 FSR 阈值的预测效果。但是考虑到双链和 7 环节人体模型对滑移结果的预测精确度产生较小影响，预计利用更复杂的人体模型也难以显著提高预测结果。另外，推导 FSR 的基本假设是当 COM 到达 BOS 时 COM 速度会减小，但模拟的这种准静态终端模式不同于正常步态，即在正常步态中，人体不会在稳定性极限的附近控制身体质心，使其重新定向到 FSR 范围后再继续向前行走。然而，该假设条件对于推导稳定性的最大初始速度是很重要的。

4.6.2　动态稳定区域的应用

以步态周期为例，人体重心处于"失去稳定-恢复稳定"的动态平衡过程，即

在站立阶段和摆动阶段，不断建立新的 BOS 范围使身体的 COM 位置位于动态稳定范围内，以维持直立行走的平衡状态。而这种动态平衡过程使运动具有连贯性和稳定性，即不断打破原有平衡状态使身体质心在矢状面和冠状面方向上不断进行调整（Rogers and Mille，2003）。

4.6.2.1 前后方向的动态稳定区域

滑动（slipping）是指在液体或固体污染物存在的情况下，由于足底摩擦力小于瞬时运动要求，足部突然失去抓地力而在地面上产生移动；滑动是造成跌倒的主要因素之一。据统计，滑倒可能造成 25%老年人发生跌倒损伤，如造成髋骨骨折、脑震荡、肌肉拉伤或腰背部疼痛等。一般而言，滑倒过程涉及多种因素的相互影响，包括地面污染物、鞋底材料和磨损程度、地面粗糙程度、天气因素等外在因素，以及步态、神经肌肉系统、感觉系统、认知功能等内在因素。在水、油或其他污染物等光滑表面上，减小载荷支撑、最大限度提高摩擦力和抗滑能力能够降低滑动的风险。在足跟着地阶段对姿势稳定性具有较大的挑战，这可能是因为向前的动量维持身体在着地脚上的向前滑动。FSR 作为一种生物力学模型的定量分析方法，能够预测前后方向的滑倒损伤事件。

首先，根据白怡椿等的研究结果，用人体矢状面所测得运动数据来绘制无滑动干扰的可行性稳定区域（FSR）（图 4-46A），其横坐标表示矢状面内的人体 COM 位置，以足长进行归一化处理；纵坐标代表矢状面相对于支撑面速度的人体 COM 速度，以 $\sqrt{g \times h}$（g 为重力加速度，h 为身高）进行归一化处理（李世明，2017）。这个动态稳定区域是由向后失稳边界（backward-LOB）和向前失稳边界（forward-LOB）所包围的面积组成，其中 COM 速度-位置坐标点位于 FSR 区域（灰色阴影）内意味着处于平衡稳定状态；除此之外，坐标点落于其他位置均意味着

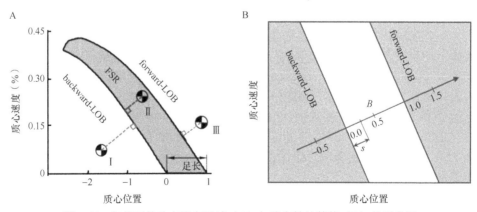

图 4-46 矢状面的动态稳定区域（A）与稳定性计算值（B）的示意图

I，质心向后失稳区域；II，质心稳定区域；III，质心向前失稳区域

处于平衡失稳状态。针对 COM 位置-速度是否位于 FSR 区域内，需要通过计算给定的 COM 位置-速度与 FSR 边界之间的最短距离来量化动态稳定性。人体动态稳度（s）是指给定的 COM 位置-速度点到向后失去平衡的边界（图 4-46B）。若给定的 COM 位置-速度点在 FSR 区域内，则 $0<s<1$ 人体处于稳定状态；若 COM 状态位于向后失稳边界，则 $s<0$；若 COM 状态位于向前失稳边界，则 $s>1$。

与非滑动条件的 FSR 相比，人体在给定的 COM 位置上需要更大的 COM 速度才能维持滑动条件下的身体平衡；反之，给定的 COM 速度下需要 COM 位置前移才能维持姿势稳定（图 4-47）。根据模型推算结果可知，人体在滑动干扰时更易发生向后平衡失稳情况，尤其在足跟着地阶段发生向后跌倒的可能性远高于向前跌倒的风险。与此同时，在滑动和非滑动条件下动态稳定区域有 30% 重叠部分（3 区域），该区域进一步证明基于数学模型能够确定"最优"运动策略，以解决意外滑倒情况的平衡恢复问题。从安全角度来讲，滑动和非滑动条件边界之间的差异量化了个人必须通过增加 COM 向前速度或位置来改变受试者的 COM 状态，以便在滑动扰动时维持身体平衡。

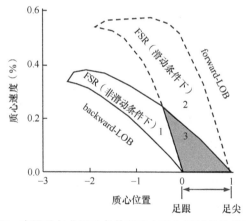

图 4-47　在滑动与非滑动条件下动态稳定区域的比较示意图

研究发现，中枢神经系统（CNS）能够提前进行自适应来调控 COM 和 BOS 之间的状态关系，并与动态稳定性的内部极限进行系统比较，从而选择适当的运动反应策略来维持身体平衡，继而人体能够通过"最优"运动策略来对抗滑动干扰条件（Pai，2003）。研究招募 41 名（21 名女性）健康老年人参与坐立滑动实验，在进行 4 次正常坐立动作时，受试者的 COM 状态位于非滑动的 FSR（1 区域）。当突然发生 1 次滑动实验后，约有 73% 老年人发生跌倒；随着反复暴露于滑移实验，受试者发生跌倒概率呈现指数下降趋势，同时人体 COM 状态向前调整到 2 区域。当再次发生非滑动干扰时，人们可能依据之前经验产生适应性反应造成过度补偿，从而导致向前的平衡失稳风险显著增加；随后反复经历滑动或非滑动干扰，使人们在坐立动作中不断调整 COM 状态（如位置和速度）从 2 区域移到 3 区域。虽然，老年人的平衡控制能力会随着年龄增加而逐渐减弱，尤其在陌生环境或新障碍物等场景下，老年人发生跌倒的风险远高于年轻人；但是，随着反复暴露于干扰条件，老年人也能够学习并形成适应性运动反应，如抓握、补偿性迈步、踝/髋关节策略等，降低发生二次跌倒的风险。因此，伴随着重复跌倒产生的适应性，CNS 能够通过前馈控制选择并执行适当的运动反应策略，以对抗扰动和（或）避免非意识的平衡失稳情况，即该力学模型为预防滑倒提供了理论和实践支持。

4.6.2.2 侧向的动态稳定区域

侧向跌倒是导致髋骨骨折的重要诱因，其造成高达 20% 的死亡概率。随着年龄增加，老年人会表现出身体活动能力和躯干姿势控制能力减弱，以及髋关节力矩时间减少等情况，影响老年人的侧向平衡控制能力。特别是，在动作转换过程中，如从静止到行走、从坐到站立、从摆动到支撑阶段，需要将身体质量稳定地转移到支撑侧，并不断调整 COM 的运动状态而建立新的动态平衡姿势。研究人体调控和整合冠状面的 COM 和 BOS 间相关关系，可能为识别或解决侧向跌倒方面提供重要价值。

动态稳定区域可作为评估人体侧向稳定性的定量工具，主要采用倒立摆模型和优化程序确定稳定范围。Yang 等（2009）基于双链倒立摆模型（右足和剩余身体环节）建立了侧向动态稳定区域，其将足底与地面之间摩擦系数设为 1.41，可排除 ML 方向的滑动影响。该模型以右足单支撑阶段作为基础，从初始 COM 位置上进行从脚尖离地到足跟着地的运动过程，利用牛顿-欧拉方法推导出模型的运动方程并利用 4 阶龙格-库塔（Runge-Kutta）积分进行求解。该结果显示，ML 方向的 FSR 边界趋势与 AP 方向非常近似（图 4-48），其中横坐标表示冠状面内人体质心位置，以足宽进行归一化处理；纵坐标表示为冠状面相对于支撑面速度的

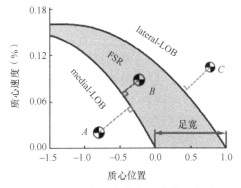

图 4-48 侧向动态稳定区域的示意图

人体 COM 速度，以 $\sqrt{g \times h}$ 进行归一化处理。对于偏左的 COM 初始位置（A 点）需要更大的向右 COM 初始速度才能将身体质心带入 BOS 范围内，或通过侧向迈步保持平衡；相反，过度的 COM 初始速度将导致 COM 状态（C 点）超过 BOS 右侧边界，往往需要交叉迈步来抵抗侧向平衡扰动。

以右足单支撑为例，在 ML 方向上，通过从给的 COM 运动状态到推算边界间最短距离来量化稳定性（图 4-48 中虚线），其计算步骤与 AP 方向相近，以左侧边界为 0。若给定的 COM 位置-速度（A 点）距离内侧边界的距离 $s<0$，则身体质心处于向左失稳状态（medial-LOB）；若 COM 位置-速度（C 点）距离内侧边界的距离 $s>1$，则质心处于向右失稳状态（lateral-LOB）；所有在 FSR 内的 COM 组合点（B 点）处于动态稳定状态，则 $0<s<1$。

在站立支撑阶段，侧向扰动会导致靠近失稳一侧的下肢负荷被动增加，并伴随着另一侧肢体的负荷减少。人们在抵抗侧向扰动时主要依赖两个神经肌肉骨骼因素。第一个是肌肉活动和姿势控制决定了躯干的侧向运动，可产生抵消或增加扰动的影响，而这也取决于扰动方向和躯干横向倾斜程度。第二个是髋关节外展-内收力矩的能力，可影响选择恢复平衡的迈步策略，以及维持站立稳定性的有效性。常见的迈步策略包括侧向迈步（side stepping strategy）和交叉迈步（crossover strategy），任何一种策略都是根据 COM 相对移动来延伸 BOS 宽度（Rogers and Mille，2003）。迈步行为可能是预期跌倒时老年人主动产生的动作，或者在感觉外部扰动时发生的平衡反应，而这种反应性触发的迈步可能在 COM 达到 BOS 极限前已经开始。老年人，尤其有跌倒经历的老年人，非常依赖于保护性迈步策略来维持身体平衡，而不是原地站立的姿势控制方法；同时，伴随着上肢运动，如迅速伸展手臂、抓握周围物体等，来减缓跌倒速率或程度。因此，通过髋关节力矩来控制下肢负荷的加载和卸载、躯干运动的神经肌肉控制和协调，以及足部时空位置是持续维持侧向身体平衡的主要机制。

4.6.2.3　动态稳定区域的影响因素

影响动态稳定区域大小和形状的因素可分为环境因素（如鞋底与地面的摩擦系数）与内部因素（如关节活动范围、肌肉力量、关节力矩等），均可直接影响动态稳定区域的边界位置。Pai 和 Patton（1997）的研究基于倒立摆模型分析环境、解剖学和生理学等约束条件对稳定区域的影响，主要通过改变影响 FSR 边界的关键参数，包括摩擦系数迭代减小到 0.05 来模拟滑动条件对于 FSR 大小的影响；将肌肉力量降低到 59% 来模拟虚弱老年人的 FSR 特征（平均值减一个标准差）；根据老年人的功能活动特征，其 COP 范围可能远小于全足长，即将 BOS 范围减小了 55%（图 4-49）。其结果显示 BOS 大小约束直接决定了 FSR 的上下边界；而仅当摩擦系数小于 0.82，或踝关节背屈力量低于 51%，或跖屈力量低于 35% 时，摩擦系数与肌肉力量才能限制 FSR 边界范围，继而正常摩擦力和力量约束不会影响到动态稳定区域的大小。

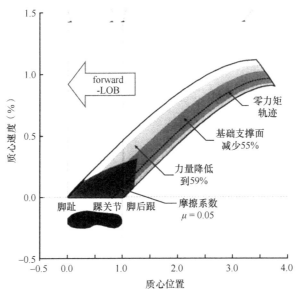

图 4-49　摩擦系数、力量和支撑面的减少对于可行性稳定区域的影响

因此，针对老年人的身体特征来调整模型的约束条件，可为临床医生提供对患者执行日常任务能力的全面描述，有助于为特殊人群（如帕金森综合征、关节炎等患者）量化其 FSR 的边界范围。

4.6.3　结语

在物理康复中，临床评估主要依赖于识别关节或环节的运动范围极限，如关节活动范围、肌肉力量及本体感觉评估等，却难以全面呈现出患者执行日常任务的能力。而动态稳定区域可全面评估平衡失稳状态，并将局部约束条件与身体 COM 运动相结合以确定稳定性极限，但是该方法在实际应用中也存在一定的局限性。

首先，使用 FSR 来预测跌倒时存在一个固有局限性，即该区域是在不改变 BOS 的基础上来建立人体维持动态稳定性的能力。继而该方法主要适用于微扰动和小扰动的情况，可通过躯体肌肉组织来调节 COM 运动，或踝和髋关节策略微调 COP 位置，甚至通过迈步策略改变 BOS 大小等来维持身体姿势的稳定性，故 FSR 主要预测微、小扰动下人体的动态平衡控制能力。其次，通过观察性实验发现，平衡失稳并不是开始平衡控制策略的先决条件，即改变 BOS 可能并不总意味着处于失稳状态。理论上，稳定性可通过人体 COM 相对于 BOS 的运动状态进行量化，并且通过改变 BOS 来维持平衡。但是当面对较小扰动或稳定性的错误预测时，老年人可能比年轻人更频繁地发生迈步来维持身体平衡，可解释为老年人在面对扰动威胁时会对不稳定性产生过度预测。由此推测，在实验模拟研究中 BOS 改变不完全代表平衡失稳的发生（Pai，2003）。最后，实际上，人体为了避免跌倒会调动身体多环节运动来维持身体平衡。然而，倒立摆模型仅考虑了下肢运动平衡条件，忽略上肢运动对于身体平衡控制的影响，如抓握、支撑、摆臂等动作（Yang et al.，2007），可能低估人体在抵抗外在扰动时维持动态稳定性的能力。总的来说，多环节相互作用、三维运动特征、肌肉激活，以及其他神经限制等可能会影响 FSR 的预测结果，建议应在今后研究中加以考虑。

　　本章介绍了有关人体站立、步行、跑步、跳跃和跌倒等几种动作的生物力学建模与仿真研究，旨在说明生物力学建模与仿真研究，对于深化理解人体基本运动模式的科学规律具有不可或缺的作用。人体基本动作还有很多类型，如上肢的投掷、推举，下肢的踢、挡，全身的起立和坐下等。我们针对不同动作和相应的研究目的，可以建立各种各样的模型，开展不同形式的研究，本章不再一一介绍。有兴趣的读者可以通过网络上的文献检索，查阅感兴趣的研究内容。

参 考 文 献

郝卫亚. 2011. 人体运动的生物力学建模与计算机仿真进展. 医用生物力学, 26(2): 97-104.

李世明. 2017. 基于多源信息融合的人体滑倒生物力学研究. 北京: 科学出版社: 1-155.

励建安, 孟殿怀. 2006. 步态分析的临床应用. 中华物理医学与康复杂志, 28(7): 500-503.

钱竞光, 宋雅伟, 叶强, 等. 2006. 步行动作的生物力学原理及其步态分析. 南京体育学院学报（自然科学版）, 5(4): 1-7, 39.

孙利鑫, 陈骐, 郝卫亚. 2022. 两种不同肌肉力求解算法的对比分析. 医用生物力学, 37(3): 510-517.

吴汝康. 1995. 对人类进化全过程的思索. 人类学学报, 14(4): 285-296.

张美珍, 杨锋, 白怡椿. 2012. 滑倒的机制及预防. 中国康复医学杂志, 27(3): 279-284.

Alexander R M. 1976a. Estimates of speeds of dinosaurs. Nature, 261, 129-130.

Alexander R M. 1976b. Mechanics of bipedal locomotion//Davies P S. Perspectives in Experimental Biology. Oxford: Pergamon: 493-504.

Alexander R M. 1990. Optimum take-off techniques for high and long jumps. Philos Trans R Soc Lond B Biol Sci, 329(1252): 3-10.

Alexander R M. 1995. Simple models of human movement. Appl Mech Rev, 48(8): 461-470.

Alexander R M. 2003. Modelling approaches in biomechanics. Philos Trans R Soc Lond B Biol Sci, 358(1437): 1429-1435.

Anderson F C, Pandy M G. 2001a. Dynamic optimization of human walking. J Biomech Eng, 123(5):

381-390.

Anderson F C, Pandy M G. 2001b. Static and dynamic optimization solutions for gait are practically equivalent. J Biomech, 34(2): 153-161.

Arnold E M, Hamner S R, Seth A, et al. 2013. How muscle fiber lengths and velocities affect muscle force generation as humans walk and run at different speeds. J Exp Biol, 216(Pt 11): 2150-2160.

Barton J E, Roy A, Sorkin J D, et al. 2016. An engineering model of human balance control-part I: biomechanical model. J Biomech Eng, 138(1): 0145021-01450211.

Bramble D M, Lieberman D E. 2004. Endurance running and the evolution of *Homo*. Nature, 432(7015): 345-352.

Bruijn S M, Meijer O G, Beek P J, et al. 2013. Assessing the stability of human locomotion: a review of current measures. J R Soc Interface, 10(83): 20120999.

Cavagna G A, Willems P A, Heglund N C. 1998. Walking on Mars. Nature, 393(6686): 636.

Chapman A E. 2010. 人体基本运动的生物力学分析. 金季春译. 北京: 北京体育大学出版社: 1-326.

Collins S, Ruina A, Tedrake R, et al. 2005. Efficient bipedal robots based on passive-dynamic walkers. Science, 307(5712): 1082-1085.

Delp S L, Anderson F C, Arnold A S, et al. 2007. OpenSim: open-source software to create and analyze dynamic simulations of movement. IEEE Trans Biomed Eng, 54(11): 1940-1950.

Forbes P A, Chen A, Blouin J S. 2018. Sensorimotor control of standing balance. Handb Clin Neurol, 159: 61-83.

Gao X, Shen F, Wang L, et al. 2021. Two-dimensional dynamic walking stability of elderly females with a history of falls. Med Biol Eng Comput, 59(7-8): 1575-1583.

Hagio S, Nakazato M, Kouzaki M. 2021. Modulation of spatial and temporal modules in lower limb muscle activations during walking with simulated reduced gravity. Sci Rep, 11: 14749.

Hamner S R, Delp S L. 2013. Muscle contributions to fore-aft and vertical body mass center accelerations over a range of running speeds. J Biomech, 46(4): 780-787.

Higginson B K. 2009. Methods of running gait analysis. Curr Sports Med Rep, 8(3): 136-141.

Iqbal K. 2020. Optimal time-varying postural control in a single-link neuromechanical model with feedback latencies. Biol Cybern, 114(4-5): 485-497.

Jungers W L. 2010. Biomechanics: barefoot running strikes back. Nature, 463(7280): 433-434.

Koehl M A R. 2003. Physical modelling in biomechanics. Philos Trans R Soc Lond B Biol Sci, 358(1437): 1589-1596.

Kuo A D, Donelan J M. 2010. Dynamic principles of gait and their clinical implications. Phys Ther, 90(2): 157-174.

Lieberman D E, Venkadesan M, Werbel W A, et al. 2010. Foot strike patterns and collision forces in habitually barefoot versus shod runners. Nature, 463(7280): 531-535.

Loram I D, Maganaris C N, Lakie M. 2005. Human postural sway results from frequent, ballistic bias impulses by soleus and gastrocnemius. J Physiol, 564(Pt 1): 295-311.

McGeer T. 1990. Passive dynamic walking. Int J Robotics Res, 9(2): 62-82.

McGeer T. 1993. Dynamics and control of bipedal locomotion. J Theor Biol, 163(3): 277-314.

Minetti A E, Ardigó L P. 2002. Halteres used in ancient Olympic long jump. Nature, 420(6912): 141-142.

Minetti A E. 2001. Walking on other planets. Nature, 409(6819): 467, 469.

Morasso P, Cherif A, Zenzeri J. 2019. Quiet standing: the single inverted pendulum model is not so bad after all. PLoS One, 14(3): e0213870.

Onyshko S, Winter D A. 1980. A mathematical model for the dynamics of human locomotion. J Biomech, 13(4): 361-368.

Pai Y C, Iqbal K. 1999. Simulated movement termination for balance recovery: can movement strategies be sought to maintain stability in the presence of slipping or forced sliding? J Biomech, 32(8): 779-786.

Pai Y C, Patton J. 1997. Center of mass velocity-position predictions for balance control. J Biomech, 30(4): 347-354.

Pai Y C, Wening J D, Runtz E F, et al. 2003. Role of feedforward control of movement stability in reducing slip-related balance loss and falls among older adults. J Neurophysiol, 90(2): 755-762.

Pai Y C. 2003. Movement termination and stability in standing. Exerc Sport Sci Rev, 31(1): 19-25.

Pandy M G. 2003. Simple and complex models for studying muscle function in walking. Philos Trans R Soc Lond B Biol Sci, 358(1437): 1501-1509.

Pandy M G, Berme N. 1989. Quantitative assessment of gait determinants during single stance via a three-dimensional model—Part 1. Normal gait. J Biomech, 22(6-7): 717-724.

Reimann H, Schöner G. 2017. A multi-joint model of quiet, upright stance accounts for the "uncontrolled manifold" structure of joint variance. Biol Cybern, 111(5-6): 389-403.

Rogers M W, Mille M L. 2003. Lateral stability and falls in older people. Exerc Sport Sci Rev, 31(4): 182-187.

Sasagawa S, Ushiyama J, Kouzaki M, et al. 2009. Effect of the hip motion on the body kinematics in the sagittal plane during human quiet standing. Neurosci Lett, 450(1): 27-31.

SimT K. 2020. Muscle contributions to mass center accelerations over a range of running speeds. https://simtk.org/projects/nmbl_running[2022-6-25].

Srinivasan M. 2011. Fifteen observations on the structure of energy-minimizing gaits in many simple biped models. J R Soc Interface, 8(54): 74-98.

Srinivasan M, Ruina A. 2006. Computer optimization of a minimal biped model discovers walking and running. Nature, 439(7072): 72-75.

Thelen D G, Anderson F C. 2006. Using computed muscle control to generate forward dynamic simulations of human walking from experimental data. J Biomech, 39(6): 1107-1115.

Uchida T K, Delp S L. 2021. Biomechanics of Movement: the Science of Sports, Robotics, and

Rehabilitation. Cambridge: The MIT Press: 1-362.

Winter D A. 1995. Human balance and posture control during standing and walking. Gait & Posture, 3(4): 193-214.

World Health Organization. 2008. WHO global report on falls prevention in older age. https://www.who.int/publications/i/item/9789241563536[2024-1-24].

Yang F, Anderson F C, Pai Y C. 2007. Predicted threshold against backward balance loss in gait. J Biomech, 40(4): 804-811.

Yang F, Espy D, Pai Y C. 2009. Feasible stability region in the frontal plane during human gait. Ann Biomed Eng, 37(12): 2606-2614.

第5章 体操项目起跳动作生物力学建模与仿真

在体育运动中，运动员为了取得较好的比赛成绩，需要完成起跳动作。由于动作任务的差异，不同运动专项的起跳动作会发生较大变化。本章将介绍本书作者研究团队近年开展的体操项目中跳马和平衡木中的起跳动作相关的生物力学建模与仿真研究内容。

5.1 竞技体操项目概况

体操运动项目具有悠久的历史，19世纪传入我国后，逐步传播开来。新中国成立后，我国体操项目取得了很大的进步，并于1984年取得了首枚奥运会金牌。体操项目的发展与体操技术研究密切相关。

5.1.1 体操运动简史

5.1.1.1 体操的起源

体操是一项具有悠久历史的运动项目，体操（gymnastics）一词来源于古希腊Gymnastike（意为裸体技艺）。古希腊人崇尚强壮体魄的各种运动，认为裸体更能体现人体的健美，以后便形成了选手参赛必须赤身的传统。

现代体操起源于18世纪末19世纪初的欧洲，最早在德国形成了体操学派，分别是教育体操、器械体操和学校体操。与此同时，瑞典体操学派、捷克体操学派形成，对体操进行分类，通过对解剖学、生理学的大量研究，发明了肋木、横木、体操凳、绳梯等，并强调体操动作要优美活泼，成套动作编排要紧凑，练习体操讲究穿体操服等。

"体操"一词在19世纪传入我国，但是很多类似体操的活动，如著名的医疗体操"八段锦"、历代民间传承的翻跟头等在我国具有悠久的历史。20世纪20年代，国际体操联合会将德国、瑞典两大流派结合起来，确立了现代竞技体操的项目。男子有自由操、鞍马、吊环、跳马、双杠、单杠6个项目，女子有自由操、高低杠、平衡木、跳马4个项目，分团体赛、个人全能赛和单项赛。体操经过长期的发展与完善，大约是在20世纪50年代才形成完整且独立的概念和内容体系。

5.1.1.2 体操运动赛事

体操运动兴起于19世纪，1881年诞生了欧洲体操联合会，在1896年的首届奥运会上即有男子体操比赛。女子体操比赛在 1928 年第 9 届奥运会上被纳入。在 1936 年第 11 届奥运会上，确定男子 6 个项目；然而，女子 4 个项目的比赛确定是在 1952 年第 15 届奥运会上。

国际竞技体操有三大赛事：奥运会、世界锦标赛和世界杯。在 1896 年的首届奥运会比赛中就开设有国际体操比赛，每 4 年举行一届。世界体操锦标赛的规模为仅次于奥运会的世界性体操比赛，首届赛事为在 1903 年的比利时安特卫普举行；除奥运年外，每年举行一次，即每 4 年举行 3 次。世界杯于 1975 年在英国伦敦首次举行。世界杯体操赛比赛规模较小，只进行全能和单项的自选动作决赛；每年举行若干站分站赛，分站赛成绩优秀的选手参加总决赛。

作为我国奥运项目的传统强项，我国体操成绩在近几十年的世界大赛中成绩斐然。自 1984 年第 23 届洛杉矶奥运会以来，至 2021 年第 32 届东京奥运会，中国体操队共获得 29 枚奥运会金牌。同时，我国也先后涌现出李宁、李小鹏、杨威、程菲等著名选手。

5.1.2 体操运动技术研究的发展

5.1.2.1 当代体操项目特点及其科技服务

现代竞技体操是富有高度艺术性和技巧性的体育项目，也是我国实施"奥运争光计划"的重点项目之一。国际体操联合会（International Gymnastics Federation，FIG，简称国际体联）对每个动作的难度分值（difficulty value）进行界定，发布评分规则，对难度分值实行不封顶，旨在鼓励体操运动员对高难度技术动作的创新和发展。另外，2006 年起，评分规则不仅取消了 10 分的上限，还对技术动作完成质量提出更高的要求。因此对于体操项目而言，由于完成时间较短，会注重朝着"高难度""多变化""高质量"和"动作优美"多个方向发展，希望借此来获得好成绩。

随着高难度技术动作的不断发展，势必要求运动员具备更高的难度动作。运动员如何充分利用较高的腾空高度来完成难度更大的空中翻腾/转体动作，显得尤为突出和重要。当然，随着落地高度和难度系数的增加，对体操运动员的身体条件、技术熟练程度也提出更高的要求。所以，如何既能正确地完成高难度技术动作又能保证避免受伤，愈来愈成为体操业内共同关注的热点问题。

如前所述，现代体操包括男子的自由操、鞍马、吊环、跳马、双杠、单杠和女子的跳马、高低杠、平衡木、自由操一共 10 个项目 8 个类型。虽然统称为体操，都是力与美的结合，但是体操各自之间又有很大的不同，要求运动员对应的素质能力也有很大的区别。因此，在运用运动生物力学知识对体操动作进行科学研究时，也会针对不同的项目特点，采用不同的科研方法，主要有运动学、动力学、表面肌电、生物力学建模与计算机仿真等研究方法。

在开展体操项目的科技服务保障工作时，通过应用运动现场反馈系统、运动图像与视频处理技术、关节肌肉力量测试系统和肌电测试分析系统等综合科技手段，为体操运动员提高运动技术的训练水平提供支持。

5.1.2.2　体操关键技术动作生物力学规律的研究概况

在开展体操项目的科技服务保障工作的同时，研究人员还不断对一些体操运动员的关键性的难、新动作技术进行重点研究，旨在揭示这些动作的发展规律及其生物力学特征，为提高运动员竞技水平，降低运动损伤提供科学依据。

在开展研究工作过程中，研究人员必须避免对体操运动员正常的训练和比赛产生影响。因为运动员无法在有干扰条件下进行高难度动作的训练和比赛。这种限制必然给研究人员带来很大的技术挑战，他们无法采用通常实验室中采用的运动捕捉系统、测力台系统和肌电测试系统等测试手段对运动员完成的技术动作进行综合研究。这种情况下，传统研究方法都是采用二维或三维运动学方法，对比赛或者训练现场的运动员技术动作进行拍摄，拍摄前或拍摄后对现场空间进行标定，事后再利用软件（如德国的 SIMI Motion 软件系统）对拍摄的视频进行解析，获得运动员完成技术动作的运动学指标。然而这种方法无法获得更多指标，如关节力、力矩等动力学指标。这种情况下，只有通过生物力学建模仿真方法，才可能获得运动技术动作相关的动力学指标，进而对关键技术动作的生物力学规律进行深入研究。

5.2　建立面向运动场景的人体建模仿真方法

为实现对运动员高难度动作的生物力学规律的研究，本书作者团队开发出基于运动现场的生物力学建模与计算机仿真方法，只需对运动现场的动作进行基于视频拍摄的三维运动学采集，便可以建立个性化运动员多体系统动力学模型，对关键技术动作进行计算机仿真，获得体操运动员完成动作过程中的关节力和力矩，进而加深对动作技术的理解。该方法有别于一般文献报道基于实验室的生物力学建模与计算机仿真方法或者所谓的"逆向动力学方法"，运动员无须粘贴标志点（marker），运动现场也自然没有地面测力台等动力学测试仪器。这种面向运动场景的人体运动的生物力学建模仿真方法，使研究更加接近运动实践，能够进一步探讨比赛或者训练过程中高水平运动员完成高难度动作的生物力学规律。此外，科研团队还应用计算机仿真方法，开展了一系列体操运动员与器械之间的人机工程学研究，分析了运动技术、器械力学特性等因素对运动员完成动作和身体负荷的影响，为提高运动训练水平、减少损伤风险提供科学依据。

本节将以个性化运动员跳马动作为例，阐述面向运动场景的人体生物力学建模与仿真方法的建立和验证过程；首先简要介绍体操跳马项目的基本概况，然后根据李旭鸿（2013）开展的对体操跳马踏跳、推手和落地动作的研究，讨论面向运动场景的人体模型构建与验证过程。

5.2.1 跳马项目概况

跳马是体操项目中男女运动员都参与的项目，完成时间较短。在跳马比赛中，运动员完成任何类型的技术动作都会包括助跑、上板、踏跳、第一腾空、推手、第二腾空和落地等阶段；其中，踺子类型的动作还要多一个踺子上板的技术环节。因此，当前跳马技术动作的生物力学研究，一般都是针对上述几个技术阶段进行讨论与分析（图5-1）。

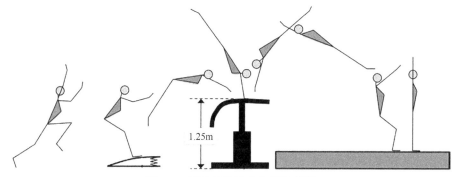

图 5-1　跳马项目技术分解示意图

对于助跑环节，虽然不在评分标准之中，但其是完成跳马动作质量好坏的前提和基础。它不仅会影响第一腾空的速度和时间，而且对跳马动作最终的完成起着至关重要的作用。其中，跳马的助跑距离最长为25m，除掉踏板起跳和第一腾空的距离，运动员实际助跑的距离大约有20m。因此有一些在助跑方面研究，发现完成不同难度的动作其助跑速度的特征也迥然不同，难度越高的跳马动作需要越快的助跑速度。

踏跳阶段就是从两脚触板瞬间至足尖蹬离板的过程，其目的主要就是将助跑时获得水平方向的动力转换为垂直和水平两个方向上的动量和角动量，使运动员进入第一腾空的动作阶段。踏跳阶段的生物力学研究主要集中在踏板、蹬离板时的身体质心（COM）的速度、高度、上板角和蹬离角，以及踏跳的时间、位置和踏跳过程中人体的关节角度。而极少有研究关注踏跳过程中的人-助跳板之间的动态变化，以及运动过程中人体下肢关节承受的冲击负荷。这部分研究不仅可以量化踏跳过程中运动员承受的内外冲击负荷，还能验证当前的体操助跳板是否适应人体肌肉骨骼系统，并进一步展开敏感性仿真研究，来优化助跳板的踏跳性能，进而提高跳马运动员的踏板技术。

第一腾空是双脚蹬离板后至双手（或单手）开始触马的运动过程，它是踏跳阶段和推手阶段的衔接部分，其目的就是快速转体快速翻转积极撑马，为后面的推手做好充分的准备。第一腾空的高度要尽量低于触马瞬间身体重心的高度，目的就是尽早地撑马、推手，来获取更高的第二腾空高度。一般而言，第一腾空阶段用时在 0.27s 左右，重心的水平和垂直速度分别为 1.87m/s 和 1.90m/s。

推手阶段是双手（或单手）开始触马至双手（单手）推离马的运动过程，也是完成跳马动作的关键技术。该阶段需要运动员撑马后立即快速有力地顶肩、推手，增加垂直运动速度和转动角速度，从而提高离马后的腾空高度和翻腾角速度，为完成空中动作创造有利条件。快速推马就会产生一个垂直向上的冲力，进而增加第二腾空的垂直速度，保证在第二腾空阶段有足够的速度和角动量，帮助运动员跳得更高更远。推手阶段用时一般为 0.17~0.20s，具体根据跳马动作而定，重心的水平和垂直速度大小分别为 3.8~4.3m/s 和 2.5~3.3m/s。

第二腾空是双手（单手）推离马至双脚落地的运动过程，是评价运动员完成动作难度和动作质量的主要环节。该阶段运动员需要完成翻腾（绕人体的横轴运动）和转体（绕人体的纵轴运动）两个动作，其完成质量主要依靠助跑、踏跳和推手几个阶段及空中姿态控制决定。在第二腾空阶段整个质心轨迹就像一条抛物线，由于忽略空气阻力，而重力作用在重心上，因此整个过程角动量守恒。体操运动员必须要具有较大的空中角动量的控制能力。由于评分规则要求运动员在空中躯干部分必须保持直体，因此只能靠改变手臂位置来有限地调整转动惯量。所以，为了提高动作的完成质量，运动员必须把离马后的角动量控制在一个严格的范围内。转体可以通过手臂或髋部的不对称运动而产生，同时手臂的不对称运动员还可以使翻腾旋转动作中的转体动作停止。

落地阶段是双脚与落地垫（landing mat）相互接触，并经下肢弯曲缓冲后至站立的运动过程，该阶段也是评价跳马动作质量的关键环节。然而，与其他项目相比，体操运动员不能利用运动鞋的缓冲性能来抵抗较高的冲击负荷和提高落地稳定性。而且，体操的评分规则指出，在落地过程中失衡、下肢关节明显的过度弯曲等都会造成一定程度的扣分。因此，在实际的比赛中，体操运动员若想取得好成绩就要增加空中动作的翻腾/转体，势必要求增加落地高度来完成，但地面反作用力（ground reaction force，GRF）通常随着落地高度的增加而增大。所以体操运动员面临两难的选择：获得高分还是承受损伤的风险。因为过大的冲击力有时会超过人体肌肉骨骼系统承载的生理极限，增加了下肢损伤的发生率。

5.2.2　运动学参数的采集

两台高速摄像机（CASIO EX-F1），拍摄频率设定为 300Hz，快门速度为 1/320，如图 5-2 所示。标定框架是三维 Peak，包括 24 个标志点（marker）。对女子优秀跳马运动员（2011 年全国体操锦标赛女子跳马决赛冠军）完成冢原直体后空翻转体 720° 的三维运动学进行采集，该运动员身高、体重分别为 1.38m、31kg。一旦确定标定完成，在拍摄过程中高速摄像机不作任何调整和移动。

利用三维运动分析系统 SIMI Motion（德国，SIMI 公司）对体操运动员跳马过程进行数字化，根据人体模型建立的需要，对人体的 14 个关节点进行解析。这 14 个关节点包括：①头（RFHD）、②右肩（RSHO）、③右肘（RELB）、④右腕（RWRA）、⑤右髋（RASI）、⑥右膝（RKNE）、⑦右踝（RANK）、⑧左肩（LSHO）、⑨左肘（LELB）、⑩左腕（LWRA）、⑪左髋（LASI）、⑫左膝（LKNE）、⑬左踝（LANK）、⑭第七颈椎（C7），对应图 5-3 中各数字。

图 5-2 高速摄像机 CASIO EX-F1

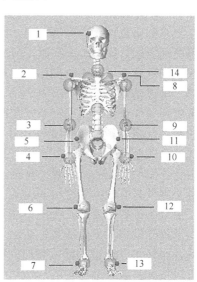

图 5-3 人体关节点的选取示意图

另外，在数字化解析过程中，分别对踏跳、推手和落地 3 个阶段的开始帧与结束帧进行界定。为了避免数据的丢失，在确定体操运动员接触、离开体操器械瞬间的基础上，再分别向前和向后选取 20 帧，以此作为体操运动员踏跳阶段（图 5-4A、B）、推手阶段（图 5-4C、D）。

图 5-4　运动员踏跳阶段（A、B）和推手阶段（C、D）

5.2.3　个性化人体模型和体操器械的建立

LifeMod 是美国 Biomechanics Research Group（简称 BRG）公司在机械动力学仿真分析软件 MSC Adams 的平台上进行二次研发的模块或插件，主要用于人体运动的模拟仿真。建模时，首先输入受试对象的性别、年龄、身高和体重等参数，在人体模型数据库 Gebod（generator of body data）的基础上，根据回归方程得到环节长度和围度、人体惯性参数，创建 19 个环节的人体模型（图 5-5）。然后再利用不同自由度的关节铰链把各个环节连接在一起，其中环节间共有 44 个自由度，外加 6 个空间坐标，因此本研究的人体模型共有 50 个自由度。最后，利用基于 Python 脚本语言的接口插件，把人体运动的三维运动学参数转换成人体运动仿真软件 LifeMod 识别的 SLF 文件，继而对人体模型的关节中心与实际运动捕捉的关节点进行匹配，完成人体模型的建立。

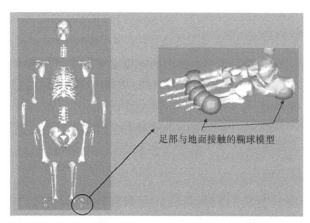

图 5-5　人体的简化模型

根据国际体联（FIG）的标准化测试和国家标准，在机械动力学软件 MSC Adams 的软件环境下分别建立助跳板、跳桌和落地垫简化模型（图 5-6）。助跳板模型与运动员相接触，其力学特性与实际的助跳板较为接近（图 5-6A）。助跳板模型包括两块木板和两根弹簧，且上板与下板由一个轴承铰链连接，两个弹簧放置在助跳板的最前面，下板与大地固定。跳桌的平面与基柱之间利用一个轴承铰链连接，同时基柱与大地也固定在一起，确保在推手过程跳桌不能发生任何的移动或转动（图 5-6B）。

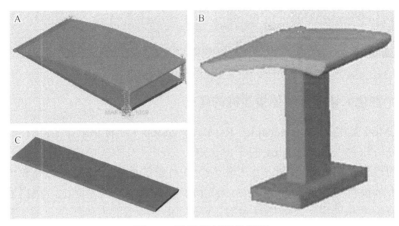

图 5-6 跳马器械简化模型
A. 助跳板；B. 跳桌；C. 落地垫

5.2.4 模型中关节、肌肉力和接触力的定义

软件 LifeMod 中对人体模型关节、肌肉力进行了定义，MSC Adams 软件可以对接触力进行定义。

5.2.4.1 关节的定义

把任何两毗邻环节之间运动学约束的连接定义为关节，每个关节自由度的默认值都是三轴的。当然使用者根据自身需要，也可以自行设置为固定（fixed）、自由（free）、被动（passive）、伺服（servo）和驱动（driven）等模式。一般在 LifeMod 中，关节都设置为被动、固定两种类型。其中，关节模型的主要参数为非线性的刚度、阻尼系数和摩擦力。

5.2.4.2 肌肉力的定义

在 LifeMod 中软组织主要包括肌肉、肌腱和韧带等，它们的功能仅是传递应力/拉力。LifeMod 模型提供一个肌肉特性参数的数据库，其中主要的参数有肌肉的生理横截面积（P_{CSA}）、最大组织应力等。LifeMod 中肌肉力的仿真一般分两步走，首先以"可训练"的模式建立肌肉，在逆向动力学分析中，肌肉由受试对象的运动轨迹数据而驱动，肌肉的伸缩模式（$L_{desired}$）会被记录下来。随后进行的正向动力学过程，肌肉的收缩模式将提供一个线性 PD 伺服系统，并产生一个再现运动过程的肌肉力，此时肌肉力的表现形式为主动力。另外，PD 伺服系统具体的表达式如下：

$$F_1 = \begin{cases} F_{max} & \text{if} \quad F_1 \geqslant F_{max} \\ P_{gain}(L_{desired} - L_{actual}) + D_{gain}(\dot{L}_{desired} - \dot{L}_{actual}) & \text{if} \quad F_1 < F_{max} \\ 0 & \text{if} \quad L_{desired} \geqslant L_{actual} \end{cases} \quad (5\text{-}1)$$

$$F_{max} = P_{CSA} \times M_{stress} \quad (5\text{-}2)$$

$$F_i = F_{filter}(F_1), \quad \text{where} \quad 0 \leqslant F_{filtetr} \leqslant 200\% \quad (5\text{-}3)$$

式中，P_{CSA} 表示肌肉的生理横截面积；M_{stress} 为最大组织应力；$L_{desired}$ 表示逆向动力学运算中肌肉的伸缩方式，即用户期望的肌肉伸缩模式；L_{actual} 是肌肉在实际运动中的伸缩模式；$\dot{L}_{desired}$ 和 $\dot{L}_{actual}$ 分别表示 $L_{desired}$ 和 L_{actual} 的微分。其中，P_{CSA} 和 M_{stress} 是从 LifeMod 模型的人体数据库直接调用，其大小与受试者的性别、身高、体重、年龄存在一定的比例关系。P_{gain} 和 D_{gain} 分别表示比例因子和微分因子，一般 D_{gain} 的取值约为 P_{gain} 的 10%。

5.2.4.3　接触力的定义

人体-外界环境之间的接触力（contact force），一般都是在个性化模型建立之后，利用 Adams. View 的菜单创建外部环境（助跳板、跳桌、落地垫），并定义两者之间的接触与约束。随后，利用 IMPACT 函数来定义求解，其中接触力是由弹簧力和阻尼力组成，接触表面的贯穿量、非线性弹性力、黏滞阻尼及摩擦力决定着接触力的大小。接触力方程的基本计算公式如下：

$$F_n = kg^e + \text{step}(g, 0, 0, d_{max}, c_{max})\frac{dg}{dt} \quad (5\text{-}4)$$

式中，k 是刚度系数，g 是两个几何体之间的压缩深度，e 是正实数指数，d_{max} 是压缩深度的最大值，c_{max} 是最大压缩深度所对应的最大阻尼系数，dg/dt 代表在接触点处的压缩速率。

本研究体操运动员-器械系统模型，在外部器械与人体模型的足或手之间建立了接触。其中，接触力的类型都是 solid-to-solid，接触力的基本参数设置包括接触刚度、阻尼、静摩擦系数、动摩擦系数等。接触参数数量级的选取具体如表 5-1 所示。

表 5-1　接触参数数量级的选取

参数	物理含义	数量级范围
contact stiffness	接触材料的刚度系数	1e4～1e5
exponent	Normal force 的计算时，材料刚度的贡献指数	1.0～1.5
damping	接触材料的阻尼属性	1e2～1e3

续表

参数	物理含义	数量级范围
friction transition velocity	当滑动速度>FTV，摩擦系数取 MDF	1~10
stiction transition velocity	当滑动速度<STV，摩擦系数取 MSF	0.1~1.0
Mu static friction	静摩擦系数	0.5~1.0
Mu dynamic friction	动摩擦系数	0.2~0.5
full damping depth	阻尼的最大压缩深度	0.1

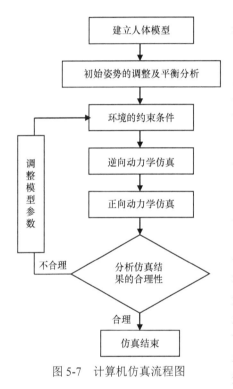

图 5-7　计算机仿真流程图

5.2.5　仿真流程

首先获取人体运动的运动学参数，转换成人体运动仿真软件 LifeMod 识别的 SLF 文件，结合人体形态测量学参数建立 19 个环节的人体模型；任意两个环节之间由不同自由度的关节链接在一起，并赋予约束；调整人体模型的空间位置与姿势，使之更接近实际运动的初始状态；然后进行平衡分析，之前进行的人体模型姿势与位置的调整就显得尤为重要，其目的就是对人体模型的关节中心与实际运动的关节点进行匹配，按照人体运动的轨迹来驱动人体模型；创建助跳板、跳桌、落地垫，并与人体模型接触；通过逆向动力学完成人体模型与它们之间的相互接触，并记录了人体的运动轨迹及各关节的关节力与力矩；最后进行正向动力学，在关节力与力矩的驱动下，完成人体跳马过程的仿真（图 5-7）。

5.2.6　体操器械力学参数的优化与模型验证

对体操运动员踏跳、推手和落地阶段进行运动学解析，仿真之后获取其相应的运动学参数：接触时间、重心速度、各关节的角度，并分别与实际运动过程解析得到的数值进行均方根差（root-mean-square difference）如式（5-5）所示。当式（5-6）出现最小值时，表明该状态下的体操器械的力学特性较为合适。

$$\Delta\delta = \sqrt{\frac{x_1^2 + x_2^2 + \cdots + x_m^2}{m}} - \sqrt{\frac{y_1^2 + y_2^2 + \cdots + y_n^2}{n}} \qquad (5\text{-}5)$$

$$s = \Delta T + \Delta V + \frac{1}{3}\Delta \alpha_i \qquad (5\text{-}6)$$

式中，x 和 y 分别表示实验值和仿真值，$\Delta \delta$ 表示两者的均方根差；ΔT 表示接触时间差，ΔV 是运动过程中重心速度在垂直方向上的均方根差，$\Delta \alpha_i$ 为上肢或下肢各关节角度的均方根差。

利用复相关系数（coefficient of multiple correlation，CMC），对两者关节角度或垂直反作用力的变化曲线进行相似度的描述，具体如式（5-7）所示：

$$\text{CMC} = \sqrt{1 - \frac{\displaystyle\sum_{i=1}^{m}\sum_{j=1}^{n}(x_{ij} - \overline{x}_j)/n(m-1)}{\displaystyle\sum_{i=1}^{m}\sum_{j=1}^{n}(x_{ij} - \overline{x})^2/(nm-1)}} \qquad (5\text{-}7)$$

式中，m 是曲线的条数，n 是每条曲线中含有数据的个数，x_{ij} 是第 i 条曲线的第 j 个数据，$\overline{x}_j$ 是 m 条曲线的第 j 个数据的平均值，$\overline{x}$ 是 m 条曲线 n 个数据的总体均值。当各组曲线非常相似时，方差比趋于 0，CMC 就会趋向于 1，反之则相反。0～0.25 表明曲线之间没有相似性；0.25～0.50 表明较小相似性；0.50～0.75 表明中度相似性；0.75～1.00 表明高度相似。

5.2.6.1　体操运动员-助跳板系统模型的验证

在踏跳过程中，采取一种简易的优化算法来探寻助跳板合适的刚度和阻尼系数，使获得的人体运动与实际情况较为接近，且其参数还须在国际体联（FIG）规定的力学特性范围之内。首先，通过静态和动态测试对助跳板的刚度和阻尼进行初步评估（吴成亮等，2013），结合 Harwood（1999）的研究成果得到助跳板结构性能参数的取值范围（表 5-1）。在此基础上，不断对助跳板各个环节的参数（助跳板的弹簧和板面的刚度和阻尼系数）进行优化整合，使人体模型在踏跳过程中的接触时间、踏跳过程的重心速度、下肢各关节的角度，分别与实际运动过程解析得到的数值进行均方根差的计算，当式（5-7）出现最小值时，表明该状态下的助跳板参数较为合适。

而在人体-助跳板系统模型可行性和合理性的验证上，由于本研究的实验对象是国家体操队备战奥运会的运动员，很难对其进行实验室性质的基础研究，如助跳板下面放置三维测力台或压力板，并配置加速度计来量化体操运动员在踏跳过程受到的踏板反作用力（board reaction force，BRF），随后对实验结果与仿真进行相互比较来验证人体-助跳板系统模型的可行性。综合上述因素，本研究通过对实际运动和仿真结果两者的踏跳过程的时间、运动学参数（以关节角度为例）和动力学参数（仿真的 BRF）与近年来国内外关于 BRF 的研究进行比较，以判断其是否在合理的范围之内。

体操运动员在实际跳马过程中的踏跳时间为 0.083s，而仿真的踏跳时间为 0.080s，两者相差 3ms，占踏跳总时间的 3.6%。

在运动学参数方面，以体操运动员在踏跳过程中的膝关节角度变化为例（图 5-8），利用 CMC 的计算得到左、右膝关节在实际运动与仿真中两者的相似度分别为 0.927 和 0.955，表明两者在动态变化上是高度相似的。同时还发现不论是实际运动中，还是在仿真过程中，左、右膝关节均在蹬离助跳板的瞬间前后达到角度最大值（约 120ms），且两者角度的最大差分别为 8.12°（左膝：图 5-8A）、8.57°（右膝：图 5-8B），即仿真的膝关节角度均大于实际测量结果。

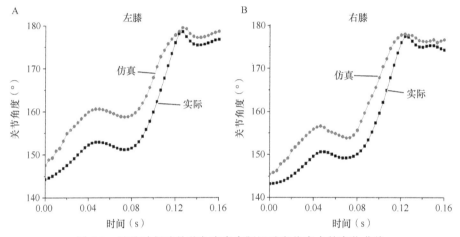

图 5-8 踏跳过程膝关节角度在实际运动和仿真中的变化曲线

动力学方面，体操运动员在踏跳阶段受到的 BRF 由于性别、完成的动作类型等差异，在数值上与其他研究存在不同，但在数量级上基本相似（表 5-2）。同时，这也间接地表明 Takei（1988，1989，1990）利用动量定理获得的平均 BRF 的研究也是合理的。另外，BRF 的峰值在水平和垂直方向上分别是平均值的 3 倍和 2 倍之多，与 Sano 等（2007）的研究十分吻合。同时可靠性分析两次踏板反作用力变化曲线的相似度高于 80%，表明所建模型是有效的。

表 5-2 踏跳过程中踏板反作用力的平均值和峰值一览表

		Takei（1988）	Takei（1989）	Takei（1990）	Sano 等（2007）	本研究
BRF（平均）	水平	−2.0BW	−1.9BW	−1.7BW	−1.66BW	−1.48BW
	垂直	5.2BW	4.9BW	4.6BW	3.90BW	3.87BW
BRF（峰值）	水平				−5.60BW	−5.43BW
	垂直				10.40BW	9.65BW

注：BW 表示身体质量（body weight）

综上所述，不论从运动时间还是运动学和动力学方面，基于 LifeMod 建立的体操运动员-助跳板系统模型在模拟跳马的踏跳阶段都比较合理、可行。从而说明通过高速摄像对人体运动进行解析获取运动学参数，在此基础上建立刚体系统模型来模拟仿真，仿真得到的人体运动轨迹较能真实地反映实际情况；解决了在实际训练和比赛中，很难采用常规的生物力学实验室手段和方法对体操运动员踏跳过程进行人体-助跳板动力学关系的研究。

5.2.6.2　体操运动员-跳桌系统模型的验证

对于推手过程也采取类似的优化算法，确定跳桌的刚度和阻尼系数，使获得的人体运动与实际情况较为接近，且其参数还须在国际体联（FIG）规定的力学特性范围之内。根据跳桌的国家测试标准，结合 Jackson 等（2008，2010，2011）一系列研究得到跳桌的力学参数范围（表 5-1）。在此基础上，不断对跳桌各个环节的力学参数（跳桌平面的刚度和阻尼系数）进行优化整合，使人体模型在推手过程中的接触时间、重心速度、上肢各关节的角度，分别与实际运动过程解析得到的数值进行均方根差，当式（5-7）出现最小值时，表明该状态下跳桌的刚度和阻尼系数较为合适。

对于体操运动员-跳桌系统模型可行性和合理性的验证上，由于本研究的研究对象是国家体操队备战奥运会的优秀运动员，很难对其进行实验室性质的基础研究。

综合上述因素，本研究通过实际运动和仿真结果两者推手过程的时间、运动学参数（以关节角度为例）和动力学参数（推手过程承受的反作用力）与近年来国外关于鞍马运动过程中承受的反作用力的结果进行比较，以判断其是否在合理的范围之内，利用通过复相关系数对两者关节角度的变化曲线进行相似度的描述。

体操运动员在实际跳马过程中的推手时间是 0.20s，其中左、右推手时间分别为 0.127s 和 0.133s，且两者的间隔时间较短，仅为 0.067s；仿真的推手总时间为 0.186s，其中左、右推手时间分别为 0.112s 和 0.115s，其间隔时间为 0.071s。从推手的总时间来讲，实际运动与仿真相差 14ms，占实际推手时间的 7%。

在运动学参数方面，以体操运动员在推手过程肩关节角度的变化为例（图 5-9），利用 CMC 的计算得到左、右肩关节在实际运动与仿真中两者的相似度分别为 0.937 和 0.957，表明两者在变化趋势上是高度相似的。同时还发现不论是实际运动中，还是在仿真过程左、右肩关节角度均在触马瞬间有所减小（图 5-9 虚线处），其原因是体操运动员通过肘、肩关节的屈曲来缓冲冲击负荷。体操运动员实际和仿真过程左、右肩关节角度最大差值分别为 11.85°（图 5-9A）和 7.34°（图 5-9B），且仿真的肩关节角度略小于实际运动。

在动力学方面，体操运动员在推手阶段左右手受到的撑马反作用力（table reaction force，TRF）与 Fujihara 等（2009）及 Fujihara 和 Gervais（2012）的鞍马

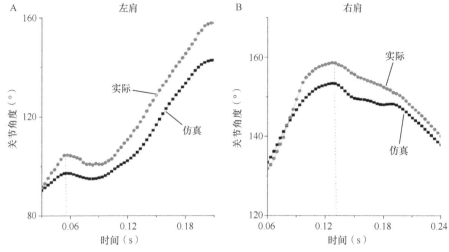

图 5-9 推手过程肩关节角度在实际运动和仿真中的变化曲线

支撑阶段的研究结果相比，由于项目、性别、完成的动作类型等差异，因此在数值上与其他项目的研究存在不同，但基本处于同一数量级上（表 5-3）。

表 5-3 体操运动员跳马撑马与鞍马动作中手部受到的垂直反作用力的对比（BW）

垂直方向	Fujihara 和 Gervais（2012）（鞍马）		Fujihara 等（2009）（鞍马）		本研究（跳马）	
	左手	右手	左手	右手	左手	右手
反作用力峰值	1.06	1.26	1.12	1.18	1.37	1.40
反作用力均值	0.71	0.74	0.72	0.70	0.69	0.87

同时，可靠性分析两次推手过程受到 TRF 变化曲线的相似度高于 80%，表明所建模型是有效的。综上所述，基于 LifeMod 建立的体操运动员-跳桌系统模型在模拟跳马的推手阶段不论从运动时间，还是运动学和动力学方面都比较合理、可行。从而说明通过高速摄像对人体运动进行动作捕捉并解析获取运动学参数，在此基础上建立刚体系统模型来模拟仿真，仿真得到的人体运动轨迹较能真实地反映实际情况；解决了在实际训练和比赛中，很难采用常规的生物力学实验室方法对体操运动员推手过程进行体操运动员-跳桌之间动力学关系的研究。

5.2.7 结语

本节通过较大篇幅介绍了研究人员建立的面向运动场景的人体生物力学建模与仿真方法的建立和验证过程。研究表明：①利用高速摄像或高速红外捕捉系统采集到的运动学参数均可以较好地应用到人体运动仿真研究中，而基于 LifeMod 建立 19 个环节的人体模型是可行和合理的；②通过优化方法并结合实验研究获得体操器械（助跳板和跳桌）的力学参数（刚度和阻尼系数），与人体模型接触形成系统模型，能较好地反映体操运动员在跳马中的实际运动。

本节所建立的面向运动场景的人体生物力学建模与仿真方法是一种对运动员无干扰的方法，可以适用于不同项目、多种运动场景下运动员关键技术动作（特别是高难度动作）力学规律的研究。

5.3　体操跳马踏跳动作动力学及其影响因素的研究

5.3.1　引言

在竞技体操的跳马比赛中，踏跳是 6 个主要的分段时相之一。助跳板的有效利用或起跳效果已经被认为是成功完成跳马技术动作的关键因素。体操运动员的动量和角动量可以通过踏跳动作进行有效的转换，而起跳后运动员的力学参数大小对于运动员完成跳马技术动作起着决定性的影响，起跳后拥有较大的水平速度、动能和角动量对成功完成跳马动作非常关键。

踏跳过程中体操运动员-助跳板之间的踏板反作用力（board reaction force，BRF）被认为是决定第一腾空力学参数的重要因素，然而只有极少的研究特别关注踏跳阶段的动力学特征。前期的研究着重利用动量定理探究踏跳阶段动量的变化，以及踏跳过程的平均 BRF，特别在近期 Sano 等（2007）量化踏跳过程中的足-板之间 BRF 的动态变化特征，指出在水平和垂直方向上的平均 BRF 分别约为 2BW 和 5BW，而 BRF 的峰值分别为 6BW 和 10BW。但是，此研究却没有关注踏跳过程中的内在负荷（关节反作用力或负载率等参数）。虽然国际体操联合会已经对助跳板进行了一系列的标准化测试，但是测试要求是为了满足 FIG 比赛统一标准，而不是完全为了适应人体肌肉骨骼系统的需求。同时，助跳板作为男、女体操运动员跳马和其他项目踏跳的必备器材，教练员经常会认为踏板存在一个最适合踏跳区域，而这与体操运动员双脚踏跳的位置有关。然而遗憾的是，至今没有明确指出体操运动员踏跳过程中是否存在最优区域，或双脚踏跳的最佳位置。

事实上，体操运动员为了完成高难度技术动作来获取高分，就要充分地认识到踏板的动态变化特征并有效的利用，虽然国际体联（FIG）已经对比赛的助跳板进行了标准化的测试和分析，但或许还有一种更有效或更安全的踏板，它不仅满足比赛要求，而且还可以提高运动成绩和减少冲击的内外负荷。为探讨踏板过程中体操运动员踏跳动作力学特征及其影响因素的作用，李旭鸿等（2013，2015，2018）首先建立了个性化体操运动员和助跳板的系统模型，并进行验证和讨论分析；其次，量化体操运动员在助跳板上踏跳过程中的踏板反作用力、关节反作用力；最后，探讨助跳板力学特性的变化（弹簧刚度、助跳板面体的刚度和阻尼系数及踏跳位置）对体操运动员踏跳过程中的内外负荷的影响，以及是否可以有效增加踏跳的效果。

5.3.2 建模与仿真方法

对于人体-助跳板系统模型的建立与验证，在 5.2 节已经做出详细的介绍，这里不再赘述。研究动作为 2011 年全国体操锦标赛女子跳马决赛冠军完成的冢原直体后空翻转体 720°中的踏跳动作。研究首先利用基于 LifeMod 软件系统的运动员-助跳板模型，对运动员完成的踏跳动作进行仿真，之后再进行敏感性仿真实验，分析助跳板不同影响因素对踏跳阶段人体-助跳板动力学关系及运动员关节负荷的影响。具体来说，就是通过改变模型中的助跳板弹簧、板面体的刚度和阻尼系数及踏跳的位置，计算机仿真分析这些因素改变引起运动员受到的踏板反作用力、关节反作用力和负载率（loading rate，LR）的变化，旨在寻找助跳板的力学特性中哪些因素对体操运动员踏跳过程内外冲击的影响较大，哪些因素能较好地提高踏跳后的起跳效果。

5.3.3 运动员-助跳板动力学特征

整个跳马踏跳阶段的仿真时间约为 80ms，主要是从脚跟接触助跳板（0%）到脚尖离板（100%）。结果发现体操运动员在踏跳阶段左右两侧在水平和垂直方向上共受到的 BRF 平均值为−449.6N（−1.48BW）和−1175.7N（−3.87BW）、峰值分别为1649.6N（5.43BW）和2931.7N（9.65BW）、归一化冲量分别为−1.24N·s/kg和 3.07N·s/kg。其中，体操运动员到达 BRF 峰值的时间约为 20ms，在垂直方向上的负载率为 146.54N/ms。由于本研究的跳马动作是冢原直体后空翻转体 720°，体操运动员在触板后右腿主动发力来蹬踏助跳板，以期获取较好的第一腾空身体姿势。结果造成右腿在水平分力快速减小，在垂直方向上的 BRF 峰值明显高于左腿，同时作用时间也少于左腿（图 5-10A、B）。人体下肢较大的骨骼具有缓冲避震的功能，所以踝、膝和髋关节受到的关节反作用力（joint reaction force，JRF）明显逐步减小，而在右脚离开板的前期下肢各关节由于重力的缘故，

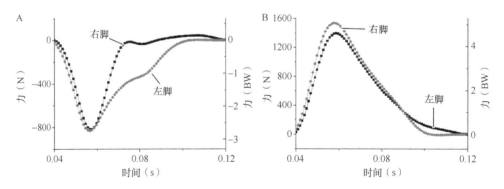

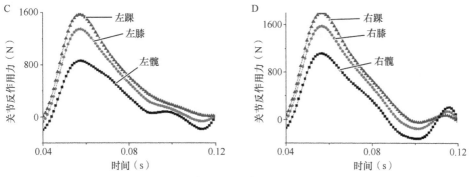

图 5-10　踏跳阶段踏板反作用力和关节反作用力

A 和 B 分别为水平和垂直方向的踏板反作用力（BRF），C 和 D 分别为左侧和右侧下肢的关节反作用力（JRF）

处于主动牵拉的状态，并主动发力蹬离助跳板，希望获得更大的起跳效果（图 5-10C、D）。另外，由于踏跳过程体操运动员要完成逆向的转体，运动员右侧下肢主动发力来蹬离板，造成右侧的 JRF 峰值比左侧的大一些，其中右侧的踝、膝和髋关节反作用力分别比左侧大 13%、14% 和 23%。

5.3.4　助跳板力学特性的影响

针对本研究中助跳板的结构特征，通过改变助跳板中的弹簧刚度和助跳板面体的刚度和阻尼等力学参数，探讨助跳板的力学特性对体操运动员在踏跳过程受到的 BRF、JRF 及踏跳效果的影响，旨在寻找踏板技术潜在的影响因素，进而提高踏跳技术。

5.3.4.1　助跳板弹簧刚度的影响

1）冲击负荷

为了更清楚地了解下肢关节在踏跳过程中承受的内外负荷，研究仅以左脚为例进行说明（下同）。当助跳板弹簧的刚度系数增大到原来的 3.5 倍，体操运动员左脚受到的 BRF 峰值在水平和垂直方向上分别增大 5.2% 和 9.9%，平均值则分别减小 5.5% 和增大 36.33%（图 5-11A、B）。与此同时，随着弹簧刚度系数的增加，踏跳的总时间随之减少。另外，在水平方向上体操运动员首先受到较大的阻力，接着逐步减小直至主动发力蹬离助跳板，其值由负的阻力变为正的动力（图 5-11A）。而在垂直方向上，体操运动员将会受到较大的 BRF，且时间较长（图 5-11B）。

从表 5-4 可以看出，增加助跳板弹簧的刚度，BRF 的峰值都会随之增大。但 BRF 的峰值时间并没有延长多少，造成踏跳阶段的外在负载率有所增大。

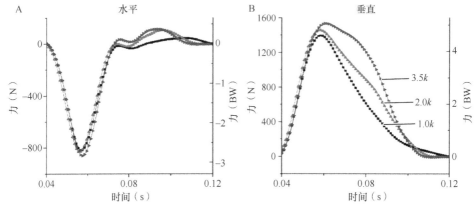

图 5-11 助跳板弹簧的刚度对水平和垂直方向上踏板反作用力的影响

图中 k 是助跳板最优状态下弹簧的刚度系数

表 5-4 助跳板弹簧的刚度对内外冲击负荷的影响

冲击负荷	1.5k	2.5k	3.5k
t_{zmax}（ms）	18.5	19.0	20.5
F_z（N）	2967.35	3091.26	3194.84
F_z（BW）	9.77	10.18	10.32
LR（N/ms）	160.40	162.70	163.84

注：t_{zmax} 为峰值时间，F_z 为双脚受到垂直反作用力峰值，LR 为负载率

当踏跳在具有弹性的助跳板上，人体下肢通常会利用下肢骨骼的缓冲特性，结合接触表面的软硬程度进行肌肉调谐，旨在获取最佳的踏跳效果。结果发现下肢的踝、膝和髋关节几乎同时达到 JRF 峰值，约在触板后 18ms。当助跳板弹簧的刚度系数增大到原来的 3.5 倍时，体操运动员下肢踝、膝和髋关节承受的反作用力峰值分别增加 7.9%、8.0% 和 9.4%。虽然踏跳时间有所减少，但承受较高冲击负荷的时间却大大地增加（图 5-12A～C）。

2）踏跳效果

在体操跳马比赛中运动员倘若想成功地完成技术动作，必须拥有较好的第一腾空技术参数。起跳后的速度决定着第一腾空的运动轨迹，故需要对踏板反作用力与时间的变化进行积分，因为力产生的冲量是力-时间曲线在一段时间内的积分（$I = \int_0^t F(t)\mathrm{d}t$），从而可得到踏跳过程重心速度的变化。

计算机仿真结果发现，助跳板弹簧的刚度系数增大到原来的 3.5 倍，体操运动员在垂直方向上的起跳速度增大 33.22%（表 5-5）。与此同时，改变助跳板弹簧的力学特性对水平速度变化的影响较小。所以，助跳板弹簧的刚度系数对踏板起跳后的重心速度影响较大。

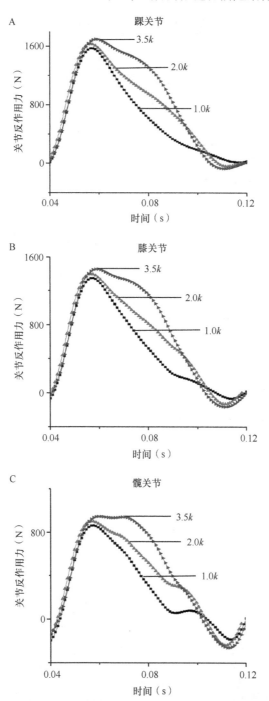

图 5-12　助跳板弹簧刚度对下肢关节反作用力的影响

表 5-5　助跳板弹簧刚度变化对冲量和速度的影响

不同方向的参数		刚度系数			基本值
		1.5k	2.5k	3.5k	1.0（k）
水平方向	冲量（N·s）	−39.56	−41.19	−43.26	−38.30
	Δv（m/s）	−1.28	−1.33	−1.40	−1.24
垂直方向	冲量（N·s）	105.79	117.23	126.67	95.17
	Δv（m/s）	3.41	3.78	4.09	3.07

注：k 为最优状态弹簧刚度，Δv 为速度的变化量

5.3.4.2　助跳板面体刚度和阻尼的影响

1）冲击负荷

当助跳板面体的刚度增加 40%，体操运动员左脚受到的 BRF 峰值在水平和垂直方向上分别增大 7.4% 和 20.7%，平均值则分别增大 8.9% 和 12.0%（图 5-13A、B）。另外，随着助跳板面体刚度的增加，垂直方向上的踏跳时间明显减少（图 5-13B）。

增加助跳板面体的刚度造成 BRF 峰值明显增大，而到达峰值的时间却减少，因此外在的负载率明显增大（表 5-6）。

表 5-6　助跳板面体刚度和阻尼对踏跳阶段冲击负荷的影响

冲击参量	刚度系数			阻尼系数		
	1.2k	1.3k	1.4k	2.00C	2.67C	3.33C
t_{zmax}（ms）	18.8	18.3	17.8	16.9	15.9	14.9
F_z（N）	3217.81	3417.86	3549.35	2941.96	2933.56	2928.59
F_z（BW）	10.79	11.25	11.68	9.68	9.66	9.64
LR（N/ms）	171.16	186.77	199.40	174.08	184.50	196.55

注：t_{zmax} 为到达峰值的时间，F_z 为双脚受到垂直反作用力峰值，LR 为负载率

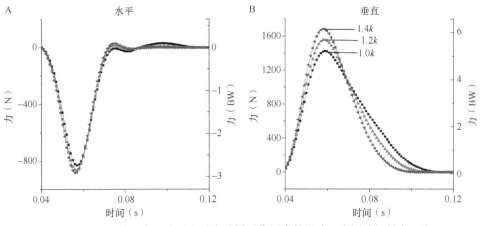

图 5-13　助跳板面体刚度对水平和垂直踏板反作用力的影响（彩图请扫封底二维码）
图中的 1.0k 是助跳板最优状态下板面的刚度

当助跳板面体的阻尼系数逐渐增大到原来的 3.33 倍时，体操运动员左脚受到的 BRF 峰值在水平和垂直方向上分别减小 5.0% 和 3.0%，而平均值则增加 1.5% 和减小 0.13%。同时，整个踏跳时间也随之增多（图 5-14A、B）。增加助跳板面体的阻尼虽然造成 BRF 峰值有所减小，但是到达 BRF 峰值的时间也减少了，即提前到达峰值造成外在负载率也有所增大（表 5-6）。

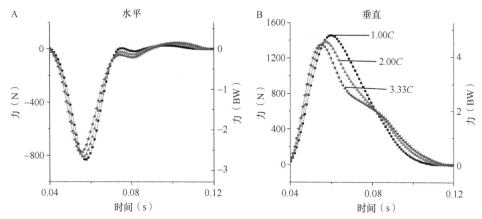

图 5-14 助跳板面体阻尼变化对水平和垂直踏板反作用力的影响（彩图请扫封底二维码）

图中的 1.00C 是助跳板最优状态下板面的阻尼系数

人体与助跳板面接触时，下肢踝、膝和髋关节几乎同时达到 JRF 峰值，约在触板后 17ms。当助跳板面体的刚度系数增大 40% 时，运动员下肢踝、膝和髋关节承受的反作用力峰值分别增加 19.3%、19.8% 和 21.9%。虽然踏跳时间有所减少，但承受较高冲击负荷的时间也减少（图 5-15A、C、E）。

当助跳板面体的阻尼系数增大到原来的 3.33 倍时，体操运动员下肢踝、膝和髋关节承受的反作用力峰值分别减小了 1.2%、0.9% 和 0.5%。同时到达 JRF 峰值

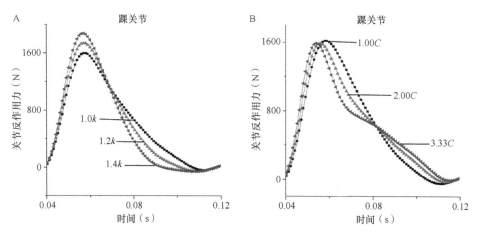

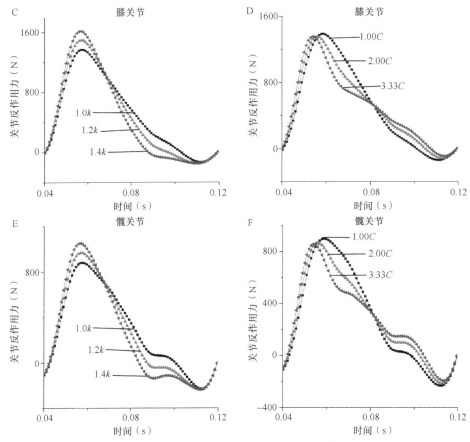

图 5-15　助跳板面体刚度和阻尼对下肢关节力的影响

的时间减少，即提前到达峰值造成负载率增大，所以运动员下肢关节承受的冲击负荷比较大而且增加很快（图 5-15B、D、F）。

　　2）起跳效果

　　当助跳板面体的刚度系数增大 40%，体操运动员在垂直方向上获得的起跳速度减少 1.29%。而阻尼系数增大到原来的 3.33 倍，体操运动员起跳垂直速度减小了 3.87%，同时对水平方向上速度变化的影响也不是很明显（表 5-7）。从而说明助跳板面体刚度或阻尼对体操运动员踏板起跳后的速度影响很小。

表 5-7　助跳板面体刚度和阻尼变化对冲量和速度的影响

冲击参量		刚度系数			阻尼系数			基本值
		1.2k	1.3k	1.4k	2.00C	2.67C	3.33C	1.0（k，C）
水平方向	冲量（N·s）	−36.78	−36.49	−36.04	−36.71	−36.29	−35.98	−37.20
	Δv（m/s）	−1.19	−1.18	−1.16	−1.18	−1.17	−1.16	−1.20

续表

冲击参量		刚度系数			阻尼系数			基本值
		$1.2k$	$1.3k$	$1.4k$	$2.00C$	$2.67C$	$3.33C$	1.0（k，C）
垂直方向	冲量（N·s）	95.80	95.35	94.77	94.68	93.52	92.50	96.10
	Δv（m/s）	3.09	3.08	3.06	3.05	3.02	2.98	3.10

注：k、C 分别表示助跳板面最优状态下的刚度和阻尼系数基本值；Δv 为速度变化量

5.3.5　踏跳位置的影响

1）冲击负荷

助跳板作为体操器械应用在跳马项目上，帮助体操运动员完成跳马动作。教练员经常认为踏跳位置对于踏跳阶段获得有效的起跳效果至关重要，也就是所谓"甜区"使运动员拥有最佳的起跳效果。然而很遗憾，没有研究探讨踏跳位置与起跳效果及承受的冲击负荷之间关系，所以本研究针对踏跳的前后、左右位置，探讨踏跳位置对体操运动员受到的内外冲击负荷及起跳效果，希望寻找合适的途径或方法来优化踏板技术。

体操运动员在踏跳过程中，定义其踝关节标志点对应的助跳板位置为 d，当 $d \leq OA$ 为后区，$OA \leq d \leq OB$ 为中区，$OB < d \leq OC$ 为前区，如图 5-16 所示。李旭鸿和郝卫亚（2018）研究了体操运动员 3 个踏跳位置，分别为 45cm、65cm 和 86.5cm。

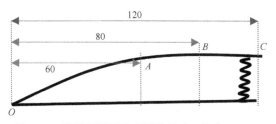

图 5-16　助跳板侧面示意图及尺寸（单位：cm）

结果发现前、中和后区 BRF 峰值逐渐增大，踏跳时间逐渐减少。同时，中区和前区的 BRF 峰值在水平方向上分别比后区减小了 16.1%、39.4%，在垂直方向上分别减小了 13.8%、25.2%（图 5-17A、B）。

不论体操运动员的踏跳位置如何，运动员下肢踝、膝和髋 3 个关节承受的反作用力都是逐渐减小的，且下肢关节在前、中和后区受到 JRF 逐渐增大，同时踏跳时间也逐渐减少（图 5-18）。对于踝关节而言，中、前区的 JRF 峰值要比后区分别减小 13.9%、31.3%（图 5-18A）；膝关节则分别减小 14.9%、32.5%（图 5-18B）；髋关节则分别减小 17.9%、35.6%（图 5-18C）。

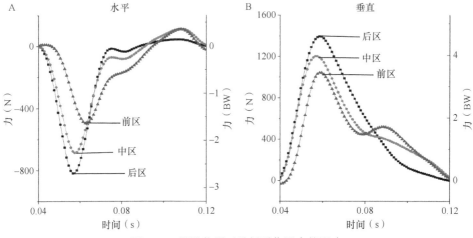

图 5-17　踏跳位置对踏板反作用力的影响

　　另外，对踏跳的左右位置变化也进行了研究，发现不论踏跳的左右位置如何变化，BRF 和 JRF 都没有任何变化。对此笔者认为，首先助跳板与地面固定在一起，其次助跳板模型的两根弹簧位于左右边缘，与助跳板的上板形成一个有机整体；即体操运动员踏跳在板面体的任何区域内，受到的踏板反作用力与关节反作用力只与助跳板某一处整体的刚度和阻尼有关，而此刚度和阻尼参数主要取决于

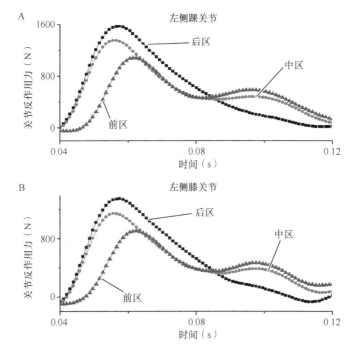

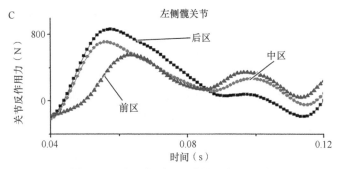

图 5-18　踏跳位置对下肢关节力的影响

踏跳前后位置，与左右变化无关。从而也进一步表明当前的助跳板拥有较大的踏跳适应区域，可以弥补运动员踏跳环节的不足，减小踏跳位置或区域对运动员踏跳技术的影响。

2）起跳效果

为了探讨踏跳位置对踏板后起跳效果的影响，李旭鸿（2013）特别选取 2011 年全国体操锦标赛女子跳马决赛中的 3 名选手进行仿真研究。研究指出，踏板起跳的垂直速度是评价踏板起跳效果的关键指标，所以研究着重观察垂直方向上的速度变化情况。结果发现体操运动员在后区的起跳效果都优于中、前区。同时 3 名体操运动员在后区踏跳获得的垂直冲量平均比中区多 3.8%，比前区多 8.6%，后区的重心垂直速度变化量平均比中区多 0.13m/s，比前区多 0.27m/s（表 5-8）。

表 5-8　踏跳位置变化对垂直冲量和速度的影响

名称	李 XX			张 XX			郑 XX		
踏跳位置（cm）	46.79	67.14	85.11	50.24	60.30	92.18	54.45	68.06	83.18
垂直方向冲量（N·S）	101.78	96.48	92.88	142.23	138.77	131.55	117.01	112.55	107.93
Δv（m/s）	3.28	3.11	3.00	3.74	3.65	3.46	3.12	3.00	2.88

注：Δv 表示速度变化量；上述三名运动员都是 2011 年全国体操锦标赛的决赛选手

5.3.6　分析和讨论

整个踏跳阶段经过优化后，得到体操运动员在踏跳阶段左右两侧共受到的 BRF 峰值在水平和垂直方向上分别为–1649.63N（–5.43BW）和 2931.67N（9.65BW）（图 5-10A、B）。这与 Sano 等（2007）的研究较为相似，另外在 BRF 的平均值方面，也与 Takei（1988，1989，1990）的一系列研究十分接近。其中，体操运动员到达 BRF 峰值的时间约为 20ms，在垂直方向上的平均负载率为 146.54N/ms，与 Mill 等（2010）对体操运动员在完成前空翻和后空翻之后落地受到的垂直地面反作用力（vertical ground reaction force，vGRF）和平均 LR 也十分接近，其值分别为 158N/ms、146N/ms。

通常情况下，体操运动员双脚上板之后，膝关节和髋关节会发生一定程度的屈曲，同时助跳板也受到下压变形。根据生理学原理可知，下肢大肌肉群的屈曲拉长有助于蹬离助跳板发挥最大的肌肉爆发力，同时助跳板的下压变形也储存了弹性势能。当助跳板压缩到最低时，体操运动员受到的 BRF 也达到峰值（图 5-10A）。接着体操运动员会立即快速有力地伸展双腿，直至脚尖离板，也就是所谓的"快速打板"。本研究的跳马动作是冢原直体后空翻转体 720°，体操运动员在触板不久就会主动发力来蹬踏助跳板，希望借此完成转体，并在踏跳阶段获得初始绕纵轴的转体力矩，以便加快进入第一腾空，这是该类动作踏跳技术的一个明显特点，结果造成下肢右侧的 JRF 峰值要比左侧大一些。另外，人体下肢的踝、膝和髋关节承受的 JRF 逐渐减小，表明下肢骨骼系统呈现出较好的减震功能（图 5-10C、D）。

在完成体操跳马运动员-助跳板系统模型的验证后，本研究对跳马运动员在实际的踏跳过程进行仿真研究，探索助跳板弹簧和板面体的刚度和阻尼系数及不同踏跳位置对体操运动员受到内外冲击负荷的影响，以及对踏板起跳效果的影响进行了计算机模拟研究。

模拟研究结果表明，增加助跳板弹簧的刚度，体操运动员受到的 BRF 峰值和下肢的 JRF 峰值都会随之增大（图 5-11）。所以，增加助跳板弹簧的刚度和阻尼会增加下肢损伤的风险。同时由于到达峰值力的时间却没有增加多少，使其负载率有所增大（表 5-4），容易造成下肢关节的局部损伤（Mills et al.，2010）。另外，增加助跳板的刚度会提高踏板后的起跳效果。特别是当助跳板弹簧的刚度系数增大到原来的 3.5 倍时，踏板后的垂直起跳速度增大 33.22%（表 5-5）。反之减少助跳板弹簧的刚度系数也会减小踏板和关节反作用力峰值，负载率也会随之减小。增加踏板后的垂直起跳效果是运动表现最关键的指标，因此在满足人体肌肉骨骼系统需求的前提下，可以适当地增加助跳板弹簧的刚度来提升踏跳阶段的垂直起跳速度，帮助体操运动员完成更高难度系数的技术动作。

与助跳板弹簧的力学特性相比，助跳板面体的刚度仅增大到 40%，体操运动员在垂直方向上承受的 BRF 峰值就增加 20.7%（图 5-13），下肢踝、膝和髋关节反作用力峰值分别增加 19.3%、19.8%和 21.9%（图 5-15），其起跳垂直速度减小 1.29%（表 5-7）；同样助跳板弹簧的刚度增大到原来的 3.5 倍，其 BRF 峰值才增加 9.9%，下肢踝、膝和髋关节反作用力峰值分别增加 7.9%、8.0%和 9.4%，起跳后的垂直速度却增加 33.22%（表 5-5）。说明助跳板面体的刚度只能增加下肢关节的损伤，对踏板后起跳效果的帮助很小。另外，增加助跳板面的阻尼虽然使 BRF 峰值和下肢的 JRF 峰值都有所减小，但是到达峰值力的时间也随之明显减少，造成负载率有所增大。引起下肢关节局部骨折的主要因素就是不断承受冲击负荷和较大的负载率。研究发现使用运动鞋夹层垫能使 GRF 峰值减少 6.8%、负载率减小 8.3%，潜在地减少慢性损伤。这也进一步表明助跳板面体的阻尼系数增加虽然在一定程度上降低了内外冲击负荷，但是也会增加外在负载率，很容易引起下肢关节的局部损伤。总之，改变助跳板面的刚度和阻尼系数，虽然能有效地改变体操运动员在踏跳阶段受到的 BRF 峰值和下肢 JRF 峰值，但踏板后的垂直起跳速度几乎没有多少变化，所以对踏板技术的帮助很小。

在后区完成踏跳与中、前区相比，具有较大的垂直起跳速度和较大的 BRF 峰值、下肢 JRF 峰值。虽然体操运动员在后区承受较大的内外冲击负荷，但踏跳时间也比中、前区少，更容易抓住肌肉快速释放能量的生理特性。当然本研究中踏跳位置造成的垂直起跳速度差异也不是很大，但些许微小的差异就决定着比赛成绩的名次。研究没有发现体操教练员想象中的"甜区"特征，或有悖于实际的训练理念，笔者认为出现这个现象的主要原因有两个：首先，就助跳板的结构特性来讲，后区由于弧度较大，体操运动员较容易抓板，同时接触时间较短不会造成 BRF 的耗散或损耗；其次，体操运动员在后区更容易利用助跳板的弹性特征，有效地转化成垂直方向上的动能来完成跳马动作。当然不同的体操运动员由于力量、身体等的差异其下肢刚度也存在差异，体操运动员在踏跳的过程中，通常会通过自身的身体控制和调谐来补偿助跳板的刚度变化。另外，对于踏跳的左右位置变化也进行了研究，发现不论踏跳的左右位置如何变化，BRF 还是 JRF 都没有任何变化。对此笔者认为，首先助跳板与地面固定在一起，其次助跳板模型的两根弹簧位于左右边缘，与助跳板的上板形成一个有机整体；从侧面也反映出当前的助跳板较宽的作用区域和稳定性大大减少了体操运动员踏跳失误的可能性。

5.3.7　结语

本研究通过建模仿真方法，获取了个性化体操运动员跳马比赛中踏跳动作时内外负荷特征，同时探讨了助跳板力学特性变化对下肢负荷和踏跳效果的影响。研究表明，助跳板弹簧的刚度增加能有效地提高踏板后的垂直起跳速度，虽然也加重人体下肢的内外冲击负荷，但在满足人体肌肉骨骼系统生理承载范围的前提下，可以适当地增加来帮助体操运动员完成较高难度系数的技术动作。

改变助跳板面体的刚度和阻尼，虽然能有效地改变体操运动员受到内外冲击负荷，但踏板后的垂直起跳速度几乎没有变化。因此，增加助跳板面体的刚度或阻尼只能加重其损伤风险而不能提高运动表现。

在后区踏跳能有效地避免接触力的衰减和损耗，有助于起跳效果的提高，同时当前的助跳板以其较宽的作用区域和稳定性，大大地减小了体操运动员踏跳失误的可能性。

5.4 体操跳马推手动作动力学及其影响因素的研究

5.4.1 引言

体操运动员完成跳马动作时，会通过适当的助跑速度和节奏、快速有力的打板踏跳、充分有力的顶肩推手、高难度的空中翻腾/转体及平稳地落地来获取高分，进而取得好成绩。其中，推手阶段是从双（左）手撑马至双（右）手推离马的运动过程，它是完成跳马动作极为重要的技术环节，因为该阶段获得的技术参数是完成空中高难度翻腾/转体技术动作的基础。因此，研究人员很关注推手阶段的生物力学机制，寻求提高运动表现的生物力学因素。

Dainis（1981）采用 3 环节链接的平面数学模型来描述前手翻接后空翻推手阶段的生物力学特征，结果发现整个运动过程与实际的推手动作较为相似，离马时体操运动员的重心速度在水平和垂直方向上分别减少 7%，而第二腾空距离则分别减少 13%和 25%，同时要求体操运动员在第一腾空期间加快身体的角速度来补偿起跳速度的不足，另外推离阶段受到的反作用力对第二腾空的影响较小。King 等（1999）通过 2 个环节的人体模型对后摆水平跳和前手翻类空翻动作的第一腾空技术参数进行优化，结果发现前手翻类空翻动作需要较高的第一腾空运动轨迹、较大的身体角速度、推离马后拥有较大的垂直起跳速度。King 和 Yeadon（2005）发现合适的第一腾空是基础，其他因素对运动表现的影响较小。Koh 和 Jennings（2007）表明改变第一腾空阶段身体角度或环节角速度都能有效地提高直体后空翻的运动成绩。

这些研究都把体操运动员简化为若干链接的刚体环节，从不同的角度对跳马技术进行仿真研究，加深对体操运动员推手技术的理解，但也存在一些不足。首先，这些理论研究的数学模型有的过于简单，因此很难对此过程进行深入、详细的研究。其次，在 2001 年的世界体操锦标赛上，国际体联（FIG）推出了新的比赛器械跳桌（vaulting table），而过去研究的热点和重点是体操运动员与跳马（vaulting horse）之间相互作用的生物力学研究，不是当前使用的跳桌，因此以往研究结论需要重新探讨。最后，关于推手阶段的哪些因素对运动表现最重要的说法还存在分歧；一些研究指出撑马前的第一腾空时空参数决定着跳马成绩，但也有研究认为高水平体操运动员有能力通过推手阶段改变自身的身体姿势以进一步提高运动表现。Jackson 等（2010）通过建立体操运动员-跳桌的系统模型对推手阶段进行计算机仿真，结果指出优化体操运动员的撑马技术很难提高第二腾空高度和空中转体的角度，而对撑马前的空中姿态进行优化，结果第二腾空高度增加 0.14m，而空中转体的角度增加 9.8%。但很遗憾，杰克逊（Jackson）的研究中并没有指出推手过程中人体承受多少内外负荷，以及跳桌力学特性对冲击负荷的影响。

基于以上因素，很有必要对跳马动作的推手阶段进行计算机模拟仿真，通过采集优秀体操运动员实际推手动作的运动学参数，利用运动轨迹约束、匹配人体个性化模型和跳桌两者之间的相互接触，不仅可以较准确地描述体操运动员在推手过程手-跳桌之间的动力学关系，而且还能探讨体操运动员在推手阶段的初始状态、推手技术与最终运动表现之间的关系，为理解和探究上肢各关节承受的冲击负荷及损伤的生物力学机制提供新的视角。

本节研究目的就是建立个性化的体操运动员模型和跳桌，并证明体操运动员-跳桌系统模型的有效性，再进一步探寻体操运动员在推手阶段承受的内外冲击负荷，最后对跳桌的力学特性展开仿真影响，为推手技术的优化及上肢关节的损伤提供理论参考依据（李旭鸿等，2013，2014）。

5.4.2　模型与计算机仿真

对于人体-跳桌系统模型的建立与验证，在本章 5.2 节已经详细介绍，这里不再赘述。研究动作为 2011 年全国体操锦标赛女子跳马决赛冠军完成的冢原直体后空翻转体 720°的推手动作。运动员在推手阶段与跳桌的桌面进行接触。跳桌力学性质可能对运动员推手过程中的身体负荷及其运动表现的影响，有待进一步探讨。针对此问题，李旭鸿（2013）对有关跳马推手动作生物力学特征和跳桌力学特性敏感性进行了研究。本节将首先介绍推手阶段运动员受到跳桌的负荷特征，然后再探讨推手阶段跳桌刚度和阻尼系数变化对体操运动员负荷的影响，旨在进一步深化对跳马推手动作生物力学规律的理解。

5.4.3　运动员-跳桌动力学特征

整个跳马推手阶段的仿真时间约为 0.186s，主要从左手撑马到右手推离马。体操运动员左、右手受到的撑马反作用力（table reaction force，TRF）平均值、峰值和冲量在垂直方向上分别为 0.69BW 和 0.87BW、1.37BW 和 1.40BW、23.64N·s 和 28.55N·s（图 5-19）。其中，体操运动员左、右手到达 TRF 峰值的时间分别为 56.8ms 和 54.4ms，其负载率分别为 24.12BW/ms 和 26.29BW/ms。由于本研究的跳马动作是冢原直体后空翻转体 720°，体操运动员左侧当受到较大的 TRF 时，通过上肢关节的屈曲来缓冲和对抗冲击负荷，导致在撑马后有一个明显的衰减（图 5-19）。在运动方向上，左、右手首先受到向后的阻力，随后受到向前的推力，且左手受到的水平阻力较大（图 5-19A）。

由于推马后的起跳效果，主要与运动员在垂直方向承受的内外冲击负荷有关，因此对水平方向承受的内外冲击负荷及运动变化不再讨论。

上、下肢解剖结构差异造成上肢在对抗冲击效果上明显要比下肢差，但也能通过上肢的运动学适应性来缓冲避震。研究发现，腕、肘和肩关节在推手过程受到的 JRF 也是逐步减小，但减小的幅度不是很明显（图 5-20）。其中，上肢左腕、

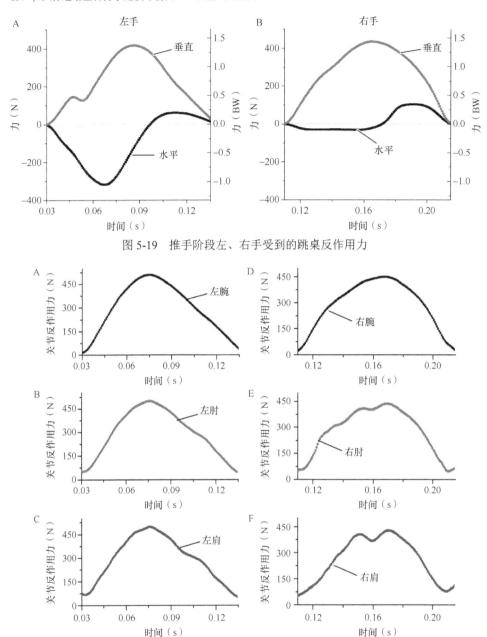

图 5-19　推手阶段左、右手受到的跳桌反作用力

图 5-20　推手阶段左、右上肢各关节的关节反作用力

左肘和左肩关节分别承受的 JRF 峰值为 512.28N、502.21N、494.34N，三者之间的差异很小，并且几乎同时到达 JRF 峰值；而右腕、右肘和右肩关节分别承受的 JRF 峰值为 442.65N、431.63N、422.45N，三者之间的差异也较小。由于左侧上肢

首先接触跳桌，因此承受较大的内在冲击负荷（图 5-20）。

左侧肘关节在推手过程与桌面接触，伴随着明显的屈曲动作，表明屈肌力矩调整左臂屈曲角度（峰值为–36.15N·m）。随后快速伸展，产生伸肌力矩（峰值为55.54N·m）来加速"顶肩"力度。而肩关节则相反，为了提高撑马高度，提前打开肩关节产生伸肌力矩，随后快速的屈曲维持身体的平衡，产生较大的屈肌力矩（峰值为–102.19N·m），如图 5-21A 所示。

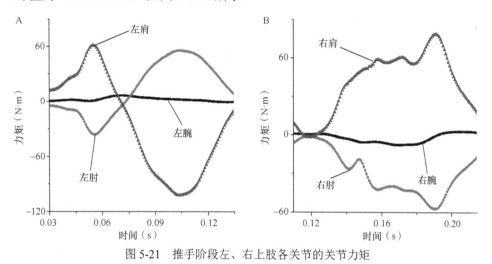

图 5-21　推手阶段左、右上肢各关节的关节力矩

右侧上肢在左侧上臂接触跳桌后，才与跳桌面接触。肩关节的伸肌力矩较大，其峰力矩为 78.82N·m，其次是肘关节的屈肌力矩（峰力矩为–57.17N·m），而腕关节力矩最小（图 5-21B）。

5.4.4　跳桌力学特性的影响

针对本研究建立的体操运动员-跳桌系统模型，对跳桌力学特性进行敏感性仿真研究。通过改变跳桌的刚度和阻尼，探讨对体操运动员推手阶段承受的内外冲击负荷及推离马后起跳效果的影响，旨在理解推手阶段人体-器械之间的动力学作用机制，为寻找提高运动成绩提供科学参考。

5.4.4.1　跳桌刚度的影响

1）冲击负荷

当跳桌刚度增加时，左手受到的 TRF 逐渐增大，而推手时间随之减少，致使推手末端的 TRF 出现减小（表 5-9）。同时，由于到达 TRF 峰值的时间也随之减少，其外在负载率将增大（表 5-10）。反之，TRF 随之减小（图 5-22A）。

表 5-9　跳桌刚度对左、右手撑马反作用力及接触时间的影响

跳桌刚度	左手撑马反作用力（N）				右手撑马反作用力（N）				接触时间（ms）	
	40ms	70ms	100ms	130ms	120ms	150ms	180ms	210ms	左手	右手
0.8k	71.12	249.06	305.83	93.80	173.73	404.88	399.44	112.62	125	128
0.9k	78.58	272.05	332.93	90.83	155.38	394.88	388.38	87.32	120	121
1.0k	82.25	314.66	352.89	74.58	119.19	375.80	371.47	42.87	112	115
1.1k	92.58	323.62	378.61	66.67	65.30	342.66	341.80	5.89	109	110
1.2k	96.93	357.51	405.56	53.24	44.26	315.05	299.55	0	107	104

注：k 表示最优状态下跳桌的刚度系数

表 5-10　跳桌刚度对峰值时间、撑马反作用力峰值和负载率的影响

冲击参量	左手			右手		
	0.9k	1.0k	1.1k	0.9k	1.0k	1.1k
t_{zmax}（ms）	60	56	54	57	53	50
F_z（N）	378.29	416.21	448.52	435.51	425.13	396.42
F_z（BW）	1.25	1.37	1.48	1.43	1.40	1.30
LR（N/ms）	6.30	7.43	8.30	7.64	8.02	7.93
LR（BW/s）	20.75	24.12	27.34	25.14	26.40	26.10

注：t_{zmax} 为从接触到峰值的时间，F_z 为垂直方向的峰值力，LR 为负载率，表中 F_z 和 LR 都有两行，分别是绝对值（单位分别为 N 和 N/ms）和相对于体重的相对值（单位分别为 BW 和 BW/s）

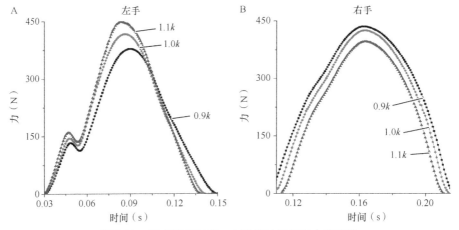

图 5-22　跳桌刚度对左、右手撑马反作用力的影响

　　然而，右手承受的 TRF 峰值随着跳桌刚度的增加而减小，且推手时间也随之减少（表 5-9）。另外，随着跳桌刚度的增加，右手触马的时间出现延迟（图 5-22B），虽然达到峰值的时间减少了，但 TRF 的峰值也减小，其外在 LR 无明显变化（表 5-10）。

　　由于人体上肢的骨骼系统也具有减震缓冲的功能，因此，不论跳桌刚度如

何变化，上肢的腕、肘和髋关节承受的 JRF 总是逐渐减小，但减小的幅度较小。因此也证明上肢的骨骼系统在对抗冲击负荷上，效果远不如下肢明显。同时，随着跳桌刚度的增加，左侧上肢各关节承受的 JRF 峰值、关节力矩（joint torque，JT）峰值和关节 LR 都随之增大。同时还发现，在撑马过程中左侧肘关节的 LR 总是最大，其到峰值的时间也是最少，因此在推手过程中最容易造成左侧肘关节的损伤（表 5-11）。而右侧上肢的 JRF 峰值和 JT 峰值，均随着跳桌的刚度增加而减小（图 5-23）。

表 5-11　跳桌刚度对峰值时间、关节反作用力和关节力矩峰值及关节负载率的影响

刚度系数		左腕	左肘	左肩	右腕	右肘	右肩
0.9k	t_{zmax}（ms）	47.2	45.6	46.3	51.9	53.7	53.6
	$F_合$（N）	468.07	455.22	452.81	451.20	438.04	414.52
	LR（N/ms）	9.92	9.98	9.80	8.69	8.16	7.73
	JT（N·m）	11.85	51.78	−96.18	−7.55	−57.41	79.57
1.0k	t_{zmax}（ms）	45.7	44.1	44.8	49.7	51.0	51.5
	$F_合$（N）	509.44	498.25	497.31	431.90	418.19	384.79
	LR（N/ms）	11.15	11.30	11.10	8.69	8.19	7.47
	JT（N·m）	12.83	55.54	−102.19	−7.52	−57.17	78.82
1.1k	t_{zmax}（ms）	44.9	43.4	44.1	43.7	47.7	47.4
	$F_合$（N）	557.95	546.52	545.08	408.92	395.29	335.76
	LR（N/ms）	12.43	12.59	12.36	9.36	8.29	7.08
	JT（N·m）	13.19	57.06	−105.52	−6.76	−52.77	72.84

注：t_{zmax} 为从接触到峰值的时间，$F_合$ 为关节反作用力的峰值，LR 为关节负载率，JT 为关节力矩

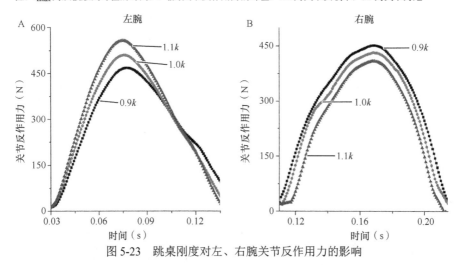

图 5-23　跳桌刚度对左、右腕关节反作用力的影响

另外，随着跳桌刚度的增加，上肢各关节到达 JRF 峰值的时间随之减小。而

且左、右两侧各关节的 LR 出现差异,左侧关节的 LR 随着跳桌刚度增加而增大,右侧关节的腕、肘关节的 LR 也增大;但由于肩关节的 JRF 峰值明显减小,虽然峰值时间也减少,但是 LR 仍然降低(表 5-11)。

2)推马起跳效果

如表 5-12 所示,当跳桌的刚度系数增加 10%,在垂直方向上左手推离马瞬间其速度仅增加 5.3%,与此同时右手推离马瞬间的速度却减少了 15.2%;相反,当刚度系数减少 10%,在垂直方向上左手离马瞬间的速度减少 3.9%,右手的速度却增加 7.6%。说明在跳桌的力学特性上,适当地减小刚度可以有效地增加体操运动员撑马后的垂直起跳效果。当然,这样也对右侧关节的力量提出更高的要求,因为随着跳桌刚度的减少,右侧将承受更大的内外冲击负荷,容易加大右侧关节的损伤风险。

表 5-12　跳桌刚度对推手阶段冲量和速度变化量的影响

冲量和速度变化	左手			右手		
	0.9k	1.0k	1.1k	0.9k	1.0k	1.1k
垂直方向冲量(N·s)	22.67	23.64	24.94	30.57	28.65	24.08
Δv(m/s)	0.73	0.76	0.80	0.99	0.92	0.78

注:k 表示最优状态下跳桌的刚度系数

5.4.4.2　跳桌阻尼的影响

1)冲击负荷

当跳桌阻尼增加时,左、右手受到的 TRF 峰值逐渐减小,而推手时间没有变化(图 5-24)。同时,左、右手到达 TRF 峰值的时间也随之减少,左、右手承受的负载率有所差异。其中,左手的 LR 随着跳桌阻尼的增加而减小,右手则相反(表 5-13)。

表 5-13　跳桌阻尼对峰值时间、撑马反作用力峰值和外在负载率的影响

冲击参量	左手			右手		
	1.0C	3.0C	5.0C	1.0C	3.0C	5.0C
t_{zmax}(ms)	56.3	55.5	54.0	52.4	50.2	48.9
F_z(N)	416.21	398.38	387.32	425.13	411.11	405.73
F_z(BW)	1.37	1.31	1.27	1.40	1.35	1.34
LR(N/ms)	7.39	7.18	7.17	8.02	8.19	8.30
LR(BW/s)	24.33	23.63	23.61	26.71	26.96	27.31

注:t_{zmax} 为从接触到峰值的时间,F_z 为垂直方向峰值力,LR 为负载率,表中 F_z 和 LR 都有两行,分别是绝对值(单位分别为 N 和 N/ms)和相对于体重的相对值(单位分别为 BW 和 BW/s)

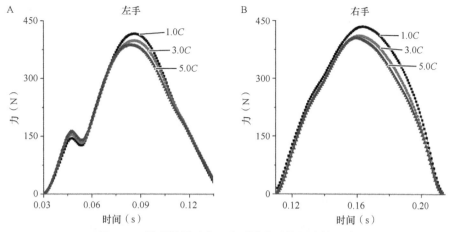

图 5-24 跳桌阻尼对左、右手撑马反作用力的影响

　　随着跳桌阻尼系数的增大，上肢左侧的腕（肘和肩关节）承受的 JRF 峰值随之增大，而右侧的关节反作用力峰值却随之减小，而左、右侧的 JT 都随之减小（图 5-25，表 5-14）。与此同时，上肢各关节到达 JRF 峰值的时间随之减小，上肢左侧的各关节承受的 LR 随阻尼系数的增加而增大，右侧的各关节承受的 LR 却随之减小（表 5-14），表明跳桌阻尼的增加，会加重左侧上肢的损伤。

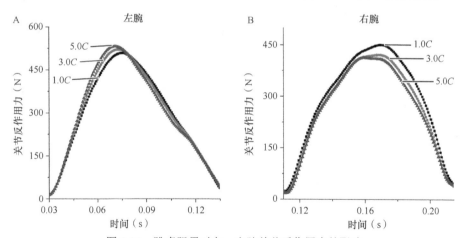

图 5-25 跳桌阻尼对左、右腕关节反作用力的影响

表 5-14　跳桌阻尼对峰值时间、关节反作用力和关节力矩峰值及关节负载率的影响

	阻尼系数	左腕	左肘	左肩	右腕	右肘	右肩
1.0C	t_{zmax}（ms）	44.9	45.7	46.4	59.0	58.7	60.2
	$F_合$（N）	509.44	498.25	497.31	449.98	436.16	427.54
	LR（N/ms）	11.35	10.90	10.71	7.63	7.43	7.10
	JT（N·m）	12.83	55.54	−102.19	−7.52	−57.17	78.82

阻尼系数		左腕	左肘	左肩	右腕	右肘	右肩
3.0C	t_{zmax}（ms）	42.6	43.4	45.2	57.5	58.0	60.2
	$F_{合}$（N）	521.55	507.79	505.69	420.60	406.53	397.92
	LR（N/ms）	12.24	11.70	11.19	7.31	7.01	6.60
	JT（N·m）	11.83	51.25	−94.64	−7.32	−53.69	74.30
5.0C	t_{zmax}（ms）	40.4	41.1	44.1	56.5	57.2	59.5
	$F_{合}$（N）	532.34	514.96	509.82	409.54	394.19	384.93
	LR（N/ms）	13.18	12.53	11.56	7.25	6.89	6.47
	JT（N·m）	11.22	48.47	−89.00	−7.39	−51.91	71.87

注：t_{zmax} 为从接触到峰值的时间，$F_{合}$ 为关节反作用力的峰值，LR 为关节负载率，JT 为关节力矩

随着跳桌阻尼系数的增大，上肢的腕、肘和肩关节到达 JRF 峰值的时间都逐步减小（表 5-14）。但是整个推手过程的时间，并没有随着跳桌的阻尼系数变化而变化。

2）起跳效果影响

当增加跳桌的阻尼系数，体操运动员左、右手推离马瞬间的重心垂直速度都存在一定程度的减小（表 5-15）。表明改变跳桌的阻尼，对推马后起跳的垂直速度影响甚微，也就是不会改变第二腾空的高度。同时，增加阻尼系数虽然使左、右手承受的外在负荷减小，但左手的内在负荷却增大了。因此，可能增加左手的局部损伤危险性，但又没有对跳马技术动作实现多少帮助。所以建议不要在实际的体操器械研发中，随意改变跳桌的阻尼系数。

表 5-15 跳桌阻尼对推手阶段冲量和垂直速度变化量的影响

阻尼系数	左手			右手		
	1.0C	3.0C	5.0C	1.0C	3.0C	5.0C
垂直方向冲量（N·s）	23.64	23.40	23.10	28.65	26.38	25.54
Δv（m/s）	0.763	0.755	0.745	0.92	0.85	0.82

注：C 表示最优状态下跳桌的阻尼系数

5.4.5 分析和讨论

Jackson 等（2011）认为，体操运动员推手过程分为 5 个阶段，分别为接触（table contact）、手向前滑行（hand sliding forwards）、静摩擦（stiction）、推离（loss of palm contact）和手指向后滑行（fingers sliding backwards）。这表明体操运动员推手的过程中首先受到向后的阻力，最后在推离阶段会受到向前的推力，也间接地表明本节研究的体操运动员-跳桌系统模型较为真实可信。

此外，在体操运动员-器械之间的作用机制上，Jackson 等（2010）也已经针对体操运动员的推马技术和触马瞬间的身体姿态进行了计算机仿真研究，并指出通过对肩、腕关节活动的改变，进而完成对撑马技术的优化，结果显示很难提高第二腾空高度和空中转体的角度。而改变触马瞬间的身体姿势，比如较大的撑马角和肩关节快速地打开等，能提高第二腾空高度 0.14m，以及空中转体 9.8%。因此本节仅对推手阶段人体-器械之间的动力学关系进行探讨，即高水平女子跳马运动员在完成冢原直体后空翻转体 720°的推手阶段左、右手受到的反作用力（推马）、关节反作用力和关节力矩，以及随着跳桌力学特性的改变，人体受到的内外冲击负荷将会发生如何的变化。

体操运动员的推手阶段经过简易优化后，其左、右手承受的 TRF 峰值和平均值分别为 1.37BW、1.40BW 和 0.69BW、0.87BW，如图 5-19 所示。与 Fujihara 等（2009）及 Fujihara 和 Gervais（2012）鞍马动力学研究中的支撑阶段，左、右手受到的反作用力比较发现两者在数量级上基本相似（表 5-3）。当然由于项目、性别和完成的动作类型均不同，存在些许差异也不足为奇。另外，本研究中左、右手分别在 56.8ms 和 54.4ms 达到垂直反作用力峰值，其 LR 分别为 24.12BW/s 和 26.29BW/s，两者在结果上也十分吻合。对于上肢而言，这样的负载率远远超出其正常的承载范围。过大的反作用力作用在上肢，容易使肘关节产生较大的外翻力矩，从而造成上肢关节的损伤。另外，在关节力矩对抗冲击负荷方面，左侧肘关节的伸肌力矩和肩关节的屈肌力矩起主导作用，而右侧肘关节的屈肌力矩和肩关节的伸肌力矩主要应对冲击负荷。

仿真研究发现，上肢的腕、肘和肩关节承受的 JRF 峰值比较接近，且逐步减小（图 5-20）。说明上肢也具有抵抗和衰减冲击负荷的功能，但在传递冲击的过程中，冲击负荷并没有得到有效的衰减，说明上肢衰减冲击负荷的效果较差，这一点很显然无法与下肢相提并论。主要原因有：①下肢拥有较大的肌肉群和骨骼；②足弓能很好地消散冲击；③厚厚的脚后跟。下肢通常利用相对较大的骨骼和肌肉群来衰减冲击负荷，包括胫骨和腓骨。而上肢仅通过一些小肌肉群，以及尺骨和桡骨，其衰减效果也远远不如下肢的骨骼。因此，高水平运动员应当积极地进行上肢力量训练，不仅可以提供更大的力量保证技术动作的完成，还能有效地抵抗冲击。

完成体操运动员-跳桌系统模型的可行性验证和优化之后，对跳马运动员在实际的推手过程进行仿真研究，探索跳桌刚度和阻尼的改变对体操运动员承受的内外冲击负荷的影响，以及对推离马后起跳效果的影响。

研究结果发现，当增加跳桌的刚度，上肢左侧受到的 TRF、JRF 和 JT 峰值逐渐增大，同时，到达作用力峰值的时间也随之减少，其 LR 随之增大。而右侧受到的 TRF 峰值反而减小，到达峰值的时间也减小，其 LR 没有明显的变化（表 5-10，图 5-22）。右侧关节的腕、肘关节的负载率也随跳桌刚度的增加而增大，但肩关节的 JRF 峰值出现较大的降低（表 5-11）；虽然肩关节负荷达到峰值的时间随跳桌刚度的增加而减少，但负载率是降低的（表 5-11）。另外，左侧肘关节的 LR 最高，其达到峰值的时间最少，因此在推手过程中最容易造成左侧肘关节的损伤。这与 Koh 等（1992）的研究较为相似，上肢左侧承受较大的冲击负荷，极易导致肘关节产生较大的外翻力矩，引起关节损伤。另外，关节力峰值大小是评估关节损伤的一个重要因素，由于增加跳桌的刚度系数不仅不能提高体操运动员撑马后的垂直起跳速度，还增加其垂直反作用力和负载率，极易造成上肢关节的损伤。所以，对于跳桌的刚度而言，增加其刚度容易使左侧关节承受较大的冲击负荷，对推离马后的垂直起跳效果没有任何帮助，相反减小其刚度特性，虽然能增加撑马后的垂直起跳速度，但是也使右侧的关节承受较大的 JRF 力和 JT。

与此同时，增加跳桌的阻尼，虽然能减少上肢的外在冲击负荷（推手阶段受到的 TRF），但内在负荷（JRF 和 LR）也随之增大，容易产生局部损伤。而右侧上肢承受的内外冲击负载，相对而言就比较小。另外，还不能有效地提高撑马后的垂直起跳速度，因此建议在满足人体肌肉骨骼系统的需要之外，不推荐改变其力学特性。

在实际的体育运动过程中，虽然直觉上认为较高的冲击负荷应该引起损伤，但很难去证明两者确实存在这种关系。由于冢原转体技术是先左手撑马至右手推离马的过程，其左、右手都承受较大的 TRF、JRF 和 LR，因此未来的研究不管是技术优化还是体操器械的研发，都应该充分考虑 JRF 峰值和 LR，否则很容易造成上肢的损伤。

尽管本节基于对冢原直体后空翻转体类的技术动作的建模仿真研究，对跳马推手动作中运动员与跳桌动力学关系及其影响因素进行了分析，但研究结果是否适用于其他类型动作（如前手翻或踺子类的转体）还不甚了解。此外，模型中未引入人体软组织（肌肉、韧带）和动作控制等生理学因素，这些因素对推手动力学特征有何影响，还有待进一步研究。

5.4.6 结语

本节研究基于对冢原直体后空翻转体类的技术动作的建模仿真研究，首先分析了推手过程中撑马反作用力、上肢关节力和关节力矩的变化特征，其次进行敏感性仿真实验，对跳桌刚度和阻尼系数对上肢负荷和推手效果进行了研究。

本节研究结果表明，改变跳桌的刚度，虽然能有效地改变体操运动员受到的内外冲击负荷，但推离马后的垂直起跳速度没有多少变化，表明增加跳桌的刚度只能增加其损伤风险而不能提高运动表现水平。另外，无论跳桌的刚度如何变化，左侧肘关节承受的 LR 总是最大的，且达到 JRF 峰值的时间最短。

当增加跳桌的阻尼，能很好地减小体操运动员左、右手承受的 TRF，但左侧关节的 JRF 峰值、LR 都明显增大，与此同时右侧的内在负载有所减小，进而表明完成冢原直体后空翻转体 720°的技术动作，极易引起左侧关节的局部损伤。

5.5　体操跳马"程菲跳"踏板起跳动作

"程菲跳"是我国优秀运动员程菲在 2005 年第 38 届世界体操锦标赛跳马决赛中创造的新动作，被 FIG 命名为"程菲跳"，它的全称术语是踺子转体 180°前手翻直体前空翻转体 540°。"程菲跳"是当今世界女子跳马最高难度值的动作之一。世界上成功完成"程菲跳"动作的运动员不多，在 2008 年北京奥运会期间仅极少数运动员可以完成。

"程菲跳"动作是程菲获得 2005 年、2006 年和 2007 年度世界锦标赛金牌和 2008 年北京奥运会铜牌的两个动作之一。凭借"程菲跳"，程菲获得 2005～2007 年三届世界体操锦标赛女子跳马冠军；在北京奥运会单项跳马决赛上，程菲与洪淑贞所使用动作相同，而程菲因"程菲跳"的失败，金牌被洪淑贞所获得。研究优秀运动员在运动技术中潜在的生物力学规律，无疑将加深我们对运动技术的认识，也为其他运动员学习同样或者类似动作提供极其有价值的科学支持。

跳马动作"踺子转体 180°前手翻直体前空翻转体 180°"比"程菲跳"相差 360°的转体，是"程菲跳"的预备动作。二者都属于"踺子转体 180°"类跳马动作。为揭示"程菲跳"动作技术的规律，吴成亮和郝卫亚（2011）基于运动员比赛中完成"踺子转体 180°前手翻直体前空翻转体 180°"的三维录像动作，通过建模与仿真方法，研究运动员在踏板和推手过程中人-器械之间的动力学关系，揭示"踺子转体 180°"类跳马动作在踏跳和推马阶段的运动技术规律。

5.5.1　"程菲跳"动作建模仿真

5.5.1.1　动作采集与解析

研究对象为两名世界优秀女子体操跳马运动员。程菲，中国，1988 年出生，身高 152cm，体重 41kg，创造并采用"程菲跳"动作在连续 3 届（2005～2007年）的世界锦标赛中获得跳马冠军；洪淑贞，朝鲜，1986 年出生，身高 154cm，体重 42kg，在北京奥运会上采用"程菲跳"动作获得金牌。研究动作为她们在北京国家体育馆举行的北京奥运会测试赛"好运北京"国际邀请赛所完成的"踺子转体 180°前手翻直体前空翻转体 180°"（本节简称为 R180）。

对程菲和洪淑贞在"好运北京"国际邀请赛上完成的"R180"跳马动作进行三维运动学分析，Troubleshooter 高速摄像机（美国，FASTEC & IMAGING 公司）拍摄，两台摄像机同在跑道一侧，夹角约 70°，拍摄采用 Peak 框架进行三维标定，利用外同步对动作进行同步处理。拍摄频率为 250 帧/s，采用 SIMI Motion

运动解析软件（德国，SIMI 公司）进行解析，从而获得人体运动轨迹坐标、速度等运动学数据。

5.5.1.2 模型与仿真

采用编写的 Python 2.5 脚本语言程序，将解析获得的人体运动轨迹的 TXT 文本文件数据、人体形态参数等转换成仿真软件可以直接识别的 SLF 格式数据文件。

MSC Adams 为多体动力学仿真软件（美国，MSC 公司，版本：2007R2），LifeMod 为它的人体仿真模块，专门用于分析人体动力学的问题。利用该软件，可以构造从局部到整体的人体结构模型。模型可包含骨骼、肌肉、韧带、关节等子系统；模型可以通过人体各部位的肌肉进行驱动，或是通过各种控制方案进行驱动，也可以通过施加外部环境影响而考察人体各部分的运动和动力反应。通过运动学解析得到的人体运动轨迹，然后以此驱动模型的运动。

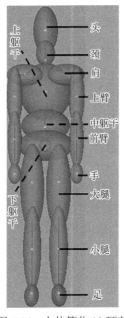

编写基于 Python 脚本语言的接口软件，结合人体解剖和生物力学特点，输入人体形态学和人体生物材料学参数，并且对运动学分析所获得的运动学数据进行转换，生成 MSC Adams/LifeMod 软件可识别的 SLF 格式数据文件。

根据多体动力学原理，利用 MSC Adams/LifeMod 软件建立人体简化 19 个环节的刚体模型（图 5-26），模型包括头、颈、上躯干、下躯干、骨盆、左右肩胛骨、左右上臂、左右前臂、左右手、左右大腿、左右小腿和左右足 19 个环节，环节之间由不同自由度的铰链连接，共有 52 个自由度；然后通过 Python 脚本语言的接口软件，将人体三维运动坐标赋予人体模型，并根据体操器械中国国家标准建立与人体相接触的踏跳板和跳桌等跳马器械。

对"R180"进行计算机仿真，获取人与跳马环境接触的垂直反作用力，进行对比分析。

图 5-26 人体简化 19 环节刚体模型

5.5.2 "程菲跳"起跳动作的动力学特征

对程菲、洪淑贞的"R180"跳马动作进行计算机仿真后，获得两人与助跳板、推手接触时的垂直反作用力及其冲量特征。

图 5-27 是程菲和洪淑贞在跳马踏跳阶段，双脚与助跳板接触时垂直反作用力。程菲的垂直反作用力峰值为 2382N，洪淑贞的为 2692N，将其转化为体重（BW）倍数时，程菲和洪淑贞两人垂直反作用力峰值分别为 5.9BW、6.5BW，这表明两人跳马在踏跳阶段，垂直反作用力无论是绝对大小还是相对体重大小，都是洪淑

贞的更大。程菲在开始踏跳阶段垂直反作用力-时间曲线出现了一个短暂的小平台期，洪淑贞的没有出现。

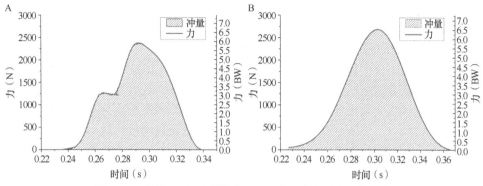

图 5-27　程菲（A）和洪淑贞（B）踏跳阶段垂直反作用力

5.5.3　"程菲跳"推手动作的动力学特征

图 5-28 为程菲和洪淑贞在跳马推马阶段，手与跳跃平台（马）接触时垂直反作用力。程菲和洪淑贞在此阶段双手垂直反作用力合力峰值分别为 556N（1.4BW）、846N（2.1BW），洪淑贞的高出程菲的约 1/2。另外，从图形来看，程菲垂直反作用力曲线呈双峰形，洪淑贞垂直反作用力曲线呈单峰形。

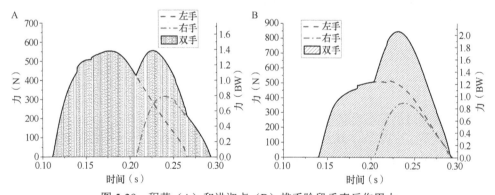

图 5-28　程菲（A）和洪淑贞（B）推手阶段垂直反作用力

5.5.4　分析和讨论

在人体运动的动力学分析中，了解人与地面、器械之间的相互作用力非常重要，力的测量计算在运动生物力学研究中也占有相当重要的地位。可从程菲和洪淑贞跳马的踏跳、推马两个阶段，对跳马过程中运动员与器械垂直反作用力进行对比分析。

1）踏跳动作

程菲、洪淑贞踏跳阶段垂直反作用力峰值分别为 2382N、2692N，由于洪淑贞的体重比程菲多 1kg，为了消除个人体重影响，转化为体重的倍数分别为 5.9BW、6.5BW，前者均小于后者（图 5-27）。在运动学分析中，我们知道两人踏跳阶段时间分别 0.108s、0.124s，洪淑贞踏跳时间更长；力产生的冲量是力-时间曲线在一段时间内的积分，两人冲量分别为 121.6N·s，162.5N·s（图 5-27），洪淑贞的冲量比程菲的多出约 34%。根据动量定理，洪淑贞的冲量大，说明洪淑贞踏跳阶段垂直速度变化量大，离板后的动量也大，又因为此阶段踏跳前后垂直速度方向相反，所以，洪淑贞在离板后有比程菲更大的垂直速度，这和运动学得出来的结果是一致的（洪淑贞和程菲两人在离板瞬间垂直速度分别为 3.92m/s、3.87m/s）。

值得注意的是，程菲垂直反作用力在踏跳阶段出现了一个短暂的小平台期，而洪淑贞的没有；结合两者的视频录像分析，程菲在踏跳瞬间，身体已经完成一定转体，即身体和助跳板的左右方向存在明显夹角，踏跳的同时身体继续转体，这与郝卫亚等（2007）对"程菲跳"运动学分析所研究结果一致。研究发现，程菲在踏跳阶段，两脚踏在重心投影线后面，前脚掌着板，脚尖偏左侧 45°。笔者认为，程菲在踏跳的某一阶段身体出现了一个小的调整，所以才会出现如图 5-27中垂直反作用力-时间曲线的小平台期；洪淑贞在踏跳瞬间，身体和助跳板左右方向基本没有夹角，且在踏离板瞬间才出现身体的转动，洪淑贞踏跳阶段垂直反作用力-时间曲线基本左右对称。对比程菲和洪淑贞两人的踏跳技术，笔者发现，踏跳力并非越大越好，程菲的踏跳技术更好，她在踏跳同时有一定量转体，可以减少第一腾空转体难度，使踏跳及第一腾空动作更为流畅，动作一气呵成。

2）推手动作

程菲垂直反作用力呈双峰形，两峰值接近，分别为 553N、556N（图 5-28）。前一峰值是左手推马时出现的，其大小全部由左手贡献，后一峰值是右手推马后出现，其大小由左手和右手一起贡献；整个推马阶段，右手最大垂直反作用力为 316.7N，仅为左手的 57%，冲量为 17.5N·s，也仅为左手的 1/3；所以程菲左手推马是垂直反作用力的主要来源，右手推马为次要来源，但右手推马对身体在马上方的控制起关键作用，保证身体呈倒立位时，不会绕其横轴过度翻转，影响到第二腾空的技术动作。

洪淑贞垂直反作用力呈单峰形，出现在右手推马后，峰值为 846N，约为程菲推马的 1.5 倍（图 5-28）；程菲和洪淑贞在此阶段的垂直冲量分别为 72.8N·s，75.3N·s，二者相近。根据动量定理，两人推马阶段垂直速度损失也相近，由于洪淑贞在触马前的垂直速度比程菲的小 0.55m/s，因此程菲在离马瞬间的垂直速度要高于洪淑贞的，离马瞬间身体重心垂直速度决定了第二腾空高度，故程菲有更高的第二腾空高度。

值得注意的是，观察两人垂直反作用力曲线，我们可以看到，洪淑贞推马阶段的双手用力顺序为：左右手依次推马，过渡到双手推马，再双手离马，为通常说的"晚旋"（指运动员在脱离器械或地面后，先只有绕身体横轴翻转，而没有绕身体纵轴旋转）；而程菲推马阶段的用力顺序为：左手推马、右手推马、双手推马、左手离马、右手离马，近似一种"滚动式"撑马技术。根据高速录像分析，程菲在推马阶段中，有绕身体纵轴旋转迹象，即"早旋"现象（相对"晚旋"而言），这种"滚动式"推马，有利于在推马阶段就完成一定量的转体，郝卫亚等（2007）对"程菲跳"运动学分析，以及姚侠文等（2005）对李小鹏跳马踺子转体180°前手翻直体前空翻转体900°的运动学分析中，推马动作都是这种"滚动式"方式，这样既可以为第二腾空转体做好准备，同时也可以分担一部分第二腾空的转体圈数，这一技术对于完成高难度、多数圈数的转体动作具有一定意义。但是，这种"早旋"现象的发生，在推马时就产生了一个旋转力矩，会牺牲了一部分向上推马的力，比较两人推马垂直反作用力大小可知，"早旋"现象的出现减小了程菲向上推马动力，影响第二腾空高度；而且国际体联（FIG）在体操跳马专项完成扣分上规定：推马阶段，规定的纵轴转体开始过早，E 组裁判会扣 0.1~0.5 分。

本研究中，程菲第二腾空高度是大于洪淑贞的，那是因为程菲踏跳及第一腾空技术动作完成更好，推离马瞬间垂直速度更大。后来，笔者反复观察研究程菲在北京奥运会女子跳马单项决赛视频，程菲的第二跳为"踺子转体180°前手翻直体前空翻转体 540°"（"程菲跳"），和本文研究的跳马属同一类型，难度更高。她在推马中也出现了"早旋"现象，导致推马动力不足，虽然空中转体基本完成，但由于第二腾空高度空间不够，她最后双膝跪地，落地失败，也失去了这枚跳马金牌。

因此，对比程菲和洪淑贞两人的推马技术，洪淑贞的推马技术动作更为合理。程菲的推马技术动作存在一定问题，其推马阶段出现了纵轴转体开始过早现象，尽管这种技术动作有利于第二腾空转体，但这违反了体操跳马规则，也影响到了第二腾空高度，这是值得我们注意和深思的。

5.5.5 结语

综上所述，本节研究利用三维高速摄影这一运动生物力学较为成熟的手段，解析获得人体运动三维坐标，再基于 MSC Adams/LifeMod 软件，通过建模与仿真来研究跳马运动员与器械的动力学关系，分析并揭示这类跳马动作在踏跳和推马阶段的运动技术规律。本文建立了适合于女子跳马技术动作分析的人体多体系统模型，并建立了基于三维影像学分析的跳马动力学分析的计算机仿真方法，该方法能较真实地反映跳马技术动作。

研究提示，"踺子转体180°"类跳马动作，在踏跳阶段，踏跳力不是越大越好，但踏跳的同时最好有一定量转体，可以减少第一腾空转体难度；推马阶段，不要使身体纵轴转体开始过早，这可能会导致向上推马动力不足，影响第二腾空高度。本研究还提示，完善踏跳和推马的技术，是练习这类跳马动作的关键。

5.6 体操平衡木起跳动作

5.6.1 平衡木项目概况

体操平衡木是女子项目之一。平衡木运动起源于公元前的罗马时代，需要运动员在一根横木上做出一连串的舞蹈与翻腾动作。现代平衡木长 5m、宽 0.1m、高 1.25m、厚 0.16m，木高可依据需要做自由升降，正式比赛高度为 1.25m。现代平衡木比赛时间为 90s，完成上法、木上动作和下法等连续成套动作。对于成套的动作难度和空中技巧串均有严格规定。成套动作中包括下法在内的 8 个最高难度动作计入难度分值。难度动作包括 5 个技巧动作和 3 个舞蹈动作。平衡木项目要求运动员在完成动作时有很好的准确性及对身体平衡的控制能力。

中国是体操强国，在平衡木这个项目上，一直不乏平衡木世界级高水平运动员。刘璇和邓琳琳分别在 2000 年悉尼奥运会和 2012 年伦敦奥运会拿过奥运金牌。在 2020 东京奥运会上，管晨辰和唐茜靖在平衡木项目上包揽了金银牌。

近年来，平衡木中空翻类技巧动作发展迅速，其特点为飞行高，有利于空中动作及转体的完成，同时可提高动作的难度与连接价值。起跳是该类动作的关键技术，它可将动能转化为势能，增加飞行高度，该阶段获得的技术参数将成为完成空中高难度翻腾/转体技术的基础。平衡木屈体前空翻转体 180° 是我国运动员眭禄在第 42 届世界体操锦标赛中向国际体联成功申报的新动作。该动作组别 F 组，是平衡木项目中最高难度动作之一，很少有人能完成。对动作难度追求一直是平衡木发展的方向，而平衡木上起跳技术已成为运动员发展空翻类技巧动作的瓶颈。

迄今为止，国内外对于平衡木的研究较少，多集中在对平衡木单个动作的运动学分析，已有研究分析都不是基于平衡木上的起跳，所以还不足以揭示平衡木上起跳的生物力学原理。吴成亮等（2016）对高水平运动员的平衡木空翻类动作起跳阶段进行计算机仿真。研究通过建立个性化的体操运动员模型和平衡木，并完成运动员-平衡木系统模型的可靠性验证，并对屈体前空翻转体 180°（以下称为 F180）动作的起跳动作的动力学特征进行研究。

5.6.2 平衡木前空翻起跳动作的建模仿真

5.6.2.1 动作采集与解析

研究对象为我国平衡木世界冠军眭禄，其 1992 年 4 月出生，身高 1.52m，体重 42kg。研究动作为 F180 动作，该动作是眭禄首次在世界大赛中完成，并且成功向国际体联（FIG）申报认定的新动作（图 5-29）。

图 5-29　平衡木屈体前空翻转体 180°动作特征
A. 助跑开始；B. 起跳开始；C. 起跳下蹲结束；D. 离木；E. 落木开始；F. 落木；
A~B 为助跑阶段；B~D 为起跳阶段；D~F 为腾空阶段

使用 3 台高速摄像机（CASIO EX-F1），拍摄频率 300Hz，快门速度 1/320，对眭禄 F180 动作进行三维运动学采集（国家体育总局训练局体操馆内）。其中 2 台摄像机位于平衡木纵轴前后方向，1 台位于纵轴垂直方向，采用 Peak 框架进行三维标定，利用外同步对动作进行同步处理。使用运动分析系统 SIMI Motion（德国，SIMI 公司）对眭禄 F180 动作进行三维运动解析（选取人体 16 个关节位置点）。通过低通滤波（截断频率 10Hz）对原始数据进行过滤，最终得到 F180 动作的三维运动学坐标。

5.6.2.2　模型与仿真

人体模型的建立与 5.2 节阐述的方法相同。利用人体运动仿真软件 Adams/LifeMod（美国，BRG 公司），选用人体模型数据库 Gebod（generator of body data），导入运动员性别、年龄、身高和体重等人体形态学参数，软件会根据这些参数及 Gebod 数据库用回归方法计算得到环节长度、围度等人体惯性参数，建立 19 个环节 50 个自由度的人体模型。使用课题组编写的 Python 脚本语言的程序，结合人体解剖和生物力学特点，输入人体形态学和人体生物材料学参数，将运动学分析所获得人体运动三维坐标转换成 LifeMod 软件可识别的 SLF 数据文件。这样就完成了个性化运动员的人体模型的建立。同时，利用 MSC Adams 软件系统，参考国际体联（FIG）平衡木器械和国家标准的参数，建立平衡木的简化模型（图 5-30）。

在完成人体模型和平衡木模型的建立之后，调整人体模型的初始姿态及位置，使之与实际的运动状态接近。然后进行平衡分析，使人体模型的关节中心和实际运动的人体关节坐标点相匹配，并与之锁定。随后建立人体模型与平衡木的接触，进行逆向动力学分析，记录人体运动轨迹和各个关节力和力矩。最后进行正向动力学分析，在关节力和力矩的驱动下，完成 F180 起跳过程的仿真。

图 5-30　平衡木简化模型

5.6.3　起跳动作的动力学特征

5.6.3.1　平衡木反作用力和关节力

　　眭禄在平衡木 F180 起跳阶段，左、右脚受到的平衡木反作用力（beam reaction force）峰值在前后方向上分别为–1.52BW 和–1.81BW（图 5-31A），左右方向分别为 1.12BW 和–1.40BW（图 5-31B），垂直方向分别为 1.96BW 和 2.23BW（图 5-31C），三个方向上的 BRF 峰值均为右脚大于左脚。其中前后方向，右脚比左脚提前 0.017s 达到 BRF 峰值；垂直方向，左、右脚达到 BRF 峰值的时间分别为 0.059s 和 0.056s，几乎同时达到峰值，左、右脚峰值负载率（LR）分别为 33.08BW/s 和 39.76BW/s；左右方向左脚约在触木后 0.074s 达到 BRF 峰值，右脚延迟约 0.005s。

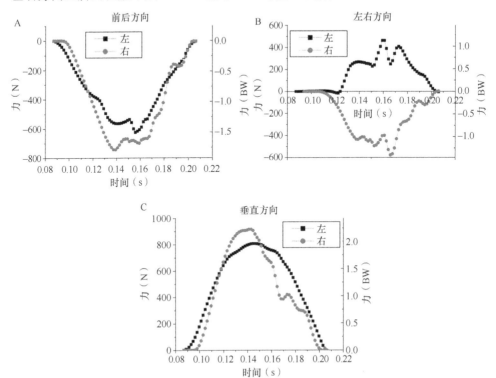

图 5-31　起跳阶段双脚受到的平衡木前后、左右和垂直方向的反作用力

在 F180 起跳阶段，下肢踝、膝和髋关节的关节反作用力（joint reaction force，JRF）逐步减小，且减小的幅度明显（图 5-32）。下肢右踝、右膝和右髋关节的 JRF 峰值分别为 2.00BW、1.55BW 和 0.97BW（图 5-32B），其中右侧踝关节 0.047s 后达到 JRF 峰值，用时最短，负载率为 42.49BW/s；同时，左踝、左膝和左髋关节分别承受的 JRF 峰值为 1.74BW、1.39BW 和 0.66BW（图 5-32A），左踝负载率为 29.64BW/s，仅为右踝的 69.8%。

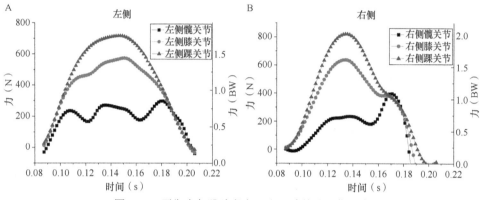

图 5-32　平衡木起跳阶段左、右下肢关节反作用力

5.6.3.2　下肢关节力矩

在 F180 起跳过程中，矢状面内的左腿髋关节开始有小幅度的伸肌力矩，随后转变为屈肌力矩，峰力矩为 262.71N·m，膝关节始终表现为屈肌力矩，其峰力矩为 183.13N·m，踝关节跖屈力矩最小，峰力矩为 67.21N·m（图 5-33A）；右腿膝、髋关节开始都表现屈肌力矩，峰力矩分别为 181.64N·m、349.25N·m，但随后髋、膝和踝关节力矩曲线在起跳 0.064s 时交汇于一点，然后几乎同时转化为伸肌力矩，膝、髋关节峰力矩分别为 217.25N·m、288.99N·m，踝关节伸肌力矩较小（图 5-33B）。

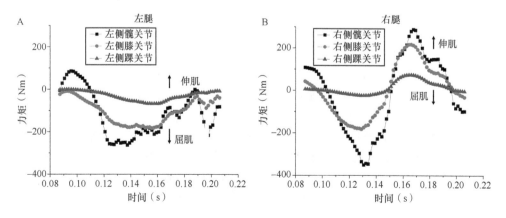

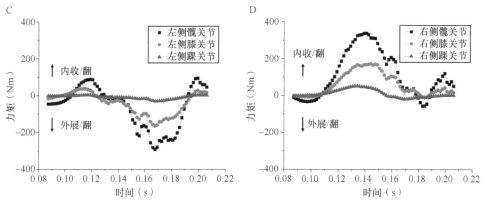

图 5-33　起跳阶段下肢关节在矢状面（左腿 A、右腿 B）和
额状面（左腿 C、右腿 D）内的关节力矩

在额状面内，左腿髋关节外展力矩较大，峰力矩为 291.88N·m，其次为膝关节外展肌，峰力矩为 165.27N·m，踝关节外翻力矩较小（图 5-33C）；右腿髋关节内收力矩较大，峰力矩为 338.07N·m，其次为膝关节内收肌，峰力矩为 172.39N·m，踝关节内翻力矩较小（图 5-33D）。

5.6.4　分析和讨论

由于本文研究对象为平衡木世界冠军，担心其受伤，加之平衡木只有 10cm 宽，很难实现在平衡木上放置压力垫（pressure mat）来测量运动员在起跳过程中所受到的垂直反作用力，或在平衡木立柱下方放置测力台，通过力的传递获取平衡木起跳过程人体-木之间的相互作用力。因此，吴成亮等（2016）研究通过仿真后的运动学参数（人体关节角度、运行时间）与实际运动相比较，同时还结合一些垂直纵跳起跳阶段的反作用力，来验证本研究所建立的体操运动员-平衡木系统模型的可靠性。结果表明，所建立的系统模型从运行时间、运动学和动力学相关参数上都与实际运动较接近，且重复性较好。从而说明通过高速摄像方法所获取的运动学参数，在此基础上所建立和驱动的人体模型来进行仿真，能较真实地重现人体运动的实际情况。

对于平衡木 F180 动作，木上起跳是其关键技术。F180 动作在起跳之前，在木上有两步助跑，第三步双脚（一前一后，左脚靠前约半脚长）同时起跳，起跳角（身体重心和两脚尖中点与平衡木水平面的夹角）为 88.4°，接近 90°（于佳彬等，2017）。从平衡木对人双脚的反作用力来看，F180 起跳动作具有如下特点。双脚同时起跳，在前后方面的反作用力是右脚大于左脚，且提前达到峰值（图 5-31A）。左右方向上，两脚反作用力方向正好相反，向两侧分开，这样做的目的是保证动作的稳定，增加木上动作稳定性；这种用力策略对于木上动作具有重要意义，且符合平衡木技术特点；同时，右脚在此方向上的反作用力大于左脚，从 F180 动作分析，起跳后身体将会有向左转体 180° 的动作，此用力方向将有助于向左的转体（图 5-31B）。垂直方向的反作用力也是右脚大于左脚，双脚几乎同时达到峰值，共 4.19BW（图 5-31C）。这与 Mathiyakom 等（2007）研究垂直纵跳起跳阶段的双脚垂直反作用力 3.18BW 相比，两者结果大致处于同一范围内。同时，在完成 F180 的起跳动作过程中，运动员下肢的髋、膝和踝关节承受的 JRF 逐步增大，且增大的幅度明显，髋关节承受的 JRF 不到踝关节的 1/3，说明胫腓骨、足弓，以及下肢软组织都能很好地耗散冲击负荷（Mills et al.，2008）。右侧下肢髋、膝和踝关节的 JRF 峰值均大于左侧的，说明右腿为该动作的主要发力腿，这将有利于运动员起跳后向左的转体。其中右踝承受的 JRF 峰值最大（2.00BW），达到 JRF 峰值的时间最短（0.047s），因此造成其负载率也最大（42.49BW/s），而左踝负载率（29.64BW/s）仅为右踝的 69.8%（图 5-32）。因此，为了更好地完成 F180 起跳动作，运动员应该加强踝关节力量训练，尤其是对于右踝力量，这不仅可以为动作的顺利完成提供强大的力量保证，还将有助于降低踝关节的损伤概率。

平衡木 F180 起跳阶段的地面反作用力和下肢关节力矩，是起跳后身体翻腾/转体及重心上升的主要动力。因此，计算下肢关节力矩的意义在于它能提示在起跳过程中哪些关节及肌肉组织（伸肌或屈肌）起主导作用。本研究发现，F180 起跳过程中，在矢状面内，左腿髋、膝关节以屈肌力矩为主，说明股四头肌和小腿三头肌是起跳的主要发力肌。踝关节跖屈力矩较小，主动跖屈可增加起跳最后用力；右腿髋、膝关节开始主要表现屈肌力矩，在起跳 0.064s 后，同时转化为伸肌力矩，也几乎同时达到峰值，表明右脚在起跳阶段有从屈髋屈膝到伸髋伸膝的明显转化过程，踝关节伸肌力矩较小，起辅助作用，各关节发力配合一致。这种左右下肢关节肌肉不同的用力特点，将同时有助于起跳后身体产生角动量。在额状面内，起跳前期，右腿髋、膝关节主要表现内收力矩，而起跳后期，左腿髋、膝关节主要表现外展力矩，且髋关节力矩都较膝关节大，这种关节肌肉发力特点有助于起跳后身体向左转体。在整个起跳过程中，踝关节力矩较小，左踝表现为外翻，右踝表现为内翻，与它们各自相应的髋、膝关节力矩一致，这也有利于起跳后的转体动作顺利完成。本研究 F180 起跳过程中，运动员平衡木反作用力和下肢关节力矩能较好地产生角动量，有利于起跳后身体向左进行转体。

5.6.5　结语

前空翻类动作在平衡木比赛中使用频率最高，而 F180 则是前空翻类难度最大的动作。本文通过对平衡木 F180 起跳动作的建模与仿真研究，表明利用三维影像运动学分析所获得的运动轨迹数据，可以较好地运用到人体运动仿真的研究中，基于 LifeMod 建立 19 个环节的人体模型和仿真方法是合理可行的；运动员在完成平衡木 F180 动作时，双脚向上起跳同时，还应水平内向发力、大小接近，有利于木上起跳的稳定性；运动员下肢髋关节力矩在 F180 起跳中起主要作用，且右腿为主要发力腿，有利于起跳蹬伸和身体向左的转体。本研究首次量化运动员起跳阶段承受的内外冲击负荷及发力特点，为我国平衡木运动员空翻类动作起跳技术优化提供理论参考依据。

参 考 文 献

郝卫亚. 2019. 体操生物力学研究与应用. 北京: 人民体育出版社: 1-234.

郝卫亚, 姚侠文, 庞乐, 等. 2007. "程菲跳"运动学分析. 中国体育科技, 43(6): 67-70, 121.

郝卫亚, 姚侠文, 徐青华, 等. 2008. 胡俊捷跳马前手翻屈体前空翻 2 周运动学分析. 力学与实践, 30(3): 71-74.

李旭鸿. 2013. 基于 LifeMod 对跳马过程中人-器械动力学关系的计算机仿真. 上海: 上海体育学院博士学位论文: 1-107.

李旭鸿, 郝卫亚. 2018. 基于 LifeMoD 对跳马运动员不同踏跳位置的仿真研究. 中国运动医学杂志, 37(10): 821-825.

李旭鸿, 郝卫亚, 吴成亮, 等. 2014. 基于 LifeMod 对跳马运动员推手动作动力学的仿真研究. 中国体育科技, 50(6): 53-58.

李旭鸿, 郝卫亚, 肖晓飞, 等. 2015. 基于 LifeMoD 对体操运动员踏跳过程的仿真研究. 北京体育大学学报, 38(11): 65-69.

李旭鸿, 郝卫亚, 于佳彬, 等. 2013. 基于 LifeMod 对跳马过程中体操运动员-落地垫动力学关系的计算机仿真. 体育科学, 33(3): 81-87.

刘宇. 2017. 人体运动生物力学. 上海: 上海交通大学出版社: 147-180.

吴成亮. 2019. 高水平体操运动员落地冲击时踝关节的生物力学研究. 上海: 上海体育学院博士学位论文: 1-122.

吴成亮, 郝卫亚. 2011. 跳马过程中人-器械动力学关系的研究. 中国体育科技, 47(6): 25-29.

吴成亮, 郝卫亚, 李旭鸿, 等. 2013. 体操跳马助跳板的动力学特征. 医用生物力学, 28(6): 665-670, 689.

吴成亮, 郝卫亚, 肖晓飞, 等. 2016. 平衡木屈体前空翻转体 180°起跳动作的计算机仿真研究. 成都体育学院学报, 42(5): 101-106.

姚侠文, 纪仲秋, 徐元玉, 等. 2005. 李小鹏跳马踺子转体 180°前手翻直体前空翻转体 900°的运动学分析. 北京体育大学学报, 28(5): 694-696.

于佳彬, 郝卫亚, 孙捷, 等. 2017. 体操平衡木项目前空翻类动作技术的运动学分析. 中国体育科技, 53(5): 48-53.

Biomechanics Research Group, Inc. 2005. LifeMod™ Biomechanics Modeller. Http://www. biomechanicsresearchgroup.com. [2008-8-15].

Dainis A. 1981. A model for gymnastics vaulting. Med Sci Sports Exerc, 13(1): 34-43.

Fujihara T, Fuchimoto T, Gervais P. 2009. Biomechanical analysis of circles on pommel horse. Sports Biomech, 8(1): 22-38.

Fujihara T, Gervais P. 2012. Circles with a suspended aid: reducing pommel reaction forces. Sports Biomech, 11(1): 34-47.

Harwood M J. 1999. Mass-spring modelling of Vault Springboard Contact. Loughborough: Loughborough University: 1-249.

Jackson M I. 2010. The Mechanics of The Table Contact Phase Of Gymnasitcs Vaulting. Loughborough: Loughborough University: 1-185.

Jackson M I, Hiley M J, Yeadon M R. 2011. A comparison of Coulomb and pseudo-Coulomb friction implementations: application to the table contact phase of gymnastics vaulting. J Biomech, 44(15): 2706-2711.

Jackson M I, Yeadon M R, Hiley M J. 2008. Relationship between vaulting table contact conditions and vaulting performance. UK, Leeds: Symposium of the Biomechanics Interest Group of the British Association of Sport and Exercise Sciences.

Jackson M I, Yeadon M R, Hiley M J. 2010. Computer simulation of the contact phase of vaulting. UK, Glasgow: Symposium of the biomechanics interest group of the British Association of Sport and Exercise Sciences.

Kadaba M P, Ramakrishnan H K, Wootten M E, et al. 1989. Repeatability of kinematic, kinetic, and electromyographic data in normal adult gait. J Orthop Res, 7(6): 849-860.

King M A, Yeadon M R. 2005. Factors influencing performance in the Hecht vault and implications for modelling. J Biomech, 38(1): 145-151.

King M A, Yeadon M R, Kerwin D G. 1999. A two segment simulation model of long horse vaulting. J Sports Sci, 17(4): 313-324.

Koh M, Jennings L. 2007. Strategies in preflight for an optimal Yurchenko layout vault. J Biomech, 40(6): 1256-1261.

Koh T J, Grabiner M D, Weiker G G. 1992. Technique and ground reaction forces in the back handspring. Am J Sports Med, 20(1): 61-66.

Mathiyakom W, McNitt-Gray J L, Wilcox R R. 2007. Regulation of angular impulse during two forward translating tasks. J Appl Biomech, 23(2): 149-161.

Mills C, Pain M T G, Yeadon M R. 2008. The influence of simulation model complexity on the estimation of internal loading in gymnastics landings. J Biomech, 41(3): 620-628.

Mills C, Yeadon M R, Pain M T G. 2010. Modifying landing mat material properties may decrease peak contact forces but increase forefoot forces in gymnastics landings. Sports Biomech, 9(3): 153-164.

Nelson R C, Gross T S, Street G M. 1985. Vaults performed by female Olympic gymnasts: a biomechanical profile. Int J Sport Biomech, 1: 111-121.

Sano S, Ikegami Y, Nunome H, et al. 2007. The continuous measurement of the springboard reaction force in gymnastic vaulting. J Sports Sci, 25(4): 381-391.

Takei Y. 1988. Techniques used in performing handspring and salto forward tucked in gymnastic vaulting. Int J Sport Biomech, 4(3): 260-281.

Takei Y. 1989. Techniques used by elite male gymnasts performing a handspring vault at the 1987 Pan American Games. Int J Sport Biomech, 5(1): 1-25.

Takei Y. 1990. Techniques used by elite women gymnasts performing the handspring vault at the 1987 Pan American Games. Int J Sport Biomech, 6(1): 29-55.

第6章　体操项目落地动作生物力学建模与仿真

体操是优雅和技巧的特殊结合。体操运动员每次训练或比赛都以落地动作结束。成功落地是获胜的关键，但体操落地的失误率和下肢损伤率都很高，所有优秀体操运动员都会面临着严重下肢损伤的危险。国内外流行病学调查都表明，体操运动员的损伤率仅次于足球，处于各类体育项目中的第二位。体操运动员发生踝关节损伤（韧带扭伤、肌肉和肌腱拉伤、骨折等）最多，61.6%～65.8%为急性损伤，主要损伤是在落地时发生，自由操的损伤最多，多为韧带扭伤、肌肉和肌腱拉伤。

与很多项目涉及落地冲击不同，唯独体操运动员在承受冲击过程中需要同时面对两个问题：完美地完成动作和防止损伤。体操规则规定，落地时的任何多余移步或不稳定，过度的手臂摆动或者失去平衡都将导致0.1～0.5的扣分。运动员必须在完成高难度（更高、翻腾和转体角度更多）而且富有美感的动作、个人能力和避免损伤之间做出平衡。除此之外，体操运动员是在赤足条件下落地，仅依靠动作技术和地面环境（如体操垫、自由操地面）的弹性降低冲击力。因此，体操运动员在长期训练过程中形成了不同于其他人群的神经肌肉功能、肌肉力量、神经调节模式。例如，体操运动员从较高的高度落地时选择的落地动作策略与普通业余运动员不同，体操运动员落地时踝、髋关节的屈曲角度较小且缓冲时间较短，因此需要更大的踝和髋关节力矩。还有研究显示，体操运动员纵跳（vertical jump）时的地面反作用力（GRF）比其他同样含有跳跃动作项目（如篮球、排球）的更高。最近研究也支持落地时垂直地面反作用力（vGRF）较大是体操运动员损伤率高的原因的观点；同时，研究发现增加下肢屈曲角度会降低vGRF（Slater et al.，2015）。

由于伦理和技术的限制，有关体操运动员落地损伤和动作技术的生物力学研究并不多。目前评价损伤危险性的指标以运动学指标和GRF为主、少量关节力和力矩为辅，大多以实验室测量GRF为基础，还有少量计算机仿真的研究。例如，Mills等（2009）建立了个性化运动员二维多体系统模型，通过计算机仿真表明，降低GRF的动作会导致关节的负荷增加。

本章将介绍本书作者研究团队近年来开展的有关体操落地研究的部分内容。研究团队首先通过实验室测试的数据，验证了第5章阐述的面向运动场景的人体建模仿真方法（5.2节）对落地动作计算机仿真模型的有效性；然后应用该方法对跳马和自由操落地动作进行多方面的研究；最后结合上述研究，应用有限元方法，对体操运动员自由操落地时踝关节负荷特征进行了研究。

6.1 落地动作地面反作用力的建模与仿真方法

6.1.1 引言

研究落地时地面反作用力为探讨落地时人体肌肉骨骼所受的负荷提供了依据。体操运动员由于重复完成落地动作，因此落地冲击力经常作用于自身，垂直地面反作用力在很短时间内就能达到超过 9 倍体重的大小。过高的负荷和加载率很容易造成运动员的伤病，影响正常的训练和比赛。重复落地动作带来的伤病威胁是现代体操运动员面临的一个严重的问题。

地面反作用力最常规的测试方法是测力台，但这局限于实验室测试。用测力台测试高水平国家运动员落地反作用力容易造成损伤，也不容易实现。所以实验室研究虽然可以提供描述性的数据分析，但实验仪器使用条件的限制，以及对高水平运动员的保护等因素阻碍了实验室方法对落地冲击力问题更深层的研究。对高水平运动员日常训练，以及比赛时的地面反作用力进行监测对于伤病的预防和成绩的提高都有较大的意义。而仿真是获取训练比赛时地面反作用力很好的方法，通过仿真方法可以获取无法通过测力台测试得到的地面反作用力。LifeMod 是在先进的多体动力学数字仿真软件 Adams 基础上进行的二次开发，研究人体运动动力学的多体动力学数字仿真软件。

但在使用仿真方法得到的冲击力时应该保持谨慎的态度，因为仿真方法是通过建立人体模型的方法对冲击力进行推导，缺少与实际情况的对照。实验室获得的数据则可以验证输入模型数据的准确性及模型预测结果的准确性和有效性。LifeMod 仿真得到的落地负荷的准确性与可靠性如何，很少有研究涉及。通过仿真得到的数据与实际数据有多少的相似度，能在多大程度上代表实际情况是一个值得论证的问题。为了验证基于红外光点捕捉系统和摄像机拍摄的三维录像（video）的三维解析的运动数据的 LifeMod 仿真方法的准确性与可靠性，本研究通过对不同高度台阶纵跳动作进行仿真得到的力值曲线与测力台测得的力值曲线进行相似度研究。

6.1.2 实验设计

通过红外光点捕捉系统与三维解析得到受试者落地过程的三维坐标，通过三维坐标驱动 LifeMod 建立 19 个环节人体模型进行仿真计算（吴成亮和郝卫亚，2011；李旭鸿等，2013），得到动力学数据与运动学数据。通过实验时测力台（Kistler）和 Motion 的后期计算得到落地过程实测的动力学与运动学数据。然后对仿真与实验得到的动力学和运动学数据通过复相关系数及特征时刻的值进行一致性评价。几部分研究相互关系如图 6-1 所示。

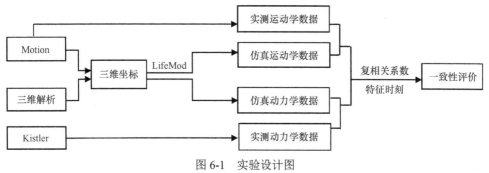

图 6-1　实验设计图

6.1.3　落地动作的数据采集

受试者为 1 名北京体育大学普通大学生，其身高 175cm，体重 70kg，年龄 24 岁。实验仪器为 8 摄像头的 Motion Capture 红外光点运动捕捉系统（以下简称 Motion），拍摄频率为 200Hz；2 块 Kistler 9281C 型号测力台，采集频率为 1000Hz；2 台 Sony HVR-V1C 高速摄像机，拍摄频率为 200Hz；北京体育大学三维框架一个；落地垫（长 1.5m×宽 0.8m×高 0.15m）一个。

摄像机分别置于受试者前方左右 45°，拍摄距离为 8m。落地垫置于测力台上。按照 LifeMod 人体模型身体标志点的准确位置在受试者身上贴 14 个标志点（marker）。受试者赤脚站于台阶之上，双手置于腰间，身体放松直立，目视前方，自然向前下方跳下至测力台垫子上平稳落地。用 Motion 红外光点运动捕捉系统、Kistler 测力台、高速摄像机进行运动学与动力学数据捕捉。考虑到高度的变化会影响落地时地面反作用力曲线形状，取 0.8m 与 0.4m 两个台阶高度，分别各采集 3 次数据，共计 6 次。实验现场如图 6-2 所示。

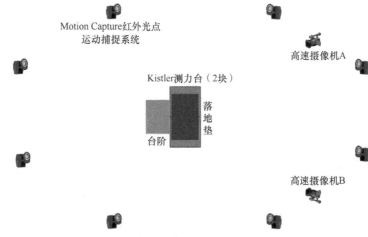

图 6-2　实验现场示意图

高度为 0.4m 和 0.8m 的实验数据各取 1 次，用北京体育大学视迅解析系统对拍摄的影像进行三维解析，解析点的位置以 LifeMod 模型点的位置为标准。运用实验时摆放的地标，对解析得到的三维坐标进行坐标系转换，得到以受试者面向方向为 x 轴正方向，受试者左右方向为 y 轴方向，与地面垂直为 z 轴方向的三维坐标。运用 Motion Capture 软件对 6 次的 Motion 数据及测力台数据进行处理。

6.1.4　人体落地模型的建立

运用 Excel 2007 和基于 Python 语言的 LifeMod 接口软件对 Motion 的 6 次数据和 2 次解析得到的运动学数据进行转换，生成 LifeMod 可识别的 SLF 格式的数据文件。输入受试者的身高、体重等信息，然后通过 LifeMod 自带的人体形态学数据库建立 19 环节的人体模型（见 5.5 节）。将采集的运动学数据赋予模型，然后通过姿势调整、平衡分析，建立落地垫模型，建立人体模型与落地垫的接触，逆向动力学、正向动力学得到人体模型与落地垫模型之间的接触力、人体模型各环节的受力与力矩，以及各环节的运动学指标。利用软件中的模型，仿真 1s 得到 1000 个数据，与测力台的采集频率相同。

6.1.5　模型的验证

6.1.5.1　地面反作用力的对比

用式（5-7）中的复相关系数（CMC）来评价两条曲线的相似度。复相关系数越接近 1，表明曲线的相似度越高；复相关系数越接近于 0，表明曲线的相似度越低。具体评价指标如下：0～0.25 表明没有相似性；0.25～0.50 表明较小相似性；0.50～0.75 表明中度相似性；大于 0.75～1.00 表明高度相似性。

1）动态曲线变化的对比

分别对 Motion 采集的 6 次运动学数据进行动力学仿真，得到垂直方向 GRF。将仿真计算得到的地面反作用力与测力台采集到的进行对比（图 6-3）。

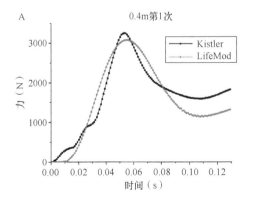
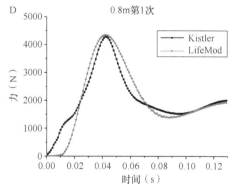

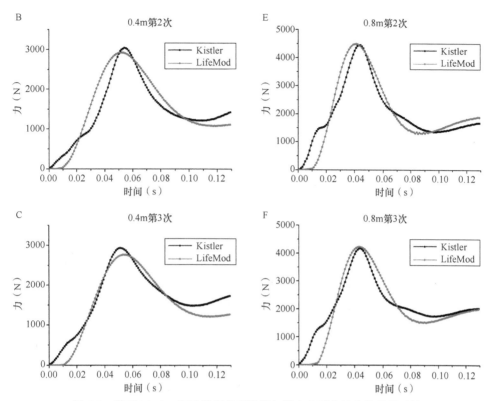

图 6-3　基于 Motion 运动数据仿真计算与测力台采集的力值曲线对比

A~C 分别为 0.4m 的 3 次仿真与测力台实测垂直方向 GRF 的对比；D~F 分别为 0.8m 的 3 次仿真与测力台实测垂直方向 GRF 的对比

6 次实验的 CMC 都大于 0.75，为高度相关，6 次仿真得到的结果在曲线的动态变化上与测力台结果高度一致（表 6-1）。

表 6-1　Motion 仿真力值曲线与测力台实测曲线的 CMC

	0.4m-1	0.4m-2	0.4m-3	0.8m-1	0.8m-2	0.8m-3
CMC	0.97	0.97	0.86	0.97	0.97	0.93

对 0.4m、0.8m 的三维录像均取第 1 次进行解析建模。通过三维解析建模得到的力值曲线在动态变化上同样与测力台曲线高度一致（图 6-4）。

2）特征时刻对比

分别对仿真与实测对应的垂直方向 GRF 最大值和达到 GRF 最大值的时间进行对比。

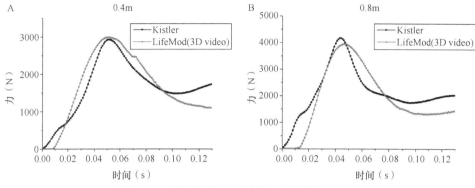

图 6-4　三维解析仿真与测力台力值曲线对比图

A、B 的 CMC 分别为 0.94、0.96；CMC 均大于 0.75，为高度相关

仿真与测力台 GRF 最大值差值（表 6-2）：0.8m 高度 3 次平均值为 36.3N，是 Kistler 实测 GRF 最大值平均值的 0.8%。0.4m 高度 3 次的平均值为–116.0N，是 Kistler 实测 GRF 最大值平均值的 3.8%。0.8m 力值差平均值比 0.4m 小 79.7N。0.4m 相对 0.8m 高度降低，着垫前身体速度小，GRF 最大值比 0.8m 小，而 0.4m 的 GRF 最大值力值差比 0.8m 大，所以 0.4m 力值差占实测 GRF 最大值平均值的比例比 0.8m 高 3%。实测两个高度 GRF 最大值平均值相差 1433.9N，仿真为 1281.6N，两者相差 152.3N。综上所述，两个高度的仿真结果都能较准确地与实测结果匹配，0.8m 的仿真结果要略好于 0.4m。0.4m 差值是实测 GRF 最大值 3.8%，在可接受范围内；而 0.8m 这个比例更是达到 0.8%，差别几乎可以忽略不计。

表 6-2　**Motion 仿真与测力台实测垂直方向 GRF 最大值的对比**　　　（单位：N）

台阶高度	LifeMod	Kistler	力值差	力相对差（%）
0.8m-1	4343.6	4286.7	56.9	1.3
0.8m-2	4492.4	4492.4	0.0	0
0.8m-3	4234.0	4182.2	51.8	1.2
0.8m-平均值	4356.7	4320.4	36.3	0.8
0.4m-1	3076.3	3250.8	−174.5	5.4
0.4m-2	2924.5	2924.5	0.0	0
0.4m-3	2767.7	2941.0	−173.3	5.9
0.4m-平均值	2922.8	3038.8	−116.0	3.8

注：力值差=LifeMod 力值–Kistler 力值；力相对差=力值差/Kistler 力值

三维解析建模仿真与 Kistler 力值的对比见表 6-3。0.4m 力值差占测力台实测 GRF 最大值的 2.0%，0.8m 为 5.6%。仿真两个高度 GRF 最大值相差 949.3N，实测为 1241.2N，两者相差 291.9N。0.4m 的仿真与实际情况匹配较好；0.8m 差值略大，与实际匹配效果略差。

表 6-3 两次三维解析仿真与测力台实测 GRF 最大值对比 （单位：N）

高度值	LifeMod	Kistler	力值差	力相对差（%）
0.8m	3949.3	4182.2	−232.9	5.6
0.4m	3000.0	2941.0	59.0	2.0

Motion 数据建模仿真与 Kistler 时间的对比见表 6-4。0.8m 的 Motion 仿真与测力台实测达到 GRF 最大值时间的时间差 3 次平均值为 0.001s，是测力台实测 3 次达到 GRF 最大值时间平均值的 2.4%。0.4m 时间差 3 次平均值为 0.004s，是测力台实测平均值的 8%。0.4m 比 0.8m 达到 GRF 最大值时间长，仿真得到的两个高度达到 GRF 最大值时间平均值的差为 0.012s，测力台实测两者之差为 0.009s，仿真与测力台实测相差 0.003s。

表 6-4 Motion 仿真与测力台实测达到 GRF 最大值时间对比 （单位：s）

台阶高度	LifeMod	Kistler	时间差
0.8m-1	0.042	0.042	0.000
0.8m-2	0.041	0.036	0.005
0.8m-3	0.043	0.044	−0.001
0.8m-平均值	0.042	0.041	0.001*
0.4m-1	0.055	0.053	0.002
0.4m-2	0.052	0.047	0.005
0.4m-3	0.054	0.051	0.003
0.4m-平均值	0.054	0.050	0.004

注：时间差=LifeMod 时间−Kistler 时间；*0.001=0.042−0.041，即 LifeMod 平均值−Kistler 平均值，而非直接计算 3 次时间差的平均值

无论是两个高度分别达到 GRF 最大值的时间还是达到 GRF 最大值的时间差，仿真与实测之间的差值都在可以接受范围内，仿真都能较好地代表实际情况。用仿真代替测力台模拟计算得到达到 GRF 最大值的时间是可靠的。

三维解析建模仿真与 Kistler 时间的对比见表 6-5。0.8m 时间差是测力台实测 GRF 最大值时间的 6.8%。0.4m 仿真达到 GRF 最大值的时间与实测结果完全吻合。解析方法建模得到 GRF 最大值时间同样可行。

表 6-5 三维解析仿真与测力台实测达到 GRF 最大值时间对比

高度值	LifeMod	Kistler	时间差
0.8m	0.047	0.044	0.003
0.4m	0.051	0.051	0.000

6.1.5.2 关节角度的对比

红外光点捕捉系统或者三维解析得到受试者运动学数据是目前生物力学很成

熟且准确的方法，所以 LifeMod 仿真得到的运动学数据不在实际研究中应用，本研究仅用运动学数据对 LifeMod 仿真准确性进行验证。以 Motion 计算得到的左膝角变化为实测数据，取 1 次 0.8m 的 Motion 仿真得到的左膝角度变化与实测数据进行对比。

　　CMC=0.98，两条曲线在动态变化上高度一致（图 6-5）。LifeMod 曲线在 0.24s 左膝角达到最小值 95.7°，此时左膝弯曲程度最大；Motion 曲线也在 0.24s 达到左膝角最小值 103.7°。两者同时达到最小膝角，即在落地缓冲过程中膝关节同时弯曲最大，弯曲角度相差 8°，是实测最小左膝角的 7.7%。实测左膝最小值大于仿真左膝最小值，仿真左膝弯曲程度比实测略大。综上所述，左膝角曲线的整体趋势、仿真结果能很好地代表实际情况；左膝最大弯曲度，两者有略微的差别，但也能较好地代表实际情况。因此，仿真方法得到运动学数据是可行的。

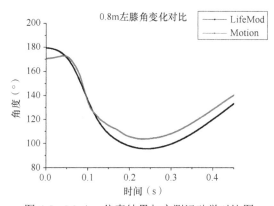

图 6-5　Motion 仿真结果与实测运动学对比图

6.1.6　分析和讨论

　　本研究通过仿真得到的动力学与运动学数据与 Kistler 及 Motion 实验时测得的数据进行动态变化一致性及特征时刻的对比。动态变化，无论运动学还是动力学，仿真数据与实验数据的 CMC 均大于 0.75，最小为 0.86，均为高度相关，说明仿真结果在力值曲线的动态变化上与实际情况高度一致。特征时刻数值，仿真数据与实验数据略有差别，具体表现为：Motion 建模仿真时，0.8m 仿真结果无论 GRF 最大值的力值差还是达到 GRF 最大值的时间差都比 0.4m 小，这与 0.4m 落地速度较小，垫子缓冲作用较小有关。0.8m 的三维解析建模仿真力值差是测力台实测 GRF 最大值的 5.6%，为 8 次仿真最高，这与解析误差有关。对于同一解析目标，不同的解析人员甚至同一解析人员的两次解析得到的三维数据不可能完全一样，肯定会有些许不同。与 Motion 进行三维数据的采集相比，解析三维数据的不稳定性与不确定性往往会给仿真的结果与实际情况的匹配上带来不稳定性。

　　本研究对实验室环境下仿真数据与测力台数据进行对比来证明仿真方法的有

效性与准确性。学者采用 LifeMod 对比赛现场地面反作用力，以及人与器械之间的力进行了仿真计算，为下肢关节损伤的预防提供科学依据。例如，李旭鸿等（2013）对 2011 年全国体操锦标赛女子跳马决赛优秀跳马运动员完成的冢原直体后空翻转体 720°动作进行仿真，得到落地冲击力与落地阶段下肢各关节力矩，提出增加落地垫的阻尼和刚度对下肢各关节在额状面的力矩均有明显的增大，从而增加下肢损伤的风险。吴成亮和郝卫亚（2011）对程菲和洪淑贞第 29 届奥运会测试赛"好运北京"国际邀请赛完成的踺子转体 180°前手翻直体前空翻转体 180°进行仿真，得到落地冲击力、手与推马之间作用力，提出完善踏跳和推马技术是练习这类跳马动作的关键。

6.1.7 结语

仿真与测力台力值曲线的 CMC 均为高度相关，曲线动态变化吻合程度高。GRF 最大值差值不超过测力台实测 GRF 最大值的 5.9%，达到 GRF 最大值时间的差值为 0.003s。仿真的特征时刻值能准确地与实测数据吻合。因此 LifeMod 仿真能够很好地代表实际情况，用它对国家高水平运动员训练或者比赛时 GRF 进行推导是可行的且相对准确的。

6.2　体操运动员后空翻落地与垂直落地的下肢生物力学比较

6.2.1　引言

体操是一项广泛受欢迎的体育运动项目，世界范围内的参与者达到 5000 万人。体操的每一次训练或比赛都是以落地作为动作结束，落地站稳是运动员取得名次的关键。然而，研究报道体操比赛中落地的失误较多。体操运动员损伤发生率很高，尤其是落地过程中的下肢关节损伤。流行病学调查发现，体操的下肢损伤分别占到比赛和训练总损伤数次的 53%和 69%，且多发生在自由操和跳马项目中，空翻加转体的落地或下法是造成损伤的主要动作（Marshall et al., 2007）。理解潜在损伤的生物力学机制，将有助于预防运动损伤，提高防护效果。

落地过程中会产生较大的冲击力，这会带来潜在的损伤风险。这种高速的落地冲击，双脚将承受几倍于自身体重的垂直地面反作用力（vGRF），并且随落地高度而增加。例如，0.5m 高度垂直落地的峰值垂直地面反作用力（peak vertical ground reaction force，PvGRF）为 3BW，而 2m 垂直落地时 PvGRF 可达 12BW（McNitt-Gray，1991）。体操运动员每周大约会承受 200 次的落地冲击，其 PvGRF 达到 7.1～15.8BW。反复和较大的 vGRF 也可能会导致运动员下肢过度使用（overuse），导致损伤高发。目前研究认为，体操运动员损伤的高发与落地下肢关节承受过多的载荷有关。而且，为了表现良好的艺术性，国际体联的评分规则规定，体操运动员落地时膝关节不能过度屈曲（FIG，2017）。在垂直落地中，专业体操运动员会比业余爱好者有更大的 vGRF，这是因为专业体操运动员下肢通常会采用较为"刚性"的落地，即膝关节屈曲小于 90°（Christoforidou et al.，2017）。具体来说，这种落地模式会增加腿的刚度，导致下肢损伤风险增加。有研究跟踪调查了两位体操运动员，8 年之后他们的踝关节跖屈刚度分别增加了 10.8kN/m 和13.9kN/m，并发现这两名体操运动员一只或双脚后跟存在不同程度的疾病（Bradshaw and Hume，2012）。

目前，关于落地的生物力学研究多集中于垂直落地任务，对于体操落地研究较少。绝大多数研究都是分析整个落地的冲击过程，此过程被定义为开始触地到膝关节达到最大屈曲角度，或身体质心下降最大高度，或局部最小垂直地面反作用力。所以，还并不清楚体操运动员在不同的落地冲击阶段是否会采用不同的策略，以及哪一阶段的损伤风险更高。

落地是在神经肌肉控制下的复杂动作，它需要对落地时间、空间和 GRF 进行预测，同时在主动肌和拮抗肌的协同作用下完成（Christoforidou et al.，2017）。后空翻是体操的基本动作，也是体操运动员最常用的动作之一，由它发展和连接的体操动作也十分常见（FIG，2017）。例如，Slater 等（2015）对精英体操运动员下降着陆（drop landing）与后空翻落地进行比较研究，下降着陆的 PvGRF 更小、下肢关节屈曲角度更大。他们聚焦于体操规则，认为应当进行适当修改——鼓励运动员落地时增加下肢关节屈曲范围，从而达到减小落地冲击力的目的，但他们并没有考虑到下降着陆不是体操动作的落地，由此得到修改体操规则的建议失之偏颇。国内关于后空翻的研究多集中在对某个高难度（多周的转体或翻腾）后空翻动作的个案分析，很少对基础的后空翻动作进行深入探讨，然而通常基础的动作才更具有广泛的代表性。因此，需要比较实际体操落地动作与垂直落地动作的下肢生物力学间的差异。吴成亮等（2022）通过对高水平体操运动员后空翻落地与垂直落地的对比分析，评估垂直落地动作是否适合作为探讨体操落地损伤机制，以及垂直落地动作特征是否会增加运动员损伤风险提供科学的理论依据。

6.2.2　研究对象和落地动作采集

6.2.2.1　研究对象和仪器

中国国家体操队男子运动员 6 人，年龄为（17.3±1.3）岁，身高为（165.7±5.0）cm，体重为（57.3±3.9）kg。他们都曾参加过体操世界杯或/和锦标赛，并且近 6 个月没有骨骼肌肉损伤。所有的运动员被告之实验过程，并签署知情同意书。

使用瑞典产的包含 9 个摄像头（8 个红外摄像头、1 个高清摄像头）的 Qualisys Oqus 运动捕捉系统，配备直径为 16mm 标准红外反光 Markers，采集落地动作的三维运动轨迹，采样频率为 250Hz。使用瑞士生产的 Kistler 三维测力台 1 个（40cm×

60cm×5cm，型号：9260A），外置信号放大器，采样频率为 1000Hz。使用美国 Delsys 公司生产的 16 通道表面肌电采集系统，对下肢膝、踝关节主要肌群（股二头肌、股直肌、胫骨前肌、腓肠肌外侧）的肌电信号进行测量，采样频率设为 2000Hz。

6.2.2.2　动作采集

体操运动员先进行 15min 的热身活动（包括慢跑、跳步和拉伸），然后每名运动员依次完成两种方式的落地（85cm 的垂直落地、体操后空翻落地）各 3 次，共 6 次落地（2×3），每个动作间隔时间约 1min。垂直落地动作要求：无初速度的垂直落地，双脚落在测力台上；以体操运动员惯用的方式落地，尽量保持落地站稳，不能有迈步或跳步。后空翻落地要求：运动员赤足站立于测力台前方适合位置，后空翻落地于测力台上方，不能有迈步或跳步。使用 Qualisys 运动捕捉系统对三维运动数据进行采集，标准红外反光 Markers 粘贴于头、第 7 颈椎，以及两侧的肩胛骨内角、膝、踝、跖趾关节、脚后跟和脚趾（图 6-6），具体的位置参考 CAST 全身 Markers 模型。测力台上面放置与其大小相同的落地垫（厚 5cm），并在周围用泡沫软垫进行保护。测力台上的落地垫，对测量获得的 vGRF 结果影响很小，有研究报道 12cm 厚的落地垫，使测力台的结果大约减小了 5%（McNitt-Gray et al.，2001）。使用 Delsys 无线表面肌电系统采集两侧下肢的表面肌电信号。运动捕捉系统、测力台和无线表面肌电系统使用内同步进行同步处理。由两名国家级裁判员根据体操评分规则，选出每名参与者完成最好的各一个类型落地动作进行结果分析。

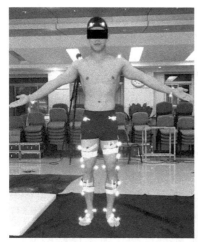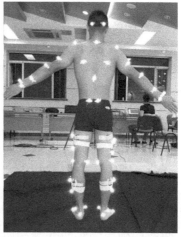

图 6-6　红外反光 Markers 和 EMG 传感器在体操运动员身上的位置

无线表面肌电系统采集两侧下肢股直肌、股二头肌、胫骨前肌和腓肠肌外侧共 8 块肌肉的肌电信号

6.2.3 数据处理和统计

对于两种落地方式，本研究重点关注落地过程中的预激活阶段（T0：触地前100ms）和落地冲击阶段，并将落地冲击阶段又分为两个亚阶段（T1：落地冲击初期，从触地到 PvGRF，T2：落地冲击后期，从 PvGRF 到 vGRF 回到 1BW）。

使用 Qualisys Track Manager 软件对三维运动捕捉数据进行后期处理，低通截断频率 10Hz 进行滤波。下肢髋、膝和踝关节角度和角速度通过关节上三点组成的两条直线进行计算。

通过测力台所获得的 vGRF 使用低通截断频率 10Hz 进行滤波，vGRF 峰值用每个运动员的体重进行标准化。落地瞬间定义为测力台 vGRF 大于 10N 的第一时刻。从触地到 vGRF 峰值的时间定义为 TtoPvGR（time to peak vertical ground reaction force），落地冲击阶段的时间定义为 TtoBW（time to body weight），PvGRF 除以达到 PvGRF 的时间定义为负载率（loading rate）。根据冲量计算公式：$I = \int F(t) \mathrm{d}t$，计算落地冲击阶段垂直冲量（impulse）。使用动态姿势稳定性系数（dynamic postural stability index，DPSI）来评价落地的动态稳定性。DPSI 有 3 个方向上的分量，前后方向（APSI）、内外方向（MLSI）和垂直方向（VSI）。这个参数及其 3 个方向上的分量指标是评估地面反作用力数据集在零附近波动的均方差，因为垂直方向的 GRF 远大于其他方向上的，所以本研究以垂直方向（VSI）指数来评价落地的动态稳定性，计算公式为

$$VSI = \sqrt{\frac{\sum\left(\frac{BW - vGRF}{BW}\right)^2}{N}} \tag{6-1}$$

式中，BW 为身体质量，N 为 GRF 数据的个数，通常取 3s 内的数据个数为佳；本研究测力台采样频率为 1000Hz，3s 内的数据即为 3000 个。

将原始表面肌电信号全波整流后，再进行带通滤波处理（10～400Hz）（van der Krogt et al.，2009）。每名运动员的肌电信号采用垂直落地中各个肌电的最大值进行标准化。其结果用均方根（root mean square，RMS）振幅表示：

$$RMS\big[EMG(t)\big] = \sqrt{\frac{1}{T}\int_t^{t+T} EMG^2(t) \cdot \mathrm{d}t} \tag{6-2}$$

式中，t 为 EMG 信号的开始时间，$t + T$ 为 EMG 信号的结束时间。

用标准化后的胫骨前肌 EMG_{RMS} 除以腓肠肌外侧 EMG_{RMS} 表示踝关节的共激活，用标准化后的股二头肌 EMG_{RMS} 除以股直肌 EMG_{RMS} 表示膝关节的共激活。在同一时间内，利用拮抗肌和主动肌活化程度的比值来反映两肌肉的共激活（co-activation，CA）方式，即

$$CA = \frac{RMS_{拮抗肌}}{RMS_{主动肌}} \times 100\%$$ （6-3）

对所有结果受两种落地方式因素影响时，采用配对 *t*-检验。同时，对肌电结果受落地阶段（T0、T1 和 T2）因素影响时，采用重复测量的方差分析，当发现阶段对肌电有显著影响时，采用 LSD 事后检验来评价其显著性差异发生在哪两个阶段之间。所有结果以平均值±标准差表示，显著水平：$P<0.05$。

6.2.4 下肢运动学比较

图 6-7 为垂直落地和后空翻落地不同时刻的下肢关节屈曲角度对比。图中显示，髋关节屈曲角度在触地前 100ms、触地、达到峰值 vGRF、vGRF 为一倍体重（1BW）时刻都有显著性差异（$P<0.05$）。膝关节屈曲在这 4 个时刻都无显著性差异。踝关节屈曲角度在落地前 100ms、触地时刻表现出显著性差异（$P<0.05$）。

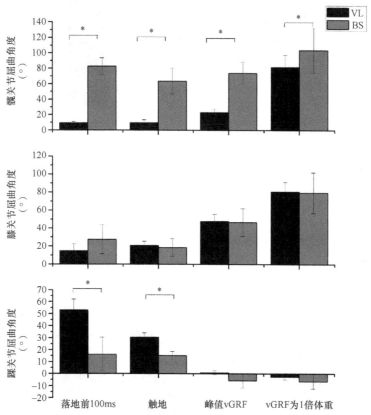

图 6-7　垂直落地（VL）和后空翻落地（BS）不同时刻的下肢关节屈曲角度
*表示两者有显著性差异（$P<0.05$）

对于两种落地方式下肢关节最大角速度而言，膝关节的两种落地方式之间存在显著性差异（图6-8，$P<0.05$）。对于下肢各关节最大角速度对应的屈曲角度而言，髋关节、踝关节的两种落地方式存在显著性差异（图6-8，$P<0.05$）。

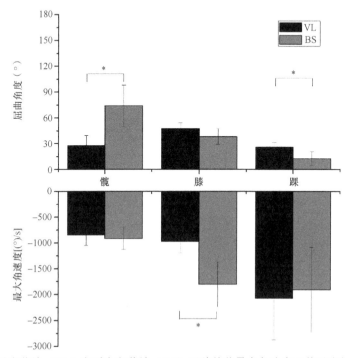

图6-8 垂直落地（VL）和后空翻落地（BS）下肢关节最大角速度及其对应的屈曲角度
*表示两者有显著性差异（$P<0.05$）

两种落地方式中，髋和膝关节到达最大角速度时间与达到PvGRF时间无显著差异，但这三者都与踝关节达到最大角速度时间存在显著性差异（图 6-9，$P<0.05$）。

6.2.5 下肢动力学比较

比较垂直落地和后空翻两种落地时，测力台所测的垂直地面反作用力及其衍生指标，可以看出，两种落地方式的PvGRF具有显著性差异（图6-10A，$P<0.05$）。从触地到PvGRF的时间有显著性差异（图6-10B，$P<0.05$）。两种落地方式的负载率有显著性差异（图 6-10D，$P<0.05$），后空翻落地负载率均值是垂直落地的2.44倍。整个落地冲击时间，以及落地冲量无显著性差异（图6-10C、E）。两种落地的动态稳定性有显著性差异（图6-10F，$P<0.05$）。

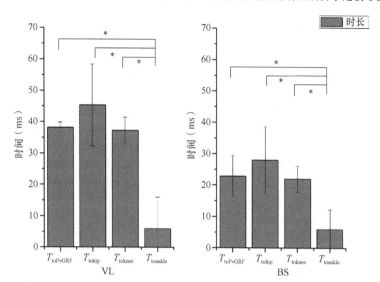

图 6-9　垂直落地（VL）和后空翻落地（BS）到达下肢关节最大角速度和峰值 vGRF 的时间

$T_{toPvGRF}$. 达到峰值 vGRF 的时间；T_{tohip}、T_{toknee}、$T_{toankle}$ 分别为髋、膝、踝关节达到最大角速度的时间；*表示两者有显著性差异（$P<0.05$）

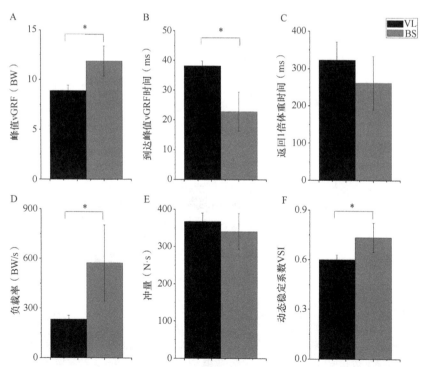

图 6-10　垂直落地（VL）和后空翻落地（BS）的 vGRF 峰值（PvGRF）及其负载率的比较

*表示两者有显著性差异（$P<0.05$）

6.2.6 下肢肌电学比较

图 6-11 为体操运动员两种落地方式下，部分下肢肌肉表面肌电信号标准化后的均方根（EMG$_{RMS}$）值比较。股二头肌：两种落地方式的 EMG$_{RMS}$ 在 T0 和 T2 阶段有显著性差异（图 6-11A，$P<0.05$），垂直落地中 T1 和 T2 的 EMG$_{RMS}$ 有显著差异（$P<0.05$），后空翻落地中 T2 的 EMG$_{RMS}$ 要显著高于 T0 和 T1 的（$P<0.05$）。股直肌：两种落地方式的 EMG$_{RMS}$ 有显著性差异（图 6-11A，$P<0.05$），两种落

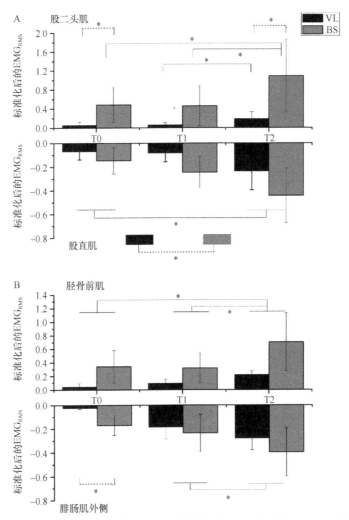

图 6-11　垂直落地（VL）和后空翻落地（BS）的膝关节（A）和踝关节（B）标准化后肌电共收缩

T0. 触地前 100ms；T1. 从触地到 vGRF 峰值；T2. 从 T1 末到 vGRF 回到 1 倍体重。取左侧下肢肌电信号，水平实线和水平点线分别代表不同落地阶段之间，以及两种落地方式之间有显著性差异（*表示 $P<0.05$）

地方式的 T2 显著大于 T0（$P < 0.05$）。胫骨前肌：不同阶段 EMG_{RMS} 具有显著性差异（图 6-11B，$P < 0.05$），两种落地方式的 EMG_{RMS} 没有显著性差，但后空翻的平均值明显大于垂直落地。腓肠肌外侧：在 T0 阶段后空翻 EMG_{RMS} 显著大于垂直落地的，两种落地方式 T2 的 EMG_{RMS} 显著大于 T1 的（图 6-11B，$P < 0.05$）。

6.2.7　分析和讨论

本研究对体操运动员垂直落地和后空翻落地的下肢运动学、动力学及肌电特征进行了量化分析。两种落地方式都要求运动员以体操惯用的方式落地，保持落地的稳定性和美感。后空翻是体操基础技巧类动作，在训练和比赛中的使用频率较高，探明实际体操动作落地与垂直落地是否存在显著差异，有利于揭示实际体操落地的生物力学规律，从而提高运动损伤的防护效率。

后空翻落地下肢关节屈曲角度变化较小，而冲击负荷较大。在落地过程中，后空翻的膝、踝关节角度变化明显小于垂直落地的，这减小了髋、踝关节活动度对于落地冲击的缓冲。有学者曾在研究排球运动员落地时，发现关节屈伸角度变化对冲击力的影响比下降高度影响还要大，较小的关节屈曲会产生更大的落地冲击，这可能解释了本研究中后空翻比垂直落地拥有更大冲击力的原因。两种落地方式的膝关节屈曲无显著差异，这是由于体操评分规则规定落地不允许有过大的膝关节屈曲有关（FIG，2017），运动员长期训练已经形成以较小的膝关节屈曲落地的习惯。另外，虽然后空翻落地的髋关节屈曲活动范围较小，但髋关节的屈曲程度始终比垂直落地的更大。本研究中髋关节屈曲程度较大也相当于躯干前倾增加，其目的可能也是减小落地冲击力。尽管如此，后空翻落地的冲击负荷依然高于垂直落地的，长期反复的体操落地训练，势必会增加下肢关节损伤风险。

两种落地方式下肢关节角速度峰值及其对应角度有不同特征。后空翻落地的膝关节角速度峰值比垂直落地的更大，使膝关节产生更大的转动动能，从而耗散更多的落地冲击能量。两种落地的髋、踝关节角速度峰值对应的屈曲角度有显著差异，说明二者高速落地状态中的身体姿态有明显差异。另外，值得注意的是两种落地的髋、膝关节达到最大角速度的时间与达到 PvGRF 的时间相近，且都要显著长于踝关节的。表明在落地冲击初期，髋、膝关节角速度响应与落地冲击保持同步，可能参与了更多的落地缓冲；而踝关节的速度响应先于落地冲击，即在落地冲击中提前固定关节，这可能有利于落地站稳，但减小了关节活动度对于落地冲击的缓冲，从而增加踝关节损伤风险。通常情况，髋、膝关节周围肌肉质量大，对冲击吸收的功率和离心功率也就较大，可以较好地吸收冲击能量；而踝关节周围肌肉质量小，这也是其产生更高损伤风险的原因。

两种落地方式呈现出不同的落地负荷特征。典型的垂直落地一般会出现"一小一大"两个 vGRF 峰值，这两个峰值通常分别是由脚尖落地产生和随后的脚跟落地产生，而后空翻落地 vGRF 却呈现单峰值特征，触地后足迅速从脚尖过渡到全脚掌，前人的研究也有类似的特点。两种落地方式中，后空翻的 PvGRF 显著大于垂直落地的，并且从触地到达 PvGRF 的时间又显著缩短，从而使后空翻落地的负载率远大于垂直落地的负载率（Slater et al.，2015），落地动态稳定系数也更大。所以后空翻落地总体表现出更大的落地冲击力、更短的达到力峰值时间、远超垂直落地的负载率和更难的落地站稳定性。

两种落地方式的冲击后期是下肢肌肉对抗冲击的主要阶段，后空翻落地下肢肌肉激活程度更大。在落地前，两种落地方式的下肢肌肉已预激活，这一特征很多文献中都有报道（McNitt-Gray et al.，2001；Wu et al.，2019）。预激活有利于肌肉在短时间内发挥出最大的力量，可以预防落地后关节韧带的损伤，为落地做积极准备。总体上，所测肌肉的肌电振幅在落地过程中持续增加，落地冲击后期达到最大，说明此阶段是下肢肌肉对抗落地冲击的主要阶段。另外，后空翻落地中多数所测肌肉的激活水平要明显大于垂直落地的，这与 McNitt-Gray 等（2001）的研究结果相似。说明后空翻落地需要更多的下肢肌肉激活来对抗落地冲击，这可能与后空翻落地拥有更大的冲击力有关。

本研究对高水平体操运动员后空翻落地和垂直落地进行了对比分析，揭示了两种落地方式的下肢生物力学特征差异。研究认为，体操后空翻落地动作比垂直落地具有更小的下肢关节活动范围、更强的冲击负荷、更大的负载率和肌肉激活程度，更难保持落地的稳定性，这些可能是实际体操落地下肢损伤发生率较高的原因。本研究也存在一些局限性。首先，只涉及男子体操运动员，没有涉及女子体操运动员，而不同性别在着陆过程中下肢运动学和力量存在差异。其次，本文研究对象的 6 名体操运动员为国际级运动健将，样本量有限，没有考虑不同水平运动员的落地情况。今后可以考虑增加女子及不同水平的体操运动员等研究对象，以丰富研究内容。

6.2.8　结语

体操运动员在两种落地方式的冲击初期，更早地固定了踝关节，减小了踝关节活动度对于落地冲击的缓冲效应，可能增加踝关节损伤风险；落地冲击后期是下肢肌肉对抗落地冲击的主要阶段。但与垂直落地相比，体操后空翻落地具有更小的下肢关节活动范围，更强的冲击负荷，更大的负载率、肌肉激活程度和落地站稳难度，提示垂直落地不能反映真实体操落地动作，体操运动员落地冲击损伤研究应针对训练及比赛中完成的动作。

通常，基于实验室的体操落地动作的研究，多数测试对象为业余或者退役运动员，完成的技术动作是普通人都能够完成的动作。这些研究旨在探究体操运动员与普通人在落地动作时的差异。例如，Christoforidou 等（2017）对比研究了 9～12 岁女体操运动员和普通女孩完成的垂直落地动作，虽然可以发现体操运动员落地与普通女孩落地特征存在差异，但并不能体现体操类动作的落地动作。本研究从运动学、动力学和肌电几个方面，对国际水平运动员完成的一种体操基本落地动作（后空翻）

的生物力学特征进行了综合研究，发现垂直落地与体操类落地动作的生物力学特征差距甚远。然而，本研究中分析后空翻落地动作仍然是实验室中完成的一种最基本的体操落地动作，并不代表体操运动员在训练和比赛中完成的高难度动作。因此，只有通过三维运动学方法，无干扰采集运动训练和比赛时高水平运动员的动作视频，并对相关动作进行深入研究，才能得到高水平运动员落地时较为真实的生物力学特征。本书介绍的基于运动视频采集的面向运动场景的人体建模仿真方法（5.2 节和 6.1 节），正是研究体操运动员高难度动作的落地负荷生物力学特征的有效方法。本章后面几节将介绍作者研究团队近年针对我国高水平体操运动员在比赛或者训练中完成的高难度跳马和自由操技术动作，所开展的落地动作生物力学研究。

6.3　体操跳马落地下肢负荷的生物力学建模仿真研究

6.3.1　引言

在众多体育活动中，不管是单脚反复落地的跑跳项目还是双脚同时落地的体操项目都存在落地冲击。人体通常依靠关节屈曲过程中肌肉的主动收缩和骨骼的变形来抵抗、衰减承受的冲击负荷，与其他项目相比，体操运动员不能利用运动鞋的缓冲性能来抵抗较高的冲击负荷和提高落地稳定性。体操的评分规则规定，在落地过程中失衡、下肢关节弯曲等都会造成一定程度的扣分。因此，在实际的比赛中，体操运动员若想取得好成绩就要增加空中动作的翻腾/转体，势必要求增加落地高度来完成，地面反作用力（GRF）自然随着落地高度的增加而增大，而过大的冲击力和较高的负载率（LR）有时会超过人体肌肉骨骼系统承载的生理极限，增加了下肢损伤的发生率。体操运动员都面临两难的选择：获得高分还是承受损伤的风险。

体操下肢损伤发生率很高，主要来自由操和跳马两个项目的落地动作。跳马落地阶段是从双脚触落地垫，并经下肢屈曲缓冲至站立的运动过程，该阶段也是评价跳马动作质量的主要环节。

落地垫是人体与地面接触的唯一介质，因此落地垫的力学特性在冲击过程中扮演着重要角色。虽然，落地垫的力学特性已经被认为是有效耗散（dissipation）落地冲击力的关键因素，但伴随着落地冲击出现的关节损伤高发率和错误的落地技术都表明体操运动员很难同时保证既能安全落地又能有完美的表现。国际体联（FIG）尝试通过标准化测试来量化落地垫的力学特性，希望借此来避免下肢的运动损伤，然而测试标准的主要目的是满足比赛的统一要求，而非真正为了适应人体肌肉骨骼系统的需要，也没有针对不同（刚度和阻尼系数）的落地表面进行评估。另外标准化测试采取刚体模型的落地冲击而非人体试验，因此无法给出令人信服的结果。同时，Marshall 等（2007）建议应该鼓励器材制造商去重新评估和设计落地垫，希望吸收和耗散更多的冲击负荷来避免下肢的损伤发生。所以，对落地垫力学特性的计算机仿真不仅加深人们对缓冲减震的认识,还可以为更安全、有效的体操落地垫的研发提供理论支持。由于无法明确指出多少的在体(*in vivo*)肌骨负荷就会造成损伤,因此只能是一般损伤风险的评估而非损伤的可能性。李旭鸿等(2013)构建了个性化的人体模型和落地垫,并证明模型的有效性,再进一步探讨改变体操跳马落地垫力学参数对下肢载荷的影响,为下肢损伤的预防提供参考依据。

6.3.2 人体模型及其验证

本章 6.1 节已经详细阐述了落地动作人体模型的构建和验证过程:通过人体运动仿真软件 Adams/LifeMod 构建 19 个环节的个性化人体模型,之后通过受试者落地过程的动作捕捉、高速摄像和测力台实验对模型加以验证,证明了所建立模型的有效性。

6.3.3 实际比赛中跳马运动员三维运动学参数的采集

本节研究对象和动作与本书 5.2 节相同,都是运动员在比赛中完成的动作。人体模型的有效性得到验证之后,通过两台高速摄像机(CASIO EX-F1),其拍摄频率为 300Hz,快门速度为 1/320s,标定框架是三维 Peak(25 个标志点),对女子优秀跳马运动员完成冢原直体后空翻转体 720° 的三维运动学采集(2011 年全国体操锦标赛女子跳马决赛),其中该运动员身高、体重分别为 1.38m,31kg。利用 SIMI Motion 三维运动分析系统(德国,SIMI 公司)进行数字化解析,其中对原始数据通过二阶 Butterworth 低通滤波进行过滤(10Hz),最终得到优秀女子跳马运动员落地过程的运动学参数。

6.3.4 落地垫力学参数的简易优化

根据体操器械国家标准(GB/T 23124—2008)创建体操跳马的落地垫(长 8m×宽 3m×高 0.2m),同时其参数还须在国际体联(FIG)规定的力学特性范围之内。采用简易的优化算法来寻找落地垫的力学参数,其方法是通过解析得到受试者在落地过程中的地面反作用力、关节角度,并分别与仿真得到落地过程的地面反作用力和关节角度进行均方根差(root-mean-square differences),如式(6-4)所示。当出现最小值时,就表示该状态下的落地垫力学参数是最合适的,如式(6-5)所示。

$$\Delta\delta = \sqrt{\frac{x_1^2 + x_2^2 + \cdots + x_m^2}{m}} - \sqrt{\frac{y_1^2 + y_2^2 + \cdots + y_n^2}{n}} \tag{6-4}$$

$$S = \Delta HGRF + \Delta VGRF + \frac{1}{4}\sum_{i=1}^{4} \Delta\alpha_i \tag{6-5}$$

式中,x 和 y 分别表示实验值和仿真值,$\Delta\delta$ 表示两者的均方根差;$\Delta HGRF$ 和

ΔVGRF 分别为水平、垂直方向上 GRF 的均方根差，$\Delta\alpha_i$ 分别为肩、踝、膝和髋关节角度的均方根差。

6.3.5　仿真流程及敏感性分析

获取人体运动的运动学参数后，将其转换成人体运动仿真软件 LifeMod 识别的 SLF 文件，结合人体形态测量学参数建立 19 个环节的人体模型；两个环节之间由不同自由度的关节链接在一起；调整人体模型的空间位置与姿势，使之更接近实际运动的初始状态；然后进行平衡分析，之前进行的人体模型姿势与位置的调整就显得尤为重要，其目的就是对人体模型的关节中心与实际运动的关节点进行匹配，按照人体运动的轨迹来驱动人体模型；创建体操落地垫，并与人体模型接触；通过逆向动力学完成人体模型与落地垫两者之间的相互接触，并记录人体的运动轨迹及各关节的关节力与力矩；最后进行正向动力学，在关节力与力矩的驱动下，完成人体落地的仿真过程（图 6-12）。

完成体操运动员最接近实际落地过程的仿真研究之后，进而进行敏感性分析，主要通过改变落地垫的结构特性（在创建落地垫时修改赋予落地垫的刚度与阻尼系数），寻找落地垫力学参数的改变对跳马运动员落地过程下肢关节负荷的影响。当然，跳马运动员的落地技术要保证是在国际体联的允许范围之内，同时人体在运动过程中受到其运动轨迹的约束。

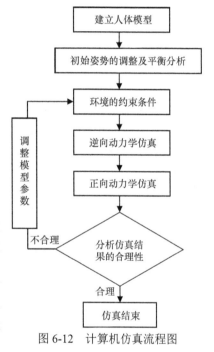

图 6-12　计算机仿真流程图

6.3.6　落地阶段下肢负荷特征

整个跳马落地的过程主要从足尖接触落地垫（0%）到足尖回弹到落地垫表面（100%），其仿真的总时间约为 120ms。很显然落地冲击过程分为冲击和平衡两个阶段，如图 6-13 所示。体操运动员在冲击阶段受到 vGRF 峰值约为 3463N，即 11.40BW，到达峰值的时间为 21ms，其平均负载率为 164.94N/ms，且整个冲击过程维持 78ms 左右。而平衡稳定阶段的平均垂直 GRF 约为 0.91BW，时间较长。由于本研究着重关注冲击阶段的内外负荷变化情况，因此平衡阶段的时间选择较少。在水平方向上，体操运动员受到的首先是向后的摩擦阻力，其值为负（图 6-13），目的是阻止身体重心向前加速运动，直至 18ms 左右水平速度降为零，其水平 GRF 峰值约为–1115N（–3.71BW）。随后体操运动员开始回弹，在水平方向上又受到向前的摩擦阻力，其值为正（图6-13）。

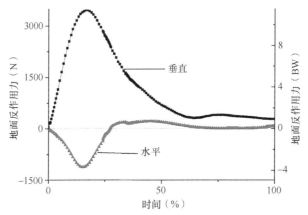

图6-13　落地过程中地面反作用力的变化曲线

　　因为人体下肢的肌骨系统具有缓冲减震的功能，所以踝、膝和髋关节分别延迟15ms、17ms和19ms到达冲击力峰值（图6-14）。体操运动员在冲击阶段下肢踝、膝和髋的关节反作用力（JRF）峰值分别为 3811.94N（12.55BW）、3301.97N（10.87BW）、2188.81N（7.20BW）（图6-14），其JRF平均值分别为8.75BW、7.81BW和 5.30BW，而平均关节负载率分别为 108.91N/ms、89.24N/ms、56.12N/ms。另外，下肢落地冲击之前（0%之前的部分），各关节由于自身重力的缘故处于牵拉状态，同时各关节主动屈曲延迟和缓解了冲击负荷（图6-14）。

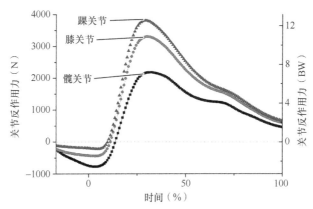

图6-14　落地过程中下肢关节反作用力的变化曲线

　　本研究着重分析落地垫力学性能的改变对下肢关节负荷的影响，因此在力矩方面的研究仅以右腿为例进行说明。落地冲击过程中，右腿的膝关节伸肌力矩在矢状面内较大，其峰力矩为231.07N·m，其次为髋关节，最小的是踝关节跖屈肌群，峰力矩为 69.24N·m（图 6-15A）。同样髋关节的外展力矩在额状面内较大，峰力矩为 −219.78N·m，其次为膝关节的内收肌，而踝关节的内翻肌群力矩较小（图 6-15B）。

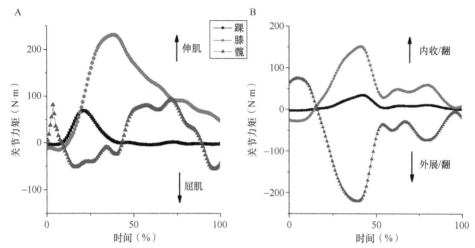

图 6-15　落地过程中下肢关节（右腿）在矢状面（A）和额状面（B）内的关节力矩

6.3.7　落地垫力学特性影响的仿真研究

6.3.7.1　落地垫的刚度对内外冲击负荷的影响

落地垫的刚度系数，对落地冲击过程中的内外冲击负荷有明显的影响。当增加落地垫的刚度 20%（1.2k），这里的 k 和 C 表示体操运动员-落地垫系统模型最优的刚度参数（与 6.3.6 节同），GRF 峰值在水平和垂直方向上分别增大 6.2%和 8.0%（图 6-16）。然而，到达 GRF 峰值的时间却没有发生变化，致使外在 LR 明显增大。

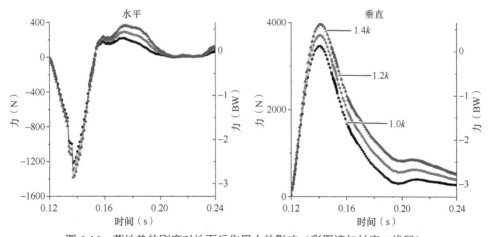

图 6-16　落地垫的刚度对地面反作用力的影响（彩图请扫封底二维码）

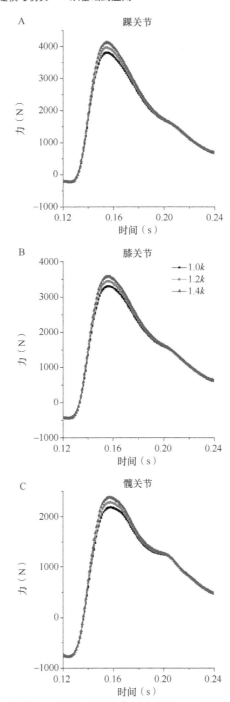

图 6-17　落地垫的刚度对下肢各关节反作用力的影响（彩图请扫封底二维码）

当落地垫的刚度系数增加 20%，下肢踝、膝和髋关节的 JRF 峰值分别增大 4.0%、4.2%和 4.5%；当增加 40%时，下肢各关节 JRF 峰值分别增大 8.2%、8.4% 和 9.0%，且各关节达到 JRF 峰值的时间没有变化（图 6-17 和表 6-6）。

表 6-6　落地垫力学特性参数的敏感性分析一览表

落地垫的力学参数（%）		地面反作用力峰值（N）		关节反作用力峰值（N）			关节峰力矩（N·m）					
							矢状面			额状面		
		水平	垂直	踝	膝	髋	踝	膝	髋	踝	膝	髋
B	100	−1217.06	3463.65	3811.94	3301.97	2188.81	69.24	231.07	92.62	34.48	151.54	−219.78
刚度系数	110	−1257.43	3590.34	3885.96	3371.53	2265.38	71.13	233.33	90.97	36.93	162.29	−234.86
	120	−1292.79	3741.17	3965.43	3440.70	2287.58	73.02	235.68	89.14	39.26	172.90	−251.65
	130	−1338.14	3843.83	4042.60	3509.68	2336.97	74.92	239.21	87.38	41.63	183.96	−269.56
	140	−1378.48	3970.57	4123.37	3579.77	2386.09	76.79	242.75	86.47	43.05	190.90	−281.43
阻尼系数	95	−1262.06	3587.57	3882.02	3361.12	2224.54	71.72	229.14	92.80	36.18	159.06	−230.85
	100	−1307.04	3711.48	3956.95	3421.29	2260.19	74.17	228.42	93.40	37.77	166.64	−243.47
	105	−1352.02	3835.40	4030.94	3482.72	2295.91	76.59	227.53	93.52	38.96	172.83	−255.17
	110	−1396.98	3959.31	4103.72	3542.45	2333.11	78.98	227.43	94.54	39.22	173.64	−255.55

注：表中 B 代表刚度系数和阻尼系数达到的最优值，能够最好地再现实际跳马落地动作

随着落地垫刚度系数的增加 20%，踝关节的跖屈肌群和内翻肌的峰力矩在矢状面、额状面内分别增加 5.5%、13.9%；膝关节的伸肌和内收肌的峰力矩分别增加 2.0%、14.1%；髋关节的伸肌和外展肌的峰力矩分别减小 3.8%和增加 14.5%。当增加 40%时，踝关节跖屈肌群和内翻肌的峰力矩在矢状面、额状面内分别增加 10.9%、24.9%；膝关节的伸肌和内收肌的峰力矩分别增加 5.1%、26.0%；髋关节的伸肌和外展肌的峰力矩分别减小 6.6%和增加 28.1%（表 6-6）。

6.3.7.2　落地垫的阻尼对内外冲击负荷的影响

增加落地垫的阻尼系数 11%，GRF 峰值在水平和垂直方向上分别增大 7.4% 和 7.1%；当落地垫的阻尼增加到 22%，GRF 峰值在水平和垂直方向上就分别增大 14.8%和 14.3%（图 6-18）。随着落地垫阻尼的增加，GRF 峰值随之增大，而达到 GRF 峰值的时间几乎不变，造成外在的 LR 增大。

落地垫的阻尼增加 11%，下肢踝、膝和髋关节 JRF 峰值分别增大 3.8%、3.6% 和 3.3%；当增加 22%时，下肢踝、膝和髋关节 JRF 峰值分别增大 7.7%、7.3%和 6.6%，且下肢各关节达到 JRF 峰值的时间随着阻尼系数的增加而有所减少，致使关节 LR 明显增大（图 6-19）。

与表 6-6 变化趋势一致，当落地垫阻尼系数增加 22%时，其下肢踝关节的跖屈肌群和内翻肌的力矩峰值在矢状面、额状面内分别增加 14.1%、13.7%；膝关节的伸肌和内收肌的峰力矩分别减小 1.6%和增大 14.6%；髋关节的伸肌和外展肌的

力矩峰值分别增大 2.1%、16.3%。

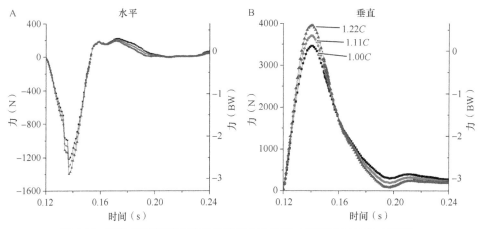

图 6-18　落地垫的阻尼对地面反作用力的影响（彩图请扫封底二维码）

6.3.8　分析和讨论

本研究在完成人体模型构建的合理性和可行性验证研究的基础上，对跳马运动员在实际运动过程中的落地冲击进行仿真研究，探寻落地垫的力学性能参数的改变对体操跳马运动员下肢关节负荷的影响。结果发现跳马运动员落地过程出现冲击和平衡两个阶段，其中冲击过程时间较短，且足-落地垫两者之间的接触力峰值较大，约为 11.40BW；而平衡阶段时间较长，GRF 约为 0.91BW。对于下肢关节损伤而言，GRF 峰值大小是一个重要的风险因素，有研究发现业余运动员受到的 GRF 峰值随着落地硬度的增加而增大。本研究发现当落地垫的刚度增加 20%，GRF 在水平和垂直方向上的峰值分别增大 6.2% 和 8.0%。但当落地垫的阻尼增加22%时，虽然 GRF 平均值减小，但两个方向上的峰值力分别增大 14.8% 和 14.3%。显然，增加落地垫的阻尼比增加相同数值的刚度会导致更高人体内外冲击负荷。同时，平均负载率也明显增大，表明落地垫并不是越软越好。因为增加落地垫的阻尼使其具有更大的黏滞性，不仅改变了落地垫的物理特性，而且延迟落地垫还原到冲击前的时间和结构特性，会带来一系列的问题，比如体操运动员落地的稳定性、恢复平衡的能力，特别是会造成踝关节的局部损伤。

触地之前，体操运动员以主动屈髋的动作准备落地，随后开始发力的伸髋来抵抗髋关节屈曲的速度，保证双脚能正常触地（图 6-15A）。由于人体肌肉骨骼系统具有缓冲减震的功能，因此，下肢的踝、膝和髋关节反作用力峰值相对 GRF 峰值而言，分别延迟了 15ms、17ms 和 19ms 到达。当增加落地垫的刚度后，下肢各关节的反作用力就会增大，从而会加重下肢损伤的风险。而增加落地垫的阻尼系数，将会减小关节的平均反作用力，但会引起关节的负载率增大。其实冲击阶段

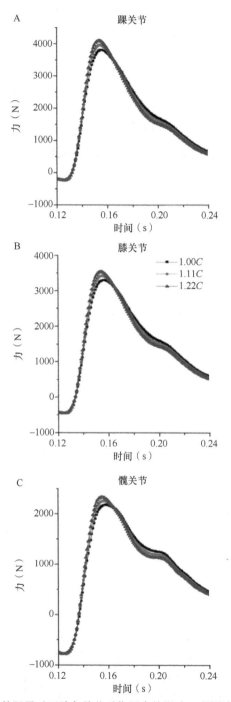

图 6-19　落地垫的阻尼对下肢各关节反作用力的影响（彩图请扫封底二维码）

的垂直地面反作用力和伸肌力矩主要用来支撑身体，以及减小重心下落的加速度，因此，计算肌肉关节力矩的意义在于它能提示在落地冲击过程中哪些肌肉组织（伸肌或屈肌）起主要作用。本研究发现落地冲击过程中，矢状面内的膝关节伸肌力矩较大，表明膝关节以较大的伸肌力矩来对抗平衡身体向下的加速运动直至重心速度为零，防止身体出现坍塌现象。其次是髋关节，在落地冲击的前期髋关节屈肌起主导作用，冲击后期髋关节的伸肌起主导作用，主要用来稳定冲击力。最小的是踝关节的跖屈肌群力矩，主动跖屈来对抗触地后的冲击负荷。当增加落地垫的硬度，膝关节和踝关节的伸肌力矩峰值和跖屈肌群力矩峰值都会增大（表6-6），其作用是来对抗随之增大的冲击能量。髋关节的力矩峰值反而减小，说明髋关节通过增加屈肌的作用来对抗较高冲击的负荷。当增加落地垫的阻尼系数时，踝关节的跖屈肌群力矩峰值显著增大，而膝关节和髋关节负荷变化都较小，进一步说明落地垫的硬度降低可能增加踝关节的局部损伤风险。所以，在矢状面内膝、髋关节是对抗冲击负荷的主要关节，而踝关节贡献较少，主要是因为髋、膝关节处具有较大的肌肉组织和解剖运动范围，从而很好地吸收冲击负荷，降低了下肢关节发生损伤的风险。

在额状面内，本研究发现髋关节具有较大的外展力矩，表明髋关节的外展肌在对抗冲击负荷上扮演着重要作用；其次是膝关节的内收肌，主要原因是髋关节和膝关节拥有较大的肌群能很好地吸收/耗散机械冲击能量。而踝关节的内翻力矩最小，因此在耗散冲击能量上作用较小。其原因或许是相比较膝、髋关节而言，踝关节由于解剖上的限制，在额状面内没有较大的运动范围及角速度。其实，下肢的肌肉组织主要通过离心做功来吸收/耗散其他组织结构冲击过程中的能量，比如软骨、韧带和骨骼，进一步减小人体下落的加速度和预防关节处的损伤。改变相似的落地垫刚度和阻尼系数，下肢各关节在额状面内的肌肉力矩变化较为相似。表明不管落地垫的结构性能如何，体操运动员在额状面内均要采取以髋关节为主、膝关节为辅的屈伸方式来对抗冲击负荷。Yu等（2006）指出，在矢状面内，运动员可以通过增加髋、膝关节的屈肌或伸肌来减小和吸收冲击负荷，但下肢关节在额状面内的过分伸展或内收会造成扭伤。因此，错误的落地技术将会降低其吸收能量的作用，势必加重下肢损伤的风险。

6.3.9　结语

本研究应用基于运动视频采集的面向运动场景的人体建模仿真方法，对运动员在比赛中的高难度跳马落地动作进行了建模仿真研究。研究表明，人体落地过程包括冲击和平衡两个阶段，冲击阶段的时间较短，且 GRF 峰值较大，约为11.40BW；而平衡稳定阶段的时间较长，GRF 约为 0.91BW。下肢具有缓冲减震和延迟关节反作用的功能，落地过程中膝关节的伸肌力矩在矢状面内、髋关节的外展力矩在额状面对抗冲击负荷起主导作用。增加落地垫的阻尼导致踝关节在矢状面内受到的冲击负荷明显增大，但增加落地垫的刚度对体操运动员的关节负荷影响相对较小；增加落地垫的阻尼和刚度，造成下肢各关节在额状面的力矩都有明显的增大，从而加大体操运动员下肢损伤的风险。

6.4 体操运动员落地神经力学特征研究

6.4.1 引言

针对体操运动员落地下肢负荷的研究的受试者大多为大学生或青少年运动员，对国家或国际级体操运动员的研究十分罕见。对于国际级体操运动员使用何种落地策略应对落地冲击，目前仍然不甚清楚。以往有研究发现，在垂直落地阶段，下肢先伸展，然后在即将落地前屈曲（McNitt-Gray et al.，1993）。然而，我们并不清楚类似的落地策略是否会在复杂的体操落地中出现。

后空翻对于体操运动员而，是非常基础的动作，在训练和比赛中会经常用到，由它可以发展出许多复杂的动作，以及组合动作。本研究的目的是探讨高水平体操运动员是如何实现安全、稳定而有艺术感的后空翻落地。本研究对于基础动作的分析，将有助于我们理解类型相同但更为复杂的体操落地动作的特征及损伤机制。

6.4.2 研究对象和落地动作采集

本节研究对象为 6.2 节中的研究对象。研究动作为后空翻落地动作，测试步骤和仪器也已在 6.2 节中详细阐述。图 6-20A～C 为红外光点和表面肌电电极及其无线发射装置在体操运动员身上的粘贴位置。

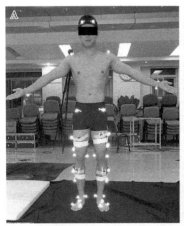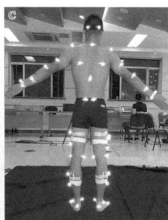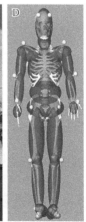

图 6-20 红外反光 Markers 和 EMG 传感器在体操运动员身上的位置（A～C），LifeMod 仿真软件中建立的 19 个环节人体模型（D）

6.4.3 实验数据处理

使用 Qualisys Track Manager 软件对三维运动捕捉数据进行后期处理，低通截断频率 10Hz 进行滤波。关节角度和角速度通过关节上三点组成的两条直线进行计算。vGRF 使用低通截断频率 10Hz 进行滤波。PvGRF 用每个运动员的体重进行标准化处理。落地瞬间时刻定义为测力台 vGRF 大于 10N 的第一帧。原始肌电信号全波整流后进行带通滤波处理（10~400Hz）。

本研究分析了落地过程中的预激活阶段（T0：触地前 100ms）和落地冲击阶段，并将落地冲击阶段又分为两个亚阶段（T1：落地冲击初期，从触地到 PvGRF；T2：落地冲击后期，从 PvGRF 到 vGRF 回到 1 倍体重）（图 6-21）。肌电信号采用各个肌电的最大值进行标准化。用标准化后的胫骨前肌除以腓肠肌外侧表面肌电表示踝关节拮抗肌-主动肌的共激活，用标准化后的股二头肌除以股直肌表面肌电表示膝关节拮抗肌-主动肌的共激活。所有实验结果采用 20ms 内的平均值来呈现，并对结果进行描述性统计分析。

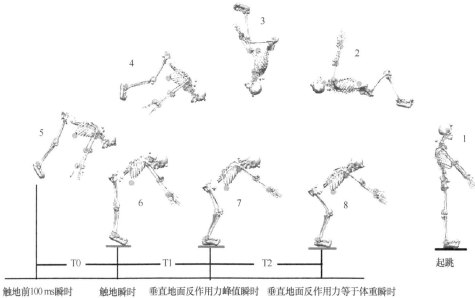

图 6-21 后空翻落地关键瞬时示意图

T0. 预激活阶段，触地前 100ms；T1. 落地冲击初期，从触地到 PvGRF；T2. 落地冲击后期，从 PvGRF 到 vGRF 回到 1 倍体重

6.4.4 模型与计算机仿真

上述实验的结果发现高水平体操运动员落地的动作表现差异较小。6 名运动员落地结果的标准误如下：PvGRF 的标准误为 0.6BW，到达 PvGRF 时间的标准

差为 2.7ms，下肢关节角度范围为 2°~10°。所以，选取近似中间结果的运动员进行计算机建模与仿真。

LifeMod（LifeModeler，Inc. San Clemente，CA）是目前较为先进的多体动力学计算机仿真软件，主要运用于人体运动的仿真，是基于主流仿真软件系统 Adams 的人体建模插件。对上述提到的一名体操运动员建立 19 个环节、50 个自由度的多刚体人体模型，根据其性别、年龄（17 岁）、身高（1.68m）和体重（63kg）参数在 GeBod 人体数据库（BRG.LifeMod™）中进行个性化建模。人体模型包括头、颈、上躯干、中躯干、下躯干、肩胛骨、上臂、前臂、手、大腿、小腿和足（图 6-20D）。利用仿真软件 Adams 建模体操落地垫模型（长宽高：2m×2m×0.05m）。落地垫材料性能的优化，以及人体模型基于复相关系数（CMC）的验证细节，具体参考本书 5.2 节和 6.1 节的研究，此处不一一赘述。在验证模型的可靠性之后，通过计算机仿真获得下肢各关节力矩。

6.4.5　落地过程下肢运动的神经力学

6.4.5.1　下肢运动与肌电活动变化特征

体操运动员后空翻落地的激活阶段（T0），髋、膝和踝关节角度首先增加（11°、10°和 6°），在触地前瞬间膝和踝关节角度又明显开始减小（图 6-22A~C）。随后落地初期冲击阶段（T1），下肢关节快速屈曲（12°、36°和 29°），落地末期冲击阶段（T2），髋、膝和踝关节角度分别稳定在 90°、100°和 80°附近。对于下肢关节角速度而言，关节伸的角速度持续减小，踝、膝和髋关节屈曲的角速度先后达到峰值（图 6-23A~C），并在 T2 阶段趋近于零。T0 阶段，左右下肢共 8 块肌肉的肌电都已预激活（图 6-24A~D），绝大多数肌肉的肌电幅值从 T0 到 T1 都在增加，并在 PvGRF 附近达到最大值；下肢肌电在 T2 阶段仍保持较高振幅，但比 T1 阶段有所减小。

6.4.5.2　下肢运动与关节力矩变化特征

对其中一名体操运动员进行建模与仿真，其后空翻落地下肢关节角度实测值与仿真结果的复相关系数（CMC）如下：左膝关节的 CMC=0.95；右膝关节的 CMC=0.93；左右踝关节相同（CMC=0.85）；CMC 大于 0.75，表示有很好的相关性。另外，仿真的 PvGRF（11.9BW）比测力台获得的 12.5BW 低 4.8%。下肢关节角度和角速度分别与图 6-22A~C、图 6-23A~C 中 6 人的结果有相同趋势（图 6-25A~D）。下肢髋、膝和踝关节在 T0 阶段以伸肌力矩为主（踝为跖屈力矩），力矩峰值髋最大，其次是膝，踝最小（图 6-25E、F）。在 T0 即将结束时，3 个关节由伸肌力矩转变为屈肌力矩（踝为背屈力矩），在 T1 阶段达到最大屈肌力矩之后，又迅速转变为伸肌力矩，直到在 T2 阶段中达到伸肌力矩峰值（踝为跖屈力矩），此时膝关节力矩峰值超过髋关节力矩成为最大，踝关节力矩依然最小。

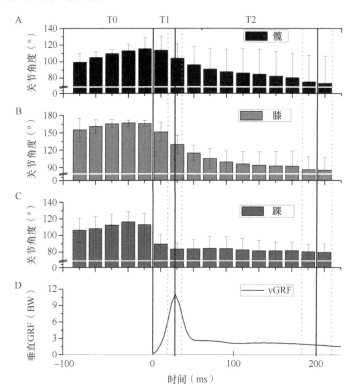

图 6-22　后空翻落地过程中下肢关节角度（A～C）和垂直地面反作用力（D）

每个柱状代表 20ms 内的平均值和标准差，*n*=6。整个落地过程被实垂直线分为三个阶段：T0. 预激活阶段，触地前 100ms；T1. 落地冲击初期，从触地到 PvGRF；T2. 落地冲击后期，从 PvGRF 到 vGRF 回到 1 倍体重（平均值：实垂直线；标准差：点垂直线）

6.4.6　分析和讨论

　　本节旨在通过对体操运动员后空翻落地动作的研究，分析他们在落地过程中的下肢关节运动控制策略。我们量化了体操运动员后空翻落地的下肢运动学、动力学及表面肌电变化特征。这些结果表明，体操运动员后空翻落地不同阶段，存在不同的下肢关节屈伸的控制策略。这将增加我们对于体操运动员落地动作的理解，同时为体操运动员的落地训练提供理论参考。

　　体操运动员在落地前 100ms（T0），下肢关节会先伸展，随后在触地前瞬间主动屈曲。下肢关节角度的增加，有利于身体的展开，从而增大人体的转动半径，人体转动惯量会增加。在物体的旋转中，当转动惯量增加时，角速度减小，使体操运动员在落地前实现减小角速度的目的，为落地创造有利条件。值得注意的是，下肢膝和踝关节的角速度在着地前从伸展方向到屈曲方向的变化。下肢关节主动屈曲，且踝关节首先屈曲，其次为膝和髋关节。Gittoes 等（2013）对女子体操运动员平衡木上屈体和团身后空翻下法进行了运动学分析，发现运动员的膝和踝关

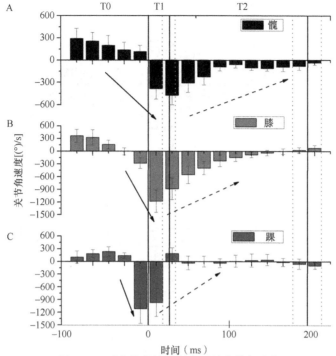

图 6-23　后空翻落地过程中下肢关节角速度

每个柱状代表 20ms 内的平均值和标准差，*n*=6。实箭头代表加速度向负方向增长，点箭头代表负的加速度在减小。
整个落地过程被实垂直线分为三个阶段：T0. 预激活阶段，触地前 100ms；T1. 落地冲击初期，从触地到 PvGRF；
T2. 落地冲击后期，从 PvGRF 到 vGRF 回到 1 倍体重（平均值：实垂直线；标准差：点垂直线）

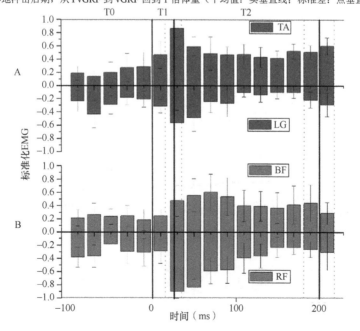

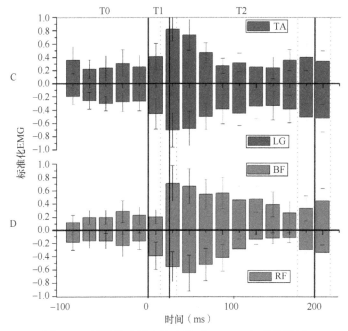

图 6-24　标准化后肌电均方根（EMG$_{RMS}$）的共激活

每个柱状代表 20ms 内的平均值和标准差，$n=6$。正的 EMG$_{RMS}$ 代表关节的拮抗肌，负的 EMG$_{RMS}$ 代表关节的主动肌。采用落地过程中肌电的最大值对 EMG 进行标准化处理。RF. 股直肌；BF. 股二头肌；TA. 胫骨前肌；LG. 腓肠肌外侧。TA 除以 LG 代表踝关节肌肉的共激活（A、C），BF 除以 RF 代表膝关节肌肉的共激活（B、D）。T0. 预激活阶段，触地前 100ms；T1. 落地冲击初期，从触地到 PvGRF；T2. 落地冲击后期，从 PvGRF 到 vGRF 回到 1 倍体重（平均值：实垂直线；标准差：点垂直线）

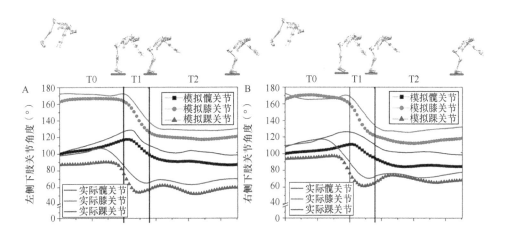

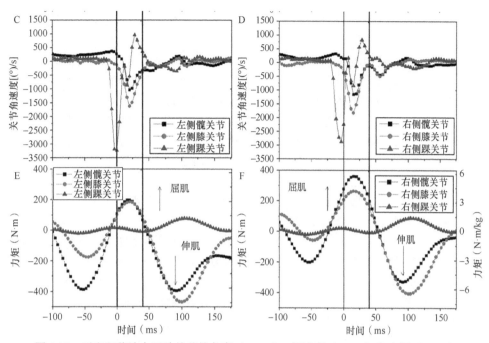

图 6-25　后空翻落地中下肢关节的角度（A、B）、角速度（C、D）和力矩（E、F）

人体骨架模型展示了落地过程中 4 个关键帧的身体姿态（触地前 100ms，触地瞬间，PvGRF 时刻，以及 vGRF 回到 1 倍体重时刻）。整个落地过程被实垂直线分为三个阶段：T0. 预激活阶段，触地前 100ms；T1. 落地冲击初期，从触地到 PvGRF；T2. 落地冲击后期，从 PvGRF 到 vGRF 回到 1 倍体重

节在着地前也是在屈曲的，但是着地前是否一直屈曲没有相关报道。另外，表面肌电的结果显示，此阶段下肢各关节的拮抗肌和主动肌已经预激活，预激活扮演了一个重要角色，即对下肢刚度有调节作用。肌肉的收缩产生了人体的运动，在腾空状态下肢肌肉的收缩应该是产生关节力矩的最主要因素，从伸肌力矩到屈肌力矩，下肢关节也经历了从伸展到屈曲的过程。绝大部分对下肢关节力矩的研究都集中在落地之后，很少对腾空状态的关节力矩进行分析。本研究的下肢关节力矩符合外在的运动表现，体操运动员落地预激活阶段下肢关节首先伸展然后主动屈曲为着地做准备。

　　体操运动员在落地冲击初期（T1），下肢关节继续快速主动屈曲。T1 阶段的持续时间非常短（22.8ms ± 6.7ms），与前人报道结果（21.8ms ± 6.8ms）非常接近。体操运动员下肢关节角度迅速减小，髋关节的角速度方向从伸转变为屈，膝、踝关节持续之前屈的角速度，幅值进一步增加并达到峰值。值得注意的是，踝关节角速度峰值出现在触地瞬间，膝关节角速度峰值出现在 PvGRF 之前，髋的角速度峰值出现在 PvGRF 附近，这说明下肢踝、膝和髋关节角速度是依次达到峰值的，这可能与踝、膝和髋关节依次远离 GRF 作用点有关，从而很好地体现了下肢多关节的协同作用。McNitt-Gray 等（2001）认为后空翻落地后，只有髋关节在很短的时间内（约 20ms）会产生屈肌力矩，而其他下肢关节都是伸肌力矩。然而，我们的研究显示，所有的下肢在 T1 阶段都产生的是屈肌力矩。这种下肢力矩的差异可能是由研究对象的竞技水平不同造成的，因为 McNitt-Gray 等（2001）研究的对象为大学生体操运动员，而本研究对象均为国际级的体操运动员。所以，我们认为本研究中的高水平体操运动员作为受试者，在落地的控制策略上有较好的代表性和借鉴性。另外，肌肉激活的结果显示，下肢关节拮抗肌-主动肌的表面肌电幅值在此阶段都同时接近或达到最大值，所以，较好地调节了下肢刚度以快速适应增长的 vGRF。前人有研究显示，下肢肌肉的激活水平与落地时吸收 vGRF 呈正相关，这有利于落地冲击的吸收及下肢损伤的预防。所以，此阶段为了快速平衡落地冲击和预防下肢关节损伤，我们认为体操运动员需要主动屈曲下肢关节，同时增加下肢肌肉的激活程度。

体操运动员在落地冲击末期（T2），下肢关节开始主动伸展，以抵抗身体的"塌陷"。髋、膝关节的角度、角速度都小幅减小，最后髋、膝和踝关节的角度趋于稳定，并保持在 90°、100°和 80°附近，符合 FIG 体操评分规则中不能过度屈的规定。从肌电结果来看，此阶段下肢肌肉的肌电振幅较 T1 阶段所有减小，但仍然保持在一个较高的激活水平；在前人的垂直落地和前空翻落地的研究中，也有类似的 EMG 结果（McNitt-Gray et al.，2001）。另外，此阶段髋、膝关节伸肌力矩和踝关节跖屈力矩同时增加，并达到峰值。所以，落地过程中较小的下肢关节屈曲，可以使运动员产生需要的关节力矩去平衡大的 vGRF。其关键可能是适宜的肌肉长度可以产生更大的关节力矩。Marchetti 等（2016）研究发现，在后空翻落地过程中，膝关节处于 90°时下肢肌肉总体上有最大的激活，这与本研究中膝关节的落地稳定角度相接近。还有值得注意的是，此阶段膝关节的力矩超过髋关节，说明落地冲击末期，膝关节是抵抗身体"塌陷"的主要关节，前人的研究也认为膝关节是落地能量吸收的最重要关节。

有文献研究认为，膝关节屈曲小于 90°的硬着陆具有较大的 GRF，相比于软着陆，踝关节跖屈肌会产生更大的力矩，踝关节肌肉将吸收多的能量。所以，在这种情况下踝关节更容易损伤，这与之前有关流行病学的研究结果相一致。本研究认为，着地前体操运动员伸展他们的下肢关节，即将落地和落地冲击初期快速主动屈曲下肢关节，而在落地冲击末期再一次伸展下肢关节。这种落地策略可以有效地减缓落地冲击，有利于损伤的预防。

6.4.7 结语

本研究量化了国际级水平的体操运动员后空翻落地过程中下肢运动学、动力学和表面肌电特征。体操运动员在落地前需要伸展身体以增加转动惯量，为落地减小身体转动角速度创造条件。触地前，下肢关节主动屈曲，并在落地冲击初期继续快速主动屈曲，而在落地冲击末期尽力伸展，以抵抗落地冲击，维持身体的姿态。本研究是第一次分析了体操运动员落地过程中不同阶段，下肢关节不同的屈伸控制策略，拓展了我们对于体操落地的理解，并为体操运动员落地训练和预防损伤提供了理论指导。

6.5　面向自由操落地动作仿真的不同多体系统模型的比较

6.5.1　引言

近年来，基于多刚体模型的计算机仿真方法已成为人体内部负荷评估的研究热点。例如，Mills 等（2008）创建了 3 环节（大腿、小腿、足）的刚体模型，评估跳马前空翻、后空翻落地过程中下肢环节的冲击负荷。McNitt-Gray 等（1994）创建了 7 环节的刚体模型，对体操运动员落地冲击的 GRF 进行评估。Yeadon 等（2010）创建了 8 环节的刚体模型，探讨体操落地过程中体操落地垫力学参数对运动员承受的 GRF 的影响。然而，上述研究所创建的人体模型环节数量较少，与实际人体解剖结构差别较大，无法精确评估落地冲击过程中人体下肢环节的动力学特征。

在计算机技术发展的基础上，人们相继开发了人体运动仿真的计算机软件，软件中人体环节可以按照人体解剖结构和动作模式调整。例如，姜海波和葛世荣（2008）创建了 19 环节刚体模型，对人体在矿井中不同下坠速度和冲击损伤的关系进行了研究；李旭鸿等（2013）也利用 19 环节刚体模型，对跳马落地过程中运动员与落地垫之间的动力学关系进行了探讨。刚体环节过多造成求解过程过于复杂，不利于分析和计算。同时，复杂的人体结构及关节活动范围的解剖学特征也会导致重现人体运动过程难度增加。

此外，受限于体操比赛环境及伦理道德，自由操的落地冲击很难使用实验设备展开相关的动力学研究。有研究表明，基于 Adams/LifeMod 的计算机仿真方法评估的 GRF 与测力台实测的 GRF 具有较好的一致性（于佳彬等，2013；李旭鸿，2013）。而且体操流行病学调查结果显示，自由操 70% 的损伤由落地引发，且膝、踝关节是主要损伤部位，落地容易导致膝关节韧带、关节囊、关节紊乱，且膝关节损伤治疗的费用不菲。因此，本研究使用 Adams/LifeMod 软件，利用带乘子的拉格朗日方法建立不同环节的多刚体人体模型，结合实测运动学数据，实现自由操落地动作的计算机仿真，研究不同刚体模型的仿真精度及膝关节矢状面冲击动力学特征，为降低自由操落地冲击诱发的膝关节损伤风险提供理论指导。同时，也希望能为其他不能实测落地冲击负荷的运动项目运用多刚体模型进行计算机仿真，提供方法学上的借鉴。

6.5.2　研究对象与运动学数据采集

研究对象为中国男子体操现役运动员一名，身高 171cm，体重 55kg，年龄 17

周岁，从事体操训练 12 年，国家健将级运动员，自愿参与本研究，没有任何肌肉和韧带损伤史。选取的动作为自由操直体后空翻转体 540°（后直 540）。

按照 Adams/LifeMod 软件的人体参数测量标准，测量了体操运动员个性化人体环节肢段参数，包括肩高、腰高、坐高、腋窝高、头长、头宽、头高、颈围、肩宽、腰深、腰宽、臀深、上臂长、前臂长、肘部周长、前臂周长、胸厚、胸宽、坐姿膝高、股围、大腿围、膝部周长、踝部周长、踝高、足宽、足长。

使用 2 台高速摄像机（CASIO EX-F1）对研究动作进行拍摄，拍摄频率 300Hz，快门速度 1/320。摄像机安放在自由操场地的两个相邻对角线延长线上，两机夹角 90°，拍摄距离分别为 27m 和 35m。使用三维 Peak 标定框架［美国，匹克（Peak）公司，28 个 Marker 点］，视频拍摄前后各标定一次，拍摄过程中确保不能调整或移动高速摄像机。

6.5.3　创建简化人体模型与计算机仿真

6.5.3.1　不同环节数目的模型

受试者个性化人体主要惯性参数（环节质量、转动惯量）计算可以测量的运动员人体形态参数。结合后直 540 动作和研究目的，创建 5 种不同环节的刚体模型。模型 1：19 环节人体模型（图 6-26 左图）；模型 2：16 环节，将头和颈视为一个环节，将手和前臂视为一个环节，剩余环节同模型 1；模型 3：14 环节（图 6-26 右图），将肩和上躯干视为一个环节，剩余环节同模型 2；模型 4：13 环节，

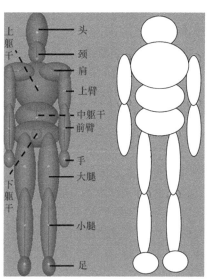

图 6-26　两个不同环节数目的人体多刚体模型

左半部分为 19 环节（模型 1）多刚体人体模型，右半部分为 14 环节（模型 3）拓扑结构图

将肩、上躯干、中躯干视为一个环节，剩余环节同模型 3；模型 5：12 环节，将肩、上躯干、中躯干、下躯干视为一个环节，剩余环节同模型 4。其中，模型 1（19 环节）人体模型惯性参数如表 6-7 所示。

表 6-7　模型 1 个性化人体惯性参数

环节	质量（kg）	转动惯量（kg·cm²）		
		I_{xx}	I_{yy}	I_{zz}
头	4.56	266	232	139
颈	1.07	20	20	13.1
上躯干	10.69	1006	794	674
中躯干	4.72	237	234	157
下躯干	6.28	433	417	227
肩	1.52	44	44	19.7
左上臂	1.4	90	90	10.2
左前臂	1.19	70.7	70.7	77.1
左手	0.34	3.32	3.32	1.8
左大腿	4.72	597	597	83.3
左小腿	2.93	370	370	31.8
左脚	1.74	73.6	65.7	22.8

注：上肢和下肢环节右侧同左侧

与本章 6.3 节一样，根据 FIG 标准化测试和体操器械国家标准（GB/T 23125—2008），使用 Adams 软件创建自由操落地垫简化模型（长 12m×宽 12m×高 0.2m），并且将落地垫与地面固定，其力学特性与实际的自由操落地垫力学特性较为接近。采用本章 6.3 节的仿真流程，用 Python 语言编程，定义人体模型的环节和关节，将 SIMI 解析运动学数据转为人体模型的运动代理（motion agent），然后进行计算机仿真。用简易优化算法获得最佳的落地垫力学特性参数，用曲线动态变化相似度验证模型有效性和仿真度（肖晓飞，2015）。

6.5.3.2　计算机仿真流程及精度分析

采用本章 6.3 节的仿真流程，分别使用上述 5 个人体多刚体模型，完成逆向和正向动力学仿真。对 5 个模型仿真结果的髋、膝、踝矢状面关节角度和实际运动学矢状面关节角度进行仿真精度分析，将二者做均方根差运算，如式（6-6）所示，然后应用式（6-7）求平均值 S，S 值越小说明仿真模型的精度越高。

$$\Delta\delta = \sqrt{\dfrac{\sum\limits_{i=1}^{n}(Yka_i - Ysa_i)^2}{n}} \tag{6-6}$$

式中，Yka_i 和 Ysa_i 分别表示实测运动学数据和仿真运动学数据，n 表示每条曲线中的数据个数，$\Delta\delta$ 表示两者的均方根差。

$$S = \frac{1}{m}\sum_{i=1}^{m}\Delta\delta_i \qquad (6\text{-}7)$$

其中，左右下肢髋、膝、踝矢状面关节共 6 条关节角度曲线，因此 $m=6$；$\Delta\delta_i$ 为下肢髋、膝、踝矢状面的关节角度的均方根差。

选取 GRF 峰值、峰值负载率、关节反作用力（JRF）和关节力矩等指标，量化自由操落地过程中膝关节的冲击负荷。

6.5.4　模型性能对比

不同模型仿真获得的运动员足尖触垫时刻不一致（表 6-8），要对 5 个模型做时间归一化处理，便于后续数据对比分析。模型 4 的仿真，运动员足尖最先触垫，因此，以模型 4 足尖触垫时刻作为 5 个模型数据分析的初始时刻。从足尖触垫到 GRF 到达峰值，然后降低到第一次 GRF 最小值，共 119ms，此阶段作为模型精度对比和冲击负荷分析时间段。

表 6-8　不同刚体模型右脚的 GRF

	模型 1	模型 2	模型 3	模型 4	模型 5	实测运动学
触垫时间（ms）	22	19	19	0	15	15
GRF 峰值（N）	2795	2861	2862	2778	2850	/
到达 GRF 峰值时间（ms）	29	29	30	30	32	31
GRF 第一次最小值时间（ms）	104	104	105	119	120	100
总时间（ms）	82	85	86	119	105	85

模型 1 的仿真，GRF 值在 0.9BW 附近时，缓冲基本结束，整个落地时间为 777ms，对比模型 4，运动员足尖延迟 22ms 触垫，归一化后的时间为 799ms。模型 1 仿真获取的后直 540 落地冲击阶段的 GRF 曲线如图 6-27 所示，从足尖触垫到 GRF 到达峰值 2795N（约 5.2BW）用时 29ms，右脚的 GRF 峰值负载率为 96.4N/ms。仿真获取的右脚 GRF-时间变化特征见表 6-8（其中运动学 GRF 峰值时间为加速度峰值时间）。模型 2、模型 3 和模型 5 的触垫时间与实测运动学时间比较吻合；模型 2 和模型 3 的总时间与实测运动学时间比较吻合。

5 个模型矢状面髋、膝、踝关节角度仿真精度运算的 S 值依次为：1.402、0.635、0.595、0.699、0.765。右膝矢状面关节角度变化范围为 32°～70°（图 6-28）。除模型 4 外，足尖触垫到 GRF 峰值时间段，4 个模型的膝关节屈角及变化趋势与运动学解析结果都比较接近（图 6-28）。模型 2 和 3 的右膝关节矢状面 JRF 峰值最大（4.19BW），模型 4 最小（4.01BW）（图 6-29）。

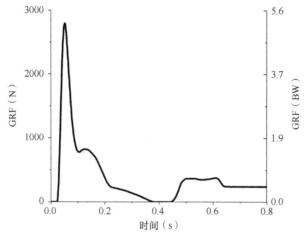

图 6-27　模型 1 仿真后直 540 落地冲击阶段右脚垂直 GRF

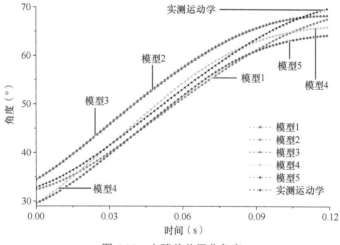

图 6-28　右膝关节屈曲角度

模型 1 的右膝关节伸肌力矩峰值最大（281N·m），模型 5 最小（228N·m）。屈肌力矩峰值，模型 5 最大（48N·m），模型 1 最小（22N·m），模型 2 和模型 3 的伸肌力矩和屈肌力矩峰值基本上相同（图 6-30）。

6.5.5　分析和讨论

GRF 峰值是人体落地冲击研究中的重要评价指标，一般通过直接测量和理论模型评估获取。受限于体操比赛环境及伦理道德，本研究使用逆向动力学方法计算 GRF，测量的运动学数据成为理论模型评估的基础。模型 1 仿真能够重现该动作的落地冲击过程，运动员足尖触垫后 29ms 即达到 GRF 峰值（图 6-27）。对比

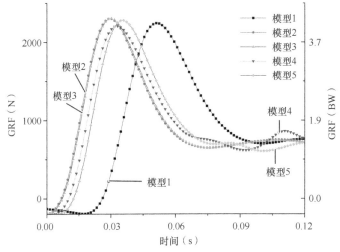

图 6-29　右膝关节矢状面关节反作用力

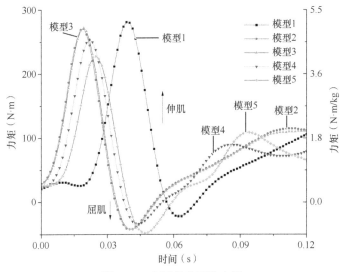

图 6-30　右膝关节屈伸力矩

跳马的落地（大约 50ms 到达 GRF 峰值），说明自由操后直 540 动作的落地冲击时间更短，若 GRF 峰值差别不大，则自由操的峰值负载率更大。此外，由于自由操落地垫的刚度高于跳马的落地垫，难度系数较为接近的空翻动作的落地，自由操的落地冲击时间短于跳马也比较合理。因此，对比与跳马难度接近的落地动作，自由操的落地给运动员下肢环节的外部冲击负荷更大，潜在的损伤风险也就更大，这或许与自由操是体操中损伤率最高的项目直接相关。

　　仿真 GRF 与实际测量 GRF 之间的一致性常用于评价仿真模型的可靠性，因此，人体模型的仿真精度决定仿真结果的运动学重现效果。理论上，更复杂的人体模型可以更精确地仿真人体系统及高难度动作。不同的模型，对身体环节的细化程度存在差异，对身体环节的进一步细分，似乎可以较好地重现实际运动效果，但过多环节的人体刚体模型会导致计算、量化、评价难度的增加。甚至有时过于复杂模型可能会使非核心因素上升，脱离了生物力学建模仿真的初始目标：在某个尺度和角度对人体运动系统的再现。因此，创建模型要结合具体的动作，去除冗余环节。为对比不同人体多刚体模型的仿真精度，本研究选择下肢关节角度曲线相似度、重现运动学效果时间和冲击力-时间特征三个方面进行分析。左右下肢的髋、膝、踝在矢状面的关节角度六条曲线和实际运动学解析所对应曲线进行相似度运算，除模型 1 外，其余模型仿真获取的膝关节角度曲线与运动学解析结果差异不大（图 6-29），均与实际运动学特征比较吻合，但模型 3 和模型 2 的曲线相似度最好，模型 4 的曲线相似度最差。而模型 3 的运动学效果重现时间与真实运动表现最为接近，触垫时间差仅为 4ms，与 Pain 和 Challis（2004）对仿真与实际运动表现的时间误差±5ms 基本一致，总时间误差仅为 2ms，低于文献中的±2.5ms（Gittoes et al.，2009）。此外，课题组采用模型 1 对 0.4m 和 0.8m 两个高度各 3 次纵跳的仿真结果表明，测力台实测 GRF 值与仿真值的误差为 3.8%和 0.8%（于佳彬等，2013），也优于文献中 10.4%~12%的结果（Yeadon and King，2002；Gittoes et al.，2009）。而采用同样的方法，本研究中模型 1 和模型 3 的峰值 GRF 差值为 2.4%，模型 3 到达峰值 GRF 时间与实际运动学加速度到达峰值时间差仅为 1ms（表 6-8）。因此，综合以上分析，模型 3 的仿真精度最高，也就是 14 环节人体多刚体模型更适合自由操落地动作的仿真。

落地冲击前期，膝关节肌肉合力伸肌占主导，膝关节通过快速屈曲来缓冲高速冲击，抵抗身体重心快速的向下移动；冲击后期，膝关节肌肉合力屈肌占主导，运动员通过摆臂来抵抗身体向反方向运动，维持身体平衡，防止出现跌倒，因此，落地冲击过程中，膝关节的伸肌、屈肌力矩对于抵抗落地产生的垂直 GRF 冲击有重要作用。

落地冲击过程中，膝关节屈曲角度逐渐增大（30°~70°），低于体操运动员完成纵跳落地的膝关节变化范围（20°~70°），角速度变化比较明显（图 6-28），且时间很短。究其原因，在长期的落地训练与比赛中，体操运动员会有意挺胸、顶髋、挺膝，膝关节变得更刚性化。这一方面与体操比赛规则有关，另一方面，可以避免膝关节屈曲角度过大而摔倒。模型 1 到达 JRF 峰值时间明显较晚（图 6-29），其他 4 个模型达到时间比较接近，说明环节越多，模型越复杂，对仿真结果的时间延迟影响越大。落地冲击过程中，5 个模型的伸肌力矩峰值高于屈肌力矩，模型 1 的伸肌力矩峰值比模型 5 高 23%，模型 5 的屈肌力矩峰值比模型 1 高 118%，这或许与环节数量及质量分布有关。足尖触垫后，从近端到远端，各个关节冲击速度变小，环节越多，质量分布越分散，环节间相互运动越多，导致模型间差别较大。此外，人体环节间位置的相对变化，如头和手的运动，对仿真结果影响较大。分析图 6-28，不难发现，5 个模型的膝关节屈曲角度从模型 1 到模型 5 均逐渐减少。综合上述分析，落地冲击阶段，膝关节的屈曲角度与 JRF 和膝关节的伸肌力矩和屈肌力矩峰值关系密切，膝关节屈肌力矩峰值会随着关节角度增加而减少，随运动速度增加而增大。此外，由于膝关节活动的差异，也会给踝关节的活动带来影响。因此，膝关节的屈曲角度对内部负荷的影响较大，合理的膝关节屈曲角度对于减轻膝关节过度使用和潜在损伤具有重要作用。

本研究虽然已经努力从人工解析的角度做到运动学测量误差最小化，但仪器设备的精度和体操比赛场地环境的局限性仍可能会产生一定的误差。此外，本研究采用的是基于骨骼的多刚体模型，没有考虑肌肉震颤对落地冲击的作用，后续研究可以考虑采用带有肌肉的颤摆质量模型，对比不同模型对研究结果的影响。

6.5.6　结语

本研究选用不同的多刚体人体模型对自由操落地冲击动力学特征进行计算机仿真研究，14 环节模型（模型 3）的仿真精度最高，可用于后续体操类落地冲击仿真研究的开展。落地过程中膝关节屈曲角度对膝关节承受的内外冲击负荷影响较大，因此建议体操运动员加强下肢力量训练，调整落地过程中技术动作，从而有效减缓膝关节承受的冲击负荷，尽可能地规避膝关节潜在损伤风险。

6.6　自由操落地垫力学特性与踝关节负荷的关系研究

6.6.1　引言

自由操落地完成质量决定着最终的比赛成绩。为了获取高分，体操运动员不能出现跳步或多余的摆臂，这势必导致运动员骨骼肌肉系统承受落地产生的高达 8～14 倍体重的冲击力。与其他运动项目相比，落地过程中，体操运动员无法使用运动鞋抵抗极高的地面反作用力冲击。体操落地垫则成为减缓冲击力的唯一有效介质，其力学特性较大程度地影响着落地施加于运动员下肢的负荷。体操运动员重复且极大的冲击力给下肢环节带来了严峻考验，冲击负荷一旦超过人体生理极限，损伤就不可避免。体操损伤大多由较大高度的空翻落地诱发，且治疗费用不菲，例如，新西兰体操运动员每年踝关节治疗费用约为 227 000 美元（Bradshaw and Hume，2012）。

尽管有专门设计的黏弹性落地垫，用于提高运动表现和抑制落地产生的下肢关节的冲击负荷来降低损伤，但是二者却往往很难同时满足。研究表明，随着运动表面刚度的增加，运动员使用更大程度的关节屈曲，但 FIG 评分规则却鼓励体操运动员使用更小的关节屈曲，损伤风险也随之增加。运动表面和体操运动员之间的交互已成为冲击负荷耗散的关键因素。FIG 发起，通过刚体冲击器测试或视频分析等单纯的力学方式完成对落地垫力学特性的测试。一些基本的物理特性，如落地垫尺寸、密度、泡沫压缩性、刚度、阻尼等已由 FIG 进行标准化。虽然材料测试结果可以记录落地垫表面的加速度和变形信息，可靠性高，但刚体冲击器只能获得垂直反作用力，且不能代表真实的人体运动，无法获取人体内部结构的反作用力，也就不适合评估落地垫对人体冲击负荷的减缓效果。

计算机仿真模型是真实系统的简化，能够回答比较复杂的问题。例如，简单的线性质量弹簧-阻尼模型，可以较好地适应落地垫的物理结构。落地垫的力学特性可以通过受试者的运动能力和落地垫表面的交互进行实验，并借助计算机仿真手段进行评估。改变落地垫材料力学特性可以改变落地冲击力，有助于提高人们对该领域的理解和安全落地垫的改进。文献借助颤摆质量模型和多层体操落地垫模型，并调整落地垫的刚度和阻尼特性，使用计算机仿真方法，评估了运动员保持相同的落地技术情况下所承受的最低冲击负荷（Mills et al.，2010）。然而，该研究用于评估冲击负荷的运动学和动力学指标较少，且并未对体操落地诱发损伤的最高部位-踝关节的负荷进行评估。更为遗憾的是，以往研究更多关注对垂直方向冲击力作用明显的落地垫的刚度和阻尼，没有关注对水平冲击力起作用的落地垫摩擦特性，而诱发人体骨骼肌肉损伤尤其踝关节损伤的多为方向变化的合力。并且，人体肌肉和软组织个性化的差异导致个性化运动员的内部损伤阈值是未知的。

本研究利用本章 6.5 节创建的 14 环节人体刚体模型和自由体操落地垫模型，采用计算机仿真方法，分析自由操落地中落地垫力学特性，尤其是摩擦对踝关节冲击负荷的影响，采用内外负荷评估踝关节的损伤风险。希望体操器械制造商能重新评估和设计自由操落地垫的力学特性，尤其是摩擦，从而减缓运动员下肢落地过程中面临的冲击负荷，降低自由操落地诱发的踝关节损伤风险。

6.6.2　人体动作与模型仿真

受试者个性化人体环节主要参数测量、仪器设备、测试程序、三维运动学数据捕获与分析等同本章 6.5 节。

利用 6.5 节所建立的 14 环节人体刚体模型和自由操落地垫模型，完成落地垫标准力学参数仿真后，分别模拟刚度（k）、摩擦（f）为落地垫标准力学参数的 90%、110%、120%、130%，以及阻尼（C）为 95%、105%、110%、115% 的落地垫标准力学参数。

6.6.3　落地垫力学参数变化对踝关节负荷的影响

以运动员足尖触垫时刻作为数据分析时间的初始时刻，以 GRF 到达峰值后降低到第一次最小值，作为数据分析的结束时刻。自由操要求男子运动员双脚同时落地，且踝关节肌肉力量较小（对比髋、膝关节），损伤风险最高。因此，本研究以右踝关节为例，选用垂直和水平 GRF 峰值、到达峰值时间、冲量、峰值负载率等量化人体的外部负荷；选用踝关节 JRF 峰值、小腿下端胫骨指数、矢状面踝关节力矩、踝关节肌肉合力做功等量化踝关节的内部负荷。

图 6-31 为落地垫标准力学参数的 GRF-时间曲线。图 6-32 为落地垫力学参数的变化，对右侧踝关节矢状面关节角度变化曲线的影响。可以看出，随着落地垫的刚度和阻尼系数改变，右踝关节角度变化较大，而摩擦系数对其无任何影响。该结果表明，模型对改变落地垫力学参数后，都可以很好地再现运动员的落地动作。

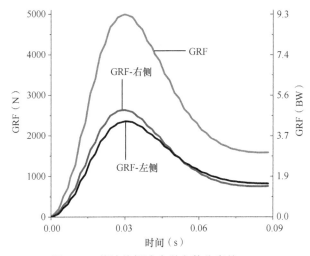

图 6-31 落地垫标准力学参数仿真的 GRF

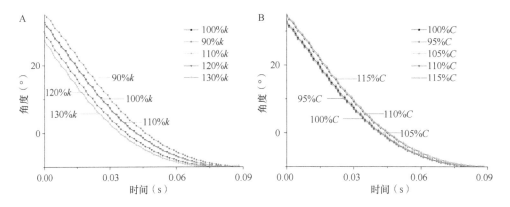

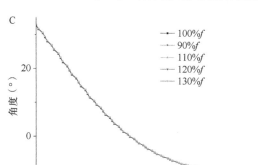

图 6-32　落地垫力学特性对右侧踝关节矢状面角度的影响

A. 刚度；B. 阻尼；C. 摩擦。90% k 表示刚度为标准落地垫的 90%，90% f 表示摩擦为标准落地垫的 90%，95% C 表示阻尼为标准落地垫的 95%

　　不同力学特性的落地垫，右脚承受的内、外负荷的量化指标，如垂直和水平 GRF 峰值、到达峰值时间、峰值负载率、小腿下端胫骨指数、右踝关节肌肉合力做功等如表 6-9 所示。从图 6-33 和图 6-34 可以看出，摩擦系数变化对右脚水平 GRF（运动方向）及右踝矢状面力矩影响较明显。

表 6-9　落地垫力学参数对右脚内外冲击负荷的影响

力学特性	标准	刚度				阻尼				摩擦			
		90	110	120	130	95	105	110	115	90	110	120	130
vGRF（BW）	4.93	4.86	4.97	5.01	5.07	4.84	4.98	5.05	5.11	4.93	4.93	4.93	4.93
到达峰值 vGRF 的时间（ms）	38	42	36	34	31	38	38	39	39	38	38	38	38
相对负载率（%）	100	89	107	114	126	98	101	101	101	100	100	100	100
hGRF	3.16	3.11	3.18	3.19	3.2	3.15	3.2	3.23	3.27	2.99	3.29	3.47	3.57
到达 hGRF 的时间（ms）	31	36	32	28	25	32	32	34	34	34	31	31	30
JRF（BW）	5.5	5.42	5.53	5.59	5.63	5.42	5.56	5.62	5.7	5.41	5.51	5.67	5.73
到达 JRF 的时间（ms）	38	42	38	34	31	38	38	39	39	38	38	38	38
TI（%）	100	101	101	102	102	101	102	102	102	98	104	107	109
功（%）	100	97	102	105	108	98	104	104	108	96	127	160	189

　　注：vGRF 为垂直 GRF 峰值；hGRF 为水平 GRF 峰值；JRF 为关节反作用力峰值；时间为到达相应峰值时间；TI 为小腿下端胫骨指数；功为踝关节肌肉合力做功，用标准落地垫参数的百分比表示；相对负载率为相对于标准落地垫的百分比

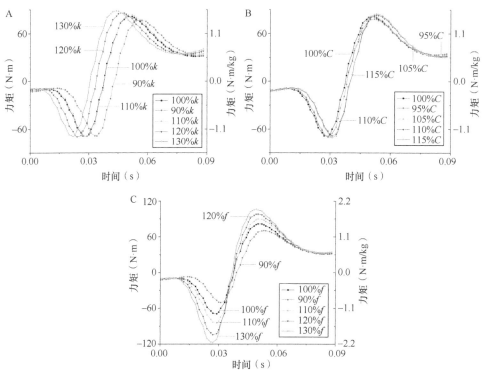

图 6-33　落地垫力学特性对右踝关节矢状面关节力矩的影响

A. 刚度；B. 阻尼；C. 摩擦；图中左侧纵轴表示力矩绝对值（单位为 N·m），右侧纵轴是力矩绝对值除以运动员体重的相对力矩值（单位为 N·m/kg)

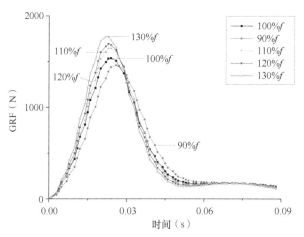

图 6-34　落地垫摩擦系数对右脚水平 GRF 的影响

6.6.4　分析和讨论

计算机仿真是调查体育运动中优秀技术动作的有效手段。GRF 峰值、到达峰值时间、峰值负载率等常用来评估外部负荷。由于落地垫阻尼和下肢肌肉、软组织的共同缓冲作用，当 GRF 到达峰值时，下肢关节 JRF 并未到达峰值。因此，评价内部负荷时应考虑 GRF 到达峰值后的缓冲时间，这提示体操落地与垂直跳落地的动力学特征存在差异。

下肢关节屈曲角度的调整可以有效减缓落地冲击负荷，运动表面力学特性与踝关节屈曲角度活动范围存在明显的相关性。以往研究由于创建的人体模型比较简单，有关体操落地的报道缺乏有效的踝关节运动学和动力学特征（肖晓飞，2015）。同样高度的纵跳落地，体操运动员比其他运动员的踝关节屈曲角度活动范围小，但落地接触时的踝关节屈曲角度大。一方面，体操运动员平时训练养成的绷脚尖动作，使踝关节对落地垫具有较强的敏感性，垫子反作用力从踝向膝、髋传递，踝承受较大的负荷（van der Krogt et al.，2009）。另一方面，长期的训练和比赛，体操运动员对落地垫的顺应性使下肢关节具有较大的刚度（Sheets and Hubbard，2009）。本研究发现，在触垫后的初始 30ms 内，踝关节屈曲角度下降明显，随落地垫刚度增加而减小，随落地垫阻尼增加而增大。同时，落地垫刚度增加，会缩短落地冲击缓冲时间，体操运动员会使用较小的踝关节屈曲角度；落地垫阻尼增加，为充分抵抗身体快速向下的较大的加速度，运动员会使用较大的踝关节屈曲角度，以防身体出现坍塌，这说明体操运动员通过调整踝关节屈曲角度来顺应落地垫的弹性变形。

落地垫力学特性应在最大化提高运动表现和避免损伤之间取得平衡。落地垫刚度和阻尼对外部负荷（尤其是 vGRF 峰值和负载率）的影响已取得共识，同时，GRF 会影响踝关节屈曲角度范围；然而，落地垫刚度和阻尼对内部负荷（如 JRF、关节力矩）的影响却鲜有报道（Mills et al.，2010）。Mills 等（2010）研究中也并未报道落地垫力学特性与 GRF 峰值时间及踝关节负荷间的关系。本研究发现，增加落地垫刚度不仅会缩短到达 GRF、踝 JRF 峰值的时间，而且会导致矢状面踝关节力矩峰值和踝关节肌肉合力做功的增加。这无疑会导致更高的峰值负载率和踝外翻角度。而增加落地垫阻尼，则会延缓到达踝关节力矩峰值时间，可能引发踝关节功能性不稳定而出现内翻，但有助于降低踝负荷。因此，增加落地垫刚度和阻尼均会导致踝关节功能性不稳定而发生扭伤。虽然增加阻尼，可以增加落地时冲击能量的吸收效果，例如，气垫跑鞋的缓冲效果可降低 8.3% 的跑步落地负荷，但会让运动员觉得不舒服，会增加足前部位损伤风险。因此，建议采用合适的落地垫刚度和阻尼，以保证落地时踝关节的稳定性。

增加落地垫的摩擦特性会增加踝关节负荷，从而诱发更高的损伤风险。落地垫的刚度和阻尼会影响垂直方向的外部负荷，但内部负荷（如关节力矩、关节肌肉合力做功等）才是评估损伤风险的关键因素（Mills et al.，2010）。矢状面关节力矩和关节肌肉合力做功受 vGRF 峰值和 hGRFx 峰值共同影响。因此，评估运动方向身体承受的水平作用力，有助于加深对内部负荷的理解。运动表面的摩擦特性从较大程度上决定着水平方向作用力的大小，影响踝关节的内部负荷（Hackney et al.，2011）。落地过程中，体操运动员要借助足与落地垫之间的摩擦力，来消除起跳产生的水平动量，通过降低运动方向身体质心的加速度来阻止身体向前或向后的运动趋势。本研究发现，自由操落地过程中，运动员右脚质心水平速度先减小，然后反方向增加，再逐渐减小。究其原因，落地垫摩擦特性起了关键作用，足与落地垫之间的摩擦力（hGRFx）帮助运动员落地时快速制动，尽管落地垫阻尼也起了一定的作用（表 6-9）。但非常遗憾的是，落地垫表面的摩擦特性并未引起运动生物力学研究者的重视。本研究中，落地垫摩擦特性对 hGRFx 峰值及到达峰值时间影响较大，而 hGRFx 大小直接决定着踝关节 JRF、踝关节力矩、TI、踝关节肌肉合力做功等内部负荷（表 6-9，图 6-33）。虽然摩擦力对落地过程中制动效果明显，但并非越大越好。一方面，运动员对陌生的垫子特性需要适应期，另一方面，较大的摩擦力反而会加大下肢关节冠状面的负荷，会引起运动员在水平方向上的"急刹车"。在本研究中，当落地垫摩擦系数增加 30% 时，踝关节肌肉合力需要吸收落地垫标准摩擦系数 189% 的冲击能量，而较小的摩擦力则又不利于运动员制动，从而容易滑倒导致落地失败。受限于生理解剖结构，较小的踝关节肌群吸收冲击能量能力较低，从而损伤风险较高（Xiao et al.，2017）。因此，建议后续研究着眼于落地垫表面的力学特性（尤其是摩擦），在保证体操运动员动作质量的基础上，适当增加落地垫的柔软度，适当降低落地垫摩擦系数，避免落地水平方向上的"急刹车"，延缓到达外部负荷峰值时间和降低内部负荷峰值，从而有效降低踝关节潜在损伤风险。

6.6.5 结语

落地垫刚度、阻尼的变化会引起自由操落地过程中踝关节运动学角度的改变，且刚度对外部负荷峰值时间影响较大，因此会增加外部冲击负荷。摩擦的变化虽然对踝关节运动学角度没有影响，但会大大增加关节力矩峰值、关节肌肉合力做功等内部负荷，从而诱发高比例的损伤风险。本研究为自由操落地垫材料力学特性的后续研究提供了基础，鼓励体操器械制造商改进落地垫设计，尽可能地降低落地冲击潜在损伤风险。

6.7 不同难度空翻动作的落地生物力学特征的比较

6.7.1 引言

向前空翻和向后空翻技巧动作是体操两大空翻类技巧，运动员使用频率非常高。其中后空翻（backward somersault，BS）是基础难度动作，直体后空翻转体720°（本节简称为 S720）是一般难度动作，直体后空翻转体 1080°（本节简称为S1080）是较高难度动作，它们都属于同一类型动作。本研究以后空翻动作为例，旨在探讨高水平体操运动员不同难度空翻技巧动作落地的下肢关节负荷及其动作控制特征，这将为体操运动员发展和学习更高难度的空翻技巧动作，以及预防落地中下肢关节损伤提供科学的理论依据。

6.7.2　研究对象与运动学数据采集

6.7.2.1　研究对象

研究对象与本章 6.2 中的研究对象相同，为 6 名中国国家体操队男子运动员，年龄为（17.3±1.3）岁，身高为（165.7±5.0）cm，体重为（57.3±3.9）kg。他们均曾参加过体操世界杯或/和锦标赛，并且近 6 个月没有骨骼肌肉损伤。

6.7.2.2　动作采集

本研究的三个动作（BS、S720 和 S1080），分别是在实验室、体操馆和比赛现场进行数据采集。BS 于国家体育总局体育科学研究所运动生物力学实验室采集，具体方法可与本章 6.2 节完全相同。

动作 S720 为运动员日常训练动作，于国家体育总局训练局体操馆中采集，采集过程如下：1 名体操运动员在热身活动后，成功完成 3 次 S720 落地动作。使用两台高速摄像机（JVC，GC-PX100BAC）进行三维定点录像，拍摄频率为 250Hz，两台摄像机的离地高度 1.2m，夹角约为 90°。采用 28 个 Marker 球的三维辐射型Peak 框架对落地位置进行空间标定。

动作 S1080 为中国第 13 届全运会体操决赛现场决赛中的动作，采集过程如下：1 名运动员完成 S1080 落地，使用两台高速摄像机（JVC，GC-PX100BAC）进行三维定点录像，拍摄频率为 250Hz。两台摄像机固定于体操馆看台座位的前方，夹角约为 90°，并安排专人看管以免摄像机被观众误碰。提前用 28 个 Marker 球的三维辐射型 Peak 框架对落地位置进行空间标定。自由操决赛开始时，对指定运动的成套动作进行拍摄。

最后，每名运动员的落地动作由两名国家级裁判选取最佳的一个动作进行进一步分析。

6.7.3　实验数据处理

与 6.4 节一样，将三种动作的落地过程都分为预激活阶段（T0，触地前 100ms）、落地冲击初期［T1，从触地到峰值 vGRF（PvGRF）］和落地冲击后期（T2，从PvGRF 回到 1 倍体重）（图 6-21）。

BS 落地的实验数据处理与 6.4 节完全相同：对三维运动捕捉数据进行后期处理，计算获得关节角度和角速度。对 PvGRF 用每个运动员的体重进行标准化处理。对肌电信号采用各个肌电的最大值（MVC）进行标准化，用标准化后的胫骨前肌除以腓肠肌外侧表面肌电表示踝关节拮抗肌-主动肌的共激活，用标准化后的股二头肌除以股直肌表面肌电表示膝关节拮抗肌-主动肌的共激活；实验结果采用 20ms 内的平均值来呈现，并对结果进行描述性统计分析。

S720 与 S1080 落地：使用 SIMI Motion 软件对三维录像进行人工解析，对解析获得的数据采用低通滤波进行平滑，截断频率为 10Hz。获取各关节的位移、关节角度和角速度，根据汉纳范人体模型计算身体重心轨迹。

6.7.4 计算机建模与仿真

与本章 6.1～6.4 节所阐述的个性化人体落地动作生物力学建模仿真方法一样，利用 LifeMod 对上述 3 种最佳落地动作所涉及的 3 名运动员，分别建立 19 环节、50 自由度的多刚体人体模型，根据他们的性别、年龄、身高和体重参数在 GeBod 人体数据库（BRG.LifeMod）中进行个性化建模，并对相应的动作进行计算机仿真。

6.7.5 身体中心时空特征

如图 6-35 所示，从运动员 BS、S720 和 S1080 动作起跳离地瞬间开始，经空中动作再到落地后 200ms 后为止。这三个动作身体重心（center of gravity，COG）最大高度分别为 1.41m、1.98m 和 2.18m，其腾空时间分别为 640ms、948ms 和 1250ms。三个动作的身体重心高度在起跳瞬间基本相同，落地瞬间时的重心高度分别为 0.83m、0.85m 和 0.73m；落地后 200ms，重心分别下降了 0.08m、0.21m 和 0.30m。

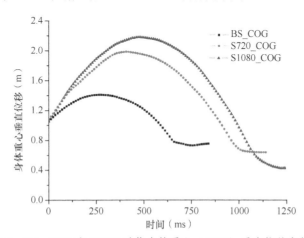

图 6-35　BS、S720 和 S1080 动作身体重心（COG）垂直位移变化曲线

6.7.6　下肢关节角度和负荷

6.7.6.1　关节角度变化

本章 6.4 节阐述了 BS 落地不同阶段的下肢关节角度和负荷变化特征。如图 6-25 所示，BS 落地的 T0 阶段，两侧髋关节平均伸展了 22°，膝关节角度基本没有变化，踝关节角度先跖屈了 8°，后背屈了 24°；T1 阶段下肢 3 个关节角度变化较大，髋、膝和踝关节（背屈）分别屈曲了 8°、20°和 18°；在 T2 阶段变化很小，3 个关节最后分别维持在 90°、120°和 60°附近。踝、膝和髋关节角速度先后在 T1 阶段达到峰值，分别为–3026(°)/s、–1578(°)/s 和–1086(°)/s，T2 阶段末，3 个关节角速度分别都趋近于零。

S720 落地的 T0 阶段，髋、膝和踝关节的角度基本没有变化（图 6-36A），T1 阶段它们分别屈曲了 4°、16°和 34°，T2 阶段又分别屈曲 31°、50°和 21°；踝、膝和髋关节角速度先后在 T2 阶段达到峰值，分别为–1093(°)/s、–720(°)/s 和 407(°)/s（图 6-36B）。

S1080 落地的 T0、T1 和 T2 阶段，髋、膝和踝关节一直在屈曲，T0 阶段分别为：27°、6°和 22°，T1 阶段分别为：19°、42°和 25°，T2 阶段分别为 52°、71°和 7°（图 6-37A），踝、膝和髋关节角速度先后在 T1 及 T2 阶段达到峰值，分别为–679(°)/s、–1415(°)/s 和–837(°)/s（图 6-37B）。

6.7.6.2　关节力和力矩

3 种动作落地的下肢关节力矩在 T1 阶段表现出屈肌力矩（踝背屈），T2 阶段力矩方向反转，表现出伸肌力矩（踝跖屈），且力矩幅值远大于 T1 阶段的（图 6-25、图 6-36C 和图 6-37C）。BS 和 S720 落地，T2 阶段下肢关节伸肌力矩大小关系为膝＞髋＞踝（图 6-25、图 6-36C），S1080 落地中这种大小关系为髋＞膝＞踝（图 6-37C）。

3 种动作落地下肢关节反作用力（JRF）大小关系为踝＞膝＞髋，JRF 峰值都出现在 PvGRF 之后，即 T2 阶段（图 6-25、图 6-36D 和图 6-37D）。BS 落地左侧下肢 JRF 比右侧先达到峰值（时差约 8ms），且两侧的踝、膝和髋 JRF 峰值是先后出现（图 6-25）。S720 和 S1080 动作落地中，两侧的踝、膝和髋 JRF 峰值几乎是同时出现；另外，S720 落地的左侧下肢 JRF 峰值小于右侧的，而 S1080 落地的左侧下肢 JRF 峰值大于右侧的（图 6-36D、图 6-37D）。

6.7.6.3　地面反作用力

BS、S720 和 S1080 落地，仿真获得的 PvGRF 分别为 11.9BW（图 6-22）、16.8BW（图 6-36E）和 18.3BW（图 6-37E）。使用测力台获取的 BS 落地的 PvGRF 为 12.5BW，与仿真结果（11.9BW）相差 5.0%，并且实测值与仿真结果的复相关系数 CMC 为

0.86（＞0.75）（图 6-25）。BS 落地中左、右脚的 PvGRF 分别为 5.9BW 和 6.0BW（图 6-25），S720 落地中左、右脚的 PvGRF 分别为 7.3BW 和 9.5BW（图 6-36E），S1080 落地中左、右脚的 PvGRF 分别为 11.1BW 和 7.3BW（图 6-37E）。

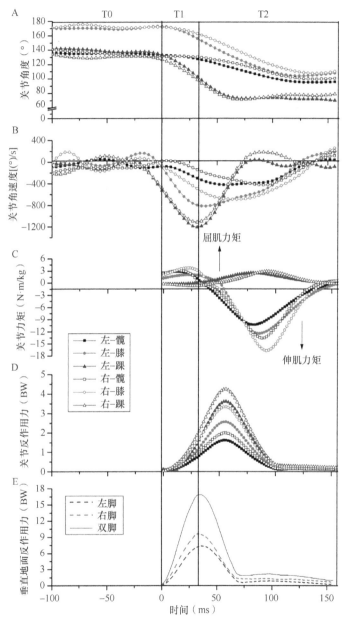

图 6-36　S720 落地下肢关节角度（A）、角速度（B）、力矩（C）、反作用力（D）及垂直地面
反作用力 E 曲线（彩图请扫封底二维码）

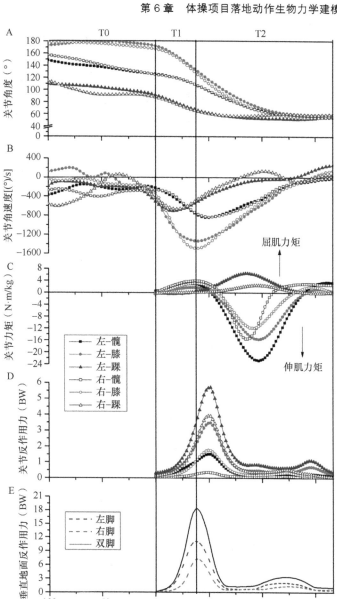

图 6-37　S1080 落地下肢关节角度（A）、角速度（B）、力矩（C）、反作用力（D）及垂直地面
反作用力 E 曲线（彩图请扫封底二维码）

6.7.7　下肢刚度和肌电

3 种落地动作的髋、膝和踝关节刚度（joint stiffness）使用式（6-8）进行计算：

$$K_{\mathrm{j}} = \Delta M \big/ \Delta \theta \qquad\qquad (6\text{-}8)$$

式中，K_j 为关节刚度，ΔM 为某关节力矩的变化量，$\Delta\theta$ 为对应关节屈曲角度位移的变化量。

BS、S720 和 S1080 落地，在 T1 阶段下肢关节刚度大小关系为髋＞膝＞踝（图6-38），但 S1080 的 T2 阶段出现踝关节刚度大于膝关节的情况。另外，T2 阶段的下肢关节刚度都大于 T1 阶段的。3 种动作落地的下肢关节刚度比较，未见明显规律。

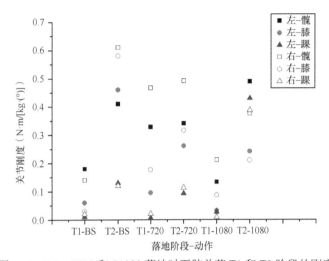

图 6-38　BS、S720 和 S1080 落地时下肢关节 T1 和 T2 阶段的刚度

BS 落地 T0 阶段，左右下肢共 8 块肌肉的肌电都已预激活（图 6-39），肌电幅值从 T0 到 T1 都在增加，并在 PvGRF 附近达到峰值，且在 T2 阶段仍保持较高振幅。

6.7.8　分析和讨论

BS 是体操的一个非常基础的技巧动作，它是发展难度动作及组合动作的基础。S720、S1080 与 BS 同属于向后的空翻类技巧动作，但在运动训练和比赛中使用频率更多，因为它们的难度分和连接价值更高。S720、S1080 动作难度更大，其腾空高度、时间和落地后重心下降的高度也比 BS 动作的要大很多。因此，研究更高难度体操落地动作，不仅有利于学习和发展高难度动作，也有利于运动损伤的预防，具有更大的实际应用价值。

落地前（T0 阶段），3 种落地动作的膝关节角度基本没有变化，大致保持约 170°的微屈状态。BS 由于腾空时间较短，髋关节在此阶段有一定幅度的伸展，主要是为了增加身体的转动惯量，以减小落地的角速度；踝关节有较大幅度的背屈，以至于踝关节的角速度在此阶段达到或接近最大值。S720、S1080 的腾空时间相对较长，身体处于伸展状态，S720 下肢 3 个关节角度基本没有变化，S1080 的髋、踝关节同时在小幅度地屈曲（踝背屈），后者可能是由于难度更大，需要尽早地为落地做准备。

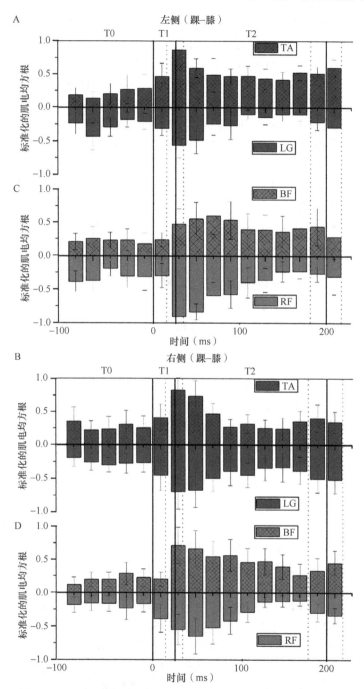

图 6-39　BS 标准化后肌电均方根（EMG$_{RMS}$）的共激活 （n=6）

每个柱状代表 20ms 内的平均值和标准差。正的 EMG$_{RMS}$ 代表关节的拮抗肌，负的 EMG$_{RMS}$ 代表关节的主动肌。

RF. 股直肌；BF. 股二头肌；TA. 胫骨前肌；LG. 腓肠肌外侧（平均值：实垂直线；标准差：点垂直线）

落地冲击初期（T1 阶段）时间较短（36～40ms），3 种落地动作的下肢关节都快速且有较大幅度的屈曲（踝背屈）。BS、S720 都是踝关节角速度最大，而 S1080 却是膝关节角速度最大，踝关节的最小，说明高难度动作的落地站稳需要踝关节更好的固定。这对踝关节提出了更高的要求，流行病学调查研究发现踝关节损伤发生率是体操项目中最高的（Bradshaw and Hume，2012）。BS、S720 和 S1080 动作落地 PvGRF 分别达到 11.9BW、16.8BW 和 18.3BW，有文献报道 BS 落地 PvGRF 为 7.1～13.2BW（Slater et al.，2015），后空翻两周落地时 PvGRF 可以达到 8.8～14.4BW（McNitt-Gray et al.，2001）。本研究的 S720 和 S1080 落地的 PvGRF 超过前人文献的报道，可能因为这两个技巧动作难度高于后空翻两周落地，但目前暂未看到更高难度动作落地有关 GRF 的报道。

BS、S720 双脚几乎同时落地，而 S1080 双脚并非同时落地（间隔 4～8ms），有研究发现双脚依次着地技术与同时着地相比，可以减少落地冲击力 2～3BW（Bradshaw and Hume，2012），这可能是本研究中 S1080 中左、右脚不同时落地的原因。虽然体操裁判很难分辨极短时间内的不同步落地，但 S1080 先落地的左脚 PvGRF 比右脚大很多，左下肢 JRF 也明显大于右侧，这势必会增加左下肢损伤的风险。3 个动作落地下肢关节都表现出屈肌力矩，意味着体操运动员并不是一旦触地就马上来抵抗冲击负荷，而是下肢关节有主动屈曲动作。根据动量定理（$F \cdot \Delta t = m \cdot \Delta v$），落地站稳后速度为零，等式的右边只由触地瞬间的速度决定，所以体操运动员下肢关节主动屈曲，有利于增加冲击力作用时间，从而达到有效减小冲击力的目的。所以，此阶段运动员下肢关节快速而主动地屈曲（踝背屈），有利于更好地减缓落地冲击；而高难度技巧动作双脚的不同步落地可能会增加一侧关节损伤风险，尤其是踝关节。

落地冲击后期（T2 阶段）时间相对 T1 较长（120～140ms），BS 落地下肢关节角趋于稳定，而 S720 和 S1080 落地会继续快速屈曲（踝背屈）。随着难度的增加，下肢关节的屈曲程度也会增加，结果发现 S1080 最后下肢关节角度都小于 90°，这种落地通常被称为软着陆（膝关节屈曲小于 90°）。增加落地时下肢关节角度可以有效减小 GRF，但可能会导致肌肉和韧带的损伤风险、影响落地的稳定性（Bradshaw and Hume，2012）。另外，3 个动作落地的下肢 JRF 在此阶段达到峰值，且都是踝关节最大，膝其次，髋最小，这可能与 3 个关节距地面作用点的距离有关，体现了多关节之间的协同。还有，这些 JRF 峰值都发生在各自的 PvGRF 之后，S720、S1080 落地下肢 JRF 几乎同步达到峰值，说明更难的技巧动作落地下肢关节会采用同步用力方式来抵抗落地冲击。3 个动作落地下肢关节从 T1 阶段的屈肌力矩转变为此阶段的伸肌力矩（踝跖屈力矩），且大小为屈肌力矩的几倍，说明此阶段下肢关节在全力抵抗落地冲击。BS、S720 落地膝关节伸肌力矩大于髋和踝关节的，提示膝关节在落地中缓冲了更多的 GRF。然而，在 S1080 落地中，髋关节的伸肌力矩最大，提示运动员在一般难度动作中使用以膝关节为主的缓冲策略，而在更高难度的动作中会使用以髋关节为主的缓冲策略。所以，随着动作落地难度的增加，下肢关节会采取增加屈曲角度、同步用力伸展关节，以及由膝关节为主的缓冲策略向髋关节为主的缓冲策略转变，与此同时也对踝关节及周围韧带提出了更高的要求，增加了其损伤风险。

下肢关节刚度和肌肉的激活水平在落地过程中起到重要的调节作用。尽管刚度本身是一个材料力学概念，但仍然可以将关节的变形和屈曲行为简化成弹簧-质量模型。关节刚度自身的调节也要依赖于关节周围肌肉的激活程度和神经反馈作用。上述所测的下肢表面肌电信号结果表明，T0 阶段都已激活，为落地做好积极准备，T0 到 T1 阶段肌电均方根振幅总体上呈增加趋势，并在 T2 阶段仍保持较高的激活水平。下肢关节刚度在 T2 阶段大于 T1 阶段，这种刚度的调节有利于身体姿势的稳定，以及顺应周围的环境。T2 阶段的下肢关节刚度的增加有利于防止身体的"坍塌"，它和下肢关节力、伸肌力矩和肌肉激活程度，共同吸收或抵抗落地冲击。另外，值得关注的是 S1080 的 T2 阶段踝关节跖屈刚度大于膝关节的，可能是由踝关节屈曲角度减小所致。踝关节在这 3 个关节中属于较小的关节，在高难度动作落地中刚度过大，可能会增加踝关节的撞击性损伤风险。Bradshaw 和 Hume（2012）曾对两名体操运动员长期跟踪研究发现，他们踝关节跖屈刚度的增加，引起了单脚或双脚足跟疾病。

本研究在体操不同难度后空翻类落地动作的运动测试基础上，进行落地动作的人体多体系统动力学仿真，揭示了体操落地时下肢关节负荷及其动作控制特征。本研究认为，着地前体操运动员伸展下肢关节，即将落地和落地冲击初期快速主动屈曲下肢关节，而在落地冲击后期全力伸展下肢关节。这种落地策略可以有效地减缓落地冲击，有利于损伤的预防。

6.7.9　结语

体操后空翻类技巧动作的落地，下肢关节负荷随着动作难度的增加而明显增加。在即将落地前，更高难度的动作需要提前屈曲下肢关节为落地做积极准备；落地冲击初期，下肢关节快速主动屈曲，更高难度的动作可能还会采取双脚不同步落地的缓冲策略；落地冲击后期，下肢关节全力伸展，更高难度的动作落地还会继续增加下肢关节屈曲以抵抗冲击。本研究增进了人们对体操落地时下肢关节负荷及其动作控制特征的认识，为运动员掌握更高难度体操后空翻类技巧落地，以及下肢关节损伤的预防提供了科学的理论依据。

6.8　不同落地动作踝关节负荷的有限元分析

6.8.1　引言

足踝是人体运动主要的承重点，在日常活动、劳动和体育运动中，发挥着承重、缓冲及减震的重要作用。各类体育运动项目中，足踝损伤在运动损伤中发生率较高，也是体操运动员发病率最高的部位。踝关节损伤主要有距骨前缘增生、外踝撕脱性骨折、距骨后缘骨折、距后三角骨损伤、内踝疲劳性骨折等。George等（2015）对 200 人（9～13 岁）体操运动员踝关节损伤进行研究发现，体操下法和自由操中频繁地起跳和落地，是踝关节损伤的主要原因。Sobhani 等（2013）对 23 个运动项目的足踝过度使用损伤进行了综合分析，体操是动作频率最高的项目之一，跟腱病、足底筋膜炎和应力性骨折的发病率较高。

　　人类正常自然节奏的步行，垂直地面反作用力峰值为体重的 1～2BW。然而，像跑和跳这样的运动对于身体能力不强的人来说是一个挑战，在双脚的纵跳落地中，垂直地面反作用力峰值能达到 3.5～7BW。对于复杂的体操空中技巧落地动作而言，会有更大的垂直地面反作用力峰值。体操运动员向前空翻落地垂直地面反作用力峰值范围为 7.6～15.8BW，向后的空翻范围为 7.1～13.2BW。落地过程中巨大地面反作用力导致下肢损伤占据体操运动员损伤的最大部分。

　　运动中常见的踝关节损伤会导致骨折、应力性骨折、关节功能性不稳、运动受限等，还会诱发关节炎等疾病。因此，为了更加深入地理解足踝功能、预防足踝疾病的发生，体育和医学科研人员对不同状态下、不同运动项目中正常和病理性足的受力情况进行了大量的研究。由于受到足踝复杂结构，以及在体实验条件的诸多限制，目前大多数的研究是在分析足与鞋垫的运动、地面反作用力和足底压力分布情况，而这些研究很难揭示足踝具体的损伤部位、损伤形式及损伤机制，因此需要寻求更为理想的方法。

　　有限元方法（finite element method，FEM）是计算机技术和工程科学技术飞速发展并结合的产物。近年来，因为该方法具有强大的建模及计算功能，运动生物力学专家已经将它广泛应用于人体损伤的研究中。研究者根据实际需要，建立足踝有限元模型，设定边界条件和接触，对静态、准静态或动态情况下不同阶段时正常及病理性足踝结构的应力、应变和位移变化情况进行研究分析，为深入了解足踝各个组成部分的功能、疾病及损伤的原因奠定了基础。牛文鑫等（2014）建立了一个足踝有限元模型，结果表明中足的应力骨折通常发生在舟骨，主要在于其横向上的拉伸应力。载荷从踝关节传至前足 5 个距骨，然后在中足的骰骨和楔骨间发生了再分配。Wong 等（2016）发现踝关节撞击伤较为多见，可能导致后足骨折，包括距骨和跟骨。这些针对足踝的有限元研究，使我们更好地理解足踝运动损伤的机制，给临床足踝损伤治疗和康复提供理论依据，同时也能更好地预防足踝的运动损伤。

　　尽管有限元方法是评估损伤的理想方法，然而很少有关于体操运动员落地过程中，下肢主要损伤部位，特别是踝关节受到落地冲击负荷下有限元分析的研究，对体操运动员真实训练比赛中的落地动作相关的有限元分析，更未见报道。综合采用实验和建模仿真的方法，是在组织层次上研究踝关节落地损伤生物力学合理而有效的方法。所以，本节建立足踝有限元模型，利用前面实验研究中所获得的

PvGRF 作为加载条件，研究体操落地冲击中踝关节应力和应变变化的规律，为预防踝关节损伤的发生提供理论参考。

6.8.2　研究对象与原始数据采集

中国国家体操队男子运动员 1 人。年龄 18 岁，身高 167cm，体重 54kg。曾参加过体操世界杯和锦标赛，并且近 6 个月没有骨骼肌肉损伤，被告之实验过程，并签署知情同意书。根据赫尔辛基宣言，本研究获得国家体育总局体育科学研究所伦理委员会同意并批准（委 16-27）。

CT 图像采集使用西门子（SIEMENS）公司 SOMATOM Definition Flash 成像系统，运动员左踝关节放置于中立位，扫描小腿下部及足部。扫描参数：成像矩阵为 512 像素×512 像素，层厚 0.6mm，间隔 0.6mm，共获得下段胫腓骨及全足图像 306 张，并保存为标准医用影像 DICOM 格式文件。

MRI 图像采集使用飞利浦（Philips）公司 Medical Systems/Achieva 成像系统，运动员左踝关节放置于中立位，扫描小腿下部及足部。扫描参数：成像矩阵为 560 像素×560 像素，层厚 1mm，间隔 0.5mm，共获得下段胫腓骨及全足图像 320 张，并保存为标准医用影像 DICOM 格式文件。

6.8.3　三维有限元模型的建立与验证

将运动员小腿下部和足部 CT 图像的 DICOM 格式文件导入医学逆向工程建模软件 Mimics 19.0（Materialise's interactive medical image control system，美国）中。根据人体各组织的 CT 值不同，利用软件的 thresholding 功能将 CT 值较大的骨组织提取出来，确定骨的形态和轮廓边界，通过 edit masks 功能逐层对骨骼进行空洞填涂和删除多余部分，计算生成三维几何型，并进行平滑处理。足的周围软组织 CT 阈值较小（一般小于 200），用同样的方法提取三维几何模型。建立的骨骼包括：胫、腓骨远端、距骨、舟骨、3 块楔骨、骰骨、5 块跖骨、14 块趾骨和 2 块籽骨，共 29 块，将骨骼和软组织的几何形状以 STL 格式文件导出。

韧带和软骨的几何形状在 CT 图像中较难辨认，根据足的骨性标志将 CT 和 MRI 图像导入同一界面重叠，再参考足踝解剖彩色图谱，逐条将踝关节主要韧带和全足软骨的外形轮廓勾勒出来，计算生成三维几何模型。建立的韧带包括：内侧副韧带（胫距前韧带、胫舟韧带、胫跟韧带和胫距后韧带）、外侧副韧带（距腓前韧带、距腓后韧带、跟腓韧带和下胫腓横韧带）和其他韧带（跟舟韧带、跟腓韧带、背侧跟骰韧带、胫腓前韧带、胫腓后韧带、足底长韧带和跖筋膜）共 14 条韧带。同样将韧带和软骨的几何形状以 STL 格式文件导出。

Mimics 中建立的模型只是三维表面单元，不是实体，所以需要再将以上 STL 文件输入逆向工程 CAD 软件 Geomagic Studio 2015（美国杰魔软件公司）进行三维实体重建（图 6-40）。然后，再将重建的三维实体模型导入 HyperMesh 2017［美国澳汰尔（Altair）公司〕进行有限元网格划分，单元类型为四面体（图 6-41）。最后，有限元模型在 ABAQUS（法国达索系统）中建立，软骨、韧带、跖筋膜与骨之间设置为无摩擦的接触关系，软组织绑定在足骨上。

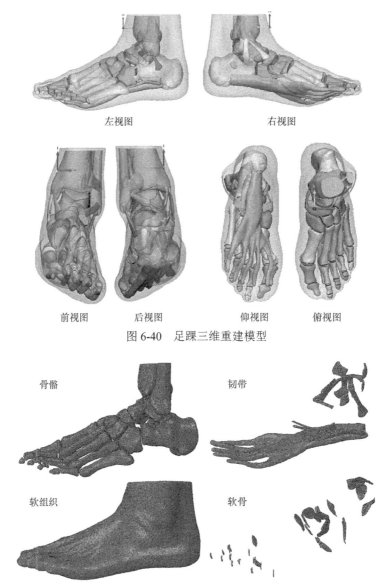

左视图　　　　　　　　　　右视图

前视图　　后视图　　　　　仰视图　　俯视图

图 6-40　足踝三维重建模型

骨骼　　　　　　　　　　　韧带

软组织　　　　　　　　　　软骨

图 6-41　足踝骨、软组织、韧带和软骨的有限元网格划分

为了验证上述建立的足踝三维有限元模型的有效性，本研究采用前人文献中足站立平衡状态下的足部情况进行验证（张明等，2007）。在 ABAQUS 软件中建

立一个平板：280mm×180mm×6mm（长、宽和高），足踝有限元模型及平板的材料参数见表 6-10。使足底表面与平板上表面建立摩擦接触，摩擦系数为 0.6，以模拟裸足平衡站立于地面。左脚有限元模型来源于一名 54kg 的体操运动员，平衡站立时每只足会承受 270N 的重力，足自身的重量在静态分析中可以忽略。为了模拟平衡站立，忽略足部肌肉力，仅考虑跟腱拉力，跟腱作用在跟骨向上的作用力约为足部承重的 50%，即 135N。在有限元分析软件 ABAQUS 中，约束平板的刚体位移，使其只具有垂直方向的位移，对足软组织，胫、腓骨上表面进行全位移约束，vGRF 以集中力向上加载到平板底面（图 6-42）。

表 6-10 有限元模型材料参数与单元属性

组织名称	弹性模量（MPa）	泊松比	单元数量	单元类型
骨组织	7 300	0.3	156 797	四面体
软骨	1	0.4	107 854	四面体
韧带	260	0.49	77 304	四面体
软组织	0.45	0.45	370 962	四面体
跖筋膜	350	0.49	29 001	四面体
平板	200 000	0.3	4 032	四面体

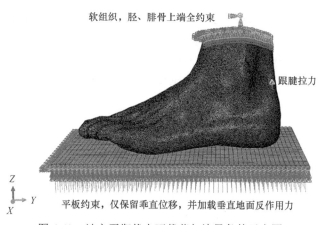

软组织，胫、腓骨上端全约束

跟腱拉力

平板约束，仅保留垂直位移，并加载垂直地面反作用力

图 6-42 站立平衡状态下载荷与边界条件示意图

6.8.4 落地冲击的有限元计算

基于吴成亮（2019）所获得的不同高度（H1、H2 和 H3）体操样落地、体操向后空翻技巧动作落地的 PvGRF 作为有限元加载条件。不同高度体操样落地视为对称落地，分别从平板底面向上加载一半 PvGRF，体操向后空翻技巧动作落地，也分别从平板底面向上加载多体仿真获得的左脚 PvGRF（图 6-43）。同时，对胫骨和腓骨上表面进行位置全结束，足底表面与平板依然保持之前设定的摩擦接触。

经体重标准化处理后，6 种工况下加载 PvGRF 分别为 1248N、1973N、2412N、3212N、3967N、6002N。

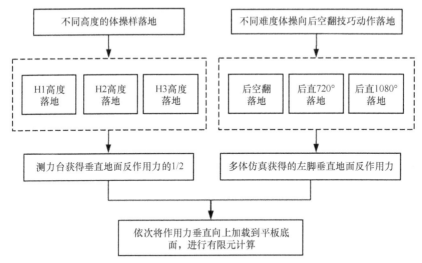

图 6-43　落地冲击状态下垂直地面反作用力加载示意图

有限元模型运算，采用 ABAQUS/CAE 2019 进行求解。所用的计算机为联想工作站（ThinkStation P910），具体配置如下。CPU：Intel(R) Xeon(R) E5-2630v4（10 核心 20 线程）；频率：2.2GHz；内存：32G；硬盘：1.5TB；显卡：NVIDIA Quadro P2000；操作系统：Windows 10，64 位旗舰版。

6.8.5　站立平衡状态足底表面压力分布

全足有限元模型通过模拟平衡站立，足底表面应力分布主要位于足跟和足掌偏向外侧的部位，最大足底表面应力为 0.213MPa（图 6-44）。

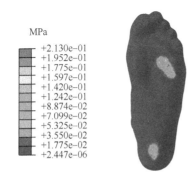

MPa

```
+2.130e-01
+1.952e-01
+1.775e-01
+1.597e-01
+1.420e-01
+1.242e-01
+8.874e-02
+7.099e-02
+5.325e-02
+3.550e-02
+1.775e-02
+2.447e-06
```

图 6-44　有限元足底面接触应力分布图
（彩图请扫封底二维码）

如图 6-45 所示，胫、腓骨下端的踝关节面上无论是米泽斯（Von Mises）应力还是特雷斯卡（Tresca）应力，主要分布在胫骨面前缘和后缘，以及内踝和外踝关节面。其中，两者的应力峰值都出现在胫骨面前缘外侧，应力峰值随落地的高度、向后空翻的难度增加而增大，且体操最简单的后空翻落地动作比最高垂直落地动作的应力都要大。各落地动作，Tresca 应力相比 Von Mises 应力更大。从应变来看，外踝的腓骨下端变形最大，内踝变形较小。

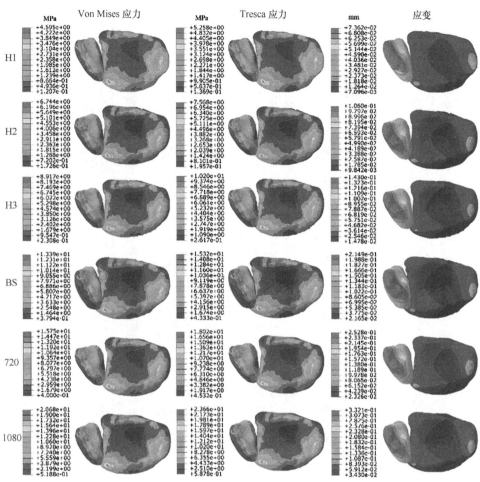

图 6-45　胫、腓骨下端的踝关节面应力和应变分布（彩图请扫封底二维码）

H1、H2 和 H3 分别表示 3 种高度落地；BS、720 和 1080 分别表示后空翻、后直 720°和后直 1080°落地

如图 6-46 所示，距骨上端的踝关节面上无论是 Von Mises 应力还是 Tresca 应力，主要分布在距骨滑车外缘、内缘、后端和外踝端。其中，两者的应力峰值都出现在距骨滑车外缘前缘外侧，与图 6-45 中胫骨踝关节面应力峰值相吻合。应力峰值也是随落地的高度、向后空翻的难度增加而增大，且体操最简单的后空翻落地动作比最高垂直落地动作的应力都要大。各落地动作，Tresca 应力相比 Von Mises 应力也是更大。从应变来看，距骨靠近外踝端的变形最大，且向内踝端变形依次减小。

6.8.6　落地冲击的踝关节面受力情况

如图 6-47 和图 6-48 所示，踝关节面的胫、腓骨下端和距骨上端的应力和应变

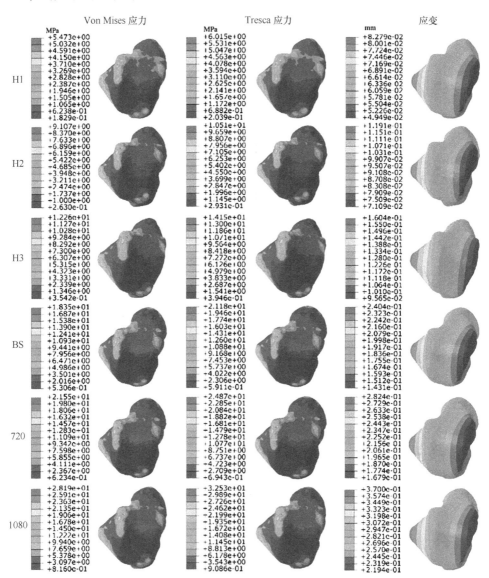

图 6-46 距骨上端的踝关节面应力和应变分布（彩图请扫封底二维码）

H1、H2 和 H3 分别表示 3 种高度落地，BS、720 和 1080 分别表示后空翻、后直 720° 和后直 1080° 落地

峰值都随着落地的高度、向后空翻的难度增加而增大，且体操最简单的后空翻落地动作的峰值明显大于最高垂直落地动作的。各落地动作，Tresca 应力峰值相比 Von Mises 应力峰值更大。另外，踝关节面的距骨上端的应力和应变峰值，都要大于胫、腓骨下端的应力和应变峰值。

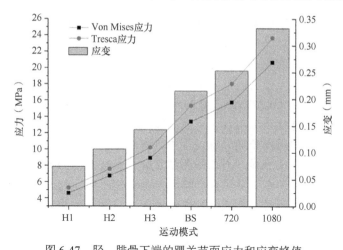

图 6-47　胫、腓骨下端的踝关节面应力和应变峰值

H1、H2 和 H3 分别表示 3 种高度落地，BS、720 和 1080 分别表示后空翻、后直 720° 和后直 1080° 落地

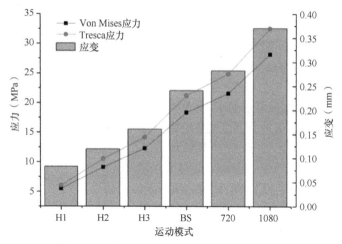

图 6-48　距骨上端的踝关节面应力和应变峰值

H1、H2 和 H3 分别表示 3 种高度落地，BS、720 和 1080 分别表示后空翻、后直 720° 和后直 1080° 落地

　　有限元模型可以较好地仿真人体的肌骨系统，能有效预测出骨组织的应力和应变的变化，因此能够帮助我们有效评估骨组织的损伤风险及部位。本研究建立了足踝三维有限元模型，并通过平衡站立对模型进行验证。随后，通过加载 PvGRF，得到了不同高度体操样落地、难度不高的体操向后空翻技巧落地时踝关节（胫腓下关节面和距骨上关节面）的应力和应变数据，用以帮助我们评估体操运动员落地的踝关节损伤。

6.8.7　分析和讨论

　　本研究建立的有限元模型，有效地仿真了足在不同高度落地，以及不同难度的向后空翻技巧动作落地所受载荷情况，预测出踝关节面骨组织的应力和应变分布。有限元测量的结果能较好地与流行病学调查相一致，这有助于我们理解体操运动员踝关节的损伤部位及其机理。

本研究足踝有限元模型模拟了平衡站立，最大足底表面应力（0.213MPa）与前人文献的结果接近（0.159MPa、0.23MPa），应力分布情况也大致相似。结果出现的部分偏差，可能存在以下几个方面的原因：首先，不同的人足踝扫描结果不同，高水平体操运动员在长期训练过程中足可能出现了适应性的变化；其次，人的体重与文献中的存在差异，人在平衡站立时，足底的压力一般会随着体重的增加而增加；最后，人体重心前后微微移动，都会使足底压力分布发生变化。本足踝模型加载 vGRF 的条件是假设人体重心刚好通过距骨的承载中心，忽略足部产生的额外力矩作用。

体操运动员踝关节发病率很高。本研究体操运动员落地冲击容易引起踝关节的撞击损伤，胫、腓骨下端的踝关节面上 Von Mises 应力和 Tresca 应力，主要集中在胫骨面前缘和后缘，以及内踝和外踝关节面，且外踝的腓骨下端变形较大，这可能就是导致外踝骨折、内踝疲劳性骨折的原因。文献报道外踝骨折发生率远高于内踝（Fong et al.，2007），这与本研究腓骨下端变形最大相吻合。距骨滑车上 Von Mises 应力和 Tresca 应力主要集中在前缘和后缘，这可能是距骨前缘增生、距骨后缘骨折的原因，也与流行病学调查相一致（张香等，2008）。

落地过程中产生的巨大地面反作用力，是导致体操运动员踝关节损伤的重要原因。尽管目前对于落地的研究发现，高冲击力和损伤之间没有直接因果关系，但这主要受制于以往研究方法：人体活体足踝结构太复杂，再加上伦理学的原因，直接测量生物力学数据相当困难；而对于尸体研究，由于尸体的生理环境与活体不同，所测结果并不十分准确。因此，有限元方法成为研究足踝损伤的理想方法。本研究的有限元方法显示了冲击载荷与踝关节病理间存在密切关系。踝关节面的胫、腓骨下端和距骨上端的应力和应变峰值，都是随着落地的高度、向后空翻的难度增加而增大，且体操最简单的后空翻落地动作的峰值明显大于最高垂直落地动作的。说明体操运动员落地训练比其他大多数只有垂直落地的项目，踝关节损伤风险更高，这就解释了体操运动员踝关节损伤高发的原因。

目前认为，剪切破坏是足踝冲击的主要损伤形式，较高的轴向冲击会导致剪切和压缩的组合破坏形式。通常情况下，骨材料的压缩屈服应力比剪切屈服应力更大，而本研究中 Tresca 应力比 Von Mises 应力更大，说明踝关节发生切力破坏的可能性更大。随着体操向后空翻的难度增加，Tresca 应力和 Von Mises 应力峰值都明显增加，这可能会同时引起踝关节剪切和压缩的组合破坏。Wong 等（2016）研究用不同速度的平板撞击足底也发现了类似的结果，他们认为踝关节撞击伤是导致距骨和跟骨骨折的重要原因。但本研究两种应力峰值都大于 Wong 等（2016）的研究，这可能主要是他们的研究模型来源于普通健康女性，而本研究模型来源于有系统训练的国家体操队男子体操运动员，这也是本研究没有去设置屈服应力的原因。这些针对足踝的有限元研究，使我们更好地理解足踝损伤的机制，给临床足踝损伤治疗和康复提供理论依据，同时也能更好地预防足踝的运动损伤。

6.8.8　结语

本节研究基于 CT 和 MRI 建立了中国体操队男子体操运动员足踝有限元模型，并对其有效性进行了验证。研究了不同高度落地、不同难度向后空翻技巧落地中踝关节的应力和应变分布，结果发现踝关节面前缘和内、外踝是应力集中的区域，腓骨下端的外踝变形最大，可能是导致距骨前缘增生，内、外踝应力性骨折的原因。体操落地冲击会导致踝关节撞击损伤，剪切破坏是踝关节冲击的主要损伤形式，较高的轴向冲击会导致剪切和压缩的组合式破坏。这些发现增加了我们对体操落地冲击踝关节损伤的理解，给临床踝关节损伤治疗和康复提供理论依据，同时也能更好地预防踝关节的运动损伤。

<h1 style="text-align:center">参 考 文 献</h1>

郝卫亚. 2019. 体操生物力学研究与应用. 北京: 人民体育出版社: 1-234.

姜海波, 葛世荣. 2008. 人体下肢承受墩撞冲击破坏特性的模拟计算. 煤炭学报, 33(2): 218-220.

李旭鸿. 2013. 基于 LifeMod 对跳马过程中人-器械动力学关系的计算机仿真. 上海: 上海体育学院博士学位论文: 1-107.

李旭鸿, 郝卫亚, 于佳彬, 等. 2013. 基于 LifeMod 对跳马过程中体操运动员-落地垫动力学关系的计算机仿真. 体育科学, 33(3): 81-87.

牛文鑫, 汤亭亭, 张明, 等. 2014. 中足载荷再分配的离体实验与有限元研究. 中国科学: 生命科学, 44(11): 1189-1194.

吴成亮. 2019. 高水平体操运动员落地冲击时踝关节的生物力学研究. 上海: 上海体育学院博士学位论文: 1-122.

吴成亮, 郝卫亚. 2011. 跳马过程中人-器械动力学关系的研究. 中国体育科技, 47(6): 25-29.

吴成亮, 郝卫亚, 李旭鸿, 等. 2022. 体操运动员后空翻落地与垂直落地的下肢生物力学比较研究. 中国体育科技, 58(5): 21-26, 83.

肖晓飞. 2015. 体操自由操落地下肢负荷及影响因素研究. 上海体育学院博士学位论文: 1-113.

于佳彬, 郝卫亚, 周兴龙. 2013. 纵跳落地动作地面反作用力计算机仿真方法的研究. 天津体育学院学报, 28(6): 497-501.

张明, 张德文, 余嘉, 等. 2007. 足部三维有限元建模方法及其生物力学应用. 医用生物力学, 22(4): 339-344.

张香, 陈方灿, 赵志军. 2008. 优秀体操运动员足踝骨关节损伤调查分析. 中国运动医学杂志, 27(6): 768-769.

Bradshaw E J, Hume P A. 2012. Biomechanical approaches to identify and quantify injury mechanisms and risk factors in women's artistic gymnastics. Sports Biomech, 11(3): 324-341.

Christoforidou A, Patikas D A, Bassa E, et al. 2017. Landing from different heights: biomechanical and neuromuscular strategies in trained gymnasts and untrained prepubescent girls. J Electromyogr Kinesiol, 32: 1-8.

Dallas G, Kirialanis P, Dallas C, et al. 2015. A two-year epidemiological study of young artistic gymnasts' ankle injuries. Kinesiologia Slovenica, 21(1): 5-14.

FIG. 2017. Code of Points–Men's artistic gymnastics. Switzerland: Fédération Internationale De Gymnastique.

Fong D T P, Hong Y L, Chan L K, et al. 2007. A systematic review on ankle injury and ankle sprain in sports. Sports Med, 37(1): 73-94.

Gittoes M J R, Irwin G, Kerwin D G. 2013. Kinematic landing strategy transference in backward rotating gymnastic dismounts. J Appl Biomech, 29(3): 253-260.

Gittoes M J R, Kerwin D G, Brewin M A. 2009. Sensitivity of loading to the timing of joint kinematic strategies in simulated forefoot impact landings. J Appl Biomech, 25(3): 229-237.

Hackney J, Brummel S, Jungblut K, et al. 2011. The effect of sprung (suspended) floors on leg stiffness during grand jeté landings in ballet. Journal of Dance Medicine & Science, 15(3): 128-133.

Marchetti P H, Jarbas da Silva J, Jon Schoenfeld B, et al. 2016. Muscle activation differs between three different knee joint-angle positions during a maximal isometric back squat exercise. J Sports Med (Hindawi Publ Corp), 2016: 3846123.

Marshall S W, Covassin T, Dick R, et al. 2007. Descriptive epidemiology of collegiate women's gymnastics injuries: National Collegiate Athletic Association Injury Surveillance System, 1988-1989 through 2003-2004. J Athl Train, 42(2): 234-240.

McNitt-Gray J L, Hester D M, Mathiyakom W, et al. 2001. Mechanical demand and multijoint control during landing depend on orientation of the body segments relative to the reaction force. J Biomech, 34(11): 1471-1482.

McNitt-Gray J L. 1991. Kinematics and impulse characteristics of drop landings from three heights. Int J Sport Biomech, 7(2): 201-224.

McNitt-Gray J L, Yokoi T, Millward C. 1993. Landing strategy adjustments made by female gymnasts in response to drop height and mat composition. J Appl Biomech, 9(3): 173-190.

McNitt-Gray J L, Yokoi T, Millward C. 1994. Landing strategies used by gymnasts on different surfaces. J Appl Biomech, 10(3): 237-252.

Mills C, Pain M T G, Yeadon M R. 2008. The influence of simulation model complexity on the estimation of internal loading in gymnastics landings. J Biomech, 41(3): 620-628.

Mills C, Pain M T G, Yeadon M R. 2009. Reducing ground reaction forces in gymnastics' landings may increase internal loading. J Biomech, 42(6): 671-678.

Mills C, Yeadon M R, Pain M T G. 2010. Modifying landing mat material properties may decrease peak contact forces but increase forefoot forces in gymnastics landings. Sports Biomech, 9(3): 153-164.

Pain M T G, Challis J H. 2004. Wobbling mass influence on impact ground reaction forces: a simulation model sensitivity analysis. J Appl Biomech, 20: 309-316.

Sheets A L, Hubbard M. 2009. Influence of optimization constraints in uneven parallel bar dismount swing simulations. J Biomech, 42(11): 1685-1691.

Slater A, Campbell A, Smith A, et al. 2015. Greater lower limb flexion in gymnastic landings is associated with reduced landing force: a repeated measures study. Sports Biomech, 14(1): 45-56.

Sobhani S, Dekker R, Postema K, et al. 2013. Epidemiology of ankle and foot overuse injuries in sports: a systematic review. Scand J Med Sci Sports, 23(6): 669-686.

van der Krogt M M, de Graaf W W, Farley C T, et al. 2009. Robust passive dynamics of the musculoskeletal system compensate for unexpected surface changes during human hopping. J Appl Physiol (1985), 107(3): 801-808.

Wong D W C, Niu W X, Wang Y, et al. 2016. Finite element analysis of foot and ankle impact injury: risk evaluation of calcaneus and talus fracture. PLoS One, 11(4): e0154435.

Wu C L, Hao W Y, He W, et al. 2019. Biomechanical and neuromuscular strategies on backward somersault landing in artistic gymnastics: a case study. Math Biosci Eng, 16(5): 5862-5876.

Wu C L, Hao W Y, Mei Q C, et al. 2019. Strategies of elite Chinese gymnasts in coping with landing impact from backward somersault. PeerJ, 7: e7914.

Xiao X F, Hao W Y, Li X H, et al. 2017. The influence of landing mat composition on ankle injury risk during a gymnastic landing: a biomechanical quantification. Acta Bioeng Biomech, 19(1): 105-113.

Yeadon M R, King M A. 2002. Evaluation of a torque driven simulation model of tumbling. J Appl Biomech, 18 (3): 195-206.

Yeadon M R, King M A, Forrester S E, et al. 2010. The need for muscle co-contraction prior to a landing. J Biomech, 43(2): 364-369.

Yu B, Lin C F, Garrett W E. 2006. Lower extremity biomechanics during the landing of a stop-jump task. Clin Biomech, 21(3): 297-305.

第 7 章　运动专项空中动作的生物力学建模与仿真

大多数体育动作中都有空中飞行阶段。在短跑项目中，跑步者与地面着地时间比飞行时间要少。网球、篮球和排球比赛中都存在空中击球、投球或者传球。跳跃类项目中，通过空中运动的水平和垂直位移确定其成绩。在跳水、体操、蹦床和自由式滑雪等一些技巧类项目中，旋转和美学则是评分的主要因素。

人体在空中运动过程中，身体在重力作用下做自由落体运动，但是在运动专项中，运动员身体环节则可以在身体的控制下，完成复杂的运动以实现运动的目标。

本章将首先介绍运动专项空中动作的一般力学规律，然后结合跳水、体操和滑雪等项目，阐述运动专项空中动作的生物力学建模与仿真研究。

7.1　运动专项空中动作特征及其力学规律

在体操、跳水、花样滑冰和自由式滑雪等各类运动专项空中动作的运动过程中，都具有共同的运动特征：空中翻腾和转体动作。如果忽略空气阻力作用，那么所有项目的空中动作所遵循的力学规律完全相同。本节将首先简要讨论运动专项空中动作特征及其基本的力学规律，然后介绍以 Yeadon（1990a，1990c）和 Yeadon 等（1990）为代表的空中动作的多刚体生物力学模型。

7.1.1　空中动作特征

7.1.1.1　质心运动

在多数体育运动中，人体运动速度并不高，空气阻力可以忽略不计，身体质心在空中运动过程中的运动轨迹是抛物线。抛物线轨迹是由起跳瞬时质心位置和速度决定的。然而，对于跳台滑雪，质心运动轨迹并不完全由起跳时质心位置和速度确定，优秀运动员可以利用空气阻力和升力，尽可能地增加跳跃距离。

7.1.1.2　空中动作中的旋转

人体空中动作中会有很多旋转。一些旋转不利于完成动作，如助跑起跳时产生的旋转。而另外一些旋转则是对于运动专项最重要的衡量指标。例如，跳水空中动作难度，就是根据空中旋转的周数确定的。具有打分特征的技巧类运动专项的旋转一般可分为翻腾（somersault，绕重心横轴旋转）和转体（twist，绕重心纵轴旋转）两种基本动作形式。

研究表明，当人体具有一定翻腾角动量时，适当的肢体不对称运动（如"呼啦"动作，上臂不对称摆动）会导致转体运动。在体操运动中，空中翻腾是在起跳时产生的，而转体则可以在起跳时开始，也可以在空中开始。蹦床运动员可以通过"呼啦"动作，产生转体动作。在跳水运动中，翻腾在起跳时开始，但转体运动主要通过肢体不对称的运动产生。

体育运动中，空中动作中的旋转需要在落地（入水）时降低速度，以便取得稳定落地（较小水花）。这时候，运动员通常通过调整肢体控制姿态以达到有利的运动状态。

7.1.1.3　空中运动中的角动量守恒定律

如果忽略空气阻力作用，人体在空中运动过程中只受到重力作用。显然，人体受到的重力是分布力，作用于人体质量的每个质点上，但每个环节（如大腿）所包含的所有质点的合力通过该环节的质心位置，并且方向垂直于水平面向下。

人体是多环节结构，在运动专项空中动作过程中，人体各环节将会发生相对运动，以实现完成空中动作的目标。在此过程中，人体所有环节所受的重力的合力都将通过人体总质心位置，并且都会沿着垂直于水平面向下的方向。如图 7-1 所示，跳水运动员在空中直体姿态时，其重心位于其体内躯干中（图 7-1 左）；然而在屈体姿态时，质心位置则位于其体外（图 7-1 右）；两种姿态下的重力都是垂直向下。

图 7-1　跳水运动员空中动作中仅受到重力的作用

显然，在忽略空气阻力条件下，由于人体空中仅仅受到重力作用，因此人体空中质心运动按照抛物线运动规律运动。也就是说，在人体离开地面后，质心运动轨迹完全由离地瞬时的速度和位置所确定。

无论何种空中运动形式，人体空中运动过程中全身所受到的重力必然作用于质心位置,重力对人体多环节组成的刚体系统的合力矩必然为零。因此,在空中运动过程中,人体角动量保持恒定,大小和方向完全等于起跳离地瞬时的角动量(也称为转动动量)。

$$H_0=I \cdot \omega \qquad (7\text{-}1)$$

式中,H_0 为起跳初始的角动量矢量,I 为全身总转动惯量张量,ω 为角速度矢量。从式(7-1)可看出,空中运动过程中,转动惯量与角速度成反比。

事实上,运动员腾空后在内力的作用下,可以改变身体的转动惯量(即改变身体姿势使转动半径加大或减小)来调节旋转速度,但总角动量保持不变。运动员可以采用屈体或团身等动作加快转动角速度,也可以通过张开身体降低转动角速度。简单的例子就是人体绕单轴转动,角动量等于身体相对该单轴的转动惯量与角速度的乘积。一名芭蕾舞演员或者花样滑冰选手起跳时张开双臂,使相对于垂直轴的转动惯量达到最大,然后将两臂靠近身体降低转动惯量以提高转体角速度。体操、蹦床和跳水运动员单纯绕横轴翻腾的动作也有类似的情况。显然,由于起跳时所获得的最大角动量有限,与运动员能力有关;起跳后翻腾的周数与运动员在空中动作有关,直体最少、屈体其次、团身最多。

7.1.2 人体空中动作的运动学

通常情况下,描述处于三维空间中刚体的位置和姿态,需要依靠三个空间位置量和三个方位角。与一般的刚体不同,人体是由多个环节组成的复杂形体,不能仅仅依靠三个位置量和三个姿态角全面描述人体运动,需要提供多个关节三维坐标数据。所以描述人体的运动要远复杂于一般的刚体,也就更具挑战性。

7.1.2.1 连体坐标系和参考坐标系

通常使用两个坐标系描述刚体在空间运动。一个坐标系是固结于"绝对"空间或者邻接的其他刚体,它称为参考坐标系 e^r;另一个坐标系与该刚体固接,称为连体坐标系(或者局部坐标系)e^b。刚体在参考坐标系中的姿态由连体坐标系 e^b 关于 e^r 的方向余弦矩阵 T^{rb} 完全确定。然而,在刚体力学分析中,人们通常引入一些被称为姿态坐标的变量来描述刚体的姿态。在人体空中运动中,可以引入外方位角和内方位角描述人体在空中的姿态。

7.1.2.2 外方位角和内方位角

在空中运动中,人体的外方位角就是固接于人体躯干的连体坐标系相对于地面的"绝对"参考坐标系之间的姿态角。连体坐标系 e^f 固接于人体躯干,随着躯干旋转,它的三个坐标轴分别取人体的横轴、矢状轴和纵轴;参考坐标系 e^i 固结于地面,并不旋转(图 7-2)。这时,人体的空中翻腾、倾斜和转体运动就分别为绕上述三个坐标轴的运动。在如图 7-2 所示姿态角为 ϕ、θ 和 ψ 的旋转运动下,外

方位角的方向余弦矩阵为

$$
T_{fi} = \begin{bmatrix} c\theta \cdot c\psi & -c\theta \cdot c\psi & s\theta \\ c\theta \cdot s\psi + s\phi \cdot s\theta \cdot c\psi & c\phi \cdot c\psi - s\phi \cdot s\theta \cdot s\psi & -s\phi \cdot c\theta \\ s\phi \cdot s\psi - c\phi \cdot s\theta \cdot c\psi & s\phi \cdot c\psi + c\phi \cdot s\theta \cdot s\psi & c\phi \cdot c\theta \end{bmatrix}
\tag{7-2}
$$

式中，$s\phi = \sin\phi$，$c\phi = \cos\phi$。其他依此类推。
通过上述矩阵可以将相对坐标系中的位置量
$\boldsymbol{x}_i$ 转换为参考坐标系中的位置量 $\boldsymbol{x}_f$。

$$
\boldsymbol{x}_f = \boldsymbol{x}_c + \boldsymbol{T}_{fi}\boldsymbol{x}_i
\tag{7-3}
$$

式中，$\boldsymbol{x}_c$ 为相对坐标系 f 原点在参考坐标系
的位置量。

在空中运动中，人体的姿态构形由一系
列的相邻两个环节之间相对角度确定，这些
角度称为内方位角。例如，左上臂与躯干之
间的相对位置关系就需要由三个角度确定。
在本研究中，采用卡尔丹角（Cardan angle）
坐标确定左上臂与躯干之间的方位角，它的
方向余弦矩阵为

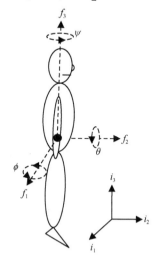

图 7-2　人体空中运动的外方位角示意图

$$
T_{cu} = \begin{bmatrix} c\beta \cdot c\gamma & -c\beta \cdot s\gamma & s\beta \\ s\alpha \cdot s\beta \cdot c\gamma + c\alpha \cdot s\gamma & -s\alpha \cdot s\beta \cdot s\gamma + c\alpha \cdot c\beta & -s\alpha \cdot c\beta \\ -c\alpha \cdot s\beta \cdot c\gamma + s\alpha \cdot s\gamma & c\alpha \cdot s\beta \cdot s\gamma + s\alpha \cdot c\gamma & c\alpha \cdot c\beta \end{bmatrix}
\tag{7-4}
$$

式中，α、β 和 γ 为卡尔丹角坐标。

在卡尔丹角坐标下，环节的角速度为

$$
\begin{pmatrix} \omega_x \\ \omega_y \\ \omega_z \end{pmatrix} = \begin{bmatrix} c\beta c\gamma & s\gamma & 0 \\ -c\beta s\gamma & c\gamma & 0 \\ s\beta & 0 & 1 \end{bmatrix} \begin{pmatrix} \dot{\alpha} \\ \dot{\beta} \\ \dot{\gamma} \end{pmatrix}
\tag{7-5}
$$

式中，$\dot{\alpha}$、$\dot{\beta}$ 和 $\dot{\gamma}$ 为卡尔丹角坐标下的角速度。

7.1.2.3　全局关节坐标

完成描述躯体在空间姿态的人体外方位角和内方位角的定义和计算后，我们
就可将人体三维运动学分析获得的身体各关节三维坐标转换为外方位角和内方位
角，以及全身重心的三维坐标。转换过程中需要通过一系列的坐标平移、旋转变
换的计算。同时也可以按照不同环节之间的卡尔丹角的变化，通过差分方法，计
算出环节的角速度。

7.1.3 空中翻腾和转体动作多体系统模型

如式（7-1）所示，人体空中运动过程中必然角动量守恒，大小和方向都等于起跳时的角动量。因此，研究空中翻腾和转体动作运动规律，需要建立人体多体系统模型，并且依此为基础计算空中翻腾和转体过程中的转动惯量、角速度和角动量。英国拉夫堡大学 Yeadon（1990a，1990b，1990c）和 Yeadon 等（1990）在 *Journal of Biomechanics* 杂志上连续发表了 4 篇研究论文，基于跳水运动员空中动作，建立了空中翻腾和转体动作的多体系统模型。

7.1.3.1 空中运动生物力学模型

根据跳水、体操等运动项目空中翻腾和转体技术动作的运动特征，建立 11 环节的人体模型。模型包括头和上躯干、下躯干、骨盆、左右上臂、左右前臂和手、左右大腿、左右小腿和足 11 个环节。环节之间由通过不同自由度的铰链连接。模型共有 21 个自由度，其中左右肩关节、左右髋关节由 3 个自由度的球铰链连接；左右肘关节、左右膝关节、颈关节则由 1 个自由度的柱铰链连接；上-下躯干、下躯干-骨盆由 2 个自由度的铰链连接（可以绕垂直轴和冠状轴旋转）。

7.1.3.2 转动动量计算

上述人体模型可以抽象成这样的一个多刚体系统：系统由 11 个环节 S_k（$k = 1, \cdots, 11$）构成，它们由 10 个连接点 O_k（$k = 2, \cdots, 11$）连接，连接系统从 S_1 开始发源。刚体系统相对于其质心的角量可以由一系列函数项的和表示，每项是一个相对角速度的函数。如果设 U 为铰 O_k 的所有后继的刚体组合体，而 L 为包括 B_1 在内的所有剩余的刚体组合体（图 7-3），则 h 就是刚体系统的总角动量。

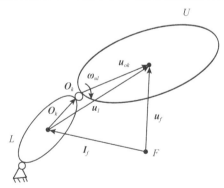

图 7-3　关节 O_k 相关的位移与角速度矢量关系图

F 为总重心位置；ω_{ul} 为 U 相对于 L 的转动角速度矢量；u_f 为 U 的质心相对于 F 的位置矢量；u_{ok} 为 U 的质心相对于 O_k 的位置矢量

$$h = h_1'' + \sum_2^n h_k'' \tag{7-6}$$

$$h_1'' = I_{ff}\boldsymbol{\omega}_1 = I_{ff}\boldsymbol{\omega}_{pf} + I_{ff}\boldsymbol{\omega}_{fi} \tag{7-7}$$

$$h_k'' = I_{uu}\boldsymbol{\omega}_{ul} + m_u\boldsymbol{u}_f \times (\boldsymbol{\omega}_{ul} \times \boldsymbol{u}_{ok}) \quad (k = 2, \cdots, 11) \tag{7-8}$$

上式表明，多刚体系统在铰 O_k 发生转动时产生的转动动量仅与铰 O_k 处的角速度 $\boldsymbol{\omega}_{ul}$ 有关，与其他角速度无关。

7.1.3.3 空中运动计算机仿真系统

郝卫亚等（2013）开发的人体空中运动计算机仿真系统，成为跳水、体操等运动项目空中技术动作过程进行计算机仿真的数值计算及数据管理系统。仿真系统软件运行的操作系统为 Windows XP，使用微软（Microsoft）公司的 Visual C++ 6.0 作为用户界面模块及数据管理模块部分的开发平台，采用迈斯沃克（MathWorks）公司的 MATLAB 6.5 作为数值计算模块部分的开发平台，之后利用 MATLAB 提供的引擎与 Visual C++ 6.0 编写的程序结合，从而完成整个系统的开发。整个人体空中运动模拟计算系统可以划分为 3 个功能模块：界面管理模块、数据管理模块和数值计算模块。

图 7-4 是人体空中技术动作模拟软件的一个操纵模块的界面。模拟软件的 4 个操纵模块可通过卡片方式切换，它们分别为空中运动计算、人体模型计算、人体

图 7-4 人体空中运动计算机仿真系统操作界面

参数输入和人体参数管理模块。空中运动计算模块是用来将人体模型计算的惯性参量和人体运动结合起来进行计算,而其他三个模块分别用来计算人体惯性参量、输入和管理人体形态学参数。

人体空中运动计算机仿真系统与其他系统之间关系如图 7-5 所示。空中运动计算机仿真系统的前端系统为运动项目的空中动作视频采集及三维运动学分析部分,提取人体空中运动过程中随时间变化的关节位移和速度的系统。这些随时间变化的各关节点三维坐标和各关节点速度参数序列作为人体空中运动计算机仿真系统输入的一部分。同时输入人体模型所需要的 95 个人体测量参数。通过该系统计算获得人体躯干空中姿态的 3 个外方位角(图 7-4)。这 3 个外方位角结合 14 个内方位角输入人体运动可视化系统就可形成人体模型的可视化运动,以便观察分析动作(图 7-5)。

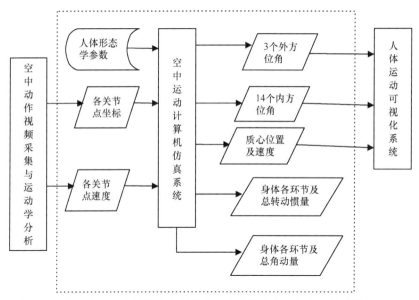

图 7-5　人体空中运动计算机仿真系统(虚线框内部分)与其他系统间关系

7.1.4　空中技术动作的数据采集与分析

7.1.4.1　动作采集

采用三米跳板跳水的三维运动学分析方法,对我国一位著名跳水运动员完成的 4 个不同类型的高难度跳水空中动作进行视频采集,之后采用 Simi Motion 运动分析软件解析动作,分别获得 4 个空中动作的各关节点坐标和速度数据(郝卫亚等,2005)。这 4 个动作是①向前翻腾三周半(107B);②向内翻腾三周半抱膝(407C);③向后翻腾一周半转体两周(5136B);④向后翻腾一周半转体两周半

（5235B）。之后，将所获得各关节点坐标和速度数据，以及运动员的人体形态学参数输入空中运动计算机仿真系统进行仿真计算，运动员在完成空中技术动作过程中，重心位移，反映身体姿态的内方位角（卡尔丹角），身体躯体部分相对地面运动的外方位角，以及运动员身体的主转动惯量等是主要生物力学指标的变化过程。

7.1.4.2　空中动作总质心随时间的变化

图 7-6 为 4 个动作的总质心位置随时间的变化曲线。可以看出，运动员在空中运动中，重心垂直高度（z 方向）变化呈抛物线变化形式，基本无左右方向的侧向运动（y 方向）和向前方向（x 方向）呈匀速运动。这个结果符合生物力学的基本规律。

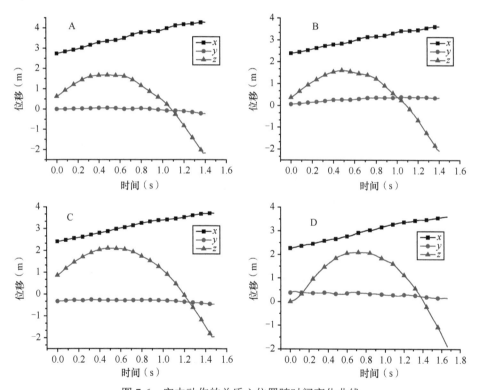

图 7-6　空中动作的总质心位置随时间变化曲线
A. 向前翻腾三周半（107B）；B. 向内翻腾三周半抱膝（407C）；C. 向后翻腾一周半转体两周（5136B）；D. 向后翻腾一周半转体两周半（5235B）

7.1.4.3　外方位角随时间的变化

外方位角变化可以反映运动员完成动作过程中，躯干部分翻腾、转体和躯干倾斜（tilt）的变化。由图 7-7 可看出，所有 4 个技术动作的翻腾和转体与实际完成技术动作基本相同，但是也存在一些技术动作翻腾和转体完成不完整情况。例如，运动员在动作——向前翻腾三周半（107B）中，开始起跳时就有约 0.2 周的

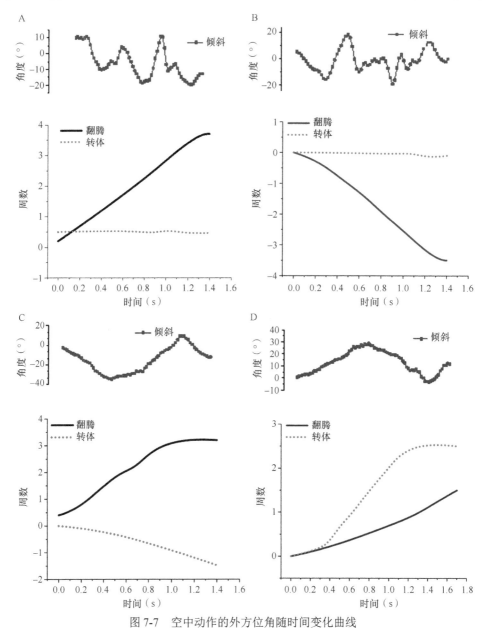

图 7-7　空中动作的外方位角随时间变化曲线

A. 向前翻腾三周半（107B）；B. 向内翻腾三周半抱膝（407C）；C. 向后翻腾一周半转体两周（5136B）；D. 向后翻腾一周半转体两周半（5235B）

翻腾，而结束时有 0.1 周的翻腾未完成。再如，动作——向后翻腾一周半转体两周（5136B）是一个高难度动作，运动员在起跳开始时就有约 0.5 周的转体动作。动作 5136B 和 5235B 都是有转体的动作，运动员在完成转体时身体需要做不对称的肢体运动，这时候躯干部分会有一定的倾斜运动，在完成转体后躯体倾斜也应当随之消失。由图 7-7C、D 可以看出，动作 5136B 和 5235B 都有幅度 30°～45°的周期性倾斜运动。动作 107B 和 407C 是两个无转体的动作，因此倾斜运动幅度相对较小，呈现无规律的倾斜运动。

7.1.5　空中翻腾和转体姿态控制过程中的转动惯量的变化

7.1.5.1　空中转动惯量计算方法

任何多体系统的转动惯量都是与质量分布有关的一个张量。人体系统在空中运动过程中，由于角动量恒定，主转动惯量影响着人体系统的围绕三个轴向运动的角速度和位移。在跳水、体操和蹦床等运动项目中，运动员通过屈体、手臂的运动来调整空中运动角速度，达到完成技术动作。

在式（7-1）中以质心为基点的全身总转动惯量张量 I 的矩阵形式为

$$I = \begin{bmatrix} I_{xx} & -I_{xy} & -I_{xz} \\ -I_{xy} & I_{yy} & -I_{yz} \\ -I_{xz} & -I_{yz} & I_{zz} \end{bmatrix} \tag{7-9}$$

式中，I_{xx}、I_{yy}、I_{zz} 称为环节刚体相对 x、y、z 各轴的转动惯量，也称惯量矩，I_{xy}、I_{xz}、I_{yz} 称为环节刚体的惯量积。例如，I_{xx} 和 I_{xy} 分别定义为

$$I_{xx} = \int (y^2 + z^2) \mathrm{d}m \tag{7-10}$$

$$I_{xy} = \int xy \mathrm{d}m \tag{7-11}$$

其他几个惯量矩和惯量积依此类推。根据力学原理和高等代数，矩阵 I 为实对称矩阵，必可由相似正交变换转化为对角阵，使变换后的所有非对角线元素均为零。这时惯量矩阵有以下简单形式

$$I^{(0)} = \begin{bmatrix} I_1 & 0 & 0 \\ 0 & I_2 & 0 \\ 0 & 0 & I_3 \end{bmatrix} \tag{7-12}$$

对角线上元素 I_1、I_2 和 I_3 称为刚体系统的中心主惯量矩。本研究基于 MATLAB 6.5 语言开发了计算软件，将空中运动计算机仿真系统输出的运动员完成身体总转动惯量张量转化为主惯量矩。

7.1.5.2 主转动惯量随时间的变化

图 7-8 为 4 个空中动作的主转动惯量随时间变化曲线。图 7-8 中 I_1 是与人体转体有关的主转动惯量，而 I_2 和 I_3 则是与翻腾和倾斜相关的两个主转动惯量。从 4 个动作的 3 个主转动惯量的变化曲线来看，I_2 和 I_3 比较接近，平均值约为 I_1 的 5 倍。

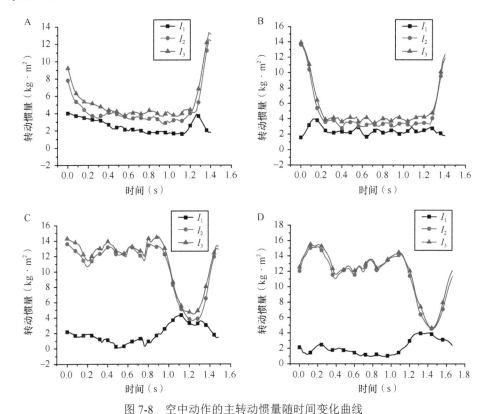

图 7-8　空中动作的主转动惯量随时间变化曲线

A. 向前翻腾三周半（107B）；B. 向内翻腾三周半抱膝（407C）；C. 向后翻腾一周半转体两周（5136B）；D. 向后翻腾一周半转体两周半（5235B）

动作 107B 和 407C 均是无转体的动作。运动员在起跳后，主要通过屈体或者抱膝减少绕冠状轴的主转动惯量，完成翻腾动作。运动员完成动作 107B 起跳时，身体并非处于完全伸展状态，因此主转动惯量 I_2 和 I_3 均未达到最大值；而完成翻腾结束动作时达到最大值，I_2 达到 12.48kg·m^2；而 I_2 在翻腾阶段平均为 3.46kg·m^2；I_2 最大值约为屈体条件下最小值的 4.6 倍，而 I_3 最大值约为最小值的 3.6 倍；在翻腾过程中 I_1 变化较小，平均为 2.12kg·m^2。运动员在完成动作 407C 起跳时身体完全伸展，I_2 和 I_3 均达到最大值，这时 I_2 为 13.62kg·m^2；随后迅速抱膝，降低 I_2

以便增加翻腾的角速度；翻腾阶段 I_2 平均为 3.30kg·m^2；在完成翻腾后又迅速伸展，增加 I_2 以便降低翻腾速度，为入水准备；主转动惯量 I_2 最大值是屈体条件下最小值的 4.8 倍，而 I_3 最大值约为最小值的 4.1 倍。从时间上看，动作 107B 和动作 407C 屈体或团身动作阶段约为 0.2s，而保持屈体或者团身姿态下翻腾动作阶段约为 1s，为准备入水而展开身体动作阶段约为 0.1s。

动作 5136B 和 5235B 均为转体动作，主转动惯量变化相似。在开始阶段，I_1 相对较小，而 I_2 和 I_3 则保持较大水平，但存在一定的波动。这种波动是由转体过程中，上臂的摆动引起。在完成转体动作后，上臂打开停止转体运动，同时开始屈曲髋关节动作，使 I_2 和 I_3 迅速降低，从而加快翻腾动作。动作 5136B 转体阶段 I_1 较小，平均为 1.15kg·m^2，转体结束时可达到 4.32kg·m^2；翻腾阶段 I_2 最小，平均为 3.65kg·m^2，结束时为 12.95kg·m^2。动作 5136B 和动作 5235B 转体阶段约为 1s，翻腾阶段约为 0.6s；动作 5136B 比动作 5235B 的翻腾阶段稍长。

7.1.5.3　分析和讨论

人体的转动惯量在很多体育动作中起着至关重要的作用。女子体操运动员因发育生长、身体的转动惯量增加，制约了运动员完成翻腾动作。花样滑冰项目中，三周和四周转体跳都是运动员追求的最高难度动作；在空中阶段，运动员转体速度主要依靠调节身体转动惯量控制；运动员在起跳后，要迅速有力地收缩上肢和下肢，在空中将上、下肢保持在人体垂直轴附近。有研究发现，在完成站立向后翻腾动作过程中，高水平受试者能够利用视觉调节控制身体的转动惯量，而新手受试者则没有这样的能力。

尽管转动惯量的作用在体育运动中受到广泛的关注，但是目前还没有对运动中（特别是空中运动）人体系统的主转动惯量进行系统的研究。本研究首先针对跳水空中技术动作的特点，建立了模拟空中技术动作的三维多体系统生物力学模型，提出有关空中动作过程中姿态与运动的数学模型。其次，根据空中运动过程中角动量守恒的原理，建立了运动专项空中技术动作生物力学模型的动力学方程。再次，本文基于 Visual C++ 6.0 和 MATLAB 6.5，开发了包括界面管理模块、数据管理模块和数值计算模块的空中运动仿真软件。之后，应用多体系统质量几何计算方法，建立了空中运动过程中多体系统主惯量矩的计算方法，将空中运动计算机仿真系统输出的运动员完成身体总质心转动惯量张量转化为中心主惯量矩。最后，本研究利用所开发的软件，对我国一名著名运动员完成的 4 个跳水空中技术动作进行了个性化的（subject-specific）计算机仿真研究，并分析了运动员完成空中动作过程中主转动惯量的变化特征。

研究表明，研究所建立的空中技术动作仿真方法是可行和有效的，所建立的计算机方法可用来分析空中翻腾和转体姿态控制过程中转动惯量变化特征，为提高跳水、体操等运动项目运动技术水平，防止运动损伤的发生提供新的科技手段。

7.1.6 结语

本节首先针对以翻腾和转体为特征的运动专项空中动作进行综合讨论，然后阐述人体空中运动过程中的质心运动轨迹呈现抛物线和角动量守恒的力学规律。在此基础上，介绍了人体空中动作的 11 刚体模型（Yeadon，1990c）。最后，利用此模型结合郝卫亚等（2005）采集的我国优秀运动员完成的跳水空中动作数据，计算分析了 4 个不同类型的跳水空中动作过程中转动惯量变化的过程，并根据角动量守恒定律，分析运动员完成动作过程中角速度变化特征。

7.2 跳水空中动作生物力学建模与仿真

跳水运动是指身体在空中进行翻腾转体的运动。以特定技术动作入水为结束姿势，集难度、形态、力量、柔韧性、协调性为主的综合性难美技巧性项目。跳水运动也被解释为从高处跳板/跳台上起跳，完成特定空中动作的技巧性项目。在空中所完成的动作阶段也称为跳水空中运动。

跳水空中动作作为不固定动作系统，既包含了周期性动作，又包含了非周期性动作，是一种复杂的组合。其动作系统结构特点具有复杂多变性，不同的难度系数取决于竞赛项目（跳板跳水、跳台跳水）、器械高度、动作姿势和翻腾转体的周数等方面的特征差异，运动行为目的要求跳水运动员（diver）在完成动作系统时必须随机应变。此外，跳水空中动作的固定动作和不固定动作相结合。动作系统中的一些基本动作比较固定，而由基本动作组成的动作系统不固定。通过身体环节绕各关节运动轴的屈伸、内收外展和旋前旋后，跳水动作的空中姿势动作可具体表现为直体（用"A"表示）、屈体（用"B"表示）、抱膝（用"C"表示）、翻腾转体的任意姿势（用"D"表示）4 种。

在竞技跳水比赛中，每一个跳水动作的得分由裁判评分和难度系数两部分组成。在判断一次跳水时要考虑运动员的跳水高度，高度越大，旋转和准备入水的时间就越长。对于具有特定的旋转要求和难度系数固定的跳水，运动员应该寻求最大的跳水高度，这样会有足够的角动量尽快地完成旋转，帮助身体在入水前伸展身体，同时在空中翻腾过程中需保持与跳板的安全距离。随着空中翻腾周数的增加，跳水动作的难度系数会增加。空中身体绕冠状轴旋转的大小取决于空中翻腾时间、角动量和身体形态及姿势等。

在跳水比赛中，多次进行空中翻腾动作是一个固有的组成部分。难度系数（获得高分的概率）随着空中翻腾和旋转周数的增加而增加。例如，在国际单项比赛中有 1m 或 3m 跳板或 10m 跳台项目，跳水运动员使用不同的技术来完成特定的旋转周数空中动作和符合规则的入水动作。因此，无论是跳板或跳台跳水运动员的最终目标都是在安全地离开跳板（台）的前提下，产生足够的线动量和角动量来完成空中翻腾和转体。

7.2.1　跳台跳水空中运动的计算机仿真研究

在竞技跳水方面，致力于跳台跳水，并试图解决与运动表现相关的各种问题的研究并不多。研究人员从多个角度展开分析跳台跳水动作研究，在生物力学领域，针对跳台跳水运动主要从两个方面展开研究：①评估技术变化对多个空中翻腾角动量/线动量的影响；②根据目前官方特定的跳台跳水的技术（使用不用动作的难度系数表示），评估更复杂技能（即额外的空中翻腾）的可行性。在跳台跳水运动中，109C（向前翻腾四周半抱膝）跳水动作被认为是难度系数较大的跳水动作之一，它要求运动员在具有较高的角速度下进行多次空中翻腾，并在遵循规则的范畴内入水。而 1011C（向前翻腾五周半抱膝）则是一项具有更大难度的跳水动作，即便是对于优秀跳水运动员来说，掌握它仍然是一项挑战。因此，使用生物力学的分析方法对跳台跳水动作展开优化研究，指导运动员达到最佳运动表现具有重要现实意义。本小节将介绍 Heinen 等（2017）使用 Simi Motion 运动分析系统对跳台跳水动作（109C）进行分析，应用 MSC.visualNastran 软件系统展开一系列的计算机仿真研究，评估了不同技术变化下运动员的运动表现。

7.2.1.1　动力学建模

1）动作数据捕捉

采集一名精英级男性跳水运动员在 10m 跳台上所完成的 109C 跳水动作。109C 动作是指运动员从站立位置开始，然后进行助跑，在跨腿靠近跳台边缘进行跳跃；离开跳台后，运动员立即采取团身抱膝的姿势，在空中仍保持该动作，直至完成大约 4 次空中翻腾，随后身体伸展面向水面准备入水。运动员总共完成 6 次 109C 动作采集，实际测试过程被 4 台同步高速摄像机录制，采集频率为 240 帧/s。所有的高速摄像机都被逆时针旋转 90°，以便于后续观察分析运动员的动作，再由一位经验丰富的跳台跳水教练员选择运动质量最佳的一次测试动作，用于计算机仿真分析。

根据多刚体动力学平台方法动作捕捉要求，给测试对象的 15 个运动关节转动中心（依据解剖结构和骨性标志）贴上固定标记点（Marker 点）。具体位置分别是左右踝关节、左右膝关节、左右髋关节、腰骶结合部、胸腰结合部、颈胸结合部、左右肩关节、左右肘关节和左右腕关节；在 Simi Motion 运动分析系统中将运动员模拟成多刚体的仿真模型，分为 16 个环节。具体环节分别是左右足部、左右小腿、左右大腿、下半身（腰骶段）、中半身（胸腰段）、上半身（颈胸段）、头部、左右上臂、左右前臂和左右掌部。其中仿真模型的分段参数是通过确定特定对象的惯性参数来定制的，以代表跳台跳水运动员，目的是尽量减少仿真实验过程中因人体惯性参数带来的误差。

2）坐标轴之间的转换

采用 Simi Motion 运动分析系统将跳台跳水运动员的 109C 动作运动表现进行数字化，基于运动解剖学将获得的运动学参数，逆向重建身体模型的三维坐标数据。使用直接线性变换算法从数字化数据中提取。采用 Simi Motion 运动分析系统的内置滤波器（移动平均算法）进行数据平滑。从数据中估计出平均时间误差 0.0041s 和平均空间误差 0.008m。相应的运动关节角度的时间跨度是根据分段端点的坐标进行计算。此外，运动员质心的水平和垂直速度（及相应的线动量）是从运动员双脚离开跳台的时刻开始计算。运动员的角动量是从运动员表现出空中翻腾（抱膝）阶段开始计算，研究假设运动员在完成 109C 空中翻腾阶段角动量守恒。此外，研究计算了 109C 空中翻腾阶段运动员质心的垂直加速度，结果显示所计算的垂直加速度值 $g = -(9.808 \pm 0.007)$ m/s^2，与常规标准值 $g = -9.81$ m/s^2 没有显著差异，验证了数据的可靠性。运动学数据被输入到计算机仿真模型中。所建模型最初是使用 MSC.visualNastran 4D 版本 7.1 build 81 软件进行构建（©MSC. Software，Munich，Germany）。使用 27 英寸 Apple iMac（late 2012 model；3.2GHz processor，8GB memory；©Apple. Inc.，Cupertino，California，USA）台式计算机运行模拟模型。使用 MSC. visualNastran 软件（Munich，Germany）中内置的 Kutta-Merson 积分器算法求解模型的运动。积分器采用可变积分步长 [2 步/(帧/s)]，以 300 帧/s 的帧速率生成模型动画。

3）模型建立

运动员离开跳台时，初始躯体特征表现为躯干倾斜（与垂直轴的夹角为 60°），髋关节屈曲角度为 125°，肩部伸展角度为 114°（图 7-9），上肢与下肢伸直几乎保持平行。跳水运动员采用抱膝分腿姿势（split-tuck posture），下肢髋关节屈曲（47°）、旋转和外展（20°）；上肢采用伸展/外展技术（extension/

图 7-9　运动员从 10m 跳台跳水完成的 109C 动作的仿真模拟图像

离开跳台：$t = 0.00$s；与水面接触：$t = 1.66$s

abduction technique），包括肩关节伸展（15°）、旋转和外展（45°）。双脚离开跳台后，运动员身体动作表现出肘关节屈曲（85°）、膝关节屈曲（45°）和躯干屈曲（15°）。围绕冠状轴旋转的翻腾平均角速度为 1133.07(°)/s，质心高度为 0.23m。达到屈膝姿势的时间为 0.44s，离开跳台后髋关节达到最小屈曲角度的时间为 0.24s。运动员在双手指尖接触水面之前的 0.44s 开始伸展膝关节。运动员在双手指尖接触水面之前的 0.36s 开始伸展髋关节和内收/屈曲肩关节。在与水面接触时，肩、肘、膝关节和躯干保持伸展（直）状态，臀关节角度为 145°。空中翻腾阶段的总持续时间为 1.66s。

设置模型的初始条件包括质心的垂直和水平速度（及相应的线动量）、绕冠状轴的角动量，以及运动员离开 10m 跳台时的运动关节（两相邻环节之间夹角）角度。模型的进一步输入包括运动过程中计算和平滑的关节角度-时间历程（angle-time history）。根据以上运动参数的设置，输出运动员模型的运动动作。特别是输出运动员在完成空中翻腾时、开始伸展身体的姿势时和接触水面时的旋转角度的变化。这是为了估计初始条件和输入参数（即运动策略）中不同技术变化对运动员运动表现的影响。此外，研究还分析了运动员在翻腾（抱膝分腿团身）时绕冠状轴旋转的角速度。

4）仿真实验

模拟程序包括 4 个步骤。

第一步，模拟跳台跳水运动员在 Simi Motion 运动分析系统中（数字化）完成 109C 动作。运动员从 10m 跳台跳水完成的 109C 动作的仿真图像（离开跳台：$t =$ 0.00s；与水面接触：$t =$1.66s），包括运动员的关节角度空间变化历程（运动轨迹）及空中翻腾阶段精确匹配图像（与实际测试动作匹配）。模型包括了离开跳台时的水平速度和角动量。根据模型计算空间特征（旋转角度-时间），以及接触水面的时刻，并与运动员的测试动作进行比较。验证结果表明，运动员仿真的旋转角度与实际测试的旋转角度在 2°均方根差以内，仿真模型可以被接受。从离开跳台到接触水面的持续时间中的仿真图像与实际测试图像相匹配。这种匹配模拟被定义为所有后续模拟的基准条件（baseline condition）。

第二步，除进行匹配模拟外，需精确模拟下肢和上肢在保持团身姿势和伸展身体时所表现出的不同技术变化，以及整体躯体旋转角度的影响（如关于绕冠状轴旋转的角速度）进行了评估：通过控制大腿外展角（10°～60°）实现了团身抱膝分腿技术（split-tuck technique）；其中，团身合腿抱膝技术（closed tuck technique）是指大腿外展角度为 0°。由于运动员在空中翻腾阶段双手抱住了小腿，因此需调整模型手臂的动作以适应大腿的外展。运动员开始团身姿势时的内收技术的特点是离开跳台后手臂轻微弯曲和内收。上肢技术的特点是离开跳台时手臂向后伸展，然后在开始团身抱膝时弯曲和外展。伸展身体时的入水特点是双臂向入水方向伸展。

第三步，模拟实现空中团身抱膝姿势和伸展身体时与各环节的空间特征（运动轨迹）的不同技术变化，并评估这些模拟对整体躯体旋转角度的影响。同步模拟策略如下。①早团身姿势：达到团身姿势的持续时间为0.24s。②延迟团身姿势：达到团身姿势的持续时间为0.44s。该持续时间与运动员实际测试中完成团身姿势相匹配。③身体的延迟伸展：从跳水运动员最初的动作开始，将躯干的伸展与髋关节动作的伸展相结合（延迟运动）。④身体的早伸展：将跳水运动员最初的动作开始，躯干的伸展与膝关节动作的伸展相结合（较早运动）。⑤身体的后伸展：进入水中之前，身体伸展的持续时间为0.24s。此外，还模拟了以下连续策略。①较早开始手臂运动以达到团身抱膝姿势：与运动员的测试动作相比，手臂的动作加速。②较早开始膝关节运动以达到团身抱膝姿势：与运动员的测试动作相比，膝关节的动作加速。③伸展身体时延迟手臂动作：腿的伸展与实际测试匹配一致，但延迟手臂的动作。④伸展身体时延迟膝关节动作：髋关节的伸展与实际测试匹配一致，但延迟膝关节的伸展。

第四步，通过控制匹配模拟（基准）条件的变化（−10%、−5%、+5%、+10%），绕冠状轴旋转的角动量产生4种工况变化。根据模型输出计算整体绕冠状轴旋转角度的增益/损耗。与最初模拟的基准条件相比，离开跳台时的垂直线动量也产生4个工况变化（−10%、−5%、+5%、+10%）。根据模型输出计算出接触水面时的旋转角度差异和空中翻腾持续时间的差异。最后，为了评估实现难度系数更大的运动技能的可行性，模拟模型中包含了匹配模拟的技术变化，以及上述模拟步骤的最优技术变化，并且改变角动量和线动量，以评估完成1011C（向前翻腾五周半抱膝）跳水动作的可行性。

7.2.1.2 动作改变对运动表现的影响

1）腿部和手臂的不同技术变化对运动表现的影响

计算机仿真结果显示，大腿外展角度与整体绕冠状轴旋转角度存在增益/损失关系（图7-10）。外展角60°时躯体绕冠状轴旋转角度最大增益为+28.3°，而外展角为0°（即团身合腿抱膝技术）冠状轴旋转角度损失−27.0°。此外，0°的大腿外展角伴随着1115.73(°)/s的绕冠状轴旋转角速度，而60°的大腿外展角导致1155.34(°)/s的绕冠状轴旋转角速度。与运动员的实际表现相比，当达到团身抱膝姿势时，双臂内收技术（+10.7°）和后摆技术（+7.9°）都会对绕冠状轴旋转角速度的增加起积极作用。此外，还发现在外展身体时（−3.1°），外展技术会造成身体绕冠状轴旋转角速度的部分损失。与手臂技术的变化相比，腿部技术的变化在绕冠状轴旋转中的整体影响更大；与伸展身体时手臂的技术变化相比，实现团身抱膝姿势时手臂的变化对整体空中翻腾旋转角度的影响更大。

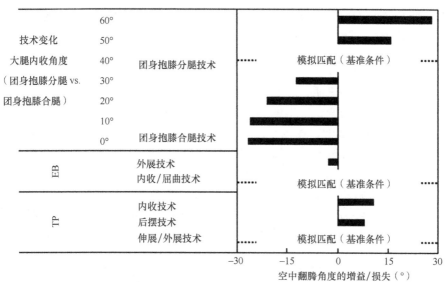

图 7-10 手臂和腿的不同技术变化对绕冠状轴旋转角度增益/损失的影响

运动员在实际测试中展示了 40°的大腿外展角度，伸展身体（extending the body，EB）时的内收/屈曲技术，以及达到团身姿势（tucked posture，TP）时的伸展/外展技术；0°的大腿外展角表示大腿闭合的抱膝姿势

2）腿部和手臂动作的不同时间变化对运动表现的影响

计算机仿真结果显示，延迟团身姿势导致翻腾角度损失最大（–61.8°），而伸展身体时延迟动作导致翻腾角度增加最大（+72.4°）（图 7-11）。空中翻腾角度同

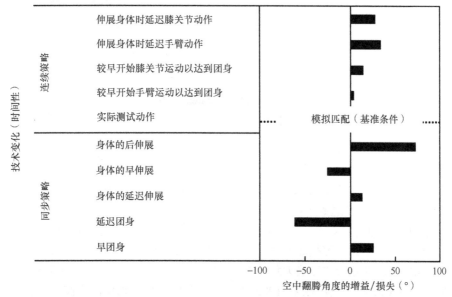

图 7-11 不同技术变化（同步与连续技术）在完成折叠姿势和伸展身体时对整体绕冠状轴旋转角度增益/损失影响

步策略平均增益为+37.2°，翻腾旋转角度平均损失为−43.9°。与匹配的仿真实验相比，所有模拟的连续策略导致平均旋转角度增益为+20.0°。

3）线动量和角动量的变化对运动表现的影响

计算机仿真结果表明，随着角动量的变化，跳水运动员与水面接触的整体旋转角度发生了明显的变化。当角动量增加/减少 5%时，整体绕冠状轴旋转角度的增益/损失平均为 78.0°，相当于匹配模拟中一个空中完整团身抱膝翻腾动作的 21.7%（图 7-12）。与基准条件相比，当角动量增加/减少 10%时，旋转角度的最大增加/减少 156.0°。这相当于一个空中完整翻腾动作 43.3%。线动量增加/减少 10%时，引起平均旋转角度增加/减少 15.9°。当运动员离开跳台后，空中翻腾阶段的持续时间也随着线动量的变化而变化。当线动量增加 10%时，空中持续时间增加了大约 0.05s。然而，与匹配模拟相比，线动量减少 10%会引起空中翻腾持续时间减少约 0.05s。

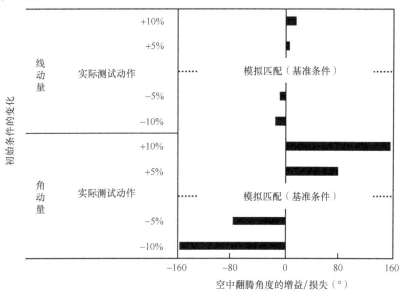

图 7-12　线动量和角动量的变化对翻腾角度的增益/损失的影响

使用匹配模拟的技术变化，模型将需要大约额外 23.0%的角动量，从而使绕冠状轴的最大角速度达到 1393.47(°)/s，以便在入水之前完成 1011C 动作。

当应用早团身技术，以及后伸展技术和团身抱膝分腿团身技术，该模型完成了 1011C 动作，并在充分遵循比赛规则的前提下进入水中完成整体动作，其中角动量增加约 13.8%，绕冠状轴的最大角速度为 1315.62(°)/s。增加 3.72%的角动量将绕冠状轴旋转的最大速度限制为 1198.95(°)/s，但与匹配模拟相比，它需要增加 0.14s 的飞行持续时间。空中翻腾时间的增加与 0.55m 的空中重心高度相吻合（图 7-13）。

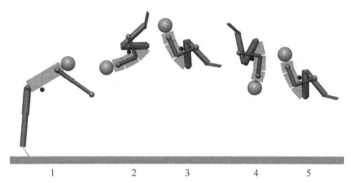

图 7-13　1011C（向前翻腾五周半抱膝）跳水动作的前两个空中翻腾姿势

A. 离开跳台；B. 实现团身抱膝姿势；C. 最大高度；D. 第二次空中团身抱膝姿势中头顶向下姿势；E. 完成第二次空中团身抱膝姿势

应用计算机仿真手段评估跳台跳水中不同技术变化对 109C 动作的影响，不同的技术变化在翻腾中具有不同的增益和损失。优化技术变化及增加角动量和线动量能使仿真模型实现在生物力学约束条件下完成 1011C 跳水动作，但需要运动员的感觉系统承受大约 1200(°)/s 的角速度。这对目前的训练方法和人体承受能力提出了挑战，同时也要求在训练设备和技术方面进行新的创新，使跳水运动员能够适应高角速度的同时，保持身体控制能力，并安全执行这种高度复杂的跳水动作。

7.2.2　跳板跳水空中运动的计算机仿真研究

跳板跳水中，跳水运动员和跳板之间的互动作用体现了跳板跳水运动的复杂性，跳水运动员需要充分利用跳板的反作用力，同时应对起跳瞬时带来的其他干扰。优秀的运动员在跳板跳水运动中，从接近跳板时开始跨步，随后单脚在跳板的末端处向上跃起，完成跨栏式单脚起跳腾空。在单脚起跳腾空结束时，双脚接触跳板，在触板阶段并压板进入空中翻腾阶段。在单脚下降过程中储存的大部分能量将在跳板向上回弹阶段（board recoil phase）转化为动能，将帮助运动员起跳到空中。本小节将介绍 King 等（2019）借助计算机仿真手段（Autolev 软件）对跳板跳水动作所开展的研究，探究了不同优化策略下跳板跳水运动员的运动表现。

7.2.2.1　动力学建模

1）模型建立

使用一个由 8 个环节构成的计算机仿真模型，模拟跳板和跳水运动员，其中运动员的 5 个关节（跖趾关节、踝关节、膝关节、髋关节、肩关节）使用力矩驱动元（torque generator）控制，研究向前翻腾的跳水空中技术（Kong et al.，2005）。跳板被设置为能进行垂直（z）、水平（x）和旋转（θ）运动的均匀杆（uniform rod）。将跳板的垂直运动建模为无阻尼的线性质量-弹簧系统（linear mass-spring system），并且允许刚度系数随着足部与跳板末端的距离增加，如式（7-13）所示：

$$ks = m(d + 0.15) + c \qquad (7-13)$$

式中，ks 为垂直跳板刚度，d 为脚趾到跳板顶端的距离，m 和 c 为常数。跳板刚度系数由两个参数 m 和 c 定义。从实验数据中获得两个回归方程（Yeadon，2006a），将水平位移和角位移与跳板末端的垂直位移联系起来。这使水平和角位移、速度和加速度能够从垂直位移时间历程中计算出来。

实现力矩驱动模型（torque-driven model）的 FORTRAN 代码由 Autolev 3.4TM 软件包生成，该软件包基于凯恩制定运动方程的方法（Kane and Levinson，1985）。跳水运动员模型是由头部、上臂、前臂、躯干、大腿、小腿和两段足（利于模拟跖屈）8 环节链接组成。躯干、大腿和小腿环节被设置为震颤质量（wobbling mass），并对跳板-足掌接触界面进行建模。踝关节、膝关节、髋关节和肩关节有伸肌（extensor）和屈肌（flexor）力矩驱动元，跖趾（metatarsal-phalangeal，MTP）关节有力转弹簧。模型中有 18 个自由度：9 个定义为震颤质量位移，2 个定义为脚位置，1 个定义为躯干方向、5 个定义为关节角度（θ_b、θ_a、θ_k、θ_h、θ_s）和 1 个定义为垂直跳板位移（图 7-14）。肘关节（θ_e）和头部（θ_d）的角度-时间历程（运动轨迹）是根据动捕设备采集的视频数据计算产生，定义为时间的函数。在伊登（Yeadon）团队过去的研究中，已对该模型建立进行了丰富的研究（Pain and Challis，2001；Yeadon et al.，2006a）。

对于每个力矩驱动元，其力矩为随时间变化的力矩激活水平与在给定关节角度和角速度下可产生的最大随意力矩（maximum voluntary torque）的乘积（Yeadon et al.，2006a）。其中设置力矩的激活水平在 0（放松）和 1（完全激活）区间变动。伸肌从较低的初始水平逐渐上升，并在空中动作结束时逐渐下降；相反，屈肌从初始水平向下减小，然后空中动作结束时向上增加，以防止过度伸展（图 7-15）。需要 6 个参数来调节每个伸肌力矩驱动元的激活时间和激活水平（2 个开始时间、2 个斜坡持续时间、2 个激活水平），每个屈肌需要 7 个参数（2 个开始时间、2 个斜坡持续时间、3 个激活水平），共 52 个参数（图 7-15）。这些曲线轮廓各具有 2 个斜坡持续时

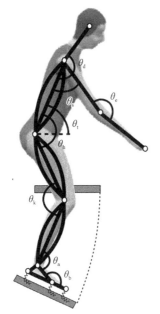

图 7-14 跳板和 8 环节的跳水运动员的平面仿真模型

力矩驱动元作用于跖趾关节、踝关节、膝关节、髋关节和肩关节，其中 θ_d 和 θ_e 取自动捕设备记录的关节-角度时间历程，θ_a、θ_b、θ_k、θ_h、θ_s、θ_t 是在模拟过程中计算的自由度，这些角度分别是踝关节、跖趾关节、膝关节、髋关节和肩关节角以及躯干与水平面夹角

间，斜坡持续时间的最小时间被设定为 0.1s。与跳板接触时的最大初始激活水平设定为 50%。对于 MTP 关节处的力转弹簧，伸肌力矩等于 $-ks(\theta_b -\theta_{flat})b_{act}$，其中 ks = MTP 扭转弹簧刚度参数；θ_b=MTP 角度（图 7-14）；θ_{flat}=脚部平坦时的 MTP 角度，b_{act}=恒定激活水平（范围为 0~1）（King，2009）。

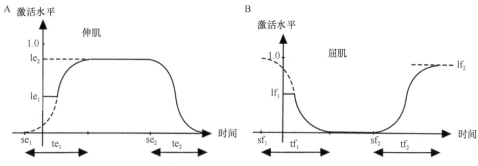

图 7-15　伸肌（A）和屈肌（B）的力矩激活曲线

每条曲线都有 6 个参数：①初始启动时间（se_1，sf_1）；②斜坡持续时间（te_1，tf_1）；③最终启动时间（se_2，sf_2）；④斜坡持续时间（te_2，tf_2）；⑤初始激活水平（le_1，lf_1）；⑥最大（伸肌）或最终（屈肌）激活水平（le_2，lf_2）

2）仿真实验

该模型的输入包括：①接触跳板时的初始条件，包括跳板垂直位移和速度、运动员足部距跳板末端的距离、质心速度、关节角度、躯干方向和角速度；②力矩驱动元激活时间历程（初始质心位置由初始足部位置和初始关节角度确定）。该模型的输出包括跳板位移、每个关节的角度和角速度、躯干方向、质心速度和围绕质心的全身角动量的时间历程。

该仿真模型数据采集自一名优秀女性跳水运动的两次跳板跳水动作，分别为 101B（向前翻腾半周屈体）和 105B（向前翻腾两周半屈体）。基于等速测功机测量和匹配模拟，确定了运动员每个力矩驱动元的惯性参数、震颤质量和跳板-足部界面的黏弹性参数及运动员躯体环节参数（Yeadon et al.，2006a）。基于运动方向、形态构造、空中翻腾时的线动量和角动量及接触时间，验证结果显示 101B 和 105B 跳水动作的模拟仿真图像与实际测试结果匹配，其差异分别为 2.6% 和 3.7%，表明该模型误差处于可以接受的范围，适合用于起跳和空中跳水动作仿真模拟研究。

此外，使用该仿真模型优化跳板跳水起跳技术，以实现最大向前转动。为使目标函数最大化以确定最佳技术，分别进行了 4 次优化计算，该目标函数等于转动势（rotational potential）[转动势定义为角动量和空中时间的乘积，归一化为直体翻腾（straight somersault，ss）为次数单位，提供了一种独立于身体构型（configuration）的转动量值]加上初始方向减去运动方向上各种约束限制（初始方向以躯干和腿部方向的加权平均值计算，其中躯干角度的加权值是大腿角度的

2 倍）。在每次优化中，实际测试中的 105B 动作参数被设置为初始运动学参数，并使用模拟退火优化算法（simulated annealing optimisation algorithm）改变 53 个力矩驱动元激活参数（52 个参数加上 MTP 刚度参数）（Corana et al.，1987）。在所有的优化中，跳板间隔的模拟设置都符合实际情况（当质心在空中翻腾过程中下降到跳板水平高度时，跳板间隔距离定义为跳板末端和运动员质心之间的水平距离）。其中 105B 跳水动作中，距跳板间最小间隔设置为 1.00m，最大板间距设置为实际跳板间距（1.59m）。

优化 1 仅在控制跳板间隔条件下开展。优化过程中，在起跳时进行空中动作的前 100ms 期间，将关节角度限制在解剖合理运动范围内，以防止关节过度伸展。在优化 3 和 4 中，对踝关节、膝关节和髋关节力矩驱动元的开始激活时间的干预被纳入优化过程。对于给定的一组激活参数，对踝关节、膝关节和髋关节力矩的起始时间使用 8 种组合干预，总共进行 9 次模拟（表 7-1）。在优化 3 中，每个力矩驱动元的初始（第一个）斜坡的开始计时先变化 1ms，然后重复优化，以 1ms 的步长进行干预，直到达到 10ms，或者直到优化至无法产生与匹配模拟一样多的转动势。在优化 4 中，每个力矩驱动元的第二个斜坡（平均 0.22s，范围 0.10～0.29s）的启动时间先变化了 10ms，这主要干预跳板向上回弹阶段，以研究板向上回弹阶段的前馈技术（feedforward technique）是否可行（前馈技术是指运动前控制身体协调）。随后，对优化后的仿真实验进行 10ms 的干预，在调整第一个斜坡的启动时间的情况下（平均–0.04s，范围–0.09～0.04s），以确定跳板最大回弹状态时对仿真实验结果的影响。

表 7-1　对踝关节、膝关节和髋关节力矩启动时间的干预

干预	踝关节	膝关节	髋关节
1	0	0	0
2	–x	–x	–x
3	–x	–x	+x
4	–x	+x	+x
5	–x	+x	–x
6	+x	–x	–x
7	+x	–x	+x
8	+x	+x	+x
9	+x	+x	–x

注：x 的单位为 ms，对优化 3 和 4 进行干预。其中，$-x$ 代表提前 x ms；$+x$ 为延迟 x ms

基于模拟的起跳特性，包括身体方向、形态、线动量和角动量，以及从 105B 的视频数据中获得的关节-角度时间历程，对于每个优化，使用角度驱动仿真模型（angle-driven simulation model）模拟运动员空中阶段表现（Yeadon，1990b，1990c；Yeadon et al.，1990）。通过函数控制（调整）将起跳时身体姿势与空中翻腾前 100ms

的身体姿势统一，并调整空中翻腾阶段的身体姿势和动作方向以符合优化中的设定（Yeadon and Hiley，2000）。

7.2.2.2　不同技术变化改变对运动表现的影响

这项研究的目的是利用力矩驱动（元）计算机仿真模型（torque-driven computer simulation model）优化跳板跳水技术，以获得最大向前翻腾转动势（maximum forward rotation potential），同时考虑到运动约束、解剖约束和运动表现中的变化，探讨在跳板-足部接触阶段是否需要调整预先计划的起跳技术（King et al.，2009）。

如图 7-16B 所示，匹配模拟的转动势为 1.09ss（直体翻腾）。在优化 1 中，理论上获得了 1.72ss 的转动势，但起跳时膝伸展曲角度达到 220°，超越人体膝关节解剖结构限制，与现实情况不符。在优化 2（图 7-16C）中，为了避免违反解剖关节约束，以膝关节的实际测试结果进行模拟产生了 1.35ss。在优化 3 中，进行 2ms 干预的仅产生 0.95ss 平均转动势（范围 0.91～1.01ss），这低于匹配模拟结果。这也意味着实际的运动表现中必须在起跳期间使用反馈或前馈控制调整，以补偿运动中变化所产生的影响。在优化 4 中，对下肢各关节力矩激活进行控制，其中第一个斜坡不做干预，第二个斜坡激活（关节减速阶段）的启动时间进行 10ms 的干预，获得了 1.18ss 的平均转动势（范围 1.12～1.26ss）。图 7-16D 描述了在仿真模拟中进行启动时间干预，产生了 1.19ss 转动势，其中翻腾的最后一段时间，运动员的身体姿势进行调整，以利于运动员在入水时产生比匹配模拟中更多的身体伸展角度和更好的入水方向（图 7-16B），这也表明对实际测试中运动员的动作进行优化仿真，能改进动作技术从而实现提高转动势（图 7-16D）。

图 7-16　实际测试动作的仿真和优化

A. 实际测试；B. 匹配模拟（转动势：1.09ss）；C. 优化 2（转动势：1.35ss）；D. 优化 4（转动势：1.19ss）。A 和 B 具有几乎相同的身体姿势和相似的入水方向，匹配模拟 B 旨在匹配实际测试 A 的运动表现。C 和 D 与 A 和 B 的空中翻腾相位差可以在每个序列的 4 个图形的最后 3 个中清楚地看到。此外，前 3 个图形（跨步起跳动作）都相同

如 Wilson 等于 2007 年所述，将各种条件约束纳入优化过程会产生截然不同的结果，并表明如果要实现现实运动中的优化，需考虑所有相关方面的重要性。在优化 1 中，当仅施加运动约束（跳水空中运动的距离）时，获得了 1.72ss，比匹配模拟中的 1.09ss 多出 58%，但需注意的是，在起跳时的膝关节角度超出了解剖约束范围。在优化 2 中，施加了解剖约束，产生了 1.35ss，这比匹配模拟中多出 24%。优化 3 中，整个起跳过程中，力矩激活水平受到干预，导致难以产生足够的转动势来完成向前翻腾两周半。在优化 4 中，在第二组激活斜坡的开始计时中引入 10ms 的干预，平均转动势为 1.18ss（范围 1.12～1.26ss），这比匹配模拟高出 8%。

在跳板向上回弹阶段，优化 4 中使用的技术与匹配模拟不同，在此阶段运动员完成起跳动作，髋关节屈曲角度和肩关节伸展角度更大（图 7-17），产生了更大的角动量（图 7-18）。当对优化模拟中关节力矩驱动元激活曲线的第一个斜坡启动时间进行 10ms 干预时，质心水平位置、质心速度和角动量与优化 4 中最低点的值相比的均方根差分别为 0.020m、0.25m/s 和 0.17ss/s。这个优化后的水平速度和角动量分别为 0.91m/s 和 0.01ss/s。

优化 4 中的起跳技术类似于跳板向上回弹阶段的匹配模拟，大多数变化发生在该阶段（图 7-16B、D）。这与实验研究的结果一致，即角动量主要在起跳时跳板向上回弹阶段累积（图 7-17）。与匹配模拟相比，优化的起跳技术的特点是在起跳时髋关节屈曲更大，肩关节屈曲更小（图 7-18）。这项技术要求关节力矩发生一

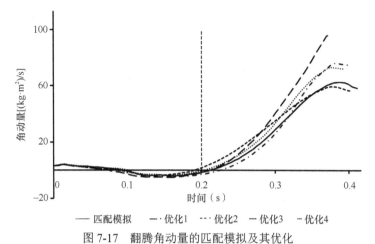

　　—— 匹配模拟　　—· 优化1　　··· 优化2　　—· 优化3　　·· 优化4

图 7-17　翻腾角动量的匹配模拟及其优化

图中显示几种模拟中的跳板-足部接触阶段角动量发展的时间历程；垂直虚线表示跳板的最大下压时间

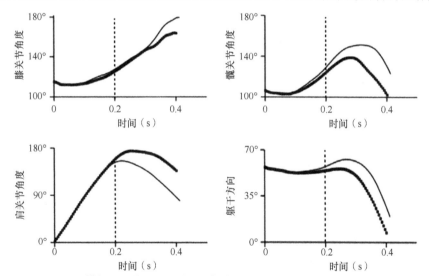

图 7-18　匹配模拟（细线）和优化 4（粗线）的躯干方向和关节角度的时间历程

垂直虚线表示跳板的最大下压时间

　　定变化，但所有力矩都必须在运动员所能接受的强度能力范围内，由最大随意力矩/角度/角速度关系表示。在优化技术中更大的肩关节角度有助于产生更大的角动量。匹配模拟中更大的手臂运动有利于在空中翻腾时更早到达屈体所需的手臂位置。这样做的好处是可以更早地获得向前翻腾速度，但与此同时也会被起跳时较低的角动量所抵消。在优化 4 中，只有力矩激活时间发生变化，而所有初始条件与匹配模拟中的条件保持相同。如果入水时的初始条件也进行优化，预期可以实现更大的转动势，例如，控制模拟运动员入水时，使用较高的初始垂直向下速度。

跳板跳水空中阶段的运动表现受到起跳阶段产生的线动量和角动量的限制。采用 8 环节力矩驱动模拟模型结合跳板模型，研究了在 1m 跳板中向前翻腾跳水的最佳起跳技术。通过改变力矩激活参数来实现优化，以最大化向前翻腾的转动势（角动量×飞行时间），同时考虑运动约束、解剖约束和运动中变化因素。通过控制运动员与跳板间的间隔以确保模拟仿真实验的真实性，并通过解剖限制以防止关节过度伸展，优化后的模拟产生的转动势比匹配模拟的向前翻腾两周半屈体跳水的模拟多 24%。在优化过程中，当踝关节、膝关节和髋关节的力矩启动计时受到 2ms 的扰动时，该模型只能产生匹配模拟中所获得的 87% 的转动势。这意味着预先计划的技术不能产生理想的起跳，必须在起跳过程中再进行调整。当力矩驱动元的启动计时未受干扰，而在跳板向上回弹阶段的力矩启动计时中引入 10ms 干预时，优化产生的转动势比匹配模拟多 8%。总体而言，与匹配模拟相比，优化模拟在起跳时具有更大的髋关节屈曲和更小的肩关节伸展。

7.2.3 结语

本节针对跳水空中运动所采用的建模与仿真手段而展开的研究进行回顾与讨论。伊登（Yeadon）团队作为跳水空中运动生物力学建模仿真的著名学者，根据 Kane 和 Levinson（1985）的运动方程方法在 Autolev 软件中进行了一系列的建模与仿真研究；其研究内容范围包括从建立了跳板和运动员的平面仿真模型到模拟具有不同难度系数的跳水空中动作，在生物力学的建模与仿真领域丰富了跳水空中运动的研究。自 1990 年起，伊登首次针对空中运动中人体运动模型展开研究，提出了基于数学惯性参数的多刚体模型，该模型允许体育科研人员根据不同动作技术对测量的人体模型进行个性化惯性参数设置。2006 年，伊登团队建立了跳板和跳水运动员的力矩驱动仿真模型，成功地再现了真实的 105B（向前翻腾两周半屈体）的跳板跳水动作；该模型被用于研究向前和向后空中翻腾的最佳技术。伊登团队还提出了角度驱动模型（angle-driven model）并对 105B（向前翻腾两周半屈体）和 303B（反身翻腾一周半屈体）进行仿真研究；在这些研究基础上，伊登团队研究强调了起跳技术、入射角和向前翻腾等在跳板跳水中的重要性。近几年来，生物力学建模仿真方法因其可操作性强、动作可视化等优点，也逐渐被应用在跳水空中运动中。例如，Heinen 等（2017）使用 4 个高速摄像机捕捉跳水运动员分别从 1m 或 3m 的跳板和 10m 的跳台上进行 109C（向前翻腾四周半抱膝）跳水动作，并要求运动员使用不同的技术变化来加速和减速绕身体冠状轴旋转，将采集运动学数据输入计算机软件系统中进行分析计算，结果发现控制不同的技术变化可以解释不同的向前空中翻腾动作的增益和损失。

随着计算机技术的快速发展，体育科研人员对跳水空中运动的仿真模拟展开了丰富的研究，为指导动作和优化技术提供了生物力学依据（Yeadon and Hiley，2017）。在未来的研究中，应当考虑将生物学传感器等测量手段纳入其中，以便更深入地研究探讨跳水空中运动的神经控制机制。

7.3 体操自由操空中动作的建模与仿真

体操（gymnastics）是所有体操项目的总称，主要包括竞技体操、艺术体操、蹦床等项目。在竞技比赛中，其评分取决于动作的分值或动作的难度、编排与完成情况。其中空中运动又因其动作难度大、技术复杂，具有一定的危险性，需要体操运动员表现出翻跟头（tumbling）动作的复杂性、协调性。翻跟头一般从助跑开始增加线动量，然后制动产生角动量，最后完成一个翻腾动作。

翻腾动作是竞技体操中常用的基本术语之一。从方向上有向前、向后、向侧翻腾。动作形式上有团身、屈体和直体翻腾。一般围绕冠状轴或矢状轴翻转，如团身前翻腾、直体后翻腾、屈体侧翻腾等。

在进行空中运动前，体操运动员需完成准备阶段（自由操：助跑动作；蹦床：人-蹦床的交替接触）和起跳阶段，在空中阶段进行翻腾和扭转动作。例如，在蹦床中，接触的持续时间可以分为两个阶段：压网和起网阶段。当蹦床运动员落网后依靠腿部和脚踝向下压网的力量，最大限度地让网产生向下的作用力，使能量由运动员转移至蹦床，通过该能量，动能和重力势能作为弹性势能存储在蹦床中。在起网阶段，随着运动员向上加速，蹦床中的大部分弹性势能被释放并转移回运动员。因此，助跑阶段为体操运动员完成后续的空中运动提供了转动的基础。

在空中阶段，体操运动员所完成的运动表现受到起跳时的方向、身体姿势、角动量和线动量的影响，通过改变身体结构可以控制旋转速度，但无法影响其质心运动或角动量的变化。这意味着在准备（起跳）阶段，体操运动员必须做出正确高效动作，以确保顺利实现空中运动。

翻腾是体操运动员在有弹性的起跳面（体操垫）上进行的一项动态活动。在自由操中，体操运动员在对角线长度为17m、长和宽各为12m的弹性地板上完成翻腾运动，其中包括准备阶段（助跑动作），有助于运动员在完成动作时产生更多的线动量和角动量。完成典型的翻腾运动的时序是从一个产生线动量的助跑开始，然后是一个后手翻，在此过程中产生角动量，最后是翻腾动作。在翻腾起跳阶段，体操运动员能够通过施加肌肉力矩来改变线动量和角动量。翻腾技术的表现取决于起跳时的线动量和角动量，以及体操运动员在空中阶段采取的身体形态变化。取得良好的运动表现的最重要两个因素是质心的垂直速度和起跳时质心的角动量，这两个因素的乘积决定了可以实现翻腾旋转的最大程度。本节将介绍 King 等（2004）借助计算机仿真手段对自由操的直体翻腾两周开展的研究，探究不同优化技术下实现直体翻腾三周动作的可能性。

7.3.1 动力学建模

7.3.1.1 模型建立

对一名优秀体操运动员的个性化身体惯性和力量参数力量进行测量。建立了翻腾过程中起跳阶段的计算机仿真模型，并将该模型与这名运动员惯性和力量参量相结合。仿真模型与该优秀体操运动员所完成的后翻腾的实际表现相匹配。然后，通过对三组初始条件的运动轨迹（包括空中阶段所使用的技术）进行调节控制，以最大限度地实现翻腾旋转。

测量该运动员 95 个人体测量学指标，并使用 Yeadon（1990b）的数学模型计算了环节惯性参数。使用 200 Hz 的 LOCam16mm 摄像机和两个 50 Hz 的 Fi8 摄像机记录体操运动员的两次翻腾。LOCam 和一个摄像机的方向与翻腾的运动轨迹垂直，另一个摄像机位于着地区后面。随后提取运动员整个运动过程中，摄像机所捕捉的 15 个骨性标志点（身体两侧的腕关节、肘关节、肩关节、髋关节、膝关节、踝关节、脚趾和头部中心）进行了数字化处理。对数字化数据进行 5 次样条拟合（Wood and Jennings，1979）。每个骨性标志点的拟合接近度是基于数据和伪数据集（pseudo data set），伪数据集是通过对两个相邻时间的数字化数据进行平均生成。然后进行 DLT 重建（Abdel-Aziz and Karara，1971），以同步数字化数据（Yeadon and Hiley，2000），并获得每个骨性标志点在起跳阶段每 0.005s 时间间隔和空中翻腾阶段每 0.020s 时间间隔的三维坐标时间历程。使用三维数据计算方向和配置角度（Yeadon，1990b，1990c；Yeadon et al.，1990）并进行 5 次样条拟合，以获得角度和角速度。使用伪数据集再次获得误差估计。根据运动员身体三维数据和环节惯性参数计算质心位置。在翻腾阶段开始和结束时的质心位置用于使用恒定加速度方程确定着地和起跳时的水平和垂直质心速度。在起跳和着地时，围绕身体质心的全身角动量计算为每个翻腾阶段的平均角动量值。

使用 KinCom 125E 测力仪，预设曲柄角速度范围为 20～250(°)/s，采用双重复离心-向心方案采集体操运动员踝、膝、髋和肩关节的最大等速伸展力矩数据。使用角速度和角度（18 个参数）的指数函数拟合获得的关节力矩数据（King and Yeadon，2002）。通过使用模拟退火算法最小化测量力矩值和指数函数之间的差的平方和，计算每个关节的 18 个力矩参数。

实验中开发了一个由足部、小腿、大腿、躯干+头部和手臂+手组成的平面模型（5 个环节），用于模拟翻腾的起跳阶段（图 7-19）。足部进行起跳时的弹性特性由无质量阻尼线性弹簧表示，当脚趾和/或脚跟与地面接触时，这些弹簧在脚趾处施加水平力和垂直力，在脚踝处施加垂直力。该模型有 4 个力矩驱动元：T_a、T_k、T_h 和 T_s（图 7-19），分别控制（调节）踝关节角度（a_a）、膝关节角度（k_a）、髋关节角度（h_a）和肩关节角度（s_a）（踝关节、膝关节和髋关节伸展，肩关节屈曲）。在给定时刻，施加在关节上的力矩是给定关节角度/角速度下可达到的最大力矩与当时的力矩激活水平（介于 0 和 1 之间）的乘积。允许每个力矩驱动元具有 50%完全激活的初始力矩值，并在上升到最终水平（小于或等于完全激活）之前保持该水平一段时间。在大于或等于 50ms 的时间段内，斜坡函数从零增加到最终水平。刚度值为 465Nm/rad 的旋转弹性组件与踝关节处的力矩驱动元串联。该刚度值基于小腿三头肌肌腱复合体中长度为 0.314m 的弹性元件，力臂为 0.046m，弹性元件在最大力矩下的最大拉伸为 4%。

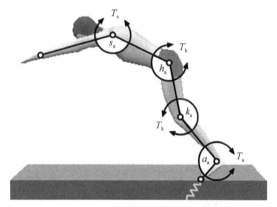

图 7-19　起跳翻腾的 5 环节仿真模型

4 个力矩驱动元（T_a、T_k、T_h 和 T_s）控制（调节）踝关节、膝关节、髋关节和肩关节角度（a_a、k_a、h_a 和 s_a），以及两个弹簧允许完成起跳时水平和垂直方向上的运动

7.3.1.2　仿真实验

基于凯恩（Kane and Levinson，1985）的运动方程公式，在 Autolev 软件包中使用 FORTRAN 代码编程实现人体多刚体模型，建立多体系统动力学。运动员的模型参数包括先前确定的环节惯性和关节力矩参数。仿真模型的输入包括模型的运动学参数（质心速度、每个环节的方向、每个环节的角速度）和每个力矩驱动元着地之前的系统运动：初始激活、开始时间、斜坡时间和最终（最大）激活水平。模型的输出包括从起跳翻腾时关于质心的角动量、速度、方向和每个环节的角速度。最后使用身体构型角（body configuration angle）作为三维 11 段空中运动模型的输入，模拟空中运动阶段的运动表现。

匹配模拟的运动学结果显示，模型与实际测试中的直体翻腾两周的动作表现高度一致。模拟退火算法（Goffe et al.，1994）用于通过最小化代价函数（cost function）来获得最佳匹配，该函数是基于模拟策略（val_s）和起跳（val_t）在模拟和实际测试之间所表现出的差异。所用策略组分（component）包括起跳时的 4 个关节角度、起跳时的躯干段角度，以及起跳阶段的最小踝关节和膝关节角度。对于 val_s 的计算，每个关节（踝关节、膝关节、髋关节和肩关节）的权重为 1/8，躯干角度的权重为 1/2（等于关节角度的总权重）。因此，val_s 以度为单位衡量了仿真模拟和实际表现之间的差异。起跳组分包括质心的水平和垂直速度及起跳时的全身角动量。val_t 中每个变量的权重与实际表现中每个变量的值的倒数成比例。val_t 表示模拟和实际动作之间在起跳时的速度和角动量方面存在的差异（以平均百分比显示），通过 val_t 和 val_s 的平均值来计算模拟的代价函数，因为 val_t 的 10% 被认为与 val_s 的 10% 相等。

匹配模拟的初始条件来自于起跳-着地阶段的实际测试数据。质心速度和环节间角度值是从视频数据中分析估计得出（这些值被认为足够精确），5 个初始环节角速度允许在估测时存在 ±50(°)/s 误差。此外，在匹配优化中还改变了 20 个其他参数。其中有 16 种具体技术是通过定义 4 个力矩驱动元的激活时间历程 [初始激活、激活从初始水平变化的时间、斜坡时间和最终（最大）激活水平] 和 4 个控制弹性特性（起跳）的参数来实现的。使用模拟退火算法改变 25 个参数，直到代价函数最小化达到最佳匹配模拟。在参数的不同初始条件下运行优化模拟程序，以避免程序陷入局部最小值而无法运行。一次典型的优化模拟评估将运行超过 20 000 次，所花时间超过 24h。

计算了一名优秀男性运动员在完成一次直体翻腾两周（double straight somersault）和一次直体翻腾两周转体三周（triple twisting double straight somersault）时，起跳阶段开始时的水平逼近速度和全身角速度值。然后将获得的最大值增加 10%，以估测着地时水平速度和角动量的实际极限值。

为使各种初始条件下的转动势（翻腾时间×起跳时的角动量）最大化，仿真实验进行了 3 次优化。空中翻腾时间被设定为大于 1.05s（直体翻腾两周的实际时间），以确保有充分的优化模拟时间。对于每次优化，共有 21 个参数变化，其中 16 个参数定义了 4 个力矩驱动元的激活时间历程，而其余 5 个参数则定义了初始身体惯性参数和方向。3 次优化之间的差异在于仿真模型的初始线动量和角动量（着地时）输入。第一次优化（优化 1）着地时的线动量和角动量值来自直体翻腾两周的实际测试数据；第二次优化（优化 2）允许着地时的初始水平速度变化（达到极限值）；第三次优化（优化 3）允许着地时的初始角动量变化（达到极限值）。除了以上 3 次优化，还进行了两次单独的模拟，以评价在不使用优化技术的情况下改变初始条件所产生的效果。第一次单独模拟使用了优化 1 的技术和优化 2 的着地水平速度。第二次单独模拟使用了优化 2 的技术和优化 3 的着地角动量。通过参考过去研究所建立的仿真模型与每个起跳阶段的仿真结果（Yeadon et al，1990），以评估在空中阶段可以实现多少翻腾。在空中阶段使用了两种不同身体姿势，第一种是体操运动员在实际测试中的直体翻腾两周所使用的身体姿势，另一种则是手臂紧贴躯干两侧、身体伸展的直体翻腾姿势。其中，第一种身体姿势具有较低的转动惯量，但相较于第二种身体姿势能产生更多的旋转。

7.3.2 优化策略的改变对运动表现的影响

通过优化初始环节的角速度（表 7-2）、激活时间（表 7-3）和体操垫刚度/阻尼参数（水平刚度：13 1361N/m，垂直刚度：56 732N/m，水平阻尼：0N·s/m，垂直阻尼：148N·s/m），得到实际直体翻腾两周和匹配模拟的结果，二者之间可视化结果（实际也代表运动学参数）具有较高一致性（图 7-20）。从体操垫起跳时，线动量和角动量的平均差异小于 1%，起跳时环节角度的平均差异小于 1%（表 7-4）。因此，使用由 4 个参数定义的激活曲线可以大致表示每个关节处的激活曲线。值得一提的是，如果改变更多的激活参数便能得到吻合度更高的曲线轮廓，这将会再次提高关节角度变化的一致性（图 7-21）。当匹配模拟和实际动作之间的总体一致性被认为足够接近时，使用仿真模型研究改变运动技术情况下如何影响运动员在起跳阶段转动势的产生，其仿真结果是可以被接受的。

表 7-2　直体翻腾两周的匹配模拟及 3 次优化策略在着地时的初始条件

变量	匹配	优化 1	优化 2	优化 3
u_g（m/s）	4.83	4.83	7.00	7.00
v_g（m/s）	−0.27	−0.27	−0.27	−0.27
a_a（°）	100	111	113	96
k_a（°）	144	146	145	141
h_a（°）	116	114	130	131
s_a（°）	148	135	125	140
tr_a（°）	17	13	23	20
cm_a（°）	57	54	51	47
a_ω [(°)/s]	−821	−821	−821	−821
k_ω [(°)/s]	−278	−278	−278	−278
h_ω [(°)/s]	715	715	715	715
s_ω [(°)/s]	−157	−157	−157	−157
tr_ω [(°)/s]	931	955	924	1005

注：a_i、k_i、h_i、s_i 和 tr_i=接地时的踝关节、膝关节、髋关节、肩关节和躯干角度（$i=a$）和角速度（$i=\omega$）；u_g、v_g=着地时质心的水平和垂直速度；cm_a=质心与脚趾点连线与着地时水平平面的夹角（着地时的身体方向）。躯干角度 tr_a 是躯干与水平面之间的角度，关节角度如图 7-19 所示

表 7-3　直体翻腾两周的匹配模拟及 3 次优化策略中 4 个力矩驱动元的激活参数

参数	匹配	优化 1	优化 2	优化 3
i_a（%）	5	5	5	5
i_k（%）	11	14	11	38
i_h（%）	34	48	48	50
i_s（%）	18	50	49	50
t_a（s）	0.118	0.077	0.072s	0.066

续表

参数	匹配	优化 1	优化 2	优化 3
t_k (s)	0.074	0.157	0.283	0.135
t_h (s)	0.034	0.027	0.027	0.025
t_s (s)	0.281	0.415	0.025	0.025
r_a (s)	0.103	0.050	0.050	0.050
r_k (s)	0.063	0.070	0.180	0.120
r_h (s)	0.057	0.051	0.051	0.050
r_s (s)	0.261	0.372	0.050	0.050
max_a (%)	100	100	91	100
max_k (%)	91	98	100	100
max_h (%)	100	100	100	100
max_s (%)	100	100	100	100

注：i_j=踝关节（$j=a$）、膝关节（$j=k$）、髋关节（$j=h$）、肩部（$j=s$）的初始激活率，t_j=激活达到最终（最大）水平的时间，r_j=相应的斜坡时间，max_j=模拟中达到的最终激活水平与完全激活的百分比

表 7-4　直体翻腾两周的匹配模拟及三次优化策略下运动学和动力学参数比较

变量	实际	匹配	优化 1	优化 2	优化 3
u_g (m/s)	2.48	2.51	1.91	3.59	2.97
v_g (m/s)	4.71	4.72	4.72	5.27	5.62
h_g (kg·m²rad/s)	96	97	116	138	143
a_{amin} (°)	74	73	73	73	71
a_a (°)	125	126	133	119	111
k_{amin} (°)	142	139	131	130	119
k_a (°)	168	169	142	136	123
h_a (°)	202	202	180	175	177
s_a (°)	153	153	168	163	168
tr_a (°)	99	98	92	94	92

注：对于策略分量 val_s：a_{amin}、k_{amin}=最小踝关节和膝关节角度；a_a、k_a、h_a、s_a 和 tr_a=起跳时踝关节、膝关节、髋关节、肩关节和躯干的角度。起跳分量 val_t：u_g、v_g=起跳时质心的水平和垂直速度；h_g=起跳时通过质心的横轴的角动量

实际动作

匹配模拟

图 7-20　直体翻腾两周实际动作与匹配模拟的比较

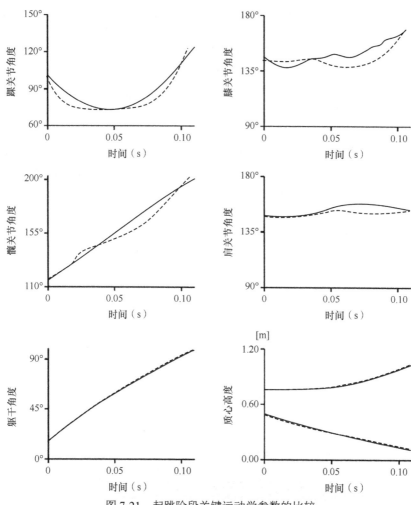

图 7-21　起跳阶段关键运动学参数的比较
实线. 实际动作；虚线. 匹配模拟

值得一提的是，研究中使用力矩驱动元是一个不足之处，因为在模拟过程中设置肌肉的缩短速度时，双关节肌的影响没有完全考虑在内。然而，使用力矩驱动元确实有助于评价受试者的具体生物力学参数，如由双关节肌肉产生的力矩。由于以往研究已经对模型进行了评估（Yeadon and Hiley，2002），并且当前研究中的模拟匹配良好，因此认为双关节肌肉对建模的影响较小；该研究还发现，在踝关节处加入一系列弹性元件可以将运动员的实际表现和仿真模拟之间的一致性提高约2%。因此，使用文献中关于串联弹性元的拉伸量，以及收缩弹性元和弹性元的长度的数据所产生的误差将产生较小的影响，并且不会影响最终的研究结果。

优秀的体操运动员在完成直体翻腾两周和直体翻腾两周转体三周动作时，其水平速度约为6.4m/s，全身角速度约为720(°)/s，速度和角速度的极限值约为7.0m/s和800(°)/s，它们比实际运动表现的速度高约10%，这些极限值被认为是可实现。

优化1表明采用合适的激活时间可以改变运动员起跳时的线动量和角动量并完成直体翻腾两周动作（图7-22）。与匹配模拟（表7-3）相比，优化1中膝关节处的激活水平较低，在髋关节和肩关节处的激活水平较高，导致在起跳时具有较大的膝关节屈曲（表7-4）。此外，在着地时身体躯干的方向比匹配模拟低3°（表7-2）。优化1有足够的高度和角动量，允许在翻腾过程中保持直体姿势，并在体操垫着落。对于直体翻腾两周动作而言，其运动表现具有显著的提高（转动势增加19%）。另外，优化1的起跳总能量比匹配模拟中的总能量高1%，比着地时的总能量高4%。因此，最大化地完成翻腾旋转，需要起跳触地时较高的初始动能，以及起跳阶段适当的激活时间。

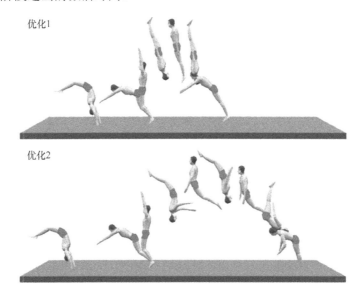

优化1

优化2

优化3

图 7-22　不同助跑速度和转动角速度下翻腾动作的优化仿真

图形序列依次显示了最大翻腾旋转的仿真模拟：①原始速度；②水平速度 7m/s；③角速度 800(°)/s 和水平速度 7m/s

优化 2 用于确定实现最大化翻腾的最佳水平速度。研究表明最优方案是采用 7.0m/s 的最大水平速度（表 7-2），并在起跳阶段使用连贯技术（表 7-3）以产生足够的转动势（比优化 1 增加 31%），从而允许运动员在着地时完成直体翻腾两周转体三周（图 7-22）。在没有改变激活时间、身体形态和着地方向变化的情况下，速度的增加产生了不利影响，优化 1 起跳时的转动势减少了 42%。这表明，只有在适当的激活时间下，着地时水平速度的增加才具有积极意义。优化 1 和优化 2 之间的激活曲线差异出现在膝关节和肩关节，其中膝关节激活曲线下降，肩关节被最大程度激活（表 7-3），导致起跳时膝关节拥有较大的屈曲角度。这些差异允许在起跳阶段产生更多的角动量。身体躯干的初始方向（着地时）比优化 1（表 7-2）低 3°。起跳时的总能量与着地时的总能量差异在 1% 以内，与直体翻腾两周的动作相比，着地和起跳时的总能量高出约 40%。因此，直体翻腾两周转体三周需要更快的速度和适当的启动时间，以便在起跳阶段产生更多的能量。值得一提的是，在艺术体操中，不能完成翻腾两周转体三周，因为助跑水平速度最多约为 4.5m/s。此外，对水平速度进行了最大程度上的优化，当速度超过 10.7m/s，膝关节在起跳阶段过度屈曲导致失稳。

优化 3 发现，采用合适的技术，在触地时将获得更大的全身角动量（增加 18%），有利于最大化完成翻腾动作。与优化 2 相比，最优解决方案的转动势提高了 9%，这足以允许运动员在体操垫上着地前完成直体翻腾三周动作（图 7-22）。与优化 2 相比，在没有改变启动计时和身体形态，以及着地时方向的情况下，着地时角动量的增加产生了不利影响，起跳时的转动势降低了 4%。这表明，只有在采用适当的技术前提下，着地时角动量的增加才是有益的。身体的初始方向（着地时）比优化 2（表 7-2）低 4°，激活时间的主要差异是在激活水平较高的膝关节处。这可能是由于膝关节上的负荷增加（初始角动量增加），需要更大的膝关节力矩，以确保膝关节在起跳前充分伸展。同样，着地和起跳时的能量相似，大约比实际直体翻腾两周的能量大 50%。

以简单的最大化翻腾动作作为优化标准，并通过仿真发现了在何种情况下能实现直体翻腾三周。研究发现，最大化翻腾动作的限制因素是在水平速度阶段产生高线速度和角速度的能力，以及在起跳阶段采用适当激活时间。在实际运动过程中，体操运动员应采用上述优化策略，产生稳健的运动表现，将转动势发挥到最大。

7.3.3 结语

本节针对自由操空中运动动作进行建模与仿真，捕捉体操运动员在完成直体翻腾两周和直体翻腾两周转体三周动作的实际测试中的运动学数据（King et al., 2004）。在此基础上，利用建模仿真技术进行三组动作优化，以期挖掘运动员最大表现潜力。模拟策略表明改善起跳技术能增加转动势，从而实现直体翻腾三周的高难度动作。未来的研究可基于建模与仿真技术进一步探讨在直体翻腾三周的基础上完成更多转体的潜力，或分析翻腾与转体之间的相互影响。

7.4 跳台滑雪和自由式滑雪空中技巧空中动作的建模与仿真

雪上运动是具有悠久历史的冬季运动，运动项目包括跳台滑雪、自由式滑雪、单板滑雪和冬季两项等经典奥运项目。它们借助滑雪装备，运用滑降、起跳、飞行（翻腾）等基本技术，在专业赛事场地上进行竞赛，是一项将速度与技巧结合，健美与优雅融于一体的运动。在空中所完成的动作阶段也称为雪上空中运动。

雪上空中运动阶段是空气动力特性体现最为明显的阶段，也是影响运动表现最重要的阶段，主要包括助滑、起跳、空中飞行、着陆四个阶段。助滑可帮助运动员取得最大的初始加速度，为完成后续动作提供动力；起跳后，运动员应在飞行阶段早期尽快达到一个稳定的飞行位置，并确保受到较小阻力，同时应保持向后旋转和向前旋转角动量的完全平衡；空中飞行阶段根据运动项目的不同，其关注重点不同（跳台滑雪注重飞行距离，自由式滑雪空中技巧动作需兼顾空中翻腾和转体动作）。此外，良好的着陆动作是完成卓越的空中动作后续延伸，同时也能避免运动损伤。

在雪上空中运动的竞技比赛中，良好的运动表现受表现难度（动作复杂性）和表现（美学）的影响。不同的雪上空中运动项目其表现难度和表现的判定依据也不一致。例如，在跳台滑雪运动项目中比赛成绩以跳台和落点间的距离计算；而在自由式滑雪空中技巧动作中"起跳高度""翻转动作难度"对最终运动表现起决定性作用。二者都是观赏性高、难度大的运动项目，但从生物力学角度出发是否考虑角动量成为其区分点。二者虽都为雪上空中运动，但动作结构截然不同。因此，围绕空中阶段的影响因素展开研究，对优化动作技术、提高运动表现具有重要的现实作用。

7.4.1 跳台滑雪空中运动的计算机仿真研究

跳台滑雪运动员为获得最佳运动表现总是最大限度地寻求延长跳台滑雪中跳

跃的长度。飞行距离、稳定性和跳台滑雪的姿势是决定跳台滑雪得分的主要因素。运动员空中飞行过程受速度、运动员身体角度、空气动力、重力和着陆稳定性等因素的影响。因此，滑雪运动员（及其装备）的空气动力学是一个重要的性能指标。利用数值模拟方法研究跳台滑雪运动过程中空气动力学特征，与过去的实际测试方法相比，具有实验周期短、成本低、数据可视化的优势，有利于教练员和运动员优化空中动作技术，对提高跳台滑雪运动员的运动表现具有重要意义。本小节以 Gardan 等（2017）的研究为例，介绍通过计算流体动力学（computational fluid dynamics）的数值模拟仿真方法，开展跳台滑雪空中动作的研究，探究了运动员在不同迎角下姿势和速度对空气动力性能的影响。

7.4.1.1　动力学建模

1）模型建立

研究使用计算流体动力学的数值模拟方法。该方法作为一种计算速度快且功能强大的研究工具，适用于研究跳台滑雪运动员在空中飞行阶段的空气动力学特征。研究使用了由激光扫描和 VICON 测量生成的运动员的 3D 模型。值得一提的是，这是一种采用多个摄像头测量的方法。与该领域过去的研究手段相比，这种方法为模型提供了一种高度现实（高精度）的逆向重构，推动了该领域的建模技术的发展。跳台滑雪运动员的身体惯性参数是采集一名世界级滑雪运动员（world-class skier）及其标准装备（standard equipment）（跳台滑雪运动员身高1.79m；滑雪长度 2.6m）在跳台滑雪姿势（飞行姿势稳定）下获得。为了获得跳台滑雪运动员的身体三维姿态，使用 VICON（包含 8 个摄像头）进行了测量。这些测量（Marker 点）与使用激光扫描仪获得的人体测量数据相结合，以确保逆向重构过程中人体模型的精准度（关于该方法的更多详细细节可参考文献：Gardan et al.，2015）。在完成运动员的 3D 建模后，使用虚拟风洞（VWT）创建跳台滑雪运动员周围流场（图 7-23）。并根据 Zaïdi 等（2008）实验参数定义了流场的大小，

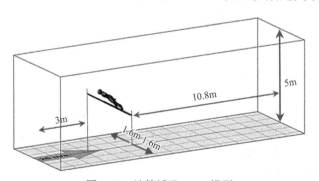

图 7-23　计算域及 CAD 模型

即运动员前方（upstream）3m 和后方（downstream）10.8m。计算网格使用 Altair Hypermesh 软件执行，由三角形和六面体单元构成，大约 500 万个单元格（element）组成。为了减少计算时间，采用渐进式三维网格（progressive three-dimensional grid）进行构建，在跳台滑雪运动员表面附近进行了精细化处理，利于捕捉更多精准信息；此外，在计算域的边界附近进行了粗化处理。

在跳台滑雪运动员飞行过程中，作用在跳台滑雪运动员身上的重力 F_g、升力 F_1 和阻力 F_d 可表示为（Müller，2005）

$$F_g = mg \tag{7-14}$$

$$F_1 = \frac{\rho}{2}v^2 c_1 A = \frac{\rho}{2}v^2 L \tag{7-15}$$

$$F_d = \frac{\rho}{2}v^2 c_d A = \frac{\rho}{2}v^2 D \tag{7-16}$$

式中，m（kg）是整体质量（人体和装备）；g（m/s²）是重力加速度；ρ（kg/m³）是空气密度，A（m²）是运动员的投影迎风面积（垂直于速度矢量）；c_d 和 c_1 是阻力和升力系数，它们分别取决于迎角 α（°），$L=c_1A$ 和 $D=c_dA$，其中 D（drag）为阻力；L（lift）为升力；L/D 为升阻比。

2）边界条件的设置

数值模拟采用的边界条件如下。

（1）在流场的入口处，施加均匀恒定的水平速度。

（2）考虑到起跳过程中速度的变化，根据各种现场研究（FIS 官方测量），对 23～29m/s（23m/s、26m/s、29m/s）的速度进行了模拟，对应滑道内速度的范围。

（3）在流场的出口处，施加环境静压（ambient static pressure）。

（4）在流场的上表面和侧面：施加对称光滑壁面边界条件（slip-wall boundary）。

（5）在跳台滑雪模型的表面上，施加无滑移壁面边界条件（no-slip wall boundary）。

流场被视为不可压缩气体，密度为 1kg/m³，黏度为 $1.8×10^{-5}$kg/(m/s)，对应于接近 2000m 的海拔（索契冬季奥运会，2014 年）。

3）模拟实验

模拟实验中使用 Altair AcuSolve CFD 代码控制模型运动。对于每个实验案例（case），使用 4 个处理器（32 Go RAM）进行模拟。由每个处理器产生的最终阻力的初始差异通过增量参数调整减少，直到结果收敛。在大约 2.5h 的计算后获得该稳态。解决方程是通过标准 k-ω 湍流模型获得的，该模型可适合重复检测（Zaïdi et al.，2010）。这种湍流模型广泛用于壁面流动。因此，跳台滑雪运动员身体轮廓周围的流动适用该湍流模型去捕捉。

研究中使用的 3D 模型尺寸对应于世界级跳台滑雪运动员（Gardan et al.，

2015）。分析的姿势和位置如图 7-24 所示的角度特征表示，图 7-24 表示跳台滑雪运动员在正常飞行位置的角度：α 是迎角，β 是身体与滑雪板的相对角度，γ 是臀角。在飞行阶段，跳台滑雪运动员往往会调整他们的姿势和飞行位置，以改善空气动力学。在该空气动力分析中，就迎角 α 和速度对跳台滑雪运动员空气动力性能的影响展开研究。为此，研究考虑了相对于水平面 14°～44°的迎角 α（=14°、21.5°、29°、36.5°和 44°）及跳台滑雪的速度，其速度为 23～29m/s（u=23m/s、26m/s 和 29m/s）。α 的最大值设置为 44°，接近实际测试观察到的最大角度。此外，风洞测量结果表明，升力（lift）和俯仰力矩（pitching moment）在 45°左右的范围内发生突然变化。身体与滑雪板的相对角度 β 保持恒定在 17.4°，与现场测量的角度一致。臀角 γ 和 V 角分别保持在 163.4°和 37.9°的恒定角度，接近确定的最佳角 γ=160°和 V=35°。对于每个实验工况，计算了 k-ω 模型参数（湍流强度、长度-尺度强度、动能、耗散率），并将其应用于数值模拟实验。计算完成后，使用 Altair HyperView 软件处理数值结果。

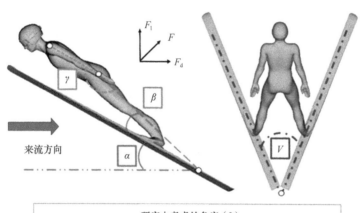

研究中考虑的角度（°）	
α	14～44
β	17.4
γ	163.4
V	37.9

图 7-24 跳台滑雪运动员姿势角度

α. 迎角；β. 身体与滑雪板的相对角度；γ. 臀角；V. 滑雪板角度；这些姿势都是根据实际情况推导出来的。在飞行阶段，跳台运动员受到三种力的影响：重力 mg、空气动力阻力 F_d 和升力 F_l

7.4.1.2 不同姿势和速度对运动表现的影响

图 7-25 显示了每个实验速度的阻力和升力系数曲线图的演化情况，以及作为迎角 α 的函数。图 7-25 表明迎角确实对产生的升力有显著影响。图 7-26 显示了

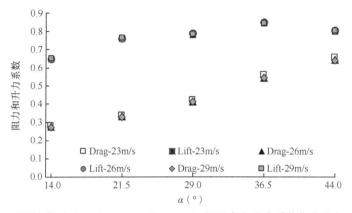

图 7-25 不同速度下（23m/s、26m/s 和 29m/s）的阻力和升力系数作为迎角 α 的函数
（彩图请扫封底二维码）
Drag. 阻力；Lift. 升力

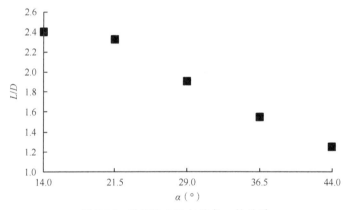

图 7-26 升阻比 L/D 与迎角 α 的关系

升力系数和阻力系数之间的比率（即升阻比，L/D）与迎角的关系。图 7-27 显示了速度为 29m/s 和不同迎角（14°、21.5°、29°、36.5°和 44°）时，跳台滑雪运动员身体周围的流场形态。图 7-28 显示了沿跳台滑雪运动员身体表面的静压分布与迎角 α 的相互关系。

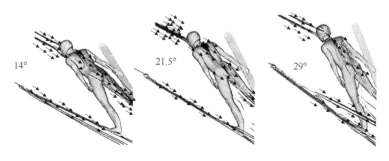

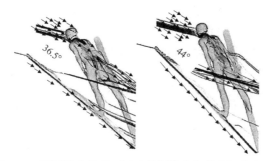

图 7-27　不同迎角条件下运动员周边空气的流场分布

在给定速度为 29m/s 和各种迎角 α（14°、21.5°、29°、36.5°和 44°）下，按速度矢量箭头分布的流场形态
图中箭头密集程度代表速度大小，速度依次从 29m/s、25.78m/s、22.56m/s 递减至无；箭头方向代表速度矢量方向

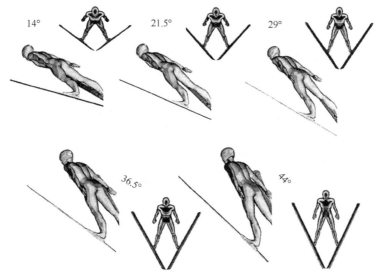

图 7-28　沿跳台滑雪运动员身体表面的压力场随迎角 α 的演化情况

①头部、躯干、大腿及滑板底部的正前面压强为 540 000～900 000Pa；②头部、躯干、大腿及滑板正背面压强为
–22 500～540 000Pa；③手臂两侧压强为–900 000～225 000Pa

　　当较大升力与较低阻力同时出现时，可获得最佳空气动力性能。事实上，跳台滑雪运动员的飞行效率基本上取决于升力和阻力。升力的增加也会导致阻力的增加。这可以通过升阻比（L/D）证明。L/D 是运动员身体轮廓形状的函数，也是迎角 α 的函数。由于跳台滑雪运动员飞行速度矢量的水平分量在早期飞行阶段较大，因此优化 L/D 的值至关重要；而跳台滑雪运动员飞行速度矢量的垂直分量在后期飞行阶段较大，因此合力的大小也很重要。

　　高 L/D 意味着升力大于阻力，所采用的姿势位置正确；较低的 L/D 表明比升力小于阻力，导致跳跃飞行距离缩短，故跳台滑雪运动员的速度对升力系数和阻力系数的影响很小。相反，我们发现跳台滑雪运动员的迎角对升力和阻力系数具有显著影响。最佳比率是迎角为 14°时。虽然这些发现仅对在过渡阶段后的短飞行阶段（飞行的早期阶段 15～20m）内的飞行曲线的一小部分有效，但它们对于验证当前方法是有用的。此外，最佳 L/D 通常是在迎角接近 15°时估计的。结果表明，对于 14°迎角，升力约为阻力的 2.4 倍。

仔细观察速度流线（图 7-27），发现增加迎角会出现湍流区并使跳台滑雪运动员背部的速度矢量分离。对于低于 15°的迎角，气流仍然附着在跳台滑雪板上。相反，对于更大角度，邻近滑雪运动员背部出现边界层分离和再循环区，即出现局部与主流方向相反的流动。这种气流会对跳台滑雪运动员的背部产生过大压强（over-pressure），导致升力突然降低，称为"失速"。值得注意的是，分离从一个称为"临界角（critical angle）"的迎角开始。通过对图 7-25 和图 7-27 的比较，可以发现跳台滑雪运动员背部周围出现的分离区与阻力的强烈增加有着显著的正相关关系。

当跳台滑雪运动员的身体达到给定的迎角时，由于边界层分离而形成尾迹。在较小迎角下，跳台滑雪运动员的身体开始产生较小的气流分离。随着迎角的增加，分离面积也增加，升力减小。实际上，由于压差增加，边界层分离导致阻力增加。相反，空气置换（air displacement）形成漩涡轨迹，如图 7-27 所示。漩涡轨迹也出现在滑雪板周围，随着迎角的变化，气流逐渐分离。从图 7-27 可以明显看出，滑雪板周围的气流不会影响跳台滑雪运动员身体周围的气流，反之亦然。当跳台滑雪运动员在空中阶段，空气的速度在跳台滑雪运动员身体表面周围发生变化，从而引起相应的身体表面压力变化。在跳台滑雪中，由于人体形状复杂，跳台滑雪运动员的身体周围会产生负压梯度和湍流区，尤其是在身体形状发生显著变化的区域，如头部、肩关节、髋关节、膝关节和足部。最高压力主要集中在跳台滑雪运动员的前表面（头部、躯干、大腿上部），同时也集中在两个滑雪板的前表面。此外，负压梯度发生在从颈部（颈静脉处）到手臂外侧延伸到手部、髋关节和脚踝处的区域。这些负压梯度表明存在分离区。值得注意的是，最高压力是由相对流的前部停滞引起的。增加迎角 α 也意味着增加与流动直接相反的迎风面（frontal surface）。因此，施加在跳台滑雪上的压力受迎角的影响，迎角使跳台滑雪运动员下部的压力增加，上部的压力降低（负压梯度）。此外，跳台滑雪运动员相对于相对气流的倾角 α 越大，滑雪者上下部分之间的压差越大。增加压差将产生更大的阻力（图 7-25）。随着跳台滑雪运动员迎角 α 的增加，阻力和升力的比率趋向于不利的一面（图 7-26）。

该研究的目的（Gardan et al.，2017）是分析跳台滑雪运动员在跳台滑雪早期飞行阶段的姿势和速度对空气动力学性能的影响。为此，开发了一个 CFD 模型，实现了高度逼真的计算机模拟。激光扫描和 VICON 测量用于生成三维模型的数据。数值模拟结果表明，跳台滑雪的速度对升力系数和阻力系数的影响很小。另外一个主要发现是在跳跃的早期飞行阶段，作用在跳台滑雪运动员身体上的升力和阻力受到迎角 α 变化的强烈影响。

因此，跳台滑雪运动员在空中必须调整以期寻找一个优化升力和阻力的姿态。为此，跳台滑雪运动员应在早期飞行阶段强调身体姿态控制。在后一个飞行阶段，跳台滑雪运动员应该强调对滑雪姿态的控制。

数值模拟发现，迎角为 14°时，升力系数和阻力系数之间达到最佳比率（L/D）。在接下来的飞行阶段，当运动员和滑雪板处于相对稳定的姿态时，L/D 不断变化。另外，结果表明，对于 14°迎角，升力约为阻力的 2.4 倍，且改变迎角会极大地影响跳台滑雪运动员周围的气流。事实上，流场形态特征表明，增加迎角会引起在跳台滑雪运动员背部和滑雪板上方区域出现湍流区和气流分离。结果还发现，在低迎角下，跳台滑雪运动员的身体开始产生小的气流分离。另外，随着迎角的增加，分离区向上游移动，导致阻力增加。相反地，滑雪板周围的气流不会影响运动员身体周围的气流。目前的数值模拟结果表明，运动员的倾斜角 α 越大（相对于相对流动），运动员的躯体上下部分之间的压力差越大。

在未来，进一步的研究应关注在改变迎角 α 和身体滑雪角度 β 环境下，确定运动表现对这些变量的依赖程度；或可以在不同的跳台滑雪坡上测试和优化不同的跳台滑雪风格，并研究温度或海拔等不同环境条件对跳台滑雪运动员表现的影响。此外，基于数值模拟的空气动力学分析也可用于未来的工作，可视化分析运动员周围的湍流时空尺度（temporal scales of turbulence）和流场形态等。数值工具有助于改善跳台滑雪运动员在各种条件下的技术，以优化跳台滑雪场长度以提高运动表现和可观赏性。

7.4.2　自由式滑雪空中技巧动作的计算机仿真研究

自由式滑雪空中技巧动作是指运动员从平台跃起到落地阶段（助滑坡-跳台-着陆坡-停止区）内所完成的各种翻腾转体动作。通常情况下，得分受难度（动作复杂性）和表现（美学）因素的影响。对于跑步运动，其空中阶段（腾空阶段）可能相对简单，身体具有少量的角动量，允许身体在空中过程中向前旋转。然而，在一些其他运动中，空中阶段的动作结构具有复杂多变性。例如，跳板和自由式滑雪、跳台跳水、蹦床和体操下马的空中运动。目前，自由式滑雪空中技巧比赛中最复杂的动作是直体翻腾三周转体五周。为在竞技比赛中获得最佳运动表现，在提高运动表现难度系数的基础上发挥出空中技巧动作的稳定性和流畅性成为运动员和教练员们追求的共同目标。如何在保持最大化翻腾动作前提下完成更多转体动作，挖掘人体运动（基于人体解剖和生理学）极限也成为体育科研工作者探索的目标，为此展开了各类丰富的实际测试及仿真实验。空中转体动作的实现受翻腾周数、倾斜度、运动员环节的惯性参数等的影响；不同于环节惯性参数等受装备和外界环境限制，倾斜度在运动过程中受运动员的主观支配调节，且对转体周数影响较大。因此，利用计算机仿真手段干预运动员的肢体和主要运动关节可影响倾斜度，对优化改善空中转体技术具有重要意义。本小节介绍了 Yeadon（2013）借助计算机仿真手段对自由式滑雪空中技巧的直体翻腾三周开展的研究，探究利用各种不对称的手臂和髋关节运动在直体翻腾三周过程中最大限度地产生尽可能多的转体周数。

7.4.2.1 动力学建模

1）模型建立

空中运动的计算机模拟模型可用于模拟验证各种运动的极限（挖掘运动表现的最佳潜力）。例如，跑步运动的空中阶段（腾空阶段）可能相对简单，其中躯干有少量角动量，允许身体在从一条腿的蹬地到另一条腿的着陆的腾空过程中绕冠状轴向前旋转。然而，在一些运动项目中，空中动作是复杂的，同时这也是运动的基础和不可或缺的重要组成部分，如自由式滑雪的空中技巧动作。通常，所获得分数的高低由难度（动作复杂度）和表现（美学）决定。目前自由式滑雪空中技巧比赛中最复杂的动作是直体翻腾三周转体五周（triple somersaults with five twists）。

在自由式滑雪空中技巧项目中，运动员从助滑坡（approach）上向下俯冲以获得速度并累积，然后进入一个弯曲的起跳坡道或高跳台（kicker），该坡道或起跳点以适当的角动量将帮助空中技巧运动员滑出飞行至适当的飞行轨迹上。在完成预期的翻腾和转体后，运动员着陆在一个倾斜的斜坡上（着陆坡，landing slope）（图 7-29）。当在每个翻腾结束时完成扭转，手臂展开，代表这些翻腾阶段的完成。由于第一个翻腾仅包含 3/4 周，第三个翻腾用于着陆准备，因此第一个和第三个翻腾中每个转体最多只有 3/2 周。在第二个翻腾中，可能需要完成多达三周转体动作。

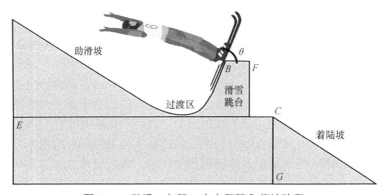

图 7-29 助滑、起跳、空中翻腾和落地阶段

　　转体可以发生在与高跳台与雪道的接触期间（即接触式转体，contact twist），也可以在起跳（take off）后产生（即空中产生转体，aerial twist），这结果与 Yeadon（1989）的研究结果一致。值得一提的是，在接触期间转体易产生的问题是当运动员在使用不对称手臂和髋关节技术进行空中转体后着陆时，容易发生绕矢状轴向横向（左右）倾斜。此外，研究中的原始模型是由 11 个环节组成，需要初始角动量和身体运动方向作为输入，以及关节角度的时间历程。在运动过程中，运动员模型主要绕 5 个关节中心运动，每个关节有 2 个自由度，模型有效地包含 6 个环节段（图 7-30）。侧屈（side flexion）是盆骨和脊柱之间共同作用的结果（图 7-30），而前屈仅发生在髋关节的作用下。此外，双腿同时移动，

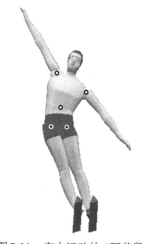

图 7-30　空中运动的 6 环节段模型，5 个关节各有 2 个自由度

使髋关节和脊椎的 6 个自由度（每个关节 3 个自由度）实际上变成了 2 个独立的自由度。研究假设空中运动过程中的角动量恒定，并对全身角速度的运动方程进行数值求解，从中通过数值积分获得空中翻腾、倾斜和转体角度（3 个不受控制的自由度）。空中翻腾使整个身体围绕冠状轴旋转产生角动量矢量，倾斜是纵轴与垂直于角动量矢量的垂直面之间的角度，转体使身体围绕纵轴旋转。在伊登（Yeadon）等过去的研究中（Yeadon，1989），假设可以忽略空气阻力对旋转运动的影响，通过将模拟的扭转角与 1988 年冬季奥运会的六项运动表现进行比较，对模型进行了评估：扭转角的差异小于 0.08 周（revolution）。

　　实验模型的身体惯性参数采集于一名穿着滑雪装备的瑞士运动员。测量数据被输入到 Yeadon（1990c）的惯性模型和 Chandler 等（1975）的环节密度模型中，以计算仿真模型各环节的惯性参数。采用密度比例因子对服装覆盖的身体环节部分进行密度调整，使整个身体质量与称重秤测得的数值相一致。随后，根据头盔、手套和靴子的额外重量，分别调整了头、手和脚的密度。滑雪板固定器（binding）和滑雪板的惯性参数是根据质量和长度测量计算出来的，并将这些因素考虑在内调整小腿惯性参数（表 7-5）。

表 7-5　运动员各环节段的惯性参数

环节	质量（kg）	长度（m）	com（m）	I_x（kg·m²）	I_y（kg·m²）	I_z（kg·m²）
骨盆	9.17	0.21	0.10	0.07	0.09	0.10
大腿	8.93	0.45	0.19	0.16	0.16	0.04
小腿	9.43	0.50	0.38	0.55	0.29	0.27
腹部	8.17	0.30	0.09	0.06	0.07	0.09
胸部	18.61	0.19	0.07	0.43	0.45	0.19

续表

环节	质量（kg）	长度（m）	com（m）	I_x（kg·m²）	I_y（kg·m²）	I_z（kg·m²）
上臂	2.30	0.30	0.13	0.02	0.02	0.00
前臂	1.68	0.36	0.18	0.03	0.03	0.00

注：com 为节段质心到近端关节的距离；I_x、I_y、I_z 是通过节段质量中心的冠状轴、垂直轴和矢状轴的转动惯量

2）仿真实验

利用 Yeadon（1990b，1990c）和 Yeadon 等（1990）的计算机模拟模型进行运动员滑雪空中技巧动作模拟，使用各种不对称手臂和髋关节运动序列来产生偏离，使躯干在翻腾时向垂直平面对侧倾斜。关节角度由开始和结束角度值及开始和结束时间的每次变化进行指定设置，并使用环节端点处速度和加速度为零的五次函数（图 7-31）进行影响（Hiley and Yeadon，2003）。根据对运动员动作测试观察，将手臂运动外展 180°的最小持续时间设置为 0.30s；在 40°的侧屈运动中，最小持续时间设置为 0.20s（下肢和躯干之间的角度）。

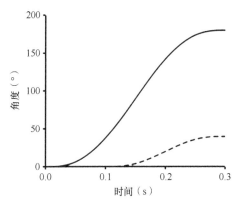

图 7-31　空中手臂和躯干角度变化历程

0～0.3s 手臂关节角度 0°～180°的角度变化（实线）和 0.1～0.3s 躯干侧屈角度 0°～40°的角度变化（虚线）

为了使每种优化技术产生完成最大化的转体动作，对手臂和髋关节运动的时间进行了调整，以使运动员在第一个翻腾中实现倾斜最大化。在第二个翻腾中，手臂内收以最大限度转体，在第三个翻腾中，使用不对称的手臂动作将倾斜度减小至接近零。对初始（翻腾）角动量进行了调整，以补偿各种身体形态，并允许在整个转体阶段身体伸展的情况下进行运动。着陆前，髋关节屈曲，手臂前移，以提供适当的着陆身体姿势。

在完成第一个和第二个翻腾后，手臂外展，以展示出转体的三个阶段的分离。在进行模拟时，遵循以下约束条件：①在第 1.0 和第 2.0 周翻腾位置时，转体在转体半周总数的 0.25 圈内；②所完成的转体与前面 2 周翻腾动作夹角在±30°

内；③每个翻腾的分离阶段，其对称手臂外展量至少为 30°，并确定达到完成转体动作；④最终倾斜、转体和翻腾的角度目标在 2°以内；⑤空中阶段的时间为2.9s。为了达到转体的最大化并遵守这些约束条件，使用 0.01s 的计时步长进行迭代生成每个模拟，并对整个工况手动寻找。

寻找程序包括：①调整初始手臂角度变化的开始和结束时间，直至 180°或侧屈 40°，以使倾斜角度最大化；②调整对称手臂外展的时间，以完成转体一周或一周半，接近完成第一个翻腾（身体垂直）；③随后对称（双臂）手臂内收，以在第二次翻腾中提供固定的手臂外展角度；④调整该对称手臂外展角度，以在第二个翻腾位置提供整数倍的转体半周（half twist）；⑤在第二个翻腾位置随后通过调整手臂外展的时间和数量，以在第三个翻腾中产生转体一周或一周半；⑥手臂在一定时间内连续运动，以消除身体倾斜并完成整数转体（integral number of twist）；⑦调整初始角动量，以在达到目标的转体和倾斜角度的同时获得目标的翻腾旋转。虽然上述过程大部分是连续进行的，但一些部分是以交互式形式存在的，需要微调以在目标 2°范围内产生最终方向角。因此，庞大的计算量致使每次模拟技术的优化都需要几个小时才能完成。

值得注意的是，②中使用的约束条件比目前运动实践中的±90°更严格（FIS，2010），以避免对给定运动的命名产生歧义。结果显示，模拟空中转体时，无法在第一个翻腾中产生两个转体。

仿真实验模拟了 10 个采用不对称手臂和髋关节的运动（图 7-32）。在第一个翻腾运动中用于产生倾斜的手臂和髋部运动包括以下几个部分。

A：左臂在一侧绕矢状轴侧屈，然后右臂绕冠状轴前屈，躯干大约转体四分之一周（图 7-32A）。

B：左臂在一侧绕矢状轴侧屈，然后右臂绕矢状轴侧屈，躯干大约转体半周（图 7-32B）。

C：右臂绕冠状轴前屈，然后是双臂转换（switch）同时运动，右臂外展左臂内收（图 7-32C）。

D：左臂绕矢状轴侧屈，大约转体半周时双臂间转换运动（图 7-32D）。

E：左臂绕矢状轴侧屈，在转体四分之一周时右臂绕冠状轴前屈，紧接着在转体半周时左臂绕矢状轴外展（图 7-32E）。

F：右臂从下往上绕矢状轴外展，与此同时双臂转换同时运动，右臂从上往下绕矢状轴内收，大约在转体四分之一周时右臂绕冠状轴屈（图 7-32F）。

G：右臂从下往上绕矢状轴外展，与此同时双臂转换同时运动，右臂从上往下绕矢状轴内收，大约在转体半周时右臂绕矢状轴内收（图 7-32G）。

H：两臂宽臂侧屈，躯干向左侧屈 40°，随后躯干伸展及手臂内收（图 7-32H）。

I：左臂向侧下屈，躯干向左侧屈 40°，在转体半周时右臂朝侧下运动（图7-32I）。

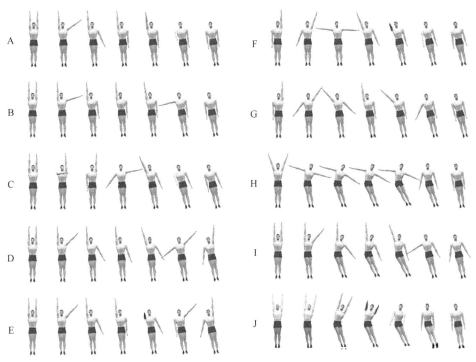

图 7-32 第一个翻腾中的不对称动作和由此产生的倾斜

通过将翻腾和转体角度设置为零，模拟生成图形

J：躯干向左侧屈 40°，随后在转体四分之一周时双臂绕冠状轴向前屈（图 7-32J）。

上述清单包括国际比赛中使用的主要空中转体技术。

在每个仿真模拟中，最后一个翻腾中使用以下方法消除身体倾斜：在最后的转体半周中，左臂绕矢状轴向上运动（外展）和右臂绕矢状轴向下运动（内收），随后右臂绕矢状轴向上运动（外展）完成转体。

7.4.2.2 不同优化策略改变对运动表现的影响

通过调节控制不对称手臂和髋关节运动参数进行了 10 个仿真模拟，其产生的倾斜角度范围为 8.7°～15.2°，实验中模拟完成的 3 个翻腾产生了 4、5、6 个转体（表 7-6）。这些不对称运动的持续时间（图 7-32）为 0.5～0.7s，持续时间更长对应更复杂的动作。这在一定程度上表明如果转体速率比模拟中的慢，可以通过调整以增强运动表现。

在 180°不对称手臂运动的模拟中，产生了 8.7°～9.9°的倾斜，转体四周（图 7-33A、B），而在三种不对称手臂运动的模拟中，产生了 12.2°～15.2°的倾斜，转

表 7-6　不对称手臂和髋关节运动产生的空中转体模拟

模拟	描述	结果	转体	倾斜	手臂
A	LDS，RDF	1-2-1	4	8.7°	3°
B	LDS，RDS	1-2-1	4	9.9°	11°
C	RDF，DAS，RDF	1-3-1	5	13.4°	5°
D	LDS，DAS	$1-3\frac{3}{2}-1\frac{1}{2}$	6	15.2°	175°
E	LDS，RDF，LUS	$1-3\frac{1}{2}-1\frac{1}{2}$	6	14.6°	175°
F	AS，DAS，RDF	$1\frac{1}{2}-2\frac{1}{2}-1$	5	12.2°	9°
G	AS，DAS，RDS	$1\frac{1}{2}-3-1\frac{1}{2}$	6	13.9°	9°
H	Side flexion	1-2-1	4	10.4°	15°
I	Side，asy-arms	$1-2\frac{1}{2}-1\frac{1}{2}$	5	12.5°	15°
J	Side，LRDF	1-3-1	5	12.2°	9°

注：LDS =左臂绕矢状轴向侧下运动（left arm down side），手臂内收；RDS=右臂绕矢状轴向侧下运动（right arm down side），手臂内收；RDF =右臂绕冠状轴向前下运动（right arm down front），手臂前屈；DAS =双臂间转换（double arm switch，LDS+RUS）；RUS=右臂绕矢状轴向侧上运动（right arm up side），手臂外展；LUS =左臂绕矢状轴向侧上运动（left arm up side），手臂外展；AS=非对称起始（asymmetrical start），起始时左臂向上、右臂向下伸直；arms =第二个翻腾中对称手臂外展；175°=双臂在头顶上方外展5°；Side flexion=髋关节向右侧屈，双臂绕矢状轴向侧下运动，侧屈；Side，asy-arms=髋关节向右侧屈，双臂不对称向侧下运动，内收；Side，LRDF=髋关节向右侧屈，双臂绕冠状轴向前下运动，前屈

体五、六周（图 7-33C～G）。模拟 H 使用对称手臂的髋关节侧屈产生 10.4°倾斜和转体四周（图 7-33H），而在模拟 I 中引入不对称手臂产生 12.5°倾斜和转体五周（图 7-33I）。在模拟 J 中，当髋关节不对称产生转体四分之一周时，双臂平行在矢状面内下降，产生 12.2°倾斜和转体五周（图 7-33J）。

　　在倾斜度为 10.4°或更小的模拟 A、B 和 H 中，可以通过将右臂高举在头顶，并在距离目标转体半周时将左臂内收到一边来消除倾斜度，然后在转体接近完成时将左臂高举（图 7-34）。在其余倾斜度为 12.2°或更高的模拟中，随着左臂的抬起，右臂也随之下降，从而导致了落地时手臂的不对称（图 7-34）。这些不对称手臂运动的持续时间为 0.5～0.8s，与第三次翻腾转体一周半的模拟时间相对应（7-34D、E、G、I）。

　　在模拟 B 中，翻腾速度在整个过程中近似恒定，而转体速度在开始和结束时较低，倾斜角在 0.7～2.1s 近似恒定（图 7-35A）。首先内收左臂，然后从头顶位置内收右臂，从而产生倾斜（图 7-35B）。随后，在第二次翻腾期间，手臂在第 1.0 和第 2.0 翻腾位置时外展30°，手臂角度为 11°（图 7-35B）。最后，在转体三周半至四周位置时按顺序将手臂外展至 180°（头顶上），以便在着陆前消除倾斜（图7-35B）。

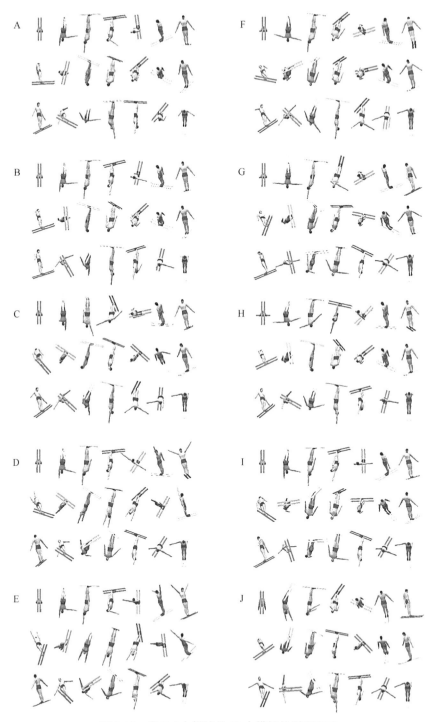

图 7-33　表 7-6 中描述的 10 个模拟的图形显示

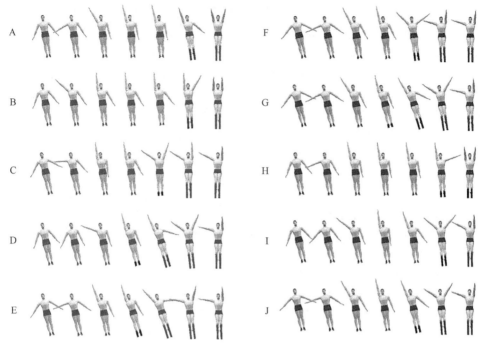

图 7-34　使用不对称手臂动作消除第三个翻腾中的倾斜

通过将翻腾和转体角度设置为零，模拟生成图形

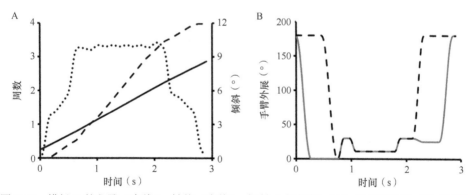

图 7-35　模拟 B 的翻腾（实线）、转体（虚线）、倾斜（点虚线）（A）和左臂外展（实-灰线）、
右臂外展（虚线）的角度（B）

该研究（Yeadon，2013）的目的是利用各种不对称的手臂和髋关节运动在直体翻腾三周过程中最大限度地产生尽可能多的转体周数。实验模拟的 10 个空中动作通过控制手臂动作（复杂性）能够实现转体 4～6 周。值得一提的是，至少一半的转体发生在翻腾的中间。在第一周翻腾中，模拟运动员只完成四分之三周的翻腾，其最主要任务是最大限度地倾斜，而不是转体。在第三周翻腾中，其翻腾周

数也不足一周，首要任务是消除倾斜，调整最终转体动作和翻腾方向，并采用适当的身体形态着陆。因此，第一个和第三个翻腾的转体数量限制在转体一周至一周半。

根据实际测试记录，对手臂180°运动和侧屈40°施加0.3s和0.2s的最小运动时间。将这些时间减少10%进行敏感性分析（sensitivity analysis）。这将有利于在第二周翻腾时增加手臂外展活动度，但需注意这将会限制运动员额外的转体。

假设在模拟仿真实验中，运动员在空中运动时的空气阻力忽略不计。在实际运动中，空气阻力的主要作用是减缓空中过程中的翻腾速度，从而导致绕质心的角动量下降。通过计算 20 次实际测试中第一次翻腾和第二次翻腾的平均旋转次数，并与10次模拟相当的（equivalent）平均次数进行比较，估计下降幅度为10%。这种下降幅度对运动的影响并不大，因为每个翻腾的周数由$[(I_T/I_L)-1]\sin\theta$计算得出（I_T是绕身体纵轴的转动惯量；I_L是绕身体横轴的转动惯量；θ是倾斜角度）。因此，实际测试的动作与仿真模拟的动作几乎相同，但随着翻腾动作的结束时间延长。仿真模拟中翻腾的时间多出约0.04s。

仿真模拟仅考虑在起跳后产生转体的动作，而在起跳过程中也可能开始转体。然而，在起跳过程中转体不太可能导致转体总量的增加。目前的技术使用的接触转体比早期研究中的要少得多，在早期研究中，滑雪板本身在起跳时有相当大的（>30°）转体旋转。这很可能是由于在当前的规则下，运动员在大跳台上转体会处以一定的判罚（失分）的结果（FIS，2010）。此外，接触转体的使用意味着不可能在远离垂直矢状面的情况下实现零倾斜，以及着陆时的零转体角速度。由于未能充分降低倾斜度，在着陆时易出现滑雪板质量较大的情况。

与蹦床或跳水相比，空中技巧的动作更难完成转体，这是因为空中技巧所使用的装备（靴子、固定器、滑雪板、头盔）具有较大的质量。此外，这种较大的难度也被认为是由滑雪板长度增加导致的运动员身体纵轴上的转动惯量较大的结果。当I_L增大约65%时，横向轴的转动惯量比没有穿戴装备时（双臂内收）增大约72%。每个翻腾的周数由$[(I_T/I_L)-1]\sin\theta$给出，其中θ是倾斜角，因此在每种情况下都是相似的。采用设定的惯性$[(I_T/I_L)-1]$值（直体、双臂内收）为14.3。因此，每个翻腾的转体周数与仿真模拟的结果相差不大。

在空中技巧动作中更难转体的原因是很难产生倾斜。虽然使用设备（手套）时手臂的转动惯量有所增加，但由于头盔、靴子和滑雪板的质量，整个身体围绕横轴（冠状轴）的转动惯量增加了72%。因此，在没有装备的情况下，单臂移动180°将产生7.4°的倾斜，而在有装备的情况下，相同的移动只会产生4.8°的倾斜。因此，设备（头盔、靴子、滑雪板）质量的任何减少都将促进倾斜和扭转的产生。另外，在第二周翻腾时产生额外的转体（360°）需要减少50%的装备质量。这表明，10个模拟提供的转体限制不太可能由于未来装备的变化而改变。

此外，运动员穿戴手套时，手臂180°的移动会产生4.8°的倾斜。不戴手套时，手臂的转动惯量较小，同样的手臂运动只产生 4.5°的倾斜。这表明，较重的手套在产生倾斜方面更有优势，但必须考虑的是手套的质量越大，肩关节的力矩就越大，动作也可能更难控制。此外，这样的增益可能是相对较小的（<5%）。早期研究（Yeadon，1989）得出的环节转动惯量导致的倾斜角度比仿真模拟得出的 4.8°的倾斜角度低 5%～15%。因此，个别转动惯量变化而产生的增加相对结果来说影响有限。

那些将手臂保持在头顶上的第二次翻腾的模拟（D 和 E）有利于每次翻腾的转体周数的增加，但需要更多的初始翻腾动量（more initial somersault momentum），因为 I_T 比双臂放在两侧大 21%。10 次模拟的相对角动量范围在 6%以内。角动量（和空中翻腾时间）可以通过使用更快或更慢的方法或在起跳前调节踝关节跖屈力矩（plantarflexion torque）来适当地设置给定运动。在此类动作的表现中（特别在第二次翻腾中），通过将手臂向上移动到身体更高（头顶上方）的位置来获得更多的翻腾动量。例如，两个模拟（D 和 E）在第二次翻腾期间将手臂举过头顶。对于剩下的 8 个模拟，低角动量存在一定限制。在运动过程中，手臂位置较低，并且通过屈曲膝关节和髋关节来减少围绕横轴的转动惯量以加速翻腾也会减慢转体的速度。这将导致在完成第二个翻腾的转体后，留给第三个翻腾、转体和去除倾斜（恢复稳定着地）的时间更少。

在 10 个模拟中，第二次翻腾的手臂外展角度范围为 3°～15°。双臂内收 10°对应转体增加 12%（翻腾变化小于 0.2%）。因此，在产生倾斜不足的情况下，每个模拟都为提高运动表现做了一些灵活性的调整。此外，与仿真模拟的结果相比，具有不同环节惯性参数和装备的空中技巧运动员，手臂运动产生的倾斜量和每个翻腾可以实现的转体次数会有所不同。而由手臂外展角剩下的边缘空间（margin）可能允许一些运动员完成仿真模拟的所有动作，但由于边缘空间的有限，对一些运动员而言可能无法完成所有这些动作。此外，一些运动员可能以更大的手臂外展角（异于常人的解剖结构，更好的柔韧性）完成动作，但由于边缘空间不大，因此几乎没有额外（360°）转体的余地。总体而言，完成转体 6 周具有现实的可能性，预计在未来终将会实现，但直体翻腾三周转体 7 周几乎不太可能实现。

7.4.3　结语

本节围绕雪上空中运动的建模与仿真展开应用分析讨论，阐述了跳台滑雪（Gardan et al.，2017）和自由式滑雪空中技巧动作（Yeadon，2013）两项具有代表性的雪上空中运动项目，针对运动员空中运动过程中的不同速度、迎角等和直体翻腾三周转体五周动作，运用建模与仿真方法探讨了空气动力特性和角动量守恒的力学规律。所采用计算机仿真技术与其他测量手段（方法）相比，能获得客观、定量数据，包括运动员在跳台滑雪中空中飞行阶段的流场形态（如表面压强等）及自由式滑雪空中技巧动作中完成空中翻腾动作（直体翻腾三周转体五周）

的极限。毫无疑问，这些研究结果将为运动员和教练员在训练或比赛提供新的视角。在未来，基于跳台滑雪运动的数值模拟仿真实验中，应进一步地关注在改变迎角 α 和身体滑雪角度 β 环境下，确定运动表现对这些变量的依赖程度，或可以在不同的跳台滑雪坡上测试和优化不同的跳台滑雪风格，并研究温度或海拔等不同环境条件对跳台滑雪运动员表现的影响；而在基于自由式空中技巧动作的仿真模拟实验中，运动员应努力开发完成直体翻腾三周转体六周的高难度动作。

参 考 文 献

郝卫亚. 2011. 人体运动的生物力学建模与计算机仿真进展. 医用生物力学, 26(2): 97-104.

郝卫亚, 艾康伟, 王智, 等. 2005. 三米跳板跳水空中技术动作的三维运动学分析方法. 首都体育学院学报, 17(3): 63-65.

郝卫亚, 王智, 艾康伟. 2013. 运动员空中翻腾和转体姿态控制过程中转动惯量的变化. 中国运动医学杂志, 32(11): 966-973.

洪嘉振. 1983. 人体腾空运动的数学模型. 成都: 第四届全国运动生物力学学术会议.

洪嘉振. 1999. 计算多体系统动力学. 北京: 高等教育出版社: 37-62.

娄彦涛, 李艳辉, 郝卫亚. 2021. 视觉和前庭功能对自由式滑雪空中技巧运动员姿势控制能力的影响. 中国体育科技, 57(3): 19-28.

Abdel-Aziz Y I, Karara H M. 1971. Direct linear transformation from comparator coordinates into object-space coordinates. Falls Church: Symposium Close-Range Photogrammetry: 1-18.

Chandler R F, Clauser C E, McConville J T, et al. 1975. Investigation of Inertial Properties of the Human Body. Washington: National Academy of Sciences: 1-168.

Corana A, Marchesi M, Martini C, et al. 1987. Minimizing multimodal functions of continuous variables with the "simulated annealing" algorithm—corrigenda for this article is available here. ACM Trans Math Software, 13(3): 262-280.

Federation Internationale de Natation [FINA]. 2022. Diving Rules 2015-2017, 2016. https://www.fina.org/diving/rules[2022-6-17].

Federation Internationale de Ski [FIS]. 2010. FIS International Freestyle Judging Handbook. http://www.fis-ski.com/uk/disciplines/freestyle/freestyle-skiing-rules/rules.html[2020-12-10].

Federation Internationale de Ski [FIS]. 2020. FIS International Freestyle Judging Handbook. https://assets.fis-ski.com/image/upload/v1603089283/fis-prod/assets/Freestyle_Skiing_Judging_Handbook_2020_19. 10. 20. pdf[2020-10-1].

Gardan N, Laheurte J, Gouy E, et al. 2015. Computational fluid dynamics for the Nordic combined skiing jump. Ser Biomech, 29(2-3): 31-38.

Gardan N, Schneider A, Polidori G, et al. 2017. Numerical investigation of the early flight phase in ski-jumping. J Biomech, 59: 29-34.

Goffe W L, Ferrier G D, Rogers J. 1994. Global optimization of statistical functions with simulated annealing. J Econometrics, 60(1-2): 65-99.

Hanna R K. 1996. The Engineering of Sport. Rotterdam: CPC Press: 3-10.

Heinen T, Supej M, Čuk I. 2017. Performing a forward dive with 5.5 somersaults in platform diving: simulation of different technique variations. Scand J Med Sci Sports, 27(10): 1081-1089.

Hiley M J, Yeadon M R. 2003. Optimum technique for generating angular momentum in accelerated backward giant circles prior to a dismount. J Appl Biomech, 19(2): 119-130.

Kane T R, Levinson D A. 1985. Dynamics: Theory and implementations. New York: McGraw-Hill: 1-379.

King M A, Kong P W, Yeadon M R. 2009. Determining effective subject-specific strength levels for forward dives using computer simulations of recorded performances. J Biomech, 42(16): 2672-2677.

King M A, Kong P W, Yeadon M R. 2019. Maximising forward somersault rotation in springboard diving. J Biomech, 85: 157-163.

King M A, Yeadon M R. 2002. Determining subject specific torque parameters for use in a torque driven simulation model of dynamic jumping. J Appl Biomech, 18(3): 207-217.

King M A, Yeadon M R. 2004. Maximising somersault rotation in tumbling. J Biomech, 37(4): 471-477.

Kong P W, Yeadon M R, King M A. 2005. Optimisation of takeoff technique for maximum forward rotation in springboard diving. Beijing: 23 International Symposium on Biomechanics in Sports.

Müller W. 2005. The physics of ski jumping. Eur Sch High-Energy: 278-296.

Pain M T G, Challis J H. 2001. The role of the heel pad and shank soft tissue during impacts: a further resolution of a paradox. J Biomech, 34(3): 327-333.

Schmölzer B, Müller W. 2002. The importance of being light: aerodynamic forces and weight in ski jumping. J Biomech, 35(8): 1059-1069.

Wood G A, Jennings L S. 1979. On the use of spline functions for data smoothing. J Biomech, 12(6): 477-479.

Yeadon M R. 1989. Twisting techniques used in freestyle aerial skiing. Int J Sport Biomech, 5: 275-281.

Yeadon M R. 1990a. The simulation of aerial movement—I. The determination of orientation angles from film data. J Biomech, 23(1): 59-66.

Yeadon M R. 1990b. The simulation of aerial movement—II. A mathematical inertia model of the human body. J Biomech, 23(1): 67-74.

Yeadon M R. 1990c. The simulation of aerial movement—III. The determination of the angular momentum of the human body. J Biomech, 23(1): 75-83.

Yeadon M R. 2013. The limits of aerial twisting techniques in the aerials event of freestyle skiing. J Biomech, 46(5): 1008-1013.

Yeadon M R, Atha J, Hales F D. 1990. The simulation of aerial movement — IV. A computer simulation model. J Biomech, 23(1): 85-89.

Yeadon M R, Hiley M J. 2000. The mechanics of the backward giant circle on the high bar. Hum Movement Sci, 19(2): 153-173.

Yeadon M R, Hiley M J. 2017. Twist limits for late twisting double somersaults on trampoline. J Biomech, 58(14): 174-178.

Yeadon M R, Kong P W, King M A. 2006a. Parameter determination for a computer simulation model of a diver and a springboard. J Appl Biomech, 22(3): 167-176.

Yeadon M R, King M A, Wilson C. 2006b. Modelling the maximum voluntary joint torque/angular velocity relationship in human movement. J Biomech, 39(3): 476-482.

Yeadon M R, King M A. 2002. Evaluation of a torque driven simulation model of tumbling. Journal of Applied Biomechanics, 18(3): 195-206.

Zaïdi H, Fohanno S, Taïar R, et al. 2010. Turbulence model choice for the calculation of drag forces when using the CFD method. J Biomech, 43(3): 405-411.

Zaïdi H, Taïar R, Fohanno S, et al. 2008. Analysis of the effect of swimmer's head position on swimming performance using computational fluid dynamics. J Biomech, 41(6): 1350-1358.

后　记

编著者自 20 世纪 80 年代大学学习期间就开始编写计算机程序，进行了流体力学和固体力学方面的推演计算。在以后的硕士、博士及博士后学习期间又一直借助自己编写的计算机程序，进行有关人体运动的多刚体系统动力学、人体心血管系统应激反应等方面的建模仿真研究。从事体育工作以来，坚持带领课题组开展有关人体运动（特别是运动专项动作技术）的生物力学建模仿真研究。写一本关于人体系统建模仿真理论与应用相结合的专著，是我多年来的夙愿。现在终于完成了。

在规划本书的过程中，曾经有意撰写有关人体系统建模仿真的著作，不仅包含人体运动，还包含生理系统（如心血管系统）的建模仿真研究内容，但唯恐力有不逮，最终只编写了人体运动方面的内容。在编写过程中又发现，即使人体运动的生物力学建模仿真研究，也包罗万象。人体基本动作就有很多类型：站立、行走、跑步、起立、坐下、卧倒、跳跃、击打、投射、砍击、攀爬、推、举、踢、蹬等。至于体育中运动专项中的动作，则更是变化万千。针对这些动作的生物力学建模仿真，自然就无穷无尽，大量内容还有待进一步研究，无法在一本书中一一讨论。不仅如此，人体运动的生物力学建模仿真的应用领域也很多，除了人体基本动作和体育领域，还有交通安全、航空、航天、人因工程、临床医学、康复医学和工程、公共安全、外骨骼、机器人、人工智能等领域。近年来，人工智能、可穿戴传感器和大数据技术等新型科技手段也逐渐向生物力学领域渗透，人体运动的生物力学建模仿真也面临着新的发展机遇。总之，因受到本人学识与能力等因素的限制，本书放弃了很多原来计划编入的内容。所以，本书可谓挂一漏万，大量有趣、有意义的研究内容都有待进一步充实。

自正式计划编著出版本书以来，本人克服了大量困难，常常夜以继日，花费两年多的时间完成了本书的撰写工作。编写过程中得到了国家体育总局体育科学研究所领导和同事的支持与鼓励，也得到了课题组成员的大力配合。

在完成本书撰写工作之际，本人感慨万千，在此对在我成长过程中影响很大的家人和老师们表示最真诚的感谢。家父是对我一生成长影响最大的人。他是家乡的一名中学物理老师，始终以身作则，竭力尽到老师职责，在教学岗位上取得了优异成绩。从我童年开始，他就一直教诲我要诚实正直、淡泊名利、热爱科学、刻苦钻研、专心致志、奉献社会。在我求学过程中，很多老师对我帮助很大。大学以来的历届导师都鞭策我要热爱祖国，献身科学，教导我如何开展科学研究。

他们有中国科学院院士、兰州大学周又和教授，西北工业大学林撷仙副教授，第四军医大学张立藩教授和吴兴裕教授，以及清华大学白净教授。点点滴滴、汇聚成河，强大的力量驱使我决心投身于科学研究和社会服务，不敢有丝毫懈怠，努力成为一名合格的科技工作者。最后，我的妻子张卫英女士近 30 年来无私的奉献和支持，以及我们的儿子学习和工作取得的成绩都是我发奋学习、努力工作的物质保障和精神支柱。

郝卫亚

2024 年 6 月 10 日于北京亦庄